エドワード・S・リード
細田直哉訳　佐々木正人監修

アフォーダンスの心理学
生態心理学への道

新曜社

EDWARD S. REED

ENCOUNTERING THE WORLD

Toward an Ecological Psychology

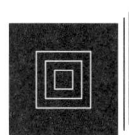

日本語版への序文

そもそもの出発点から西洋の知の伝統は、「人間の生」が「自然」からは分離しており、「自然」とは明確に区別されるとする考えを土台に築かれてきました。ぼくら西洋人は、「人間性」とは本質的に異なる「自然」の理念にとり憑かれてきたのです。17世紀の偉大なる思想家たち、とくにデカルトとニュートンは、「神があたえた自然法則」を探求するという名目のもとにその革命を打ち立てました。科学を成立させるためには、「神」はつぎのような存在として立てられなければならないと考えたわけです。すなわち、永久不変な「法則」を課すことをつうじて「運動しない自然」を動かしている超越的・非人格的なエージェンシーとして。ここから西洋のあらゆる思考に特有の二元論が生まれました：「運動しない物質」（たんなる動物の身体）であるかぎりのヒトはこの「法則」の支配下にあるが、「生きているもの」――能動的で、思慮深く、感覚力をもつもの――であるかぎりのヒトは非自然的・超越的な性質を「神」と共有している――これこそ「魂」である、という二元論です。

この二元論によって科学的心理学は不可能になります。「運動しない自然」としてのヒトの科学的研究なら可能ですが、それは生理学であって、心理学ではありません。「運動する生きもの」としてのヒトの研究を公言することは、「魂」すなわち「神」の科学的説明を公言することに等しくなり、宗教上不可能です。西洋の心理学はこのジレンマに串刺しにされたまま四世紀近くものあいだ身動きがとれませんでした。

ダーウィンの考えがあらわれたとき、それはこの窮地を脱け出す絶好のチャンスでした。ダーウィンの考えこそ、この窮地からの脱出の道を示すものであり、その道にしたがうべきだったのです。けれども、心理学にとっては不幸なことに、ダーウィンの考えがひそかに照らし出した道を突き進むことのできた者はこれまでのところほとんどいません。すべての有機体――そこには人類も含まれます――が自然選択によって進化してきたとするなら、ウィリアム・ジェイムズがかつて述べたように、ぼくらは〝どこまでも自然〟なのです。ただし、それは「変化する自然」であって、法則を課す超越者の手によって形成され、構造化された自然ではありません。ダーウィン的世界に見出される諸法則は内在的なものです。それらは自然内の変化のパターンから創発し、なおかつそうした変化のパターンを説明するもの――自然選択そのもののような諸法則です。ところが、ヒトの成長・進化・発達・学習が純粋に自然的であり、法則的であるとする考えは（行動主義のような）一種の機械論として誤解されるか、もしくは人間の尊厳に反するものとして斥けられてきました。

この本が示そうとしているのは、心理学であれ人間の尊厳であれ、人と自然とを切り離すことではは守られはしないということです。〈人間の自然《ヒューマン・ネイチャー》〉を理解するとは、自然世界のなかでのヒトの役割と場所を理解すること――すなわち、ヒトの生態的ニッチを理解することにほかなりません。それは必然的に、西洋の心理学の根源にある双子の神話――「自由な魂」の神話と、その双子の片割れ、そのような「魂」を欠いたすべてのものが機械論的に説明されるとする神話――を斥けることにもなります。生態心理学はヒトを、刺激に反応するたんなる「身体」と見るのでも、環境を創造する「魂」と見るのでも、両者の適当な組合せと見るのでもなく、特別な種類の動物として、その生態的ニッチがみずからの生息地の改変までも含んでいる動物として見ています。ヒトは自己を剪定する「盆栽」のようなものなのです――自分たちの運命を形づくることならできますが、それはあくまでも自分たちが発見する環境と自己の諸制約の範囲内でおこなわれるのです。

だから、ぼくはこの『アフォーダンスの心理学』の日本語版の出版をうれしくおもいます。西洋世界には、自分たちを自然に埋め込まれたものとして理解しようとする試みにたいする拒否反応がいまだに根強くあります。もっと悪いことに、西洋世界のさまざまな実践――科学、産業、教育、等々の実践――もまた、火を見るよりも明らかな自己と世界の相補性に反するものであり、ますます悲惨な結果をもたらしつつあります。日本の伝統は〈人間の自然《ヒューマン・ネイチャー》〉の理解へ向けた生態学的アプローチが丈夫にすくすく育ち、みごとな花を開かせる肥沃な大地であることが証明されるだろうとぼくは期待しているのです。

エド・リード

1996年6月

ペンシルヴェニア州ランカスター

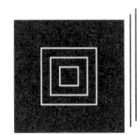

序文と謝辞

この本のもとになる論文は二〇年前に書かれている。その年、ぼくは、ひと夏かけて「進化論的認識論」についての学士論文を書きなおした。いまふりかえると、それは奇妙な夏だった。健康そのものの二〇歳の若者が夏のあいだ、定職にも就かずに「この世界の森羅万象に生態学的アプローチでせまっていけたら……」とそればかり考えて、ひたすら論文を書き続けていたのだから。でも、そのときにはそれがまるで息をするみたいに自然なことだったのだ。若気のいたりとでもいうのか、ぼくはそのとき自分がもっていたものを一つのこらずその「大作」のなかにほうりこんでいった――入れなかったのは「直観主義的な集合論による分類学の根本問題の解決」(⁉)という章くらいのものだ(この章は、ぼく自身にとってもいまだ謎である)。とにかく、ぼくは自信にみちあふれていた。まるで、数学の問題の解きかたのコツをおぼえたばかりの子どものように。あるいは、ありふれた昆虫とその幼虫を分類しただけで、それ以上のことなど夢にもおもわないひとのように――。

そんなふうにして書きあげた一五〇ページあまりの怪物じみたシロモノを最初の恩師、トリニティ・カレッジのビル・メイスのところに送ってしまうと、ぼくはさっさと大学院のことに頭を切りかえていた。ビルはそんな草稿を吹き出しそうになるのをこらえながらもちゃんと読んでくれた。そして、そのなかの「よい部分」（というか、「なんとか読むにたえる部分」）についてはていねいなコメントをくれた。そればかりか、論文のなかのよい部分を選んでコーネル大学のジェームズ・ギブソンのところに送ってみてはどうだろうとまで言ってくれたのだ。そのころぼくはまさに、ギブソンの理論を一年間みっちり勉強したところだったので（ということはつまり、ぼくがそれまで「心理学」だと思い込んでいたものをきれいさっぱり捨てさったということだけれど）、これはねがったりかなったりとばかりにその殺人的なシロモノをそっくりそのままギブソンに送ってしまったのだ。

しばらくするとギブソンからていねいな返事がきた。そればかりか、ぼくの草稿も送りかえされてきた。みるとそこにはギブソンのコメントがびっしり（「オー・ゴッド！」から、「混乱アリ」「ん！」といったものまで……）。ずっとあとになってからそれがギブソン流のコメントなのだということがわかったけれど、それを最初に目にしたときの気持ちといったら……。鳥の羽根でちょこんとつつかれただけでも、ぼくはかんたんにノックアウトされてしまっただろう。でも、さいわいなことに、そうしたコメントを注意ぶかく読むだけの正気はまだのこっていた。ギブソンはぼくが送りつけた幼稚な論文のなかにも、かすかな火種を見つけられる目利きであり、ツボを押さえた的確なコメントを書く名手であった。ギブソンのコメントを読んだぼくは、自分のアイデアを一つか二つでも実際にテストし、この玉石混淆の論文をそれなりのものに仕立て上げるためにはどういう研究が必要なのかはっきり見えてきた。そうしたことをぼくに気づかせるためにはどういうコメントを書けばいいのかギブソンにはちゃんとわかっていたのだ。それはぼくにとって、研究上の大きな転機となった――自分が論文のなかでとりくんだ問題をはっきりさせるためだけにも生物学と心理学についてまだまだ膨大な量のことを学ばなければならないということがわかったのだ。でも、この仕事にはやるだけの価値があり、やるからにはきちんとやらなければならない――ギブソンはそのことにも気づかせてくれた。ぼくはギブソンのコメントにしたがうことにした。結局、それは二〇年もかかる大仕事になってしまったけれど、そのことで後悔したことは一度もない。

ビル・メイスとジェームズ・ギブソンのあとも、ぼくは先生にめぐまれた。ぼくが出会うどの先生もぼくに重要なヒントをくれた。エディンバラ大学のコールウィン・トレヴァーセンはぼくに「進化のなかでの脳の役割」と「ヒトの生活のなかでの社会組織と文化の役割」についても真剣に考えさせようとした。そのときにはピンとこなくて、ぼくは彼の忠告に反論さえした。けれども、ずっとあとになって――自分自身の研究の帰結として――彼の見通しの正しさをおもいしらされることになった。エディンバラではデイヴィッド・リーにもお世話になった。緻密な思考と精密な実験について、そして生態光学の正しい応用について教えてくれたのは彼である。ボストン大学ではジョー・アガシに出会った。彼はアイデアをテストすることについて多くのことを教えてくれただけでなく、それ以上に、アイデアをきちんとした言葉で表現することの大切さを教えてくれた。ミネアポリスのミネソタ大学ではアン・ピック、ハーブ・ピック、ジム・ジェンキンスが心理学のあるべき姿を見せてくれ、自分の問題意識を心理学の諸問題にしっかり根づかせる方法を教えてくれた。

いまあなたの手のなかにあるこの本はあの１９７５年のテクストとは似ても似つかないものになっている（それは読者にとっては幸運なことだろう）。しかし、この二〇年のあいだにぼくがやってきたのは、あの論文のアイデアをきちんとした言葉で表現することだったのだ。ぼくのなかではいまもギブソンの忠告の声が響いている。「うん、いいアイデアだ。でも、問題はそれをきちんとした言葉で表現できるかどうかなんだ」。哲学、生物学、心理学とわたり歩くなかで出会ったそれぞれの先生のおかげで、ぼくは生態心理学の根本問題の理解に近づくことができた。しかし、そうした問題をなんとか「きちんとした言葉で表現する」ことができたのも、まちがいなく彼らのおかげである。だからこの本は、ぼくを触発し、いまもまだ触発しつづけている恩師たちに捧げたい。

本書は三面からなる屏風の一つの面のようなものである。第一の面には本書のアプローチの歴史上のルーツが描かれている。それは『魂から心へ——心理学の誕生』（*From Soul to Mind: The Emergence of Psychology, From Erasmus Darwin to William James*. Reed, 1997［邦訳、青土社］）と名づけられている。そして第三の面では、本書でとられた心理学へのアプローチの哲学上・教育学上の意味が探究されている。それは『経験の必要性』（*The Necessity of Experience*, Reed, 1996a）と名づけられている。もちろん、それぞれの面はそれ自体で独立していなければならないし、実際そうなっている。けれども、三つをあわせて読んでいただければ、「生態学的世界観 an ecological philosophy」というべきものより完全な像が立ちあらわれてくるだろう。

この二〇年ものあいだ、本書のアイデアを発展させるために無数のひとたちから感謝しきれないほどのお力添えをいただいた。きちんとお礼を申し上げたいが、それができていないとしたら、あらかじめお詫びしておきたい。

本書の草稿の隅々にまで目をとおし、たくさんの重要な忠告をしてくれたジャキー・ギブソン、マジョリイ・グレン、ボブ・リクリター、アン・ピックにまずお礼を言いたい。ぼくは彼らの忠告のほとんどを本書に生かそうとした。もし本書になんらかのまちがいが残っていたとしても彼らに責任はない。しかし、本書からたくさんのまちがいや不適切な箇所がなくなったのはまさしく彼らのおかげである。また、アラン・フォーゲルは本書のスタイルや構成について非常に具体的な提案をしてくれた。彼にも感謝しなければならない。

本書の大部分はフランクリン・アンド・マーシャル・カレッジにきてから書かれたものである。このようなはたらきやすい環境をつくってくださった心理学科のみなさんにも感謝したい。また、いやな顔ひとつせず、なんどもぼくの議論につきあってくれた多くの同僚たち——とくにジャク・ヘラー、フレッド・オーウェンス、マイク・ペン——の寛容さにはほんとうに頭がさがる。

本書で述べる研究に取り組んできた間ずっとぼくは研究上の友人や同僚にめぐまれていた。ぼくのしつこい質問に忍耐づよくつきあってくれ、たくさんのことを教えてくれるひとたちがいつも身のまわりにいた。彼らの多くがこの本の準備段階のさまざまな草稿に目をとおしてくれたおかげで、ぼくはいくつものまちがいに気づくことができた。なかでも、トム・ファーガソン、ハリー・ヘフト、クレース・フォン・ホフシュテン、マイク・モンゴメリー、ディック・ナイサー、フィリップ・ロシャにはお世話になった。また、言語と文化の問題について、バーバラ・ロゴフ、マイク・トマセロ、パット・ズコ＝ゴールドリングから貴重な助言をいただけたのはじつに幸運であった。

また、ジーン・ゴールドフィールドとの長期にわたる議論や文通にもおおいに助けられた。彼のすぐれた著書『創発する形式——人間の活動と知覚の起源と初期発達』（*Emergent Forms: Origin and Early Development of Human Action and Perception*, Goldfield, 1995: Oxford）はこの本でのぼくの主張の多くをおぎない、さらに大きく展開してくれるだろう。

この本の後半の五つの章には、ブロンディン・ブリルとミシェル・ド・フォルネルのはからいで1994年の1月にパリの社会科学高等研究院に客員教授として招かれたときの経験が色濃く反映されている。現代の比較文化的な発達心理学者のなかでもっとも重要な人物だとおもわれるブロンディンといっしょに仕事ができたことはすばらしい経験だった。ブロンディンの同僚たちにも感謝したい。とくにパリのCNRS考古学研究グループのヴァランティン・ルーとジャック・ペルグリンからはヒトの環境とその進化について貴重なコメントや示唆をいただいた。

オックスフォード大学出版局のジョアン・ボサート、キャロライン・マイケルマン、ボブ・ディルワースといっしょに仕事ができてほんとうに楽しかった。彼らからのたくさんのアドバイスと援助に感謝したい。

ぼくはこの本を一回で書いたのではなく、1994年までに三回も書きなおした。それでもまだ足りなかったので、あと一回はどうしても書きなおさなければならないとずっと考えていた。そんなときジョン・サイモン・グッゲンハイム財団から特別研究員としてサポートしていただけることになった。1994年から1995年のあいだの財団からの援助がなければ、そもそもこの最後の書きなおしはできなかった。財団からの援助にお礼を申しあげるとともに、この三部作を完成させるかけがえのない機会をアフォードしてくださったことにふかく感謝したい。

1995年晩秋
ペンシルバニア州ランカスターにて

E・S・R

目次

目　次

第12章　思考の流れ　353

おわりに　生態心理学の地平へ　387

Box索引

目　次

装幀＝加藤俊二

はじめに

〈サイコロジカルなこと〉の地平へ

□心理学の終わらない危機

科学としての心理学は崖っぷちに立たされている。四方を完全に包囲され、じわじわ圧力をかけられているというのに、まだみずからの依って立つ足場も見つけられず、それらの圧力に対抗することもままならない。下を見れば、生化学や神経科学が、行動の細胞レベル・分子レベルの基盤をつぎつぎに同定しながら侵攻してくる。上を見れば、歴史的・比較的なアプローチをとる人文科学が、解釈学の技法と「厚い記述」(Geertz, 1973)を駆使して、心理学の中心にいまだのこる個体主義的・本質主義的な人間観にますます激しい攻撃をしかけてくる。この両極のあいだに近年あらわれ、活動しているのは、人間の姿を消し去り、かわりにコンピューターのプログラムのような記号の構築物と操作をおいた一種の記述還元主義をとる「認知科学」だけである。(科学版「デコンストラクション」?)

このような心理学の危機はいまにはじまったことではない。実証主義全盛の19世紀に「科学」の仲間入りをみずから宣言してひとりでうれしがっていた草創期以前から、すでに下からはつきあげられ、上からはたたかれていた。そして、そんな心理学を救うために（認知科学者のような）善意に満ちあふれた第三者が外部からしばしばやってきた。

歴史的記憶を真剣にたどる心理学者は、「科学的な心理学」がそもそも「生理学的な心理学者」と「解釈学的な心理学者」の抜き差しならない対立――さらに、そこに外部からのアジテーターとして「作用心理学者」が加わった状況のなかで産声をあげたことを知るだろう。この第一の危機的対立のなかで生まれたヴントの元祖「科学的心理学」のプログラムが失敗に終わると、また新たないくつもの対立が生じた。行動主義、ゲシュタルト心理学、さらにはヴィゴツキーの社会‐歴史的アプローチまでもが心理学のこの第二の危機を解決しようとして展開された。そして、ここに、またもや外部からのアジテーターが――こんどは「操作主義」と「論理実証主義」を旗印にして――参入してきたかとおもうと、このときはアメリカの心理学者の大部分を説き伏せ、その旗の後ろに従わせてしまった。その行き着く先に待っていたのは第三の危機だった。それは1950年代に起こった心理学の内破である。それまで研究をリードしてきたいくつかの主要な理論（ハルやトールマンやスキナーの理論）が実験室の心理学者の思考と活動を導いていく力をなくし、心理学がバラバラに内破してしまったのだ。1945年から1970年までのあいだに研究のやり方を根本的に変えた実験心理学者はほとんどいなかったが、心理学者の多くはまたしても、新しい外部のアジテーターのグループ――情報理論、サイバネティックス、やがて「人工知能」と呼ばれるようになる考え（Reed, 1996c）――としきりに手を結ぼうとしていた。この「認知革命」の失敗が日に日に明らかになるにつれて、ぼくらは心理学の第四の危機のまっただなかにいることに気がつきはじめている。超 - 還元主義の神経化学者、超 - ポストモダニズムの解釈論者、超 - モデルマニアのコネクショニスト……こうした四分五裂のなかでぼくらはいま立ちすくんでいる。崖っぷちなどという言葉では生ぬるいのかもしれない。

　百年以上も続く危機をくぐり抜けてきた今、こうして振り返ってみると、ぼくらがかかえている諸問題はじつはぼくら自身がつくりだしているものだということがわかる。ぼくらの敵は、心理学の混乱を解決しようという善意に燃えて（しかし、ふつうは事情を勘ちがいして）物理学、生理学、哲学、その他いろいろな分野から越境してくる第三者ではなく、ぼくら自身なのだ。心理学をこんなにボロボロにしたのは心理学者自身であるとみとめるのはむずかしいけれど、自分自身の混乱に責任をもって向き合わないかぎり、心理学はこの先まだ何十年ものあいだ、いかがわしい「革命」と「対立から危機への墜落」のサイクルをくりかえすほかない。

　心理学の問題の大部分はその「根なし草」的性格にある。自然科学のなかで――そう、心理学は自然科学だとぼくは言おうとしている――心理学だけが、みずからの研究対象がなんであるかを明言するのを避けてきた。それはひとえに、ほとんどの心理学者が心理学の根ざすべき大地がどこにあるのかわからず、確信がもてなかったからだ。いつの時代にも、ウィリアム・ジェイムズ以来の偉大なる伝統――ヒトの行動と意識を研究する自然科学としての心理学――を受け継ごうとする小さな心理学者集団はあった。けれども、こうした少数派の声はいつも多数派――「科学としての心理学」にも「ヒトの生の科学としての心理学」にもコミットしようとしないのに「科学的心理学者」を自称する連中――の声にかき消されてしまった。たとえば、1920～1930年代にかけて心理学はゲシュタルト心理学者、社会心理学者の第一世代、さらには独自の思考者であるバートレット（Bartlett, 1932）やギブソン（Gibson, 1937）のような心理学者の登場により大きな進歩をとげた。ところが、戦後になると心理学をあっさり見捨て、サイバネティクスや情報理論に乗り換える巨大な波が起こり、この進歩の成果をすっかり押し流してしまった。大多数の心理学者は、みずからの領土――〈サイコロジカルなこと〉の領域――を開拓するかわりに、同時代の知的潮流に簡単に屈し、それに相乗りしてきたわけである（Reed, 1996d）。

戦後のいわゆる「認知革命」は、ハーバート・サイモン（Simon, 1970）の的確な表現を借りれば、心理学を「人工物の科学 sciences of the artificial」のひとつにしてしまった。心理学はもはや自然科学でも、ヒトの生に関する研究でもなかった。それは認知とコミュニケーションのシステムに関する研究だと考えられるようになった。これへの反発も一因となり、新たな生物学的還元主義の系統と新たな社会還元主義の系統があらわれた。現在、心理学のなか（？）には、多くの生理学的還元主義者が、その姿勢に共鳴する哲学者もよろこんで指摘するように（Churchland, 1995）、サイコロジカルな諸状態を自然的世界像から締め出そうとしている。そして、その対極には、人々が成長の過程でいかに自分の場所を文化のなかにつくりだすのかを理解することに関わりながらも、心についての自分たちの理解を、身体をもつ人間としての生の現実とつなげようと努力するフリさえ放棄してしまったような心理学者たちがいる（Wertsch, 1991; Holland & Quinn, 1987: Shweder, 1990）。こうした心理学者たちの誰もが――認知主義者にしても、生理学的な心理学者にしても、解釈学的な心理学者にしても――同様に見失ってしまったもの、それはまさに〈ヒトの生についての自然科学〉としての心理学にほかならない。

20世紀も終わりに近づいた現在、心理学者が直面している問題は「どのような種類の心理学が必要か?」ということではなく、「〈ヒトである〉とはなにか、という問いに答えられる心理学がはたしてあらわれうるのか?」ということである。

――もしかしたら、〈ヒトである〉とは、たんにある種の神経系であるということにすぎないのかもしれない。

――もしかしたら、あらゆる心は（ヒトであれ、他の動物であれ）たんなる記号に基づいた計算形式でしかなく、そこには〈ヒトである〉というにふさわしいものは何もないのかもしれない。

――もしかしたら、アメリカ人、イタリア人、中国人、日本人……などになるそれぞれの方法があるだけであって、人間性とはそうした文化のなかでそれぞれのやりかたで規定されているだけなのかもしれない。

もしも、こうした可能性のどれか一つでも証明されたら、「科学的心理学」の名に値する学問はけっして成立しえないことになる。

❏〈サイコロジカルなこと〉の位置を見定める

ここにあげた心理学の考えかたはしだいに広範な支持を獲得しつつあるけれど、そのどれについてもぼくは異論がある。

たしかに、ぼくらは肉体をもち、そこにはホルモンの循環や神経の複雑なネットワークがある――それは事実だ。けれども、ぼくらは異なるレベルでは異なるありかたをしている。ぼくらは、環境の探索者としても／世界のなかに差異をつくりだそうとする行為者としても／周囲の人々とのあいだに対立関係や協調関係を築く相互行為者interactorとしても、存在している――これも事実だ。

たしかに、ぼくらは（ときに）記号のなかで考える――それは事実だ。けれども、考える方法は記号以外にもあり、しかも、人間が記号を使うのであって、記号が人間を使うのではない――これも事実だ。

たしかに、人類は歴史のなかでさまざまな「自己」を形成してきた――それは事実だ。けれども、「ヒトとはなにか」という問いにとっては、自己形成の過程がつくりだした産物だけでなく、自己形成の過程それ自体（とそれを制約している諸条件）も同じだけ重要である――これも事実だ。

たしかに、ぼくらの行為と経験はそれぞれの文化の象徴、慣習、規範を重く背負い込んでいる――それは事実だ。けれども、そのような象徴、慣習、規範が精神生活を組織化する有効な手段として創発するのは、まさにぼくらが自分の周囲と接触しているからであり、そうしたぼくらと世界とのつながりがなければ、あらゆる象徴、慣習、規範は消滅する――これも事実だ。

だから、心理学の研究対象は自然科学としてはきわめて異例なものだ。それは動かされるものではなく、みずから動くもの、不変なものではなく、進化するものである。もちろん、生物学の研究対象もみずから動き、進化するものだが、心理学を自然科学のなかで他に類をみない独特なものにしているのはその研究対象が歴史と文化を進化させてきたという点である。ヒトは自然世界の一部である——だが、それは文化を産出する自然である。心理学が一つの科学である以上、もっぱら「解釈」という方法だけに頼った文化研究になってしまっては困るが、包括的な学問であろうとするなら、歴史と文化の起源を取り上げないわけにはいかない。自然科学としての心理学は、そのような「解釈」という営み自体がなぜ存在するのか、ということにまで説明の射程をひろげるべきなのだ。

したがって〈サイコロジカルなこと the psychological〉という一つの領域は途方に暮れるほど広大だ。それは、運動力 animacy と、知覚力 sentience の問題ばかりか、規範や記号の問題も内包している。これほど広大深遠な領域を効果的に研究するにはそれを分割するのが当然だ——いや、そうする以外にない——と考えられてきた。これはある意味では正しい——ひとりの科学者やひとつの理論にこうしたすべての問題への適切な説明などのぞめないという意味では。けれども、べつの意味では〈サイコロジカルなこと〉の領域をこのようにバラバラに引き裂いたことが、心理学の危機を招く主要な原因のひとつになってきたのである。扱いにくい特定の現象の説明を後に残しておくことと、そのような現象を研究領域から除外することはまったくちがうことだ。心理学者はこれまで何度も、自分にとって都合の悪いそうした現象を「心理学から除外」しようとしてきた。残念なことに、主要な心理学者のなかで、〈サイコロジカルなこと〉の領域全体がリアルで、説明に値すると考えた者は皆無に等しい。たいていの場合、心理学者は現象を説明するのではなく、説明しないことの弁明をしている。たとえば、心理学者のある集団は、ジェンダーやセクシュアリティーの問題を十把ひとからげに「ホルモンが引き起こす現象」としてかたづけ、べつの心理学者集団は、そのようなホルモンのダイナミクスを

「社会規範に随伴した現象」にすぎないとしてかたづける。

このように特定の現象だけを取り上げ、他の現象を切り捨てた結果、心理学者は他の分野の心理学者と議論しなくなってしまった――いや、より重要なことは、そもそも、そういう議論ができなくなってしまったということである。このような事態は、あらゆる心理学的な説明の土台を蝕んでゆく。心理学的な説明がリアルで、適切なものであるためには、広範な現象をカヴァーしなければならないが、心理学の現状では各分野間で方法論、用語、理論がかなり異なるため、ある分野の研究結果を他の分野の研究結果と比較することもままならない。科学的心理学のなかには、つぎつぎに「逆立ちしたピラミッド」が建造されているわけだ――一点にも等しい領域のなかから得られた証拠の上に手の込んだモデルが構築されているのである。

さあ、今こそ、〈サイコロジカルなこと〉のひろがりをあらためて強調し、その重要性をあらためて確立すべきときだ。心理学の方法は、比較心理学的(他の動物との比較、あるいは文化間の比較)にも発達心理学的にも広範な適用範囲をもつべきである。同様に、心理学の概念と理論も広範な適用範囲をもつべきである。すべての方法、すべての理論が、すべての動物に適用できなければいけないというわけではないが、最終的な目標は〈サイコロジカルなこと〉全体についてなにかを語ることであって、細切れにされたその断片について語ることではない。〈サイコロジカルなこと〉をこのように強調することは、〈生理学的なこと〉や〈文化的なこと〉や〈コンピューター的なこと〉などを切り捨てなければいけないという意味ではなく、それぞれを適切な場所に位置づけなくてはいけないという意味であり、それらはどれも単独ではあの独特な領域全体――つまり〈サイコロジカルなこと〉をカヴァーできない、という意味なのだ。

❏ 生態学的《エコロジカル》な見方

本書で打ち出そうとしている理論上の観点は、人間と動物の経験と活動のサイコロジカルな実在を心理学の中心にしっかり位置づけているのだが、そのような観点は20世紀後半の思想界にあっては絶滅寸前である。その原因はたくさんあるが、もっとも重要なのは「二つの環境」仮説というべきものである。すなわち、心的（主観的）な世界と物理的（客観的）な世界という二つの環境が実際にあるとする考えである。（また、ポストモダニズム以前には、心的な世界はなんらかのしかたで物理的な世界の鏡である、つまり、それを表象していると考えられるのが普通であった。）このように二つの環境を立てる戦略は、一見すると、主体性《サブジェクティヴィティ》＝主観性についての科学を物理科学の侵攻から保護し、両者を並立させる賢明な方法のようにおもわれるが、実際は、人間を「死物としての身体」と（「非実在的」とまでは言わないが）「抽象的記号としての心」とに引き裂いただけである。「二つの環境」仮説は以下のような偏見を助長する傾向がある：心理学は、(1) 科学的であるかぎり、心から区別された身体についての学問でしかありえず、(2) 心についての学問であるかぎり、科学的ではありえない。なんの役にも立たないこの二元論は哲学から強力に批判されたが（Reed, 1996a 参照）、この「二つの環境」仮説を前提にしない理論を展開しようとした科学的心理学者はいなかった――ジェームズ・ギブソンの「知覚への生態学的アプローチ」(J. J. Gibson, 1966, 1978/1986) があらわれるまでは。

〈サイコロジカルなこと〉をぼくらの手に取り戻すには、運動力 animacy と知覚力 sentience の両者がともに内包されるように〈エコロジカルなこと〉を捉え直す以外にない、とギブソンは考えた。彼は、ダーウィニズムと生態学の理論の最良の部分との整合性を考えながらその仕事に取り組むことによって、検証可能で、実験的なベースをもった科学としての心理学の基礎を築いた。それは行動のフィジカルな事実と生きることの経験的な側面の双方に均等にウエイトをかけつつ、心と身体を一つに結び合わせる心理学である (Reed, 1982a, 1986, 1988a)。

ギブソンの考え方の重大な革新は、〈情報〉を〝生態学的《エコロジカル》〟なものとして捉えたこと——つまり、(生体内ではなく) 環境内のエネルギー場の特別なパターンとして捉えたことにある。〈意味 meaning〉とはその情報の探索・獲得へ向けて動物が利用する多様なプロセスの結果として得られることである。じょじょに明らかにしていくが、ぼくは〈意味〉を多くの心理学者のように、実利の探究にかかわる道具的なものに限っているわけではない。本書でいう〈意味〉は運動し知覚する存在の経験に具体化される。そこには、その動物の行動やその諸効果も含まれてはいるが、それだけに限られてはいない。また、本書でいう〈価値 value〉とはそうした情報によって利用可能となった〈意味〉を実際に利用した結果として得られることである。だから、〈価値〉には行動主義的な実利だけでなく、経験も含まれる。ここに意味と価値に関する科学的な——そして、実験的でさえある——心理学の可能性がひらかれる。以上のような前提に基づいて立てられた心理学は、精神生活におけるフィジカルな要因やバイオロジカルな要因の役割も認めることができる。なぜなら、ある意味で、情報は環境のフィジカルな特徴のひとつにほかならず、しかも、そのような情報を獲得・利用するためには動機づけられたバイオロジカルな過程が必要だからだ。さらに、こうした前提に基づいて立てられた心理学は、生物に利用可能な情報の内容の実在性を強調しているので、個々のパースペクティヴの独自性《ユニークネス》を認めながらも、心的諸状態を自然界に位置づけることができる。エコロジカルな〈情報〉は、ギブソンの好んだ言い方でいえば、環境内の有機体に特定的である。エコロジカルな〈情報〉を利用することによってぼくらは、自己の周囲と切り結ぶことができ、その切り結び encounters を調整することができ、生きた世界における自己の活動を意識することができる。

人間科学はこれまで客観主義と主観主義の分裂に悩まされてきた。この分裂をのりこえようとする最近のこころみはギブソンの理論以外にもある（Bourdieu, 1990 はそのなかでもまちがいなく最良の仕事だ）。しかし、ギブソンの理論は、自然科学と人文科学、どちらの標準的な実践とも連動している点でそれらとは一線を画している。たとえば、生態心理学はこれまで、情報の数学的なモデルをつくること、そして、そのモデルから立てられる予測を伝統的な実験のパラダイムの枠内で（精神物理学的に、あるいは行動指標で）検証することに多大な精力を傾けてきた。しかし、このようなオーソドックスな科学的方法に加えて、生態心理学には、解釈に基づいた方法論をとりいれる間口の広さもあり、それによって、心的過程の多様性の源泉、とくに、文化的な諸要因を強調することもできるのである（Reed, 1991）。

驚くべきことに、心理学は、日常生活に関わりをもたないかぎりにおいて「科学的」だと考えられてきた。科学的心理学者は、日常生活の領域は大衆的な心理学者やエセ心理学者に任せる一方で、彼らを公然と軽蔑してきた。といっても、科学的心理学者の大部分は、日常生活に関するエセ心理学者たちの不適切な説明をきちんと批判しているわけではない。たんに、自己の立場を正当化してくれる神話、「科学」＝「実験的統制」＝「現実世界の複雑さの回避」という神話のなかに逃げこんでいるだけだ。このような生ぬるい状況からの脱出口を示すこと、そして、リアルで、生きた、〈サイコロジカル〉な問題を研究するための適切な基盤に基づいた科学的方法（そこには実験的方法も含まれる）をあたえること——それができたなら、生態心理学は成功である。

❑本書の目的

生態心理学は実際、そのような日常生活についての科学的心理学を約束する。それを示すことが本書の目的だ。といっても、首尾一貫した一枚岩の完全な理論を展開しようというのではない。この生態学的アプローチとその諸方法からできるだけ多くの新しい理論が展開されるように舞台を整えておきたいのだ。本書は、一つの視点ないし一つのアプローチを提案する——それは完成された観念のセットではなく、生成力を秘めた概念群と触発的な新しい問題群であり、そのすべてがこのさき未来にわたって批判され、展開されなければならないと考える。

本書には、以下の四つのゴールがある。

① 第一のゴール：〈サイコロジカルなこと〉が自然の一部であり、生態学的に研究可能であるこ

とが示される。この本の前半ではまず、サイコロジカルな実在のサイズとスケールについての見通しがあたえられる。そして、後半の諸章では、その見通しをもとに、ヒトの行為と意識がそのなかで進化してきた特定の生態的ニッチに光が当てられる。

② 第二のゴール：行為と意識がともに科学的に研究できることが示される。これはジェームズ・ギブソンによる二つの活動モードの区別、探索的な活動と遂行的な活動の区別の拡張によって基礎づけられる。この区別をベースにしないかぎり、心理学者は永遠に二つの陣営、すなわち、客観主義派と主観主義派に引き裂かれたままだろう。

③ 第三のゴール：高等動物の多くが「群棲環境 populated environment」のなかに生きているということを認め、このことが心の進化と発達に対してもつ意味あいを理解しようとするなら、〝個体〟の心理学と〝社会〟の心理学は調和しうるということが示される。

④ 第四のゴール：ヒトの心のいくつかの特別な特徴――とくに、「言語」やその他の〝選択された〟情報形式の進化――を議論の俎上にのせ、それがより一般的な動物の心との連続性をもつことが示される。

ここにあげた四つのゴールを達成することの重要性を心理学の理論化に取り組む者が認めるようになれば――たとえ、ここでの達成のしかたは受け入れられなかったとしても――この本は成功である。しかし、するどい読者は気づくであろう――この本のところどころで筆者がすくなくとも理論のアウトラインを描き出そうとしていることに。そういう部分は、筆者が自分自身の理論を提案している箇所として読まれるべきであり、まちがっても、その現象についての唯一可能な生態学的理論として読まれるべきではない。本書のなかで提案されている筆者自身の理論をここではっきり示しておこう。(a) 神経の生理学上の機能に関する〃選択維持 selective retention〃説。この大部分はジェラルド・エーデルマンの「神経ダーウィニズム」(Edelman, 1987, 1993) に基づいているが、いくつかの重要なちがいがある (Reed, 1989)。(b)「行為システム群 action systems」の理論 (Reed, 1982a) のバージョンアップ。これはジェームズ・ギブソンの「知覚システム群 perceptual systems」の理論を補うものとして構想されている。(c) 認識・言語・思考の発達に関する一視角 (Reed, 1991, 1995)。こうしたどの理論も完全な理論ではないが、すくなくともそれぞれが多数の新しい問題群をたちあげ、新しい探究の方向を示すことができる。ここでの提案をきっかけにして、本書のアイデアのいくつかを実際にテストし、それを〈サイコロジカルなこと〉の諸問題と関係づける探究者が生まれるなら、それはこの本にとっての望外の成功である。

〈ヒトである〉とは、他の動物とは異なる非常に特別な道においてこの世界に生きるということである——それがこの本のメッセージだ。ヒトは自己の周囲のある部分を利用し、他の部分を無視しながら生きている。ヒトの生きる道には、行為と意識の特別なモードが含まれ、本書で強調するように、非常に特別な進化を遂げた相互行為 interaction のモードも含まれている。しかし、ニッチがいかに特別でも、生きる道がいかに特別でも、相互行為がいかに象徴・記号《シンボリズム》の影響を受けていようとも、ヒトもやはりこのひとつの世界に生きている。他の動物と同じように、ヒトも特定のニッチに生息しているのだ。ヒトのニッチは、他にほとんど類をみないほどグローバルである。そして、そのグローバルな活動の影響はますます積み重なり、壊滅的な事態を引き起こそうとしている。ぼくらはヒトの生きる道を理解できるようになるだろうか——それがぼくらの唯一の〈家〉を破壊してしまうまえに。残念ながら、それは時間との戦いになるだろう。だから、心理学者は困難な課題を抱えているだけでなく、重大な責務も負っているのだ。そこから逃げてはいけない。

第1章 調整 vs. 構成

❑ 機械と有機体

「科学革命」以来、西洋の科学は「機械論的世界観」（Dijksterhuis, 1961）とともに歩んできた。しかも、科学の地位をゆるぎないものにしたのは、科学的思考そのものではなく、機械的技術の圧倒的な普及だった。だから、無理もないのだが、科学としての心理学を確立しようとする真摯な取り組みのほとんどはつぎの前提から出発することになった――科学としての心理学は機械論的でなければならない。けれども、この前提は誤りであり、探究の方向性を致命的に狂わせてしまう。科学としての心理学が現実のサイコロジカルな側面の理解にほとんどなんの寄与もできなかったことの主要な原因のひとつはこの機械論のバイアスにある。第1章では、機械論的世界観が心理学に植えつけた諸問題を概観し、そのオルタナティヴとして〈活動の調整 *regulation of activity*〉という生物的概念に基づいた生態学的世界観があることを示しておきたい。

四世紀もの長い間、科学としての心理学の発想の源泉にはほとんどつねに「機械」があった。17世紀にはデカルトが、サンジェルマン宮殿の水力で動く機械じかけの人形に触発されて、生きている動物についての機械的なモデルを構想した（Descartes, 1637/1985）。18世紀の啓蒙時代にはヴォーカンソンらが、生理機能を模倣する機械じかけの人形を嬉々としてつくった――フルートをふく人形、泳ぎ、エサを食べ、排泄する「アヒル・ロボット」（Fryer & Marshall, 1979）。19世紀には、電信技術のめざましい発展が神経系の研究者に圧倒的な影響をおよぼし、生体システムがあたかも離れた場所をつなぐ通信回線がはりめぐらされた物体であるかのように研究されるようになった。この傾向は20世紀になると、ますます魅力的になる機械メタファーとともにさらに加速する。電話交換局、サーボ機構、そして、もちろん、デジタル・コンピューター――。

ところが、これらの機械システムはすべて一つの特徴を共有している。「システムの外部の動因に動かされないかぎり動かない」という特徴だ。道具とは、働く人の動きを拡張ないし代替するものである（Marx, 1867/1977: chap.14）。しかし、道具にそうしたことができるのは使う人がいたり、動力源がべつにあったりして、それを動かしているからにほかならない。心理学の核心にある問題を機械論的な用語で言うなら、ひとはどうやって自分自身を動かしているのかということになるだろうが、これは純粋に機械論的な用語では適切に表現することさえできない問題だ。現代の最高に複雑な道具、コンピューターでさえ動かされるまではなにもしない。環境内でみずから行為する自動機械をつくったひとはいない。ごく単純な生きものと同じように動ける機械すらつくれないのである。外部からのサポート、エネルギー、メンテナンスなしには、機械システムは動くことさえできない。ましてや、生きつづけること、成長すること、交配して子どもを産むことになると完全にお手あげである。実際、現在ある機械のほとんどはひとが始動させ、その後も動かしつづけなければほどなく停止してしまう。いつかだれかが正真正銘の自動機械を発明できるのかということを問題にしているのではない。現在のどんな自動機械も動物のように能動的ではないということを問題にしているのである。機械と動物とのあいだには、このように決定的な差異があるにもかかわらず、心理学者は動物や人間の行動を機械的原理に基づいてモデル化することにこだわってきた。そのため、みずからの領域内のおそらくもっとも根本的な問題を無視することになった――〈自律的なエージェンシー〉の問題である。

機械論に毒された心理学は、行動が起こるためには、システムの外部もしくは内部からの「刺激」が必要だと仮定した。だから、心理学理論では（外的刺激にはじまる）「反応機構」と（内的刺激もしくは「命令」にはじまる）「指令機構」という二つの機構が要請される。「刺激がなければ動かない」ということは、ロボットや機械についてはたしかにそのとおりだろう。しかし、それは動物の実態からはかけ離れている。動物は全体もしくは部分においてつねに能動的である。そもそも神経系というものは、それが形成される以前から、相当能動的に環境と切り結びつづけてきた生物の個体群内で進化してきたのである（Mackie, 1971; Passano, 1963）。また、ヒトの祖先の二足歩行の獲得に関連した種々の特殊化も、それ以前から多様な生息場所に対処してきた霊長類の集団内で進化したものである。

したがって、心理学理論はその核心に混乱を抱えている。ほとんどの心理学的説明は、神経系こそが刺激の受け手であり（＝脳が信号を受けとる）、反応の送り手である（＝脳が命令する）という仮定を大前提にしているからだ。実際、神経の機能についてのこの機械モデルは、心理学上の問題への唯一の〝科学的〟アプローチとみなされることもあり、心理学や神経生理学の標準的な教科書でこの「信号 - 命令」の隠喩を使っていないものを見つけるのは難しい。だが、機械モデルはただの隠喩にすぎない。しかも、それは研究を誤った方向へと導く隠喩である。くりかえすが、動物はつねに能動的である。その動物を取り囲む（＝その動物がそのなかで自己を見出す）複雑な環境状況を「刺激」つまり「脳への入力」として扱い、動物の行動を「反応」つまり「神経系の命令による出力」として扱う考え方はすべて、動物のようには持続的活動のできない「機械」に動物をなぞらえる強引なアナロジーに基づいている。そのうえ、神経系が刺激の受け手であり、反応の送り手であるとする考え方は、神経系の進化の事実とも矛盾している。神経系は、それが形成される以前から環境と能動的に切り結びつづけてきた生物の集団内でこそ進化したのだから。

機械モデルを前提にしたため、心理学者の多くは、脳または心の役割が「世界像」（Craik, 1943）の構成にあると考えることになった。この考えによれば、動物がみずからの身体を適切に動かす命令を出すためには、まず種々の刺激を収集、照合、解釈して「世界像」を構成しておかなければならない。この考えは、現代科学が技術崇拝への傾きを強めるにつれて、よりいっそう広い範囲に浸透し、認知科学という一つの学問分野を成立させるに至った（Gardner, 1985; Posner, 1989; また、Reed, 1986）。心理学者と神経生理学者と認知科学者を結びつけたものは、脳が周囲の世界の表象を構成、利用するということの仮定だろう（Crick, 1993; Gallistel, 1990; Osherson & Lasnik, 1990）。本書で提案する生態心理学はこの仮定を共有しない。生態心理学は、有機体の内部にどのように世界が構成されるのかということとではなく、世界の内部にどのように有機体が自分の道を切り開くのかということを理解しようとするのである。

　神経系のない動物でも世界の内部にみずからの道を切り開けるとしたら、そして、神経系とはそれが形成される以前からあるこの能力を補助するために進化してきたと考えられるとしたら、神経の機能を「心的構成」の隠喩をもとに記述することはこれまで考えられてきたほど適切なものではない。脳内に心的な世界像があるという考えはひろく支持されているにもかかわらず、これまで明快な説明がなされたことは一度もない。ごくまれに説明されることがあっても明らかに不適切な説明であった。たとえば、心的表象の証拠として、ヒトの大脳皮質に末梢の感覚器官や身体の諸部分に対応した「地図」のような区分があるという事実があげられることがある。しかし、大脳皮質の諸領域と末梢とのあいだに規則正しい神経結合があるという事実は、神経の機能についてのほとんどすべての理論と一致することであって、表象主義者の主張だけを支持する証拠とみなすことはできない。しかも、特定の感覚器官や身体の部分に対応した大脳皮質の領域は複数存在し（だいたい一つの感覚システムに一ダース以上）、それらは広範囲に分散している。そのうえ、地図のような性質は、有機体の特定の種類の経験や活動があってこそ生じ、維持されるものである。これらの事実は表象主義者の理論ではうまく説明できない。神経生理学的に正しい表象理論をつくるなら、世界についての何ダースもの地図や表象があると仮定しなければならない。そして、こういう仮定をしたとたんに、それらの地図のあらゆる情報を整理する「地図読みとり係」まで頭蓋骨のなかに仮定しなければならなくなる。

　だが、「世界の構成」の隠喩を土台にして科学的な心理学を成立させようとすることの最大の難点は、実験によって明らかにされた事実にうまくあてはまらないということではなく、この隠喩が想定するようなことがそもそも原理的に不可能であるということなのだ。たとえば、脳が一つないしそれ以上の世界の表象をつくったとして、それからどうしたらいいのか？　世界の表象をもった動物は、それをもたない動物よりも、どのような意味で世界の理解や世界への行為に向けたよりよい準備をしたことになるのだろうか？　表象が妥当性をもちうるには、表象されているものごとの多数の性質についての情報が埋め込まれた一般的な形式で表現されている必要がある。ところが、心的表象がこのような種類のもの（つまり、ぼくらの知っている地図の類）だったら、ものごとについての理解をふかめることにも、行為の指針とすることにも、とくに役に立つとはおもわれない。それは以下の理由による。このような心的表象をもつ人は、みずからの直面している課題に関連した情報を与えてくれる側面をその表象のなかから同定しなければならず、しかも、そのように有用な側面を表象のなかから選択するには、当面の課題に関わる環境側の特徴も過不足なく選択しなければならない。つまり、一つの表象を利用するためには、当面の課題とその課題に関わる環境の特徴の両者を前もって理解していなければならないのだ！（当面の課題に必要なことが描かれた表象を多種多様な表象群のなかから選択するシステムだとしたら、問題はさらに複雑になる。）環境の表象をそなえた機械が、そうした表象のない機械よりも高度な活動ができるということもあるだろう。しかし、それは機械にそなわった環境の表象のなかから必要とされる側面だけを利用者がそのつど選択し、機械に利用できるようにお膳立てできるし、そうしているからにほかならない。結局のところ、表象されているものの扱い方を前もって知っているわけではない動物にとってそのような内的表象がどのように役に立つのかということは、まったく明らかにされていない。

プラトンの『メノン』に端を発するこの伝統的な議論（Weimer, 1973）は、心的表象がないことを証明しているのではなく、そうした表象体系を仮定しただけでぼくらの行為・意識が説明されたと信じるのはまちがいだということを示しているのである（⇩Box 1）。すくなくとも、本章での議論は、ここに示したような表象概念を中心にした心と行動の理論の生物学的妥当性に異議を唱えるものである。以下の二つのセクションでは、心理学の理論化のベースとなっているこの表象主義的ないし構成主義的な仮定と、筆者がそれよりもよいと考えるもう一つの仮定——神経系の機能は、すでに環境との切り結びのなかにある動物の行動の調整にあるとする考え方に基づいた仮定——とを比較対照する。

問題点を明確にするため、心理学のあらゆる理論が解明すべき行動の諸特徴を挙げたリストをエレノア・ギブソンから拝借してこよう（Eleanor Gibson, 1994）。エレノア・ギブソンによれば、心理学が解明すべき核心的な現象とは、〈エージェンシー *agency*〉である。エージェンシーは、動物がある状況において、すくなくともいくらかの自律性と制御をみせているときに発揮されている。つまり、「重力下にいる動物が体重を支えられないと転倒するのはなぜか？」ということは心理学的に解明する必要はないが、「ネコが獲物に跳びかかり、それを捕らえるのはなぜか？」ということは心理学的に解明する必要がある。エージェンシーは、すくなくとも三つの重要な性質をとおしてあらわれるとエレノア・ギブソンは述べている。その三つの性質とは——予期性 prospectivity、後見性 retrospectivity、柔軟性 flexibility である。

〈予期性〉とは、エージェンシーの「未来意識的 forward-looking」特徴のことである。動物の行動は、性質」として知られるようになるもの）は世界内のその源泉に似ていないが、知覚（「一次性質」）は似ていると主張した。このように、デカルトは心的コピーを内部へ、そして上方へ——つまり感覚の状態から脳の状態へと移動させたと言えるだろう。

カントはデカルトの脳内計算の考えをさらに推し進め、彼の言うところの「超越論的」なものへとまつりあげた。世界のいかなる側面であれ、それをきちんと把握するには、精神は一定のベーシックなパターン——たとえば、時間の中で展開される因果過程など——を仮定し“なければならない”とカントは主張した。そうした仮定をもたないかぎり、多種多様な感覚の「未知数」を相関させようとする試みは失敗に終わらざるをえないだろう、というのである。したがって、日々経験しているもっとも単純な対象でさえ、実際は感覚的経験とある種のアプリオリな制約に基づいた心的構成物なのである。この哲学では、心的構成物は世界内の対象をコピーしてさえいない。なぜなら、そんな対象はそもそも存在しないのだから。

2000年以上にもわたって、西洋の認識論は、心はすでに存在する世界をコピーしているとする主張と、心は世界をまるごと構成しているとする主張のあいだを揺れ動いてきた。そのすべての議論が同じ論理上の欠陥を抱えている。限られた選択肢を前提にしたうえで、これこれで「なければならない」ということについて議論しているにすぎないのである。

生態心理学はこの論争全体が誤謬であるとする前提から出発する。認識とは世界をコピーすることでも構成することでもない。認識とは、ぼくら——能動的で、変化する生きもの——を多種多様な事象に充ちた変化する世界と接触させつづける過程なのである。

「コピーとしての認識」vs.「構成としての認識」、あるいは心についていかに考えないか　Box 1

知覚についての最初の説明のひとつはギリシアの「シミュラークル理論」である。ぼくらが何かを知覚するのは、その対象の一種のコピーが精神内に入ってくるからであるとする理論だ。木を見ているときに、精神内にあるのは木そのものではないということは誰にでもわかる。したがって、精神内に入ってくるのはその木のコピーで“なければならない”というわけである。感覚に関する神経生理学的知識の進展とあいまって、この“なければならない”ということの強調の度合いは変化したけれど、残念ながら論理自体は少しも変化しなかった。デカルトは神経活動のメカニズムに関する自分の理論に依拠してこの「コピー説」を批判した。デカルトは、感覚入力の本質とは感覚表面に刺激が衝突することによって生じる力であり、一種の水力学的過程によって脳まで運ばれると仮定した（つまり、精神内に入ってくるのは対象のコピーではなく、物質の振動である)。デカルトは素朴なコピー理論を斥けたが、認識とは世界のコピーであるという考えを捨てることはできなかったので、そのコピーは受け取られたり反映されたりするのではなく、構成され“なければならない”と主張した。代数において未知数を解き明かすために連立方程式を使うことを発見していたデカルトは、脳も感覚入力を使って同じことをするという考えを提案した。すなわち、脳は多種多様な感覚の「未知数」(たとえば、一定の光、音、匂いなどその人がもつ諸感覚を引き起こすもの）を取り上げ、それらを「未知数」を解き明かすために相関させる。この相関の結果として、感覚的な諸特性の集合ではなく、対象の知覚が生じる、というわけである。デカルトは、感覚の諸状態（あるいは「二次非常に多くの場合、現在の状況ではなく、新しい状況を生み出すことに向けられている。たとえば、ネコのような捕食者は、獲物がいまいる場所ではなく、一瞬後にいる場所をめがけてとびかかる。予期性は、行為と注意を間近に迫った状況の特徴に向けるのである。一般的に、動物は、世界のなかにみずからの道を切り開く際に、問題や展開を予期する必要はあるが、世界の地図を頭のなかにもつ必要はない。

〈後見性〉も制御の重要な側面である。これは行動の「過去意識的 hindward-looking」特徴のことである。動物の行動が、現在ないし間近に迫った状況に向けられるのは、多くの場合、それが過去の経験によって際立たせられている、あるいは、意味づけられているためである。獲物が垣根の向こうへ逃げこんだのを見たネコは、その垣根のそばで我慢強く待ち続けるだろう。エージェント agent は後見性によって、過去の経験と現在の制御を協応させることができるのだ。ある動物の制御可能なエージェンシーの領域は、予期性と後見性とによって画定される。それは（きわめて単純な生物のように）ごく狭い環境状況に限定されている場合もあるが、（多くの哺乳類や鳥類のように）かなり幅のある環境の可能性を含んでいる場合もある。

制御の幅に関係なく、ほとんどすべての動物は——無脊椎動物も脊椎動物も——ある目的にたいして複数の手段をとることができるという意味で、行為制御にかなりの〈柔軟性〉をみせている。したがって、エージェンシーの第三の性質とは、まさに非機械的な性質、すなわち、行為の目的を達成する手段の変更可能性である。この性質は動物界全体の共通原則のようなものであり、例外的なことではないようにおもわれる。

あとで示すように、ここにあげた行動の諸特徴は動物界全般に広くみられるが、これらの問題を理解することに心理学の標準的な説明概念は何の役にも立たない。なぜなら、それらが土台にしているのは、〝機械〟の隠喩と〝世界の構成〟という考え方だからである。実際、ここに示した動物行動の重要な諸性質は、既存の心理学の大部分のアプローチでは解明はおろか、記述さえできないようなものである。

❏〈構成〉という隠喩

心理学のほとんどの理論は、機械的反応モデルこそが、「単純な行動」を適切に説明する唯一のモデルであるという前提から出発するため、「複雑な行動」を分析する段になると苦労するのが常だ。この前提にしたがえば、「複雑な行動」は〝自発的〟（つまり、刺激作用を受けていない）行動か、〝認知的なベースのある〟（つまり、入力へのダイレクトな反射ではなく、貯蔵ないし構成された命令による）行動だということになる。このようなわけで心理学者は——とりわけ、20世紀の心理学者は——あらゆる説明を「刺激 - 反射」モデルからはじめる。そして、このモデルで説明できそうもないときには、反射ではなく、指令ベースの説明方式に頼ることになる。それどころか、現代の認知科学者のほとんどが、「真にサイコロジカル」な過程は「中枢の指令」をベースにしたものだけであると主張するだろう。こうして機械論的世界観の直接の帰結として、サイコロジカルな過程は環境の内部ではなく、有機体の心すなわち脳の内部にのみあるという見解が生まれる。実際、認知心理学の古典的著作には、サイコロジカルな過程が要請されるのは、機械的な刺激入力がいかにして心的表象に「変換」されるのか、そして、その後いかにしてそれにアクセスするのかを説明するときだけだときちんと書かれている（Broadbent, 1958; Miller, Galanter & Pribram, 1960; Neisser, 1967）。もしサイコロジカルな意味や実在がフィジカルな世界に具現されているのではなく、ただ心的表象としてしか存在しないのならば、神経系への種々の生理学的信号の入力はサイコロジカルな過程によって、そのような表象の構造へと体制化《オーガナイズ》されなければならない——したがって、標準的な理論では、意味はサイコロジカルな処理によって生み出された構成物であり、世界の事実ではないということになる。

このような論理に基づいた研究は膨大な数にのぼる。たとえば、ゲシュタルト心理学者の研究もそうである。ゲシュタルト心理学者が語る「ゲシュタルト法則」とは、無秩序な刺激に秩序をあたえるサイコロジカルな過程のことである。ゲシュタルト心理学者は、いくつかの構造——たとえば、反復のパターンや視覚的デザインにおける対称性など——は、外的刺激に由来するだろうということははっきり認める。とすると、知覚の成立にサイコロジカルな過程がどこまでかかわっているのか、ということが問題になる。それを厳密に研究するために、コフカは「外的な力の作用をゼロにした」課題や提示を使った実験の分析を提案した（Koffka, 1935; pp.144f）。たとえば、ある実験では、刺激を提示するときに、その一番重要な部分がちょうど「盲点」の位置にくるように設定されている。「このようにして、われわれは」とコフカは述べている。「体制化に関わる内的な力だけを分離したわけである」。一般に、このような「心的補完」（mental filling-in）の実験は、主体のサイコロジカルな過程の構成能力を純粋なかたちで抽出しようとする心理学者にひろく用いられている手法である。「補完」という用語を批判したデネット（Dennett, 1991, p.341f）でさえ、このような構成主義的な解釈自体を批判しているわけではない。彼の主張は単純である――脳はしばしば入力に含まれるギャップを無視するのであって補完するのではない、ということだ。でも、これは、脳が入力に含まれるギャップを「無視」して、デネットの主張する別の基礎に基づいて世界像を構成するということにすぎない。ようするに、「補完」という用語を使うひとも、このメタファーに反対するひとも、動物が環境の重要な側面と実際に切り結ぶときに起こることは無視して、「意味」を心の構成活動から考えている点ではかわりない。構造化されていない状況ないし多義的な状況だけしか被験者にあたえられない実験はこのような理論に基づいている。この種の理論は、構造化された環境内にいる動物の通常の状況についての実験を回避する口実になっている。

サイコロジカルな過程をフィジカルな過程のギャップにおいて働くなんらかの構成活動とみなすことは、現代の心理学のほとんどの分野において実験の標準的な前提にされている。臨床心理学から一つ例をあげるなら、ロールシャッハテストがある。このテストは、被験者にはっきりした構造のない図を提示して、そこにどのような秩序を読み込んだかということから、被験者のサイコロジカルな過程がどのようなものであり、どのように意味を構成しているのかが推察できるとする考えに基づいている（しかし、J.J. Gibson, 1957 参照）。サイコロジカルな過程をフィジカルな現実のギャップに働く心的構成とみるこのような考えの例を実験心理学から一つあげるなら、シェパードの「刺激図の心的変形」の実験がある。この実験で提示される刺激図はある構造をもつが、そこにはなにか特定のものが欠けている。被験者は、提示されたものをもとにして、欠けている特定のものを構成することがもとめられる（Shepard, 1982）。たとえば、ある実験では、図形が特定の軌道で動かされるが、被験者はその終点しか見ることを許されていない。残りの軌道は被験者が自分で「補完」しなければならないというわけだ（Shepard, 1982, 1984）。

　この種の心理学の理論・実践はつぎのようなことを暗に主張している：サイコロジカルな過程の機能とは、構造や意味がない状況（すくなくとも、それらがいかようにでもありうるため、意味を外在的にあてはめなければならない状況）に構造や意味を付加することである。サイコロジカルな過程についてのこうした考えかたの起源は、ジョン・スチュアート・ミルの「推論」の概念（John Stuart Mill, 1843/1981 序文）、そして、ミルの概念を受け継いだヘルマン・フォン・ヘルムホルツの「無意識的推論」の理論――あらゆる心理学的説明の理論的枠組として一貫して守られてきた理論――のうちに見ることができる（Fodor, 1968; ヘルムホルツと現代の認知科学との歴史的連関については、Meyerling, 1989 参照）。ミルは「自覚的意識 consciousness」を「直観によって直接知られていること」と「推論によってのみ知られていること」という二つのカテゴリーに分けた。そして、つぎのようなことに注意しなければならないと説いた。「真理ないし真理とみなされることは、実際には非常に素早い推論の結果なのだが、直観的に把握されたように感じられるようだ」。ミルのこうした考えかたはヘルムホルツによって体系化された。彼は、ミルが言う意味での「直観」は物理的刺激が直接引き起こす主観的結果（光の感覚、音の感覚など）だけであるはずで、それ以外のあらゆる心的状態は（しばしば無意識の）推論の結果であるとした。「感覚」は生理学的に説明可能であり、そうすべきだが、それより複雑な主観的状態には、心理学的――あるいは計算論的ないし「論理学」風の――説明が必要になるということである。心理学的説明へのこのアプローチは必然的に、行動と経験を「反応的／指令的」という二つの部分に引き裂くことになる。そして、反応的行動は機械的なものであり、心理学的説明は必要ないが、指令的行動は非機械的であり、心理学的説明を必要とするとひろく考えられることになる。ヘルムホルツにとって、そして現代の心理学者の大部分、とくに認知主義者にとって、刺激への直接的反応として起こる現象はすべて機械的であり、したがって心理学ではなく、生理学によって説明されるべきだとされる。この標準的な認知主義的アプローチによれば、心理学的に意味のある現象は、刺激の複合的変形のみである。

「反応的現象／指令的現象」というこの二分法は、動物の行動研究の出発点にすでにあった（Boakes, 1984）。ヘルムホルツらの影響のもと、ロマーネスやロイド・モーガンは反射（＝反応的）と本能（＝指令的）とを峻別し、本能的行動は遺伝的にうけつがれた「無意識的推論」の媒介によって生ずると主張した。たとえば、卵からかえったばかりのヒナが生まれてはじめて見た成鳥のあとをついて歩く「刷り込み（インプリンティング）」という現象は、成鳥の姿を見たときにヒナがうけとった刺激が、遺伝的にそなわったサイコロジカルな過程（無意識的推論）によって、そのあとをおいかけるようにヒナを動機づける知覚へと変形されるために生ずるとされた（Johnston & Gottlieb, 1981 参照）。

こういう理論がいたるところにはびこっている現状をみると、動物行動を機械になぞらえて「刺激 - 反応」とか「入力 - 出力」という枠組みで分析すべきだとする前提がいろいろな問題に直結していることがわかる。たとえば、この前提は、心理学者に動物行動を正確に記述するという骨の折れる作業を回避させる傾向がある。単純な行動は反応を軸とした「刺激-反応」モデルで分析すべきだとするおもいこみは非常にひろく浸透していて、それにたいする反論はほとんどないため、いわゆる「単純な行動」についての「刺激-反応」モデルによる説明はきちんと分析されないまま正しいと信じこまれてしまう傾向がある。あらためて実験してみると、そうした説明の誤りが見つかるのだけれど、そのときまでには「刺激-反応」モデルの説明のまわりには幾重にも砦がめぐらされているので、それを土台からひっくりかえしてしまうわけにもいかず、たいていの場合はほんのちょっと手直ししただけで終わりになる。（本書のなかでぼくらはこうしたパターンを何度も見るだろう。）他方、複雑な行動は「刺激-反応」で記述するのはむずかしいので、実際の行動が正確に記述されることはめったにない。そのかわりに心理学者は、行動の背後に想定された「指令機構」について思弁をかさねる。このような傾向は結果的に、心理学を一群のデカルト的二元論によって分断する――「感覚／知覚」、「刺激-反応／認知」、「生得／学習」、「反応的／動機づけ」……。反応的行動は比較的固定的で機械的であり、指令的行動は柔軟であるという信念はこれらの二元論によってますます強固なものになる。しかしそれは、そう仮定しているからであって、実験・検証したからではない。こうして心の役割は、入力された信号を「解釈」し、行為の指令を出すために必要な心的世界像をつくることにあるという考えができあがる。この考えは、心を厳密に自然世界の外部に締め出してしまう。

❏〈調整〉という隠喩

哲学的に考えると、デカルト的二元論の誘惑は強力だが、どんなに単純な生きものでも、いったんその行動をじっと観察してみるなら、そんな誘惑などもう耳には届かなくなる。ゾウリムシなどの単純な有機体の行動についてのジェニングズの古典的な研究（Jennings, 1906/1976）はこのことをあざやかに示しているすばらしい例だ。ジェニングズは19世紀後半のデカルト的機械論者たち（Huxley, 1874/1893; Loeb, Pauly, 1987 参照）とはちがい、生きものの行動を長期にわたって実際に観察、実験した。それをもとに、彼は「行為システム群」（Reed, 1982a）の理論の先駆形を定式化し、調整過程としての行動の概念を生み出した。

ジェニングズは、単細胞の原核生物や真核生物のように単純な有機体もつねに能動的に活動していること、また、そうした有機体の適応的な行動は刺激への諸反応からなるのではなく、たえず進行している有機体の活動の修正——有機体 - 環境関係を変化させる修正——からなることを発見した。「ある状況下での行動の性質は、その状況の性質に依存するのと同様（あるいはそれ以上に）、動物の行為システムの性質に依存する」ということをジェニングズ（Jennings, 1906/1976）は強調した。たとえば、原形質の流動によって移動する非対称形のアメーバと、鞭毛や繊毛をつかって移動しているほぼ対称形のゾウリムシとを比較してみよう。アメーバはからだの一部をひっこめて、即座にどの方向にでも

「〝頭〟を向けかえる」ことができるのにたいし、ゾウリムシはからだ全体をぐるりと回転させせなくてはならないという制約がある。だから、なにかをよけなくてはならないが、それ以外の部分は同じ場所にとどまっていてもかまわないようなとき、ゾウリムシはほぼ一点を中心にして輪を描くように泳ぐ傾向がある（p.49）。

これらの行動を記述する際、ジェニングズは〝刺激〟・〝反応《リアクション》〟という用語を使ったため、ときにワトソン的行動主義の先駆者として扱われることがある（Pauly, 1977）。けれども、これは誤読だ。ジェニングズはつぎのように強調している（Jennings, 1906/1976, p.283; Jennings, 1908）。〝反応《リアクション》〟とは、自分にとっては、刺激への反射《レスポンス》を意味するのではなく、行動の変化を意味する。また、〝刺激〟とは、単純な物理的原因を指すのではなく、反応のきっかけとなる有機体 - 環境関係の変化を指す、と。ジェニングズは、反応がいかに始められるのか、あるいは、いかにより複雑な行動へと構成されるのか、と問うのではなく、すでに行動中の有機体が諸条件の変化と調和して、いかに活動パターンを変化させるのか、と問うのである。その概念、実験には多数の至らない点があったとしても、ようするに、ジェニングズが関心をいだいていたのは、単純な生きものたちが環境のなかでどのように行動を調整しているのか、ということだったのである。

ジェニングズが微生物の行動のなかに見つけた調整過程は、エレノア・ギブソンがあげた行動の重要な三つの機能的側面をあますところなく示している。こういう単純な生きものも、たえまない活動——それによって、これらの微生物は環境と切り結びつづけているあいだ（環境のなかのごくかぎられた側面にたいして調整できるだけだとしても）比較的よく適応することができる——を見せているという点で〈エージェント agent〉なのである。他のあらゆる有機体と同様、ゾウリムシやアメーバの環境への適応も「比較的よく適応している」というだけのものである。なぜなら、ゾウリムシやアメーバの行動もけっして完璧ではなく、ほかの生物がもたらす危険や死、そして環境の偶然のできごとによって引き起こされる危険や死とつねに隣り合わせだからだ。

〈予期性〉は、食物源の方向に定位し、そこに移動できる能力のなかに見られる。これは原核生物（バクテリア）にもできることがわかっている（Pittenger & Dent, 1988）。しかも、バクテリアは、過去に有害物質に接した経験があると、その物質を回避する確率が高まるという点で、ある程度の〈後見性〉も見せている（Koshland, 1980）。

微生物が、それとの関係において、みずからの行動を調整できる環境の側面は、ごくわずかで、基本的なものに限られている――おもに、栄養源と危険源（細胞にダメージをあたえる化学物質ないしエネルギー）である。しかしながら、このような単細胞生物においても、それが能動的で自律的な調整過程であるという証拠は動かしがたい。

したがって、心理学は――ジェームズ・ギブソン（James Gibson, 1979/1986, p.7）がかつてそう看破したように――心でも、脳でも、行動でもなく、運動するもの the animate と運動しないもの the inanimate との区別にはじまると考えられるべきなのだ（ギブソンは animate という言葉を比較的ふるい意味で――animated and aware というときの意味で――使っている。ここでは彼のこの用法にしたがう。植物が animate と考えられるかどうかはむずかしい問題であり、ここでは論じない。Reed & Jones, 1978 参照）。ある生物を「運動するもの」にするのは、周囲の利用可能な資源を利用

アフォーダンスと資源　Box 2

ある動物と切り結ぶ資源は環境のアフォーダンスである。だが、どんな動物も環境のすべての資源と切り結ぶことはできない。ある動物は他の動物、一部の植物、それから多数の物・事象・場所と切り結ぶが、これらはその環境のすべてではない。一個の果実と切り結ぶ動物はそれによってその果実に含まれる果糖や炭水化物と切り結んでいるわけではない。たとえ、それらを摂取しているとしても。果食動物は糖と炭水化物の化合物にたいする味覚、おそらくは特定の種類の糖と炭水化物にたいする味覚さえ発達させているように見えるけれど、これはこうした分子的存在それ自体と切り結ぶことと完全に同義ではない。地球上の全動物は酸素を必要とするが、酸素それ自体と切り結んだことのある動物はほとんどいないのである。

あるアフォーダンスと切り結ぶ能力には、そのアフォーダンスによる自己の行為調整を可能にする情報の利用へと調律された知覚システムが必要とされる。興味深いことに、自己の移動をガイドするために酸素濃度を利用する微生物がいるけれど、地球上の主要な動物門（節足動物門・脊椎動物門）にはそういう動物は発見されていない。そうした特定の調整活動を進化させる方向へと自然選択が作用した場合に、資源は――より正確に言えば、ある生息地に一般に見つかる諸資源の特別な組合せは――アフォーダンスになるのである。ある動物がどんなアフォーダンスを意識しているのか、どんなアフォーダンスによって行為しているのかということはつねに実験によって答えられるべき問いである――穴掘りをしているミミズについて考えるときでも、考えるヒトについて考えるときでも同じことである。

するために、自己と周囲との関係を調整する能力である。エレノア・ギブソンとジェームズ・ギブソンにならって、ある動物が切り結ぶこの資源を環境の〈アフォーダンス *affordances*〉とよぶことにしよう。細胞生理学では分子レベルの資源が重要だが、細胞の数と複雑さが増大するにつれて、動物が切り結ぶアフォーダンスは分子レベルの資源とは次第に異なってくるということに注目するのが重要である。腸内の大腸菌は、実際に乳糖分子に接触しているかもしれないが、そのような分子レベルの切り結びが生まれるためには、ぼくらはミルクや乳製品と切り結ばなければならない。ミルクは乳糖を含有していること（など）によって、ぼくに栄養をアフォードする——が、乳糖そのものがぼくにたいするアフォーダンスをもっているわけではない。乳糖は、ミルクを摂取したときに栄養になるものの一つにすぎない。大部分の比較心理学は、こうした水準のちがいを混同している。（⇩Box 2）

❏むすび：生態心理学の根本仮説

生態心理学、ならびに本書の基底にある仮説はつぎのようなものである。

アフォーダンス群、そして、その相対的な利用可能性（または、利用不可能性）こそが動物個体の行動にかかる選択圧をつくりだす。ゆえに、行動は、ある動物の環境のアフォーダンス群との関係において調整される。

この仮説には多くの重要な主張がおりこまれている。もっとも意味深い主張の一つはこのようなものだ：〈行動〉（知覚・認識を内包した最広義の〈行動〉）は引き起こされない *not caused*。アフォーダンスは行為の機会 *opportunities* であって、原因や刺激ではない。アフォーダンスは利用可能であり、生物個体の行為を動機づけることもできるが、行動を引き起こすわけではないし、そんなことはできない——たとえそのアフォーダンスを利用する行動さえも引き起こされているわけではないのだ。

「行動は引き起こされない」と言うことは非科学的な響きをもつ——とくに、実証主義的な知的文化がいまでも幅をきかせる心理学の世界では。だが、〈サイコロジカルなこと〉とは、正確には、動物が世界と切り結ぶ際に起こる、引き起こされたわけではない行為と意識のことだ。ある動物の行為と意識を支える要因は無数にある。それらはたんにその動物の神経系のなかにあるだけでなく、その動物を取り囲む環境のなかにもある。しかし、それらのどの要因も（個別でも、集合でも）サイコロジカルな状態を完全に引き起こすわけではない。これこそ〈エージェンシー〉の意味するところである：エージェントはものごとを起こす、世界内に自分の道を切り開く、すなわち本書の用語でいえば、環境と切り結ぶ。環境と切り結ぶこのエージェントは肉体、神経、筋肉、内臓だ。ホルモンは、このエージェントのレディネスの状態を変化させうる。外的な刺激作用にも同様のはたらきがある。だが、エージェントの行為はこれらの原因によって、あるいは、どのようなものであれ、そうした原因によって引き起こされた結果ではない。エージェントの行為は、通常は自発的で、内的・外的どちらの要素によってでも修正・調整される、たえまない調整活動の流れの一部である。

生態心理学は、だから、ブレンターノと作用心理学者によって開始され、一部の現象学者によって推し進められた「原因‐結果」図式による心理学的説明への批判には賛同する。しかし、その伝統の底に横たわるもう一つの考えかた――〈エージェンシー〉は科学的には理解不可能であり、解釈という方法をつうじてのみ合理的に説明可能であるとする考えかたは断固拒否する。生態心理学は、他の科学的心理学の「原因」還元主義は捨て去るが、実験と経験的説明を重視する態度まで捨て去ることはしない。生態心理学のゴールは、〈エージェンシー〉を説明不可能なものとすることでも、それについてただ語ることでもなく、それを科学的に解明することである。〈運動するもの〉の核心に迫るこのようなアプローチのなかで、生態心理学は、チャールズ・ダーウィンのほとんど知られていない進化心理学の研究活動にあらためて出会うのだ。

第2章 進化心理学

❏心理学者、チャールズ・ダーウィン

チャールズ・ダーウィンが心理学の実験研究をしていたことは驚くほど知られていないし、理解されることはさらにすくない。ぼくらの手に入るもっともくわしい歴史（Boakes, 1984; Richards, 1987）をみても、ダーウィンの多数の行動実験のことやこうした実験の基礎にある理論的なアプローチへの言及はまったく見られない（Reed, 1982c, 1997）。これは非常に残念なことである。なぜなら、ダーウィンの仕事はいまも重要な洞察をぼくらにあたえてくれるのだから。

ダーウィンは、行動と意識を動物が生きることと一体にとらえ、それらも生きた世界の他のあらゆる面と同じように「変異《バリエーション》と選択《セレクション》」という進化のパターンにしたがうと考えた。「動物は自動機械である」という友人ハックスリーの理論をダーウィンはけっしてみとめなかった。彼は動物にも心的状態があると信じていただけでなく、観察、実験、生態学的分析の組合せによって、その状態を知ること

ができるとも考えていた。行動と意識を支える生態学的資源（すなわち、アフォーダンスと情報）を考える生態心理学の核心的なアイデアをダーウィンが明示的に展開したわけではないけれど、そこに驚くほど接近していた。この章で論じられるアイデアの大部分は、行動と進化をめぐるダーウィンの研究全体を通して少なくとも暗に示されているものである。さらに、ダーウィンは、動物が周囲との切り結びをどんなふうに調整しているのかを分析する基本的な実験の方法をいくつか考案してさえいる。実験的な行動主義者にして進化論者だったダーウィン——没後一世紀以上経ついまも、驚くほど知られていない未知のダーウィンがここにいる。実験的かつ進化的な行動科学をつくりだそうとしたダーウィンの努力をざっと概観するには、ぼくがこれからやるように、ミミズの活動と意識についての研究にあらためて注目してみるのがいいだろう。

❏ミミズ：アフォーダンスによる行動調整の実例

ミミズは、生涯のほとんどを地面の下で穴を掘りながら生きている。ミミズの身体はものすごく敏感な皮膚で覆われているのだから、この生息場所で生きるのはとてもむずかしいことだ。熱や水分の蒸発によって、皮膚が乾燥するとミミズは死んでしまう。ミミズは多数の行動適応によってそうした乾燥をふせいでいる。このことをはじめて研究したのは、チャールズ・ダーウィンである（Darwin, 1881; Reed, 1982c 参照）。

この事例はとても興味ぶかい。その理由の一つは、ミミズには（皮膚全体を一つの感覚器官と見なすことはできるにしても）分化した感覚器も、脳もないからである（中枢神経節があるにすぎないのだ）。にもかかわらず、ミミズの行動は柔軟に調整されている。それはぼくが「機能特定性 functional specificity」（Reed, 1982b）と名づけた柔軟なパターンを見せている。――つまり、ミミズは「刺激‐反応」機械のように動いているのではなく、明らかに、ある場面で必要とされている機能要求に対応できるなんらかの反応機構を使っている。ようするに、ミミズの行為の一部は、皮膚をしっとり湿った状態に保つ土と大気のアフォーダンスとの関係において調整されているのである。自分自身の生息場所のなかでのミミズは、予期性、後見性、柔軟性を含んだ重要なエージェンシーの力を見せているのだ。

ミミズの行動適応はすべてミミズが掘る穴に関係している。この穴は、ミミズが大量の土を飲みこみ、そこに含まれる栄養分をとりこみ、残りを排泄しながら、地中を移動することで掘られている。ダーウィンが注目すべき一連の実験によって証明したように、その穴のサイズ、構造、形状、そして深さは、デタラメではなく、ミミズによってちゃんと調整されている。

自宅の庭と室内用の飼育箱の両方をつかって観察と実験をおこなった結果、ダーウィンはミミズが掘る穴について以下のような事実を明らかにした。①気温が低いときほど、穴はふかく掘られる傾向がある。②穴は鉛直線からわずかに斜めの方向に掘られ、枝分かれはめったにない。③穴の最上部は「かご」のようなかたちになっていて、最深部はいくぶんひろくなった小部屋のようになっている。そこはふつう、植物の種や小石などをつかってしっかり裏打ちされている。④穴はミミズが排泄した湿った土で裏打ちされており、それは何度も同じところを行ったり来たりすることによって押し固められている。「こうやってつくられた裏打ちは、ほぼ乾燥する頃には、ずいぶん堅く、なめらかなものになっていて、ミミズのからだにぴったりあう。ミミズのからだのまわりには小さなそり返った剛毛が列になって突き出ているので、この裏打ちがちょうどよいささえになり、穴はミミズがすばやい動作をするのに、一段と適したものになっている」(Darwin, 1881, pp.112-13)。

この裏打ちの製作に、ミミズはなんらかの選択性を見せているのだろうか？——そこに興味をもったダーウィンは土の上に砕いた石炭がらをばらまき、それらが裏打ちにつかわれるかどうかを見ようとした。石炭がらは堅く、するどくとがっており、ミミズの皮膚をひどく傷つけるだろう。けれども、石炭がらは周囲に押しやられ、飲みこまれなかったばかりか、石炭がらがみつかる土の層では穴の壁はふつうには見られないほどの厚さで裏打ちされていたのである。

ミミズはまた、穴の入り口に、さきほど説明した「かご」型の巣をつくるため、こまごましたいろんなものを引き込んでいる。ダーウィンがヨーロッパアカマツの針葉やガラスやタイルのかけらを地面の上にばらまいてみたところ、ミミズはじぶんが排泄したねばねばした黒土をつかって、こうしたあぶなっかしいものを「かご」の壁に塗りこめてしまった。そのうえ——「マツの葉はすべて枝につながる基部のほうから引き込まれていた。そして、針葉のするどくとがった先端は、排泄された土の裏打ちのなかに押しこまれていたのである。もしも、するどい先端がうまく処理できていなかったら、どうなっただろう？　そのとき、ミミズの巣穴はするどい針金が中心にむかってずらりと突きだした罠みたいな構造になっていたはずだ（動物が入るのは簡単だが、出るのはむずかしい、あるいは出られない、あの罠だ）。もしこうなっていたら、ミミズが穴のなかに引き返そうとしても、するどい針葉の先端がそれをじゃましただろう。そう考えると、このミミズのわざは注目に値する。しかも、実験につかったヨーロッパアカマツがもともとこの地方にはない木だということを考えあわせると、その印象はさらに強まる」（pp.114-15）。ミミズの穴は、どこでもおなじように掘っていくだけの穴掘りの産物ではなく、安全で快適な移動がアフォードされるように局所的な状況の細部の変化に適応して選択的につくられた建築物だったのである。

ミミズの行動能力を如実に示すポイントがある。「かご」の領域のすぐ上の出口の部分、つまり地面へとつながるところをミミズはしばしば「ふさごうとする」。この「穴ふさぎ」がおこなわれる状況、そして穴をふさぐためにミミズがとる方法は、ミミズの行動の高度な機能特定性を示す実例になる。

ミミズは、葉、小枝、葉柄など、「かご」型の巣穴の裏打ちに使う材料の一部を利用して穴をふさいでいる。この穴ふさぎの結果、巣穴への外気の吹き込みが遮断されている。とすると――ダーウィンは推測した――このミミズの行動は、巣穴に暮らすミミズの皮膚の乾燥をふせぐという機能に適応しているのではないか？

ダーウィンは、ミミズの穴ふさぎのしかたを知るために、さまざまな種類の葉をつかって実験した。全般的に、ミミズは葉を先端から穴に引き込んだ。ところが、葉の基部が先端よりもせまい葉（たとえば、シャクナゲの葉など）の場合は、基部から引き込むことがわかった。おなじ葉でもせまい端から引き込むほうが穴をより効果的にふさぎ、ぴったり密閉できる。ダーウィンはまた、最初に葉のひろいほうの端、つまり穴に引き込むのには不利な位置がつかまれたケースも見たが、このようなケースでも、たいていの場合、ミミズは実際に葉を穴に引き込むまえに、ぐるりとまわしてせまいほうの端をつかみなおしていることがわかった。自然の葉をつかった実験のあと、ダーウィンは、まっしろな便箋を切り抜いて、頂点の角度をさまざまに変えた何枚もの人工の葉をつくり、それをつかって実験した。(白い紙を使うことでダーウィンは、その表面に残された粘着物質の痕跡から、ミミズがこの人工の葉のある箇所をくわえ、それからつかみなおした場合をチェックできた。）人工の葉をつかった実験の結果、ダーウィンは確信した――ミミズは葉を穴に引き込むとき、もっともせまい頂点を選択してつかむ傾向がある。そして、この選択は圧倒的に多くの場合、試行錯誤の結果ではない。

実験の結果はすべてダーウィンの仮説を裏づけていた――ミミズは、この「穴ふさぎ」行動を調整して皮膚の乾燥をふせいでいるのであり、葉や穴の部分的な特性への機械的な反射として「穴ふさぎ」をする（たとえば、いつでも葉の先端を選択して穴に引き込む）のではない。室内飼育箱のミミズをつかったべつの実験は、この解釈の正しさをさらに裏づけた。まず、ダーウィンは、室内飼育箱のなかのミミズが、野生のミミズとおなじように、葉の引き込み行動をおこなうことを確認した。つぎに、室内飼育箱のなかの空気を調節して、夜間でもつねに空気が暖かく、湿った状態に保たれるようにした。すると、こういう快適な条件になったとたんに、それまでどの葉を選ぶか、葉のどの部分をつかむか、ということに選択性を見せていたミミズが、そういう選択性をみせなくなり、葉のいろいろな部分をつかんで引き込むというように、多少いい加減に行動するようになった。環境のアフォーダンスが行動に選択性を要求するときには、ミミズは選択的だったが、暖かさと湿っぽさのアフォーダンスの獲得に選択性が要求されない環境状況下では、ミミズは選択的ではなかったわけである。

❏心理学への教訓

ダーウィンのミミズ研究は、現代の心理学者にすくなくとも三つの教訓を与える。

教訓その一——ミミズの研究は、心理学ではもっとも単純そうに見える現象でも、多くの場合、「単純」などとはとても言えないということを示している。心理学者の最初の仕事は、可能ならば実験をして、自分が研究している行動によってなされている調整の性質を突きとめることである。ヒトは、ある動物が環境内に見出す多種多様な変化には精通していないことが多いので、その行動を純粋に「本能的」なもの、つまり、ある刺激によって「自動的に解発された」ものだと思い込みやすい。ダーウィン以外の科学者の誰もが、ミミズの行動はその種の機械的な本能によるものと解釈して終わりだったろう。しかし、ダーウィンは、ミミズの穴ほり行動が実際どれほど順応性があるのかをきちんと実験的に確証するだけの労を惜しまなかった。そのことが彼の実験をこれほどまでに注目すべきものにしたのだ。

教訓その二——行動の調整の機能特定性についての仮説は実験によって検証しなければならない。もし、ダーウィンが葉（「自然の葉」と「人工の葉」の両方）の形態に実験的な変化を導入しなかったら、ミミズの行動が、葉の形態やサイズではなく、「穴ふさぎ」のアフォーダンスとの関係において調整されているということは示せなかっただろう。しかも、ダーウィンの研究は、この種の実験が、いろんな方向から一点に向けて条件をしぼりこんでいくような方法をとったときにもっともうまくいくということも示している。ダーウィンは、葉の形態を直接変えるだけでなく、おなじ種類の機能特定性を調べるもう一つの方法として、全体的な環境状況（「空気中の湿度」）を変えている。

教訓その三――ある動物が行動を機能特定的に調整するために、どのような〈情報 *information*〉を利用しているのかを理解しようとする必要がある。これはダーウィン自身は完全には言葉にしていないが、彼の研究をつうじて暗黙のうちに語られていることだ。現代の心理学は「動物やヒトはどんなふうにものごとを学習するの？」と聞かれたとき、最後のよりどころとして「試行錯誤しながら……」といった説明にたよってしまう傾向がある。けれども、こうした説明は往々にして問題の棚上げにすぎない。「試行錯誤」しながら学習しているときでさえ、ある試行の成功／不成功の差異は知覚しなければならない。もし、実際に、ある試行の成功に必要な諸条件を知覚できるのなら、ランダムな試行錯誤など起こることもないだろうし、起こる必要もない。根本的な問題は――ダーウィン自身はそこにせまっただけで終わったが――動物はいったいどんな〈情報〉を利用して、行動の成功／不成功を区別しているのか、ということだ。ダーウィンの実験の結果から推論できるのは、その情報は何らかのしかたで、葉（その他、行為に関わりのある対象）の物質および形態と、ミミズの巣穴の出口との関係を特定しているにちがいない、ということである。その情報はたんに葉の部分の形態や物質についての情報ではありえないのだ。なぜなら、ダーウィンが明らかにしたように、ミミズはただひたすら葉のある部分や先端を愚直に見つけだすのではなく、じょうご型の穴へ引き込むのにもっとも適した部分を見つけだす傾向があるのだから。〈情報〉というこの重要な概念については、第4章でもっとくわしく論じることにする。

ダーウィンのミミズの行動実験のまとめは理論的主張としても読める。彼はつぎのように書いている――「おどろくべきことだが、穴の出入口をふさぐミミズの方法には、たんなる盲目的な本能的衝動ではなく、ある程度の知性があらわれている」(Darwin, 1881, p.97)。ダーウィンは、ミミズには巣穴を掘ったり、自分の身を保護したりする本能を調整することに役立つ「メンタル・パワー」(ダーウィンはこうよんだ)がわずかながらある、と言う。「メンタル・パワー」とは、ミミズの選択と識別の能力のことであり、実験によって示すことができる。この識別と選択の能力は完全に本能的なものと見なすことはできない、とダーウィンはつけくわえる。この能力は、ダーウィンが実験・観察した限りにおいて、周囲の状況のちょっとした変化にも柔軟に対応して変わることができ、その変化に適応している。それは本能とはとても考えられないほど柔軟な適応である。そして、なによりも重要なのは、穴ふさぎに使われる葉の識別と選択の変化が、ランダムではなく、機能特定的であるということ――つまり、周囲の状況が要求する機能の変化に同調しているということである。

ダーウィンの実験は、ミミズが皮膚をあたたかく、湿った状態に保つために行為しているということを証明したわけではない。ここを強調しておくのは重要なことである。ダーウィンの実験は、ミミズは皮膚がより高い確率であたたかく、湿った状態に保たれるという結果へとつながるやりかたで行為していることを証明したにすぎない。ここは決定的なポイントである。「ミミズは、葉の穴ふさぎのアフォーダンスを利用している」と言うことと、「ミミズは、皮膚をあたたかく、湿った状態に保つために行動している」と言うことはまったくべつのことなのだ。前者はたんに、ミミズには行動をガイドする識別と選択の能力があると主張しているだけだが、後者になると、ミミズが原因と結果、あるいは目的‐手段の関係を理解しているということまでも仮定している。ダーウィンの実験が信頼できるものなら、ミミズは葉のアフォーダンスを知覚できるし、実際にアフォーダンスを知覚することによって、みずからの行為を調整している。アフォーダンスによるこの行為の調整は、ミミズの皮膚を保護するという結果を生む。けれども、ミミズがこの結果を享受しているからといって、この特定の結果を生むためにミミズが行為している、ということを証明するものはダーウィンの実験のなかにはない。

❏調整された行為には意識がある

ミミズは、葉の穴ふさぎのアフォーダンスと石ころの裏打ちのアフォーダンスを意識している——ダーウィンがおこなった模範的な研究から、ぼくらはこういう結論をみちびき出すことができる。また、ミミズは環境のこれらのアフォーダンスの認識に基づいてみずからの行為を組織・調整する重要な能力をそなえているという結論もみちびき出すことができる。

どんなに限られた意識だといっても、「ミミズにも環境にたいする特定の意識がある」という主張を認めることには抵抗のある人が多いだろう。だが、これはダーウィンの実験の結果の妥当な解釈だとおもわれる。気をつけてもらいたいのは「限定された特定の意識がミミズにある」というこの主張よりも、これから述べる二つの主張のほうがはるかに議論の余地のあるものだということである。

第一に、アフォーダンスを意識するということは、必ずしも自覚的 conscious なこと、つまり、自己意識的 self-conscious なことではない——それはたんに、意味を識別する知覚能力と、その識別に基づいて組織された行為を見せているということにすぎない。

第二に、アフォーダンスを意識するということは、世界についてのある種の信念 belief をもつことではないし、葉や穴についての信念をもつことでさえない。（とくに、さきほども強調したように、アフォーダンスを意識することは、原因と結果についての信念をもつことではない。）葉が穴への引き込みをアフォードするということを知覚するために、葉や穴についての明示的知識は何も必要ない。そのかわり、環境内の二つの対象を関係づけられる鋭い識別能力は必要だ。（それを言葉で表現するとしたら「ここにあるこれは、あそこにあるあれとぴったりだな」というふうに言えるかもしれない。ただ、こういう能力を言葉で表現しても誤解を招くだけだが。）ダーウィンもべつのところで書いているように、血を吸う昆虫には、哺乳類を刺すのにもっとも適した箇所を識別する優れた能力があるけれど、このことを理由にして血を吸う昆虫に「解剖学の知識」をみとめるのは「まったくナンセンス」なのだ（Darwin, 1888, Ⅲ, pp.244-5）。

ミミズのような動物が環境のアフォーダンスを意識している、と考えることへの抵抗感の根っこには、心理学を支配してきた機械論的な隠喩がある。この隠喩によれば、刺激への感覚的反応は、何らかの心的または神経的機構によって知覚に変換されるまではたんなる機械的なものにすぎない。ミミズなどの単純な動物には、高等動物のような精巧な心的または神経的機構などないのは明らかだから、これらの動物は一貫して機械的に感覚し、機械的に動くだけだと仮定しなければならないことになる。しかし、実は、ジェームズ・ギブソンのもっとも重要な理論上の貢献の一つは、知覚が一次的 primaryであり、感覚が二次的 secondary であるということを示したことである——つまり、世界についての意識は、刺激作用を受けている自分の神経系についての意識からは独立して生ずる、ということである。たとえば捕食者は、穴のなかへ逃げ込んだウサギを意識できるが、その時点ではウサギから発して捕食者の神経系に達している刺激作用など存在しない（J.J. Gibson, Kaplan, Reynols, & Wheeler, 1982/1969）。

知覚は、課せられた刺激作用や感覚連合からは独立しているとするギブソンの主張は非常にラディカルだ。なぜなら、知覚は必然的に感覚に依存すると長いあいだ思い込まれてきたからである。もし、知覚が（心理学を支配する機械論的理論の想定のとおり）感覚過程の解釈の結果なら、感覚に依存しなければならない。けれども、もし、知覚が、環境内に利用可能なものとして潜在し、ぼくらを包囲する（つまり、ぼくらの外にある）情報を獲得・利用する能動的過程の結果なら、二つの過程はある程度独立していることになる。

比較心理学では、行動の証拠から、動物には感覚と識別はみとめられても、世界についての知覚的意識はみとめられないと考えてきた。しかし、これは機械論的背景を前提としてきたからにほかならない。「動物の意識」に関する研究（Gould & Gould, 1994; Griffin, 1984; Kennedy, 1992）がどれも矛盾と論争でゴタゴタしているのは、感覚的な神経活動を基礎に置き、世界を知ることがそこから派生するとしているからである。ところが、ジェームズ・ギブソンが正しいなら、知覚を動物にみとめることのほうが、感覚をみとめることよりも問題が少ない、と考えられるはずである。そして、実際そのとおりだとおもわれる。たとえば、目隠しされていたラットが光学的断崖 optical cliff（Walk & Gibson, 1960）を回避したとき、これは崖の知覚の――つまり、その向こうへは移動できない場所を知覚した――証拠と見なすことができる。これは知覚の事例であり、そのラットが光刺激を意識したのか、それとも、網膜上の肌理の勾配のパターンを意識したのか、ということは問題にすらならない。そのうえ、標準的な知覚理論が要請するように――ラットは、①まず最初にそれらの刺激を意識し、②つぎに、その刺激が「自分は地面からこれくらいの高さにいる」ということを意味すると解釈し、③それから、その解釈に基づいて自分の行動を変える――という一連の複雑な推論過程があることなど、ぼくらが得られるいかなる行動の証拠によっても支持されていないのだ！

「動物が環境内のXを知覚している」とぼくが言うとき、それは「動物がXを意識している」と言うのと同じことである。少なくとも「動物は、Xと、自身が出会う他のものとの差異を意識している」と主張するのと同じことである。こうした主張を検証するための実験は簡単であり、ダーウィンの研究プログラムはそのすぐれた実例である：すなわち、その動物は、Xについての情報にアクセスできる状況下では、Xに関連した行動を見せるだろうか、また、そのような情報が利用不可能な状況下では、Xに関連した行動を見せなくなるだろうか、ということを調べることである。そのような知覚能力を示す圧倒的な証拠は、高等動物だけでなく、ミミズのように単純な環形動物にまで至る多くの無脊椎動物にさえ見られる。多くの動物は、さまざまな場所のなかから、休息、生活、巣づくりのための場所を確実に選択し、さまざまな種類の食べ物のなかから特定のものを確実に選択し、そして、もちろん、捕食者／同種の仲間など、さまざまな運動する対象のなかから特定のものを確実に選択している。このような動物たちが環境のその部分を意識していないなどと言うのはナンセンスである——ヒトだけが「意識している」という独断的な信仰に同意しないかぎりは。

このようなわけで、本書では、動物はものごとを知覚している、あるいは、意識していると言う。このような主張がなされるとき、それは情報の利用可能性の差異に対応して行動の差異が見られるという実験的証拠に基づいている。したがって、ミミズの心的状態は、葉と穴についての知識ないしは信念の状態（Kennedy, 1992）として擬人的に解釈されるべきではない。実際、ダーウィンの研究のなかに、ミミズが環境内の他のものから「葉」を弁別したことを示唆するところはない——ダーウィンの研究はたんに、ミミズは、通常の生息場所で他の条件がすべて同じなら、もっとも葉に近いものを利用する傾向がある、ということを示唆しているだけだ。したがって、ミミズが意識しているものは——哲学者なら、ミミズの意識の「志向対象」（Aquila, 1977; Searle, 1983）と呼ぶだろうものは——柔軟で、比較的平らな物質表面の穴ふさぎのアフォーダンスである。こうした物質表面のどのようなパラメータが、ミミズの識別と行為の調整にとってもっとも重要であるのかを発見することは実験的な問題であり、きめ細かい実験的統制が必要とされる。

❑アフォーダンスは有機体とは独立に存在する

アフォーダンスは、有機体とその周囲との関係である——このように言われてきたことで、アフォーダンスという考えかたにはある誤解がしつこくつきまとってきた。この誤解をとくことが重要だ。それはアフォーダンス研究への「共依存論」的アプローチ（Noble, 1981; Good & Still, 1991; そのほかにLakoff, 1989 も参照）と呼ばれている誤解である。共依存論者は、アフォーダンスはそれを知覚したり、利用したりする動物がいなければ存在しないと主張する。この議論には、ジョン・デューイのようなプラグマティストの仕事にまでさかのぼる立派な系譜があり（Westbrook, 1992）、いわゆる「状況に埋め込まれた」活動の理論（Agre, 1993）であらためて提唱されている一種の「認識モーター理論」とも符合するが、まちがいであることに変わりはない。ある「生態的ニッチ ecological niche」は、ある有機体の個体群 *population* に利用可能なものである——たとえ、その個体群のいかなる個体もそれを完全に利用し尽くせないとしても。あるミミズが実際に利用するかどうかにはかかわりなく、大部分の葉は穴ふさぎをアフォードする。環境とそこに住む者との間にはつねに非対称性があるのだ。各々の有機体はその生存のために環境を必要とするが、環境はその存続のためにどの一有機体も必要としない。環境が環境でありつづけるためには、おそらく、すべての動物が必要なのだろうが、これはべつの（そして、確かめることのできない）問題である。

共依存論者が気づいていないのは、この「全有機体の環境」（Gibson, 1979/1986, p.43）である。彼らは一個体の環境にしか注目していないようにおもわれる。しかし、個々のアフォーダンスも、全体としての生態的ニッチも、一個体の環境の特徴ではなく、全有機体の環境の諸側面 aspects である。ぼくは、あるアフォーダンスの個別の事例は、ある動物によって実現《リアライズ》される（文字どおり、「リアルになる」）と言いたい。たとえば、一羽のカモメが岩の上に貝を落として割るときのように。けれども、アフォーダンスは、全動物の環境の特徴であり（カモメの例でいうと、適当な大きさの硬い表面は、どのカモメにとっても利用できる環境の特徴である）、実際には利用されていないときでも、個々の動物からは独立に存在している。あるアフォーダンスは、ある動物が知覚したり、利用したりしているときには、たんに一つの関係にすぎない。なぜなら、そのとき、その動物は、自分の行為に関連した環境の諸特徴と関係を結んでいるのだから。しかし、その動物の生態的ニッチにあるアフォーダンスは関係ではなく、資源である――この場合、「資源」とは、行為の調整をつうじて環境から価値を得るための資源のことである。他のあらゆる生態学的資源と同様に、アフォーダンスも動物と関係を結びうるが、この関係は必ずしも実際に生じる必要はないのである。

弁証法的な生物学者も、共依存論的な心理学者と同じように、有機体と環境のあいだにはある種の相補性があると主張している。そのなかであらわれた最良の議論は、リチャード・レウォンティンのものである（Lewontin, 1993）。環境主義者たちに戦略の再考を求める文脈のなかで、レウォンティンは、有機体が実際に環境を構成していると主張した。だから、エコロジー運動は〝自然〟を人類から「守られる」べきものと考えるのではなく、みずから（人類）を〝自然〟の一部と考えるべきであり、その一部の行為次第で良い結果にも悪い結果にもなりうると考えるべきだ、と結論づけた。

結論だけみれば、レウォンティンは正しい。環境主義者はこの結論を胆に銘じなければいけない。けれども、この結論を導くまでのレウォンティンの議論はまちがっている。彼が証明しているのは、ヒト（と他の動物たち）が自然の一部であるということであって、自然を構成しているということではない。彼は、有機体がさまざまな方法でその生息環境を変化させると主張する――有機体は、ただ存在しているだけでも（例：自分の周囲に暖かい空気の層をつくりだしている）、生理的過程でも（例：二酸化炭素を吐き出している）、行動でも（例：巣づくりをする）、その生息環境を変化させている、と。実際、鳥やビーバーやヒトは（ミミズほど根本的ではないにしても）自然の景観をかなり大きく変えている。しかし、それは、この景観をぼくらが創造しているということではない。また、植物が大気を変化させているというのは正しいが、植物が大気を創造しているというのはまちがいである（とはいえ、もし何らかの生きものに創造力を主張する権利があるとしたら、それは植物だろう）。多くの動物――とくに、人類――は、ローカルな生息場所（一有機体の環境）を大きく変化させる。けれども、こうしたことが動物にできるのは（全有機体の）環境から資源を獲得して、それを利用するからなのだ。ぼくらがここにいることで、環境は変化している。それはそのとおりだけれど、ぼくらがここにいなくても、環境はやはりここにある。しかし、環境がここになければ、ぼくらはここにはいない。驕りたかぶった人類も、環境を選択的に改変する以上のことはできない。環境を創造しているのではない。ぼくらは多くのことを知っているかもしれないが、環境の創造のしかたは知らない。だから、もし、このまま、ぼくらのたった一つの環境を破壊しつづけるなら、やがて最悪の事態が訪れるだろう。

❏むすび

「動物は機械である」という考えはけっして新しいものではない。ダーウィンの友人トーマス・ヘンリー・ハックスリー（Huxley, 1874/1893）が『仮説：動物は自動機械である』という題の発表を英国学術協会でおこなったとき、その考えはすでに二世紀にもおよぶ歴史をもっていた。だが、ダーウィン自身は、動物が機械だなどという考えには一度もとらわれなかったし、そんなことを考えているハックスリーを折にふれてたしなめていた。「動物機械論」の発表が収録された『科学と文化』という本をハックスリーから贈られたとき、ダーウィンは手紙にこう書いた——私の論敵を完膚なきまでに叩きのめした「かつての……あの舌鋒で」自分の議論も論駁したほうがきみのためにもなるだろうね（Darwin, 1888 1882年12月1日付の手紙）。ハックスリーに宛てたおそらく最後の手紙（1882年3月27日付）のなかでも——死のわずか三週間前のことだ——この瀕死の進化論者は、親友の医学的なアドバイスに礼を述べながらも、最後にこうつけくわえている。「友よ、もう一度、私のこころからの感謝の言葉を受け取ってほしい。……願わくば、この世界にきみのような自動機械がもっと増えんことを！」。

「動物機械論」をダーウィンが絶対に信じなかったのは、自分の目で何十年にもわたって注意ぶかく無脊椎動物の行動を観察していたからだ。ミミズの研究のなかで、ハチの研究（Darwin, 1878）のなかで、そして、植物の運動研究（Darwin, 1880）のなかでさえ、ダーウィンは繰り返し見たのである――有機体が個体のライフサイクルのあいだに環境の多様な変化を経験し、その経験を基礎に環境に適応していくことを。

　ダーウィンは深い生態学的な意識をもっていたので、環境が多様で変化に富んでいるという事実に非常に敏感にならざるを得なかった。この世界には完全に同じ花は二つとなく、ましてや、花々の群生のしかたや、土の状態がまったく同じということはない。だから、ミミズの穴掘りを、ミミズの「本能」であると言っても――ダーウィンの同時代人も、ぼくらの同時代人もついそんなふうに言いたくなるのだけれど――観察されたミミズの能力の説明にはならないということをダーウィンは十分理解していた。（状況の変化を超えて一貫した機能を果たしうるこのような調整は「刺激‐反応」結合の獲得としても説明できないが、学習理論の誕生以前に生きていたダーウィンには、そんなことは知りようもない。）このような能力を説明するためには、動物がどのように過去の経験（例：過去の土のサンプル）を基礎にして、みずからの行為を現在の状況（例：現在の土の状態）の経験に適応させることができるのかを示す必要がある。残念なことに、ダーウィンのこの重要な洞察――行動は複雑で変化に富んだ環境のなかでおこなわれるのだから、経験を機能的につかう能力が必要不可欠であるということ――は多くの心理学・生物学のなかで一世紀以上もずっと見失われていた。ダーウィンが一世紀以上前に到達したこの洞察をふたたびぼくらの視界に入れることさえできたなら、本書は価値ある目的を達成したことになる。

　個体のライフサイクルをつうじての機能的適応こそが進化の基本原理であると認めるどころか、行動・知覚・認識の科学的研究は機械論的な考えかたに支配されてきた。しかし、ここまで論じてきたように、機械論的な隠喩は、行動の理解のためには著しく不適当なものである。それにかえて、ぼくが提案するのは、〈調整〉という有機的《オーガニック》な隠喩である。行動と意識は、有機体が環境との切り結びを調整する道である。この調整を組織化《オーガナイズ》する環境の諸側面がアフォーダンスである。アフォーダンスは、ある動物種の基本ニッチの一部である――つまり、アフォーダンスは環境がその動物種のすべての個体に提供する資源である。だから、アフォーダンスは行動を引き起こすのではなく、行動を可能にするのである。あるアフォーダンスを利用するためには、有機体は環境のある部分と特定の関係を結ばなくてはならない。このように環境と特定の関係を結ぶことを、ぼくらは行動と呼ぶ。生態心理学は、運動力 animacy と知覚力 sentience の研究である。すなわち、有機体がみずから検知したアフォーダンスとの関係のなかでどのように行動を調整するのかを研究するということである。

ダーウィンの考えのなかに根をもち、ジェームズ・ギブソンとエレノア・ギブソンの仕事のなかで花ひらいた心理学の生態学的アプローチは、意味ある行動と経験についての自然科学をぼくらに約束する――生きた、リアルな、サイコロジカルな過程への科学的なアプローチがここからはじまる。

第3章

アフォーダンス：心理学のための新しい生態学

❏ 環境要因としての行動

生態心理学では、行動と意識は、動物の周囲の重要な資源——価値と意味——を見つけ出し、利用するための動物の道であると考える。この観点からみれば、ヒトと他の動物のあいだには何のちがいもない——ヒトはただ、その発見と利用の過程に協働的に取り組むためのいくつかの新しい方法を進化させてきただけだ。資源利用を理解するための鍵は、進化全般においても、もっと限定して〈サイコロジカルなこと〉の進化においても動物の個体群の資源利用の多様性を制約し、変化させている〈選択過程 *selective processes*〉を見つけることにある（「選択主義」的理論全般については、Darden & Cain, 1989 参照）。本章では、自然選択のサイコロジカルな成分の源泉が、環境のアフォーダンスであるということを示す。環境のアフォーダンスは、自然選択のような時間スケールだけでなく、もっと短い時間スケールでも——たとえば、個体発生、学習、個々の行動作用のような時間スケールでも、動物の行動と意識を選択し、整形する。生態心理学は、運動力 animacy と知覚力 sentience の基底にアフォーダンスを考えることによって、環境のなかでの動物の進化の全般的な理解に貢献する。

動物の行動と知覚は自然の事象 event である。それらはすべての動物の進化してきた諸側面であり、環境内に特定のありかたで存在している。ぼくらの地上環境はたくさんのものを包含している——小さな砂粒やそれよりもっと小さな単細胞生物から、木、野原、湖、森、さらには、大陸全体のかたちをつくりあげている河川や山脈などのもっと大きなものまで——。環境にはまた、微視的なことから、極端に長期にわたるサイクルまでの多様な事象もある。木陰にうつろうまだらな影から、昼夜のサイクル、季節のサイクル、そして山脈の隆起や沈降などの地質学的な事象まで——。行動は、環境のこうした多様なスケールにどのように適応しているのか、そして、地上の生態環境内での行動の変異性 variability を制約しているのはいったい何か?

ダーウィンがミミズの行動を研究したのは、それが環境におよぼす重要な効果——表土の形成——に興味をもったからである。ミミズの行為による表土の堆積率の研究は、数十年もかかる実験を必要とした（Darwin, 1837/1977, 1869/1977）。個体としてのミミズの活動はもっとずっと短く、小さな範囲内で起こるのだが、個体群としてのミミズの行動の効果は、文字どおり、地質学的になるのだ。生態心理学はこのウエイトのかけかたをちょうど逆にする。すなわち、行動の進化と発達を整形する地質学的かつ生態学的な要因から出発するのである。環境が動物に提供するアフォーダンスはしばしば、動物行動を構成する個々の動きを、空間的にも時間的にもはるかに超えるスケールで存在する。持続する環境要因 environmental factors とそれよりもはるかに短い動物活動とのこの明らかなギャップ

――そして、その二つの異なる時間スケールをつなぎ合わせる選択に基づいた過程――がこの章の主題である。

生物学者が研究する行動の単位 unit はほぼすべてが、きちんと限定された時間スケール――およそ1／20秒から数秒――の内にある。ここでの議論の目的に沿うならば、行動の〈単位〉はつぎのように定義される：動物と環境の関係に一つの変化をもたらす個々の行為を行動の一単位とする。ここで強調したタイプの単位は、節足動物、軟体動物、脊椎動物の筋の動きの結果として生ずる単位だが、それとは別種の行動単位もある。その行動単位はけっして〝基礎的〟ではないということに注意したい。なぜなら、その単位のなかにはつねにもっと小さな単位が見出されるからだ。たとえば、筋収縮に含まれる無数のユニット・プロセスのように。それらは、その動物のなかの他のすべての収縮性組織の活動と協働しなければ、動物と環境の関係に一つの変化をもたらすことはできないのである。先に定義した〈単位〉が分析に有効なのは、それが――その構造ではなく、その効果が――動物と環境の関係の変化に結びついているためである。

行動の構成要素のなかには、ハエの羽の動きのように、1／10秒ないしは1／100秒の時間スケールのほうが計測しやすいものもあるが、どんなに微小な有機体でも、完全な行動の単位がこれほど短い時間に生じることはめったにない。また、時間スケールの他方の端に目を向けても、単一の行動に10^2秒以上かかることはほとんどない。（実質的にすべての例外は、姿勢維持の特殊なケースとして説明できる。）脊椎動物と節足動物の移動は最速でも毎秒20メートル（しかも、それが可能なのは一瞬）であるので、一つの行動単位のうちに進む最大距離はメートルで計測可能である。したがって、動物がある地点から一つか二つの行動単位のうちに到達可能な最大範囲は10平方メートルのオーダーにおさまる。多細胞生物の重要な行動のすくなくともいくつかは、10^{-2}メートルのスケールで起こることを考えあわせると、ぼくらは動物の行動の単位を分析するためのはっきりした生態学的「肌理《きめ》」を手にすることができる。動物の行動の単位はこの「肌理」のなかで——つまり、ミリメートル・数百分の一秒からメートル・数分の範囲内で——分析される。

❏行動単位から行動作用へ

行動単位の「肌理」の大きさが比較的限定されているのは、細胞から構成されている生体システム内における、エネルギーの生産に関わるフィジカルな法則の一つの帰結である（Pennycuick, 1991; Schmidt-Nielsen, 1987）。こうした神経筋単位への選択作用は、第一に量的である。たとえば、ある局所システムは、エネルギーを極限まで急速に放出する必要性に適応することもあれば（例：小さな鳥の翼の動きを制御する筋肉）、エネルギーを極限まで維持する必要性に適応することもある（例：食物や水分補給なしのラクダの長距離移動）。一部の生物学者は、このようなエネルギー・コストをめぐる選択が、行動への唯一の選択形式だと思い込んでいるようである。たとえば、「最適採餌理論」は、あらゆる採餌がエネルギー効率に基づいて選択されるとみなしている（Stephans & Krebs, 1986）。このような極端な還元主義の例をいちいち挙げていたらきりがないので、一つだけあげることにする——「食物摂取とはたんに、次世代を運ぶ乗物の組立て、メンテナンス、エネルギー補給に必要な物質を獲得する手段にすぎない」(Owen, 1980, p.9)。

しかしながら、前章で強調したように、個体として統合されている有機体の行動は――行動単位とは対照的に――それが切り結ぶものごとのアフォーダンス群によって選択されるのである。食物摂取の際に〝物質を獲得する〟動物はいない。環境は物質から構成されているのではないからだ。動物は、果実や葉や小さな昆虫を食べるのであって、タンパク質や炭水化物を食べるのではない。行動単位は、物理的、化学的に定義すれば〝物質〟(たとえば、酸素や炭水化物など)を利用しているかもしれないが、動物と環境資源の関係を変化させ、そのことによって個体発生上あるいは系統発生上の重要性をもつのはそうした単位群の配列 *constellations* のみである。重要な環境資源は、そのような行動単位群のコンビネーションによって変化・利用されながら、さまざまな動物個体群に一貫した選択圧をはたらかせるほど長期にわたって環境の時空内に持続している。したがって、ほとんどの場合、そうした選択圧は、個々の行動単位と資源に焦点があるのではなく、単位群のコンビネーションと資源群に焦点がある。一例を挙げるなら、草木やしげみのなかの花々の分布がミツバチの蜜集めのしかたに重要な影響を及ぼしているということがある(Gould & Gould, 1986, chap.5)。細長い管状の花が細長い口先を選択するのとちょうど同じように、花々の分布はミツバチの蜜集め行動のなかの特定の種類の学習と組織化を選択している。

モアモンド(Moermond, 1979)がおこなった捕食性のアノールトカゲ属の採餌行動についての研究はもう一つの例を提供してくれる(図３・１参照)。モアモンドは、アノールトカゲ属の各種がその局

のために生息地のほぼ全域を利用している種（A. koopmaniとA. semilineatus）がいる一方で、採餌パターンが限定されている種（A. coelestinus、A. distichus）もいることに注目したい。また、大きな種の幼体は小さな種の成体が好む下位生息地で採餌する傾向があることにも注目。たとえば、A. distichusの幼体はA. cybotesと木の幹のような垂直広面の利用をめぐって競合している。

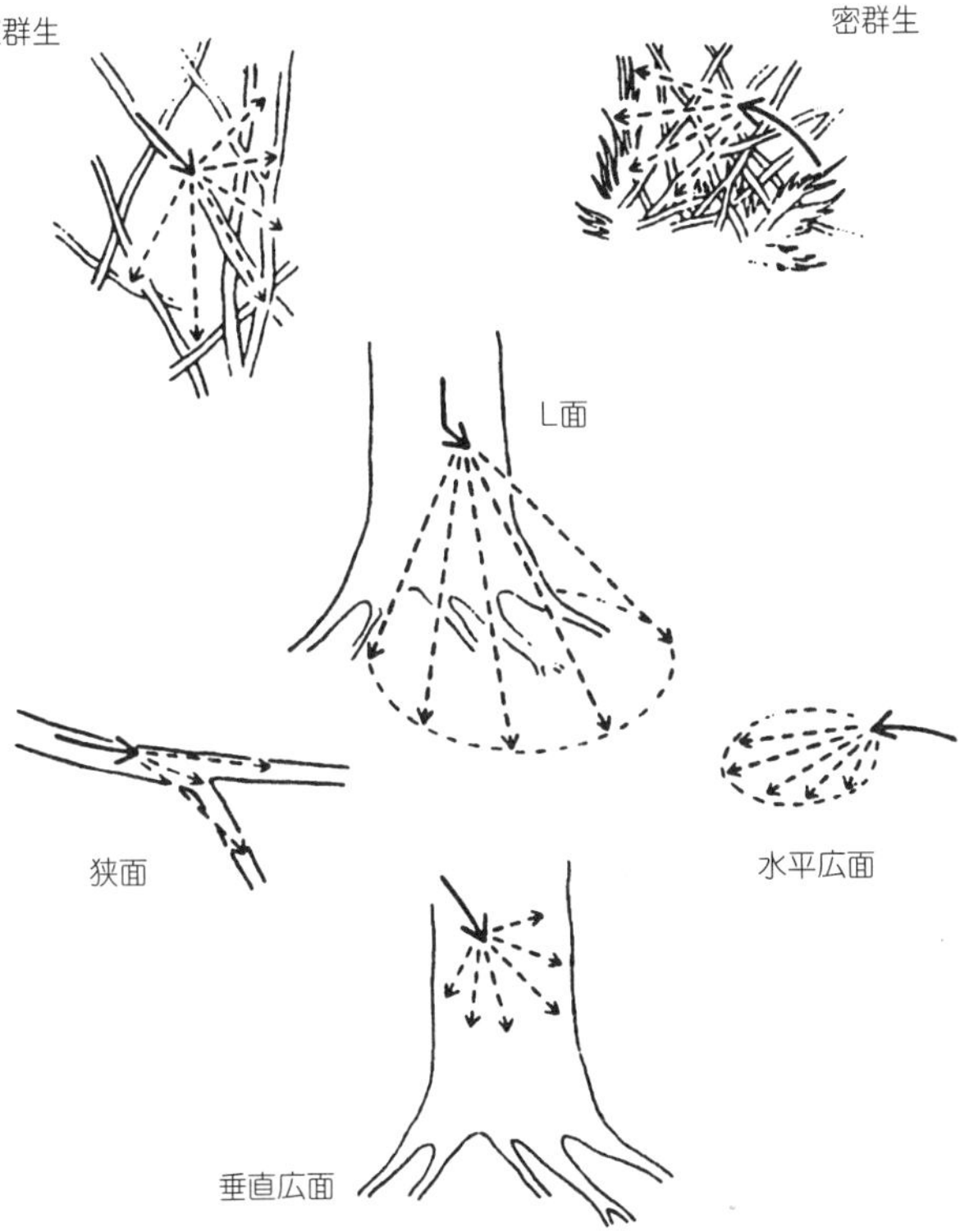

図3-1　アノールトカゲ属の採餌と生息地利用（Moermond, 1979より）。
（A）同一の生息地にアノールトカゲ属の多種多様な種が生息しているが、採餌の際には各種がそれぞれ異なる下位生息地を利用している。ここに示したのはアノールトカゲ属の6つの特徴的な採餌パターンである。
（B）アノールトカゲ属の各種の採餌パターンの点での分化の模式図。採餌所的な生息場所のなかの特定の場所を待機と捕食のために選択していることを明らかにした（そこはしばしば岩や木の幹などがあり、開けた視界と獲物への速やかな接近がアフォードされる場所である）。好まれる場所は身体のサイズに対応して異なっており（アフォーダンスは身体のサイズに対応して異なるためだ）、種のサイズの異なりに対応して、好まれる待機場所にも明確な異なりが見られる。しかも、ある種の幼少の（つまり、他より小さな）個体は、それとほぼ同じサイズの他種の成体が好む場所により近い特徴を備えた待機場所を好む傾向も見られる。これらの待機場所は、アノールトカゲ属の典型的な生息場所の持続的かつ普遍的な特徴である。したがって、このような局所的環境の構造とアフォーダンス群が、アノールトカゲ属の行動単位群を捕食というまとまったパターンのあるシーケンスへと組織化することを促進する選択圧としてはたらいてきたと想定するのは妥当なことだろう。

このように、個々の行動単位は生態的なサイズと持続内に限定されているが、選択圧をはたらかせるアフォーダンスは、多くの場合、それよりも遠大な環境スケールで存在する傾向がある。このコントラストは、少なくとも四つの点で行動進化の基礎となる。

1　第一に、もっとも重要なことだが、行動単位は、少数の重要な例外を除けば、少なくとも原理的に、生涯にわたって何回でも反復されうる種類の事象である。（もっとも重要な例外は、生殖に関する事象が生涯にわたってたったの一回ないしは数回しか生じない種である。）

2　第二に、行動単位が生じるスケールからして、大部分の単独の行動作用 *behavioral act* は、動物を局所的な生息場所の外部へと移動させることはない。これは、ある動物が一つの生息場所のタイプから別の生息場所のタイプへと移動するためには、一般的に、多数の行動作用を協調的に結び合わせたシーケンスが必要とされるということを意味する。このため、行動は一つの生息場所の制約内で選択される傾向がある。しかしながら、動物を新たな選択領域へ、つまり新たな生息場所のタイプへ、生物地理学の用語で言えば、新たな「生物群系 *biome*」（Cox & Moore, 1993）へ移動させることができるというまさにそのことにおいて、特別な種類の行動シーケンスが選択されることもある。同様に、環境内の重要な諸対象——食物、隠れ場所、生殖、危険などをアフォードする諸対象——も一般に、それを訪れるためには、動物が行動単位群のシーケンスを産出する必要があるように分散して存在する。

3　第三に、非動物的環境 inanimate environme および環境の高等植物相と比較して、行動単位は相対的に非持続的である。大部分の高等植物を含む、非動物的環境の存在物は、ある行動の前、中、後にわたって持続している対象である。「消化」という例外を除けば、動物のほとんどの行為は、環境の存在物を完全に消滅させることはない。

4　第四に、生物圏の大部分を統制する日周期と比較しても、行動単位は相対的に非持続的である。

時空内における行動単位の相対的な非持続性と、大部分の後生動物のライフサイクルおよびその環境の有用な諸特徴の相対的な持続性とのこのようなコントラストから多くの帰結が生ずる。まず、行動が向かう環境の対象や事象は、一行動のあいだだけでなく、行動群にわたって不変的に持続する。これは以下のことを意味する。この行動単位群の内に存在するいかなる変異 *variations* も、自然選択あるいは性選択のスケールで、また、体細胞レベルの選択のスケールで選択されうるだけでなく、一行動の時間スケールでも選択されうる、ということである。少なくとも原理的には、このような選択によって、局所的環境の多様性と変化への非常に急速な行動適応が可能になる。このような選択は、鞭毛で移動するバクテリア——環境のなかで偶然見つけた栄養物に合った受容器を発達させることができる——にも見られる（Koshland, 1980）。だが、このような行動選択が実際に生じる場合でも、選択されたパターンは、選択が顕現している短い期間以上は持続しないこともあるということには注意する必要がある。もし、変異の原因が完全に局所的であり、その変異をその後も再生産するメカニズムがないとしたら、たとえ特別に選択された行動の変異であっても再びあらわれることはないだろう。バクテリアの場合には、細胞内で持続する傾向のある特別な受容器が発達するので、選択された新たな行動がその後も再生産されうるのだ。だが、たとえ高等動物であっても、あらゆる行動の変異が長期にわたり維持されるわけではない。

さて、ここまでの議論を生態学的観点から整理すると、ある一つのタイプの生息場所の制約とパターンのなかでの行動の変異と選択は、多様な生息場所のタイプつまり生物群系のあいだを移動する動物以外のあらゆる動物にとっての典型的事態である、ということになる（図3・2および3・3参照）。

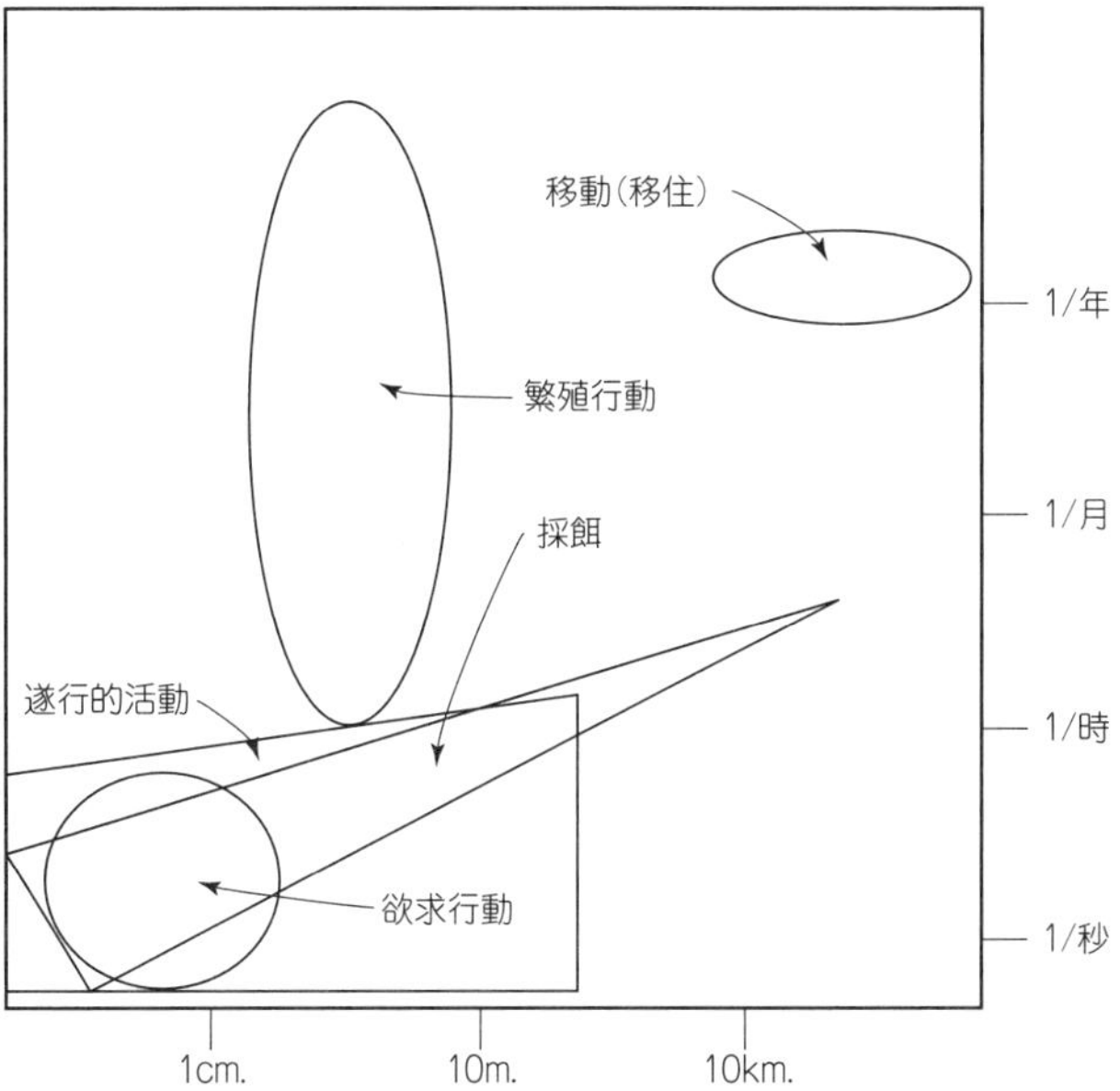

図3－2　行動の時空構造
高度に図式化されたこの模式図は異なる種類の行動が環境内の異なる時空領域を占めていることを示している（Hollings, 1992のアイデアをベースに作成）。

つまり、エレノア・ギブソン（E. Gibson, 1994）が行動の基本的特徴の一つとして強調した一定の対象や事象への反応の柔軟性こそが、他の条件がすべて同じなら、進化の始源にある状態であるとおもわれる。それに対して、諸状況への固定的つまり型にはまった反応は、特定の適応的な行動様式を保存する特別なメカニズムの進化を必要とするであろう。この主張は伝統的な説明をほぼ正確に逆立ちさせている。伝統的な説明では、動物（とくに、単純な動物）には、本質的に機械的な行動のセットしかなく、柔軟性の能力は、進化のなかで――おそらく、単純な〝刺激‐反応〟システムに認知あるい

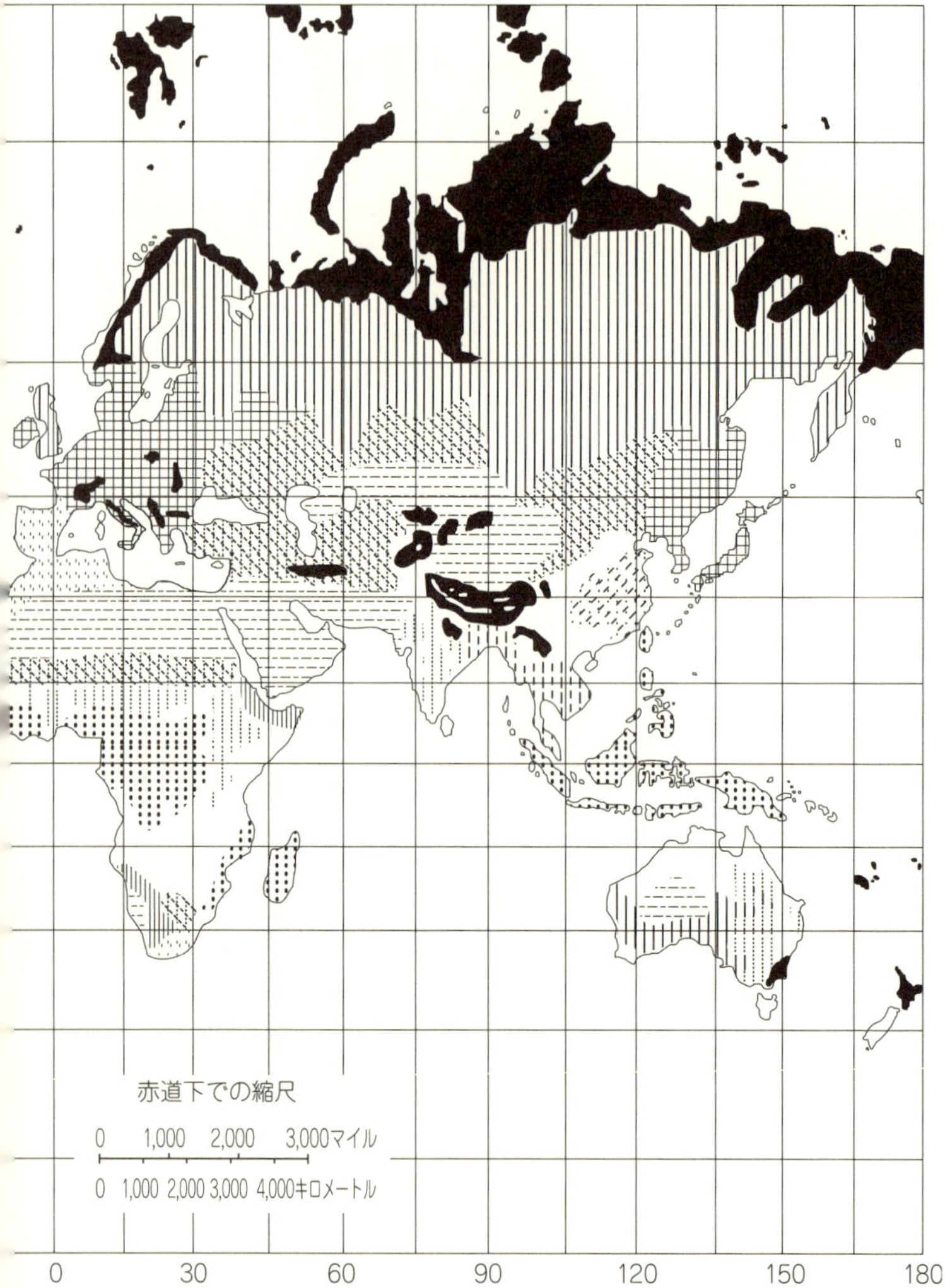

の配置などと相関して決まる。この図の区分はそこに記した生物群系が他の生物群系に優占していることを示している（Cox & Moore, 1993による）。

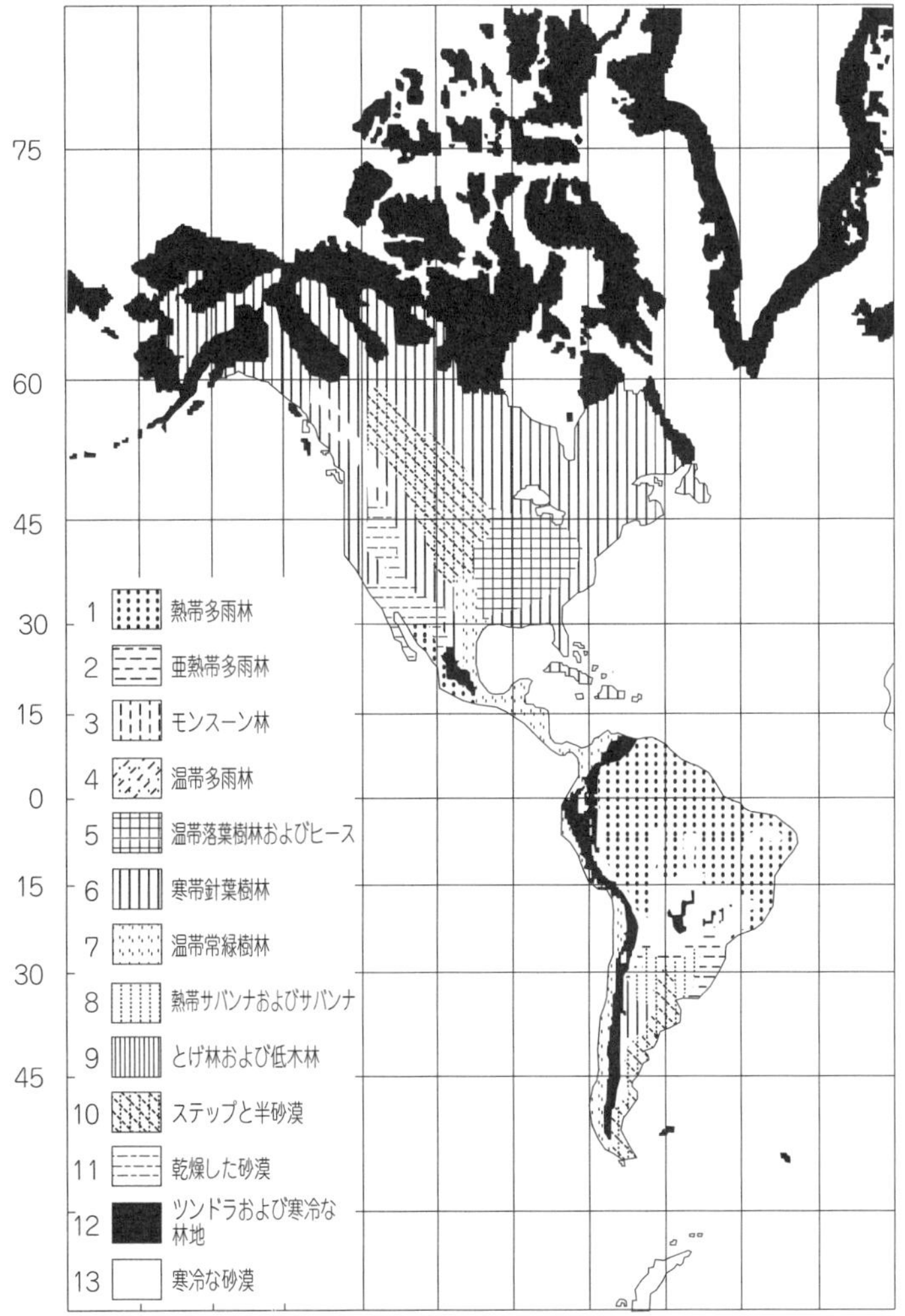

図3－3　地上の生物群系の地理的分布

生物群系（バイオーム）とは生息場所のタイプのことである。ある地点でいかなる生物群系が優占するかはその地点の緯度、水資源との近さ、標高、大陸は動機づけのメカニズムが付け加わることによって——派生してきたとされてきた。けれども、次章で示すように、「固定的／柔軟」という行動パターンの二分法（Mayr, 1976c）は誤った二分法である。おそらく、大部分の個体群の行動単位群の進化の始源には、柔軟性と変異性がある。その後、自然選択の作用によって一定の行動パターンが固定され、ひいては型にはまった行為さえつくりだされるのだろう。しかし、自然選択はまた、ダーウィンのミミズに見られるような機能特定的な変異性をつくりだすように作用することもある。

ここまでの分析をもとに立てられる重要な予測がある——もし、ある動物を、それが適応している生息場所から引き離してしまったら、その行動の柔軟性は著しく制限されるであろう、という予測である。この現象は、環境の周期構造に関しては確かに報告されており、行動学者はいまや当たり前のように、潮間帯（潮の干満のあるところ）に生息する動物を潮の干満周期から切り離すことや、昼行性動物を異なる日周期のもとに置くことが、パフォーマンスの深刻な減衰（〝時差ボケ〟）につながると予測している（Winfree, 1987）。もし、これが事実なら、動物を、それが生息する典型的な場所およびそこにある典型的な事物から切り離すことが、その行動能力の少なくとも一時的な歪みにつながらないということがあるだろうか？（たとえば、飼育が動物行動にあたえる影響については、Lickliter & Ness, 1990 参照）。多くの動物種の個体群は、これからさき何千世代にもわたって、実質的に一つか二つの生物群系の境界内、ことによると、その生物群系のごく少数の下位生息場所内だけで生きてゆく。このことはそれらの動物の行動能力に少なくともいくらかの影響をあたえてゆくにちがいない。

ぼくら人類は、ある下位生息場所のタイプから別の下位生息場所のタイプへと日常的に移動する点で、また、一つの種として多数の生物群系に生息している点で、きわめて異例な動物である。（人類はみずからの生息場所を〝持ち運ぶ〟ことさえすると言う人もいるだろう――この点については第8章であらためて議論する。）これほど多くのタイプの生息場所を出たり、入ったりする動物種はほとんどいない。また、異なったタイプの生息場所で生きることに成功している他の動物の多くも、ライフサイクルの別の段階で、しばしば「変態」という過程を経て、そうしているにすぎない。そのため、ぼくらには、動物行動の多くがいかに深く個別の状況に根ざしているのかを実感として理解するのはむずかしい。ぼくらはすべての「穴掘り」が同一のことであるかのように語ってしまう。これは砂漠に暮らすプレーリードッグが、温帯林に暮らすモグラと「穴掘り」について意見交換する際には犯しそうもないまちがいである。オクスナードらは、表面上は同一の行動カテゴリーでも、異なる種および環境間にわたって同質であることはめったにないと指摘している（Oxnard, Crompton & Lieberman, 1990, p.33）。たとえば、霊長類の枝からのぶらさがり移動は、採餌、巣づくり、跳躍からの着地など、多様なコンテクストのなかで多様なかたちであらわれうる。オクスナードらは、「跳躍」や「垂直登攀」のようなカテゴリーが一般的には互いに独立に進化してきた派生的諸状態を指示するとしている（例：原猿の「跳躍」はすくなくとも三回進化した）。多様に変異しうるかたちを一つの型にあてはめようとする傾向はよくないが、それよりもっとひどいのは、実験室内の実験においては、通常の行動パターンがそのなかでこそ創発する複雑な場所や事象のようなものをほとんど、あるいはまったく再現しようせずに、全体的な生息場所をたんなる「刺激」にまで還元してしまうことが多いということである。人間がつくった標準的な色彩環を使って「ハチは色が見えない」ことを〝証明〟してしまった古典的な実験研究は、このような傾向の滑稽さをよく示している（Barth, 1991, chap. 12）。

❏アフォーダンス：行動調整の根底にある持続

生態心理学は、行動がそのなかでこそ起こる環境の分析を伝統的な生物・行動科学とは根本的に異なる方法で開始する。行動科学者は、動物の行動への〝刺激〟を、その動物との物理的関係もしくは生態的関係を考慮することなく、動物が直面しているいかなる対象でもあるとみなすか、環境の事物をそれと同等のエネルギーへと還元する（たとえば、食物はカロリーとして、音は音響学的エネルギーとして扱われる）か、そのどちらかから始める。だが、生態心理学は、動物はその通常の生息場所にある諸対象と切り結ぶ、という前提から始める。ある動物種の生息場所の諸状況のなかで、多様に変化する活動の諸パターンが、いかに選択され、調整されるのかを理解するためには、行動の単位にではなく、諸行動の総体的なパターンに選択圧をはたらかせる持続する資源を同定することが必要である。問題とされるのは、たとえば、葉をつかむミミズの筋の動きではなく、自然力から巣穴を守るミミズの機能的能力の全体的パターンである。

このような文脈では〝持続〟とは相対的だ。同一の生息場所のなかには、一行動の時間スケールにわたって選択圧をはたらかせるだけしか持続しない資源もあれば、地質学的な時間スケールにわたって持続する資源もあり、両者の中間の時間スケールで持続する資源もたくさんある。これら多様なスケール間の生態学上の関係は、単純な例で考えると理解しやすい――たとえば、果実を実らせる一本の木。この木になる一つの果実、これはいったん一羽の鳥や一匹の哺乳類にもぎとられてしまえば、一回の摂食行動（おそらく、ごく少数の行動単位）にわたってしか持続しない資源である。その動物は摂食行動の構成要素群を変化させることによって、この摂食可能な対象の諸特徴（堅すぎる、腐っている部分、など）に対応しうるだろう。この木になる果実群は、多数の日周期にわたって持続する資源である――それは多種多様な果食動物たちを引き寄せ、その資源をめぐる直接・間接の競合を招くくらい持続しており、長期間にわたって定位と移動の対象になる。これらの果実を実らせる木自体は、何年ものあいだ――そう、最初にこの木を訪れた動物の子孫たちの行動の対象になるくらい長く持続する。そして、森――このように実のなる木を何種類も内包する森――は、さまざまな動物種の多数の個体群に選択圧をはたらかせるくらい長く持続する（⇩Box 3参照）。

したがって、行動の分析には、行動作用に固有な資源の概念が必要である――単一の行動単位、あるいは、特定のパターンを形成するそのような単位群を支えることができる資源。そのような資源は、動物個体にとって、そして／あるいは、進化する動物個体群にとって、実在する。けれども、生態学の標準的な資源分析は、あまりに細かすぎる分析から、あまりに粗すぎる分析へと一気にジャンプしてしまうので、このような資源を分析できない（たとえば、Andrewartha & Birch, 1984; Ricklefs, 1990参照）。一方で、生態学者は、資源は分子であると――つまり、栄養素もしくはエネルギー補給である、と考えている。こう考えることで、定量的な計測や分析が可能になるという大きな利点もあるが、それは生態学上の過度な単純化という代償を払って獲得された利点である。くりかえすが、栄

アフォーダンスはいつあるのか？　Box 3

いかなる生物群系も諸過程と諸事物の複合体であり、そのなかには絶えざる流動がある。にもかかわらず、この流動のなかには一定の持続のパターンがあり、その持続のおかげで、動物たちはそのパターンを利用して自己の行為を調整することができるのである。しかしながら、持続とみなされるものは動物に、そして／あるいは、当面の行動に相対的である。さっと吹き抜ける一陣の風はぼくやきみにとっては持続的ではないだろうが、新しい枝まで飛んでいこうとするクモの必要性は十分充たすことができる。

どのような持続や共変のパターンであれ、時と場合によってはある生きもののアフォーダンスとなりうることをわすれてはいけない。森の地面の上の光と陰のパターンは興味深い事例である。風に吹かれて木がゆれると、地面の上の光（「木もれ陽」）もゆれる。しかし厳密に見ると、どの森にも光が比較的あたりやすい場所と比較的陰になりやすい場所とがある。このような相対的に持続的な光と陰のパターン——その持続には数秒から数ヵ月にまでわたる幅がある——を実際に調査してみたところ、それが森の低木層を構成する植物の生育に大きな影響力をもつことがわかった（Chazdon, 1988）。このようなアフォーダンスに適応する動物もいるだろうか？

養素そのものが環境内に存在しているのではない。動物が切り結ぶのは、植物、動物、種子、果実などである。自分が必要とする栄養素を得るためには、動物は環境のその場所、その植物、その動物に応じた非常に特殊なしかたで行為しなければならない。アフォーダンス利用は、経済学者が産業目録を見ながら考える抽象的な「資源利用」のようなものではない。アフォーダンスの利用とは、それとは正反対のこと――歩くこと、噛みつくこと、噛み砕くこと、突き通すこと、掘ること、そしてこれらのさまざまな組合せやその他の行動のことである。たとえば、ピーター・グラントとローズマリー・グラントは、植物の実と種子のサイズ、形、堅さのどれもがダーウィン・フィンチのくちばしの形態の選択に関わる重要な要因であることを示した（Grant, 1986）。競合が動物の個体群への選択圧をつくりだしうるのは、たんなる分子レベルの競合とは異なる、こうした機能的行為のレベルの競合においてである。

他方、生態学者は「食物」のような資源について語るときには、一般的なレベルで語ることが多い。これは進化する個体群の分析には適切だが、行動する動物個体の分析には不適切である。このような視点をとれば、たとえば、ある特定の資源に依存している個体群が、その資源がごくわずかしかない環境内にいるときにどうなるかということは理解できるだろう。これは進化を理解するうえでの基礎となる重要なことだが、この大きな絵のなかでは、その状況への個々の動物の行動適応はあっさり見落とされてしまう。個体群全体では適応に失敗したときでも、なかにはそれまで周辺的だった資源を利用する方法を身につけた個体もいるかもしれない。また、それとは逆に、個体群全体では適応に成功したときでも、その成功の鍵になった新しい資源の利用方法を身につけられなかった個体もいるかにたんに生息しているだけではなく（ときには、その自然な群集から出ながらも）、環境内で行為し、環境を利用している。ある動物個体群を特徴づけるのはまさにこのような資源利用のスタイルであり、エルトンはそれを「ニッチ」と名づけた。

ギブソンは「全動物にとっての環境」と「一動物にとっての環境」の差異を強調することによって、エルトンのこの二つの概念に重要なことを付け加えたのである。面白いことに、エルトンの最も重要な後継者、アンドレワーサとバーチもいまや同様の区別を立て、それを centrum と web と名づけている（Andrewartha & Birch, 1984）。ある有機体の生存能力を直接変化させる全要因が centrum であり、それ以外の環境要因は web である（web の一部が centrum の変化の遠因になることはある）。アンドレワーサとバーチは集団生物学の研究者であるため、centrum と web を各種の仮説的な平均的個体との相関において考えている。だが、もし彼らがギブソンの「一動物にとっての環境」と「その個体群の全成員にとっての環境」という区別を意識していたなら、ある個体群の各個体にとっての centrum のパターンの変異——その変異はおもに、その動物たちの間に存する行動傾向の差異によることが多い——をよりきめ細かくたどることができたのではないだろうか。それは環境内での行動の役割と進化する個体群の複雑な資源利用の構造の両者についてのもっと細密な絵を提供するだろう。この本の最大の目的の一つは、環境内の動物に関する真に生態学的な科学を発展させるうえで、このような学問の境界をこえた連携がどれほど重要になってくるかを示すことにある。

生態心理学はどのように生態学的なのか？

Box 4

生態心理学のどこが「生態学的」なのだろう？　たしかに、生態心理学はたんに環境を重視するだけでなく、環境と切り結ぶ動物活動も重視する。けれども、現代生物学に詳しい人ならば当然つぎのような疑問をもたれることと思う――「生態心理学」は「生態学」という科学の発展にどのように関係しているのか、と。

残念ながら、第一の答えは、過度に専門分化した現代の学問に典型的なものである。生態心理学者は一般に、生態系の栄養段階、群集構造、種間の競争排除についてほとんど何も知らない。そうした考え方、またそれ以外の考え方も行動科学者にとって十分役立ちうるものであるにもかかわらず。悲しいかな、行動生態学者のほうも似たようなもので、生態心理学のなかにある環境構造の非常に具体的な洞察について意識している者はほとんどいないようである。

しかしながら、一段深いレベルでは、ジェームズ・ギブソン（Gibson, 1979/1986; Reed, 1988a）の生態心理学のスタイルはエルトン的生態学の重要な進展であると考えられる。エルトンは生態学に「ニッチ niche」の概念を導入しただけでなく、「ニッチ」とは区別される「群集 community」の意味も明晰に浮かびあがらせた（Elton, 1927; Elton & Miller, 1954）。動物たちは環境の一定の諸領域――研究者に分析可能なしかたで構造化された諸領域――に生息している。それらが一環境の多種多様な「群集」である。だが、動物たちは環境内もしれない。ここで注目すべきは、分子レベルと個体群レベルの中間の資源の「担体」(carrier)を同定する必要に気づいた生態学者もいたということである。アンドレワーサとバーチ(Andrewartha & Birch, 1984)は、動物個体の生きることに直接影響を及ぼす資源を担っている個々の対象、場所、事象を指すために「現われ token」という言葉を使った。

じつは、生態心理学は、アフォーダンス理論のなかで、このような「現われ」の一般理論を提供している。アフォーダンスは、動物個体の行動のスケールの資源である。それは個々の動物を取り囲んでいる対象、場所、事象に具現されている。アフォーダンスは、動物個体の行動を調整することに役立ちうる生息場所の諸側面である。一個の果実は、栄養素を含有するだけでなく、それを食べようとする鳥や哺乳類の到達可能な範囲内にあり、なおかつ、動物によって噛み砕かれ、消化されうるものである。一個の果実には一群の特性があるのだ――物質の種類(例:堅い/柔らかい)、物質的表面の状態(例:堅い殻や皮はついているか? どんな穴があるか?)、そのサイズ、その位置……。これらの諸特性の意義は、それらと動物およびその行動との関係にある。「堅い/柔らかい」という特性は、その動物のくちばしやつめに相対的であり、サイズもまた同様である。この二〇年間に、こうした相対的な尺度による多数の研究がおこなわれ、そのような相対的な特性が一般的な生体力学的諸原理にしたがうことが強く示唆されている(Turvey, 1990)。けれども、ここでぼくらが問題にしているのは、そうした相対的な特性自体ではなく、それらが特定の生息場所のなかでどのように「現われ」ているのか、また、そのように具現されたアフォーダンスがどのようにして動物行動を調整するようになるのか、ということなのだ。(⇩Box 4参照)

郵便はがき

恐縮ですが、
切手をお貼り
下さい。

101-0051

(受取人)

東京都千代田区神田神保町三—九
幸保ビル

新曜社営業部 行

通信欄

通信用カード

■このはがきを，小社への通信または小社刊行書の御注文に御利用下さい。このはがきを御利用になれば，より早く，より確実に御入手できると存じます。
■お名前は早速，読者名簿に登録，折にふれて新刊のお知らせ・配本の御案内などをさしあげたいと存じます。

お読み下さった本の書名

通 信 欄

新規購入申込書　お買いつけの小売書店名を必ず御記入下さい。

(書名)	(定価) ￥	(部数) 部
(書名)	(定価) ￥	(部数) 部

(ふりがな)
ご 氏 名　　ご職業　（　　歳）

〒　　Tel.
ご 住 所

e-mail アドレス

ご指定書店名	取次	この欄は書店又は当社で記入します。
書店の住　所		

□アフォーダンスの抽象的分析と具体的分析

厳密に言えば、アフォーダンスは各生息場所の諸特性ではなく、環境の各ニッチの諸特性である。つまり、それぞれの動物の個体群に関係した生息場所の諸側面である。（その関係は、先に強調したように、生息場所と動物個体との関係ではなく、生息場所と動物個体群との関係であるということが重要だ。）たとえば、野生の花々が咲き乱れる一つの野原。そこは多くの動物にとっての一つの生息場所である。――と同時に、花は、ハチ、ガ、その他の受粉媒介者には採餌をアフォードする一方で、イヌには採餌をアフォードしない。特定の種類の花ないし花々の植生は、ハチの集団に採餌をアフォードするという点において分析されるだろう。しかし、採餌はまた、一般的なレベルでも分析できる。花々にたいするハチの採餌、草や葉にたいする大型の草食動物（ヘラジカ、シカなど）の採餌、あるいは、もっとも一般的なレベルで、獲物にたいする捕食者の採餌を分析することも可能である。「最適採餌理論」は後者の分析をおこない、すべての種類の、あるいはほとんどすべての種類の採餌行動に適用できる一定の諸原理を発見した（Real, 1992）。それにたいして、ナチュラリストはつねに前者の分析をおこない、個々のケースにおいて、動物がその生息場所の特定の諸特徴にどのように行動を適応させるのかを発見しようとしてきた。

一般的・抽象的なレベルで所与のアフォーダンスとみなされるものは、種間で同一である必要はない。一方にあてはまることでも他方にはあてはまらないのである。ハチにとっての食物の多くは、ヒトにとっての食物ではない。池の表面は、アメンボなどの小さな昆虫には歩行をアフォードするが、ヒトには歩行をアフォードしない。だが、つぎのことは示すことができる――ある表面がある動物に歩行をアフォードするためには、多数の生体力学的な条件を充たしていなければならない（Stoffregen & Riccio, 1988）。たとえば、その表面は、歩行者の肢の動きにたいして相対的に堅い表面でなければならないし、地球の重力および歩行者のサイズとの関係において、肢の動きによって生み出される力にたいして相対的に抵抗力のある表面でなければならない。肢の動きにたいして相対的に堅いとされる表面は、当然のことながら、動物のサイズや形態に相関して大きく変わる。しかし、抽象レベルの分析のパワーはまさに、そうした多岐にわたる事例を貫く普遍的なパターンを見せることにある。

何かがアフォーダンスになるのは、それがある動物種の行動過程を支える特性をもつからである（より一般的に言えば、何かが生物学的資源になるのは、それがある生物学的過程を促進できるからである。Reed, 1985 参照）。あるアフォーダンスの具体的分析は、ある特定の環境特性が、ある特定の動物種の生活習慣をどのように支えうるのかを明らかにする（例：この種の地形はヒトの移動をどのように支えるか／支えないか）。あるアフォーダンスの抽象的分析は、ある有機体と生息場所とのそのような特定の関係が、生態学上の規則性あるいは法則の一例であることを明らかにする（例：作用反作用の法則により、地面はぼくやきみ、そしてゾウにさえ歩行をアフォードするが、池の表面は、ぼくらよりもはるかに小さく、軽い動物にしか歩行をアフォードしない）。

この二つの分析はどちらも重要である。アフォーダンスの具体的分析は、十分に理解される事例に即して、生物学的、生物物理学的、心理学的な諸原理を検証する機会を提供する。ミミズの行動とその適応的諸特徴についてのダーウィンの研究は、アフォーダンスの具体的分析の好例である。ダーウィンの関心は、「穴掘り」の一般的問題にあったのではなく、ミミズがその生息場所の諸制約に、葉やその他のこまごましたものをどのように使って対処しているのかということにあったのである。「穴掘り」はより抽象的なレベルでも分析可能である：身体が柔らかい動物に穴掘りを可能にする条件とはどのようなものか？（Trueman, 1975）。アフォーダンスの抽象的分析は、ダーウィンが生活習慣と呼んだこと――環境内で知覚し、行為し、知ること――に関する法則あるいは原理を定式化する機会を提供する。そのようなアフォーダンスの抽象的分析をなしとげるもっとも効果的な方法の一つは、異なった環境状況下でよく似た行動をする非常に異なった二種類の動物を比較することである。進化の研究者はそのような事例を「相近 convergence」の名のもとに研究している。

❏相近：アフォーダンスの存在の証拠

解剖学上の構造や基底にある生理学的過程の異なる動物が、そうしたちがいにもかかわらず、生息場所における機能的役割のために互いにとてもよく似てくることがある。進化的なスケールで考えてかなり以前に分岐したことがわかっている動物個体群間の場合、このような類似は、相近選択圧によるものである。多くの重要なケースで、このような選択圧は、環境の分子レベルあるいはエネルギーレベルの資源に由来するのではなく、行動のためのアフォーダンスのレベルの資源に由来する。

移動様式について考えてみよう。パッカード（Packard, 1972）は、頭足綱の動物（とくにイカやタコなど）の移動パターンが、水中の移動という適応上の問題を解決した結果として脊椎動物の魚の移動パターンに相近してきたことを明らかにした。魚はヒレと体幹の動きを利用して泳ぎ、イカは一種のジェット推進システムを利用して泳いでいる。こうしたちがいにもかかわらず、この二種類の動物はおどろくほど似た方法で水中を移動している。パッカードは、移動中の魚とイカの姿の一連の断面図がほぼ同一であることを示した。明らかに、両者は、水という媒質のなかをある方向へ向けて移動するための効率のよい動きを同じようにつくりだしている。これと同様の分析はおそらく、空気中の滑空についてもなされうるだろう。陸上動物と樹上動物、それに一部の水生動物は、空気中、もしくはそれに近接したところに住んでいる――つまり、それらの動物の通常の動きとはまったくちがった移動様式を支える可能性のすぐ近くに住んでいるのである。注目すべきは、哺乳類、魚類、両生類、爬虫類の多数の種がそれぞれ独自に滑空ないし飛行の習性を進化させてきたということである。なかでも、コウモリの成功には目を見張るものがある。コウモリの仲間だけで、哺乳類の種全体のおよそ3分の1にも達するほどである。それ以外にも、空を飛べる（実際には、滑空できる）リス、カエル、トカゲ、魚、イカ……など、たくさんの動物がいる。滑空というこの移動方法への形態学上の適応のしかたはじつに多様だが、ジャンプおよび滑空の行動パターンは著しく相近している（多くの場合、皮膚を帆のようにぴんと張って、ぱたぱたとはためかせて飛んでいる）。これは、一つの生息場所内および複数の生息場所間を効果的に移動できる行為パターンの進化のベースに、空気に潜在する滑空の可能性を利用する方向へ向けての相近選択圧があったことを示す有力な証拠になるだろう。

共通な移動システムへ向けての相近はおもに、あまねく存在する一つのアフォーダンス――媒質や大地の移動のアフォーダンスに支えられている。類似した生息場所でそれぞれに成功しているが、進化上はかけ離れた動物たちを比較すれば、さらに顕著な相近の例を見つけることもできる（図３・４参照）。このような場合には、身体の大きさ、食性、移動のしかた、全体的な形態などが相近する。リクレフス（Ricklefs, 1990, p.672）はつぎのように書いている――「どこを見ても相近が見られる。この事実は、生物群集の組織化が、その群集を構成する各動物種の進化上の起源よりも、環境の局所的な諸条件に強く依存するというわれわれの確信を裏づけている」。

このような相近の例は、以下のことを示唆する。自然選択の圧力は、アフォーダンスをめぐる競合――つまり、生息場所内の個々の対象、場所、事象をめぐる競合――をつうじて作用するのであり、そうした「現われ」から独立した〝裸〟の資源をめぐる競合をつうじて作用するのではない。鳥の細長く伸びたくちばしとある種のガの極端に長い口先の相近は、そこに作用した選択圧がたんに花の蜜ではなく、特定の花の形態からきたことを示している。花の蜜を得るには、このようにまったくちがう二種類の動物が同じことをする必要がある――つまり、比較的長いトンネルの内部に食物の摂取につかう体部を差し込む必要があるのだ。

リクレフス（Ricklefs, 1990）も指摘するように、「相近」を「同一性」と混同してはいけない。別々の、しかし類似した生息場所で進化する動物たちは、類似した資源をめぐって競合しているだろうが、その競合は、ちがう動物の個体群を相手に、少なくともいくらかはちがった地理的・生物学的・気候

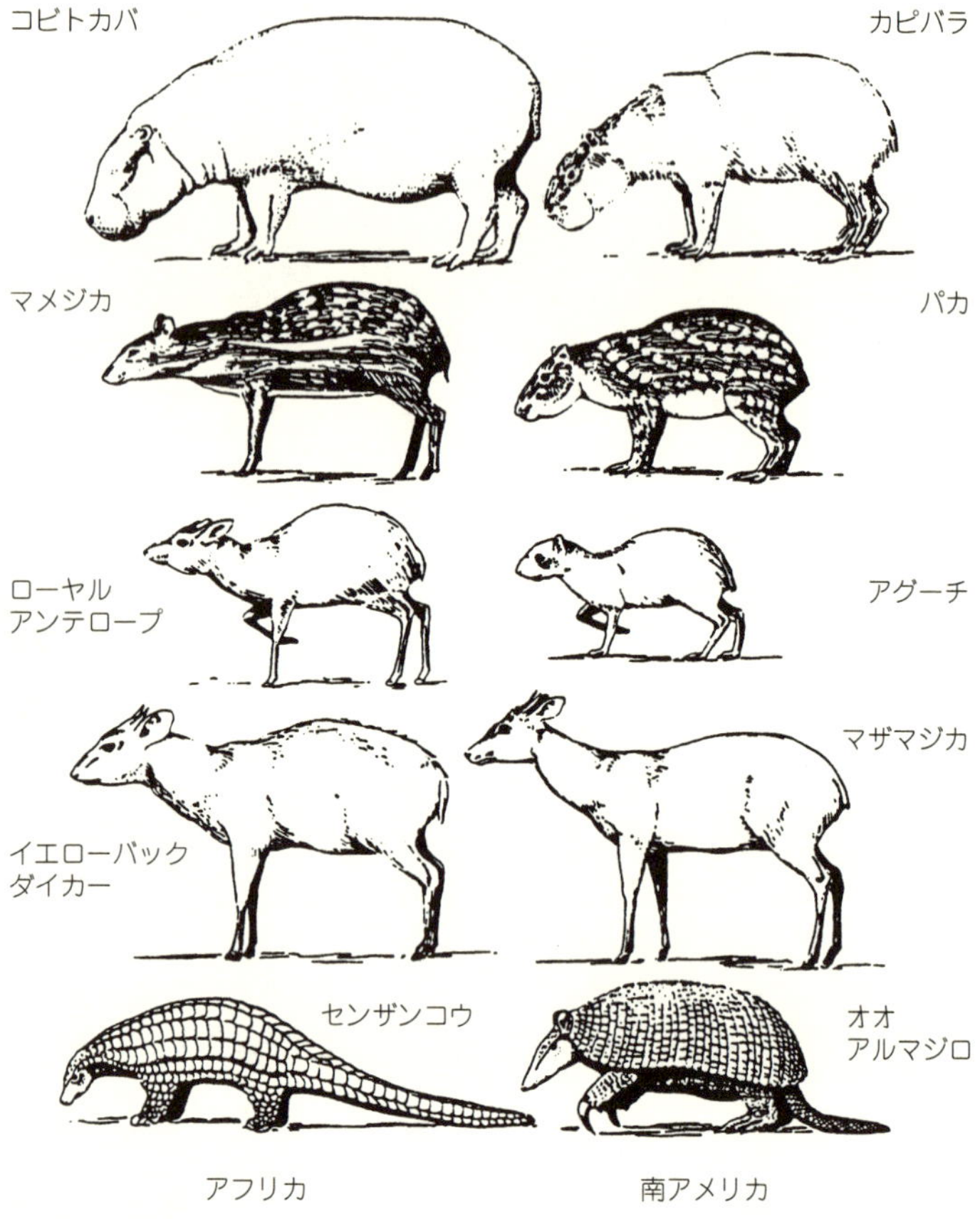

図3－4　相近進化
類似した生物群系には類似した選択圧がはたらく。そのため、まったく異なる祖先に由来する動物が類似した生き方をするように進化し、ひいては類似した形態へと進化してくることさえある（Ricklefs, 1990より）。

的条件のもとでおこなわれている。さらに、それぞれの動物種はその独特な系統発生の記憶をとどめた遺伝子プールを体現している。これからさき、鳥のくちばしとガの口先は、花の蜜を吸いやすい一定の形態に相近することはあっても、ガに鳥のくちばしが発達したり、鳥にガの口先が発達したりすることはない。

　といっても、相近進化がこれほど広範に見られるという事実は、特定のアフォーダンス群が環境のなかで比較的長いあいだ持続していることの有力な証拠にはなる。つまり、環境には、アフォーダンスを担う「現われ」の持続（例：移動の媒質としての空気の持続）や、特定の種類の「現われ」群の持続（例：深いトンネル型の花々とその分布の持続）があるにちがいない。このような持続がなければ、自然選択がこのように数え切れないほど多くの世代にたいして同じように作用することなどありえない。

　したがって、相近進化は、進化におけるアフォーダンスの効果を示す有力な証拠になる。しかし、これもぼくが強調してきたことだが、環境のアフォーダンスがいつでも相近進化のきっかけになるわけではない。ときには、相近ではなく、分岐が生じることも予想される。なぜなら、アフォーダンスは、環境あるいは生息場所それ自体の特性ではなく、ある動物個体群との関係のなかであらわれる環境の特性、つまり、種の生態的ニッチと呼ばれるものの特性だからだ。たとえば、池の表面は昆虫と脊椎動物の分岐進化のきっかけになる――昆虫の少なくともいくつかの個体群にとって池の表面は歩行をアフォードするが、脊椎動物のほとんどすべての個体群にとって池の表面は歩行の停止をアフォードするからである。

❑クモとネコ：行動の相近のケーススタディ

ぼくがアフォーダンスの抽象的分析と名づけたものから、分岐と相近に共通する原理を導き出すことができる。アフォーダンスの抽象的分析は、解剖学的・生理学的基盤の差異をこえて、ある特定の行動が選択されるのは、有機体と環境のあいだにどのような関係があるときか、ということを分析する。この分析の好例は、クモとネコの狩りについてのフォースター（Forster, 1982）の研究である。

陸上動物が獲物を待ち伏せして捕まえる――ここにはどのようなことが含まれているだろうか？大まかなレベルでは、以下の四つの機能が必要とされているようにおもわれる。

1 知覚システムによる獲物の識別
2 獲物を十分な確率で取り押さえるだけのすばやい襲撃
3 襲撃前に獲物に気づかれない能力
4 襲撃の成功の確率ができるだけ高いような時と場所を選択する能力

多くの動物はこのような課題のすべて、あるいは一部を視覚を頼りにおこなっている。視覚に頼るそうした捕食動物にとって、もっとも重要な機能的要求は以下の三点である。

1　獲物の情報に視覚システムを定位する能力
2　獲物の情報と自分自身の襲撃に応じて身体の位置を調整する能力
3　最新の視覚情報に基づいて襲撃や追跡を調整する能力

誰もが知っているように、ネコには捕食行動のこうしたすべての特徴が見られる。しかも、ネコの捕食行動には特別な面もいくつかある。たとえば、ネコは獲物を襲撃する前に身を低くかがめることがよくある。この姿勢は、クリオ（Curio, 1976）によれば、獲物から身を隠すのに役立っているという。また、いかにもネコらしい行動といえば（他の捕食動物もやることだが）音をたてずに獲物にそっとしのびよることである。これは獲物に気づかれずにできるだけ近くまで接近することに役立つ特別な一連の移動の動きである。そして、ネコは狩りのあいだ終始一貫して、とくに最後に、逃げる獲物の行く手を阻むためにとびかかるタイミングをはかる際にそのずばぬけた視力を利用している。

フォースター（Forster, 1982）が明らかにしたところによると、ハエトリグモの捕食のしかたには、ネコの行動によく似た点が多数見られるという。しかも、そうした行動の相近のなかにはじつにおどろくようなことまで含まれている――狩りの技能は子ネコだけでなく、子グモでも上達したのである。生まれてはじめてミバエ fruit fly に出会った44匹のクモの子のうち、半分以上はミバエに向けてからだを定位することさえできなかった。ミバエに向けて走ったのはたったの2匹だけであり、ジャンプしたクモは1匹もいなかった。つまり、最初のトライではどの子グモもミバエをつかまえることはできなかった。しかし、何度もトライするうちに（練習開始から二日後までに）、ほとんどすべての子グモが繰り返しミバエにからだを定位するようになり、半数はミバエに向かってジャンプするようになった。２匹の子グモは見事一発でハエをつかまえ、そのほか５匹の子グモも何度かトライしてハエをつかまえた。

ハエトリグモは視覚を利用して狩りをおこなうが、その視覚システムはネコの視覚システムとはまったくちがう。ハエトリグモの顔の中心には一対の巨大な「主眼」がある。「主眼」の両脇にはそれよりも小さい前側眼 anterior-lateral eyes があり、その後方には後中眼 posterior-median eyes という微小な眼がある。さらにその後方には中くらいの大きさの後側眼 posterior-lateral eyes があり、これによってからだの両側のひろい範囲（130°）を見ることができる。これら八つの眼に、クモ自身の移動の動きが加わることによって、ネコのような哺乳類の精緻な視覚システムとほぼ同様のはたらきをしている。たとえば、クモの後側眼はある意味で周辺網膜と同じような機能を果たす——この眼によってからだの側方に動くものが検知されると、クモは、もっと大きくて空間知覚にすぐれた主眼の焦点をその対象に合わせるために全身をぐるりと回転させる。ネコも、哺乳類の捕食者の多くがそうであるように、視野の中央部の視覚がするどい。視野の周辺は、空間知覚の点では中央部に劣るが、一般に、動くものを検知することにかけては中央部よりもすぐれている。そのため、動くものを周辺部で検知すると、視野の中央部をその対象に向け、焦点を合わせる。脊椎動物の視覚システムの進化を研究している学者によれば、捕食者はこのような視野の構造を利用して、獲物がどこに逃げてもしっかり検知し、そこに焦点を合わせることができるという。しかも、そのあいだに周囲に起こっている他のできごとも見失うことはない（Hughes, 1977; Walls, 1942）。これと同様の機能上の方略が、眼や神経系の構造が脊椎動物とはまったくちがうクモにも見られるという事実は、このような視覚システムの組織化が、生理学的な構造よりも一般的な制約である、捕食者の生態学的な制約を反映したものであることを示唆している。

ハエトリグモはまた、獲物にたいする実際の襲撃を調整する際にも、そのするどい視覚をネコと同じようにつかう。クモは獲物までの距離を「とびかかれるかどうか」によって、すなわち「身体の尺度」によって見ることを学習している（Warren, 1988）。つまり、獲物にとびかかる捕食者は、自分の身体の尺度を基準にして獲物までの距離を見ながら、捕食行動を調整しなければならない。これがここで利用すべき一般的なアフォーダンスだ。もし、獲物が遠すぎるなら（つまり、とびかかって届く距離の範囲外にいるなら）、捕食者がいる位置は適切なポジションではない。獲物を襲撃する際にそのような適切なポジションをかなり高い確率で確実にとることのできない捕食者は、獲物を襲うことによって食物エネルギーを得るのではなく、かえってそれを消費してしまうだけだろう。

重要なポイントを繰り返しておこう。ハエトリグモのような無脊椎動物でも、注意深く観察と実験をしてみると、その行動には柔軟性が見られるだけでなく、環境の変化にたいして機能特定的に適応していることがわかる。獲物の捕まえかたを学習することは、多数の捕食者に共通する行動パターンであり、このようにわりと単純な捕食者にもそれが見られる。ほとんどの動物（捕食者も被捕食者も）のサイズと能力（その他の特性は言うまでもなく）の変異性、およびほとんどの生息場所の変化に富んだ性質を考えると、上述したような柔軟性を介さずに進化が起こるとは考えにくい。

❑むすび：環境のアフォーダンスのなかでの行動の進化

アフォーダンスは、動物の行動単位群にはたらく選択圧の焦点になる。これらの焦点は、ある行動単位群を選好し、他の行動単位群を排除するが、それは複数の行動単位が結集し、完全な行為シーケンスをなしているコンテクストのなかでのみ起こることである。このような選択圧は——短命な行動の時間スケールから、個体発生の時間スケール、そして系統発生の時間スケールにいたるまで——あらゆる時間スケールで生ずる。アフォーダンスのなかには、その後の動物の行動にほとんど影響を及ぼさないほど短命なものもある。しかし、行動の時間スケールにわたって持続するアフォーダンスもあるし、さらには、個体発生の時間スケールやもっと長い時間スケールにわたって持続するものさえある。このような場合には、進化的な意味で、ある行為シーケンスが他の行為シーケンスよりも選好されるような諸条件をつくりだすほど持続的な選択が生じうる。もし、こうした選択領域が、選好された行動単位あるいは行為シーケンスの再生産を増加させる傾向をもつ有機体の発達的過程と結びつくなら——そして、第5章で議論するように、神経系がこの多様な選択維持過程を肉体化していると確信できる確かな証拠があるなら——その選好された活動は選択されたと言えよう。

選好された行為の単位群、すなわち選好された行為シーケンスが再生産される傾向は、多数の要因に支えられている。ある個体群を全体的に捉えたときに見られる行動単位の差異は、その動物種の遺伝子プールの反応規範の差異を一因としている。そして、その行動を選択するアフォーダンスが十分長く持続するなら、その個体群のなかにはそのアフォーダンスをめぐる競合と、それに対応した遺伝子プールの変動があるだろう（遺伝子だけでは行動の進化を説明するのに十分ではないということに注意しよう。行動調整に利用される環境資源をめぐる競合——つまり、アフォーダンスをめぐる競合もあるにちがいないのだ。）しかし、遺伝子の直接の統制下にはない行動単位も、それ自体が選択的に組織化される傾向のある神経メカニズムの発現である（Edelman, 1987）。おそらく、有用なアフォーダンスの獲得に関わった行動単位を他の行動単位よりも再生産する傾向の基底には多種多様なメカニズムがひしめきあっているにちがいない。

第4章 情報の重要性

❏ 進化上の結果と行動作用

動物の環境のさまざまなアフォーダンスは、そこに生きている動物の活動に選択圧をかけ、発達や進化をうながしている。けれども「アフォーダンス」は、たんなる環境の事実にすぎない。この事実を動物と関係づけて考えても、当然の疑問がわきおこってくる――いったい動物はどんな情報を利用して、アフォーダンスがあることに気づくのだろうか？　ハエトリグモの子どもは、獲物にちょうどよい距離まで近づいてからとびかかることを学習していたし、ミミズは葉などを穴に引き込むときには、ちょうどよい端から引き込むことができた。でも、ハエトリグモやミミズにそれを「ちょうどよい」と思わせる決め手になったのはどのような情報だったのだろうか？　心理学者のお決まりの答えは「経験」――とくに試行錯誤――がその情報をもたらしている、というものだ。でも、試行錯誤が実際になんらかの役割を担っているときでさえ（そんなことは一般に考えられているよりも少ないのだが）、試行錯誤をもちだすだけでは説明にはならない。かりに試行錯誤の効果を認めたところで、問題は依然として残されている。ある行為によって、自分が目標に近づいているのかどうか——つまり、試行錯誤の意味——を動物はどうやって判断しているのか、という問題だ。ミミズはいったいどんな情報を利用して、葉のへりの意味のちがい——この葉は（向こうの端からではなく）この端から穴に引き込めば、穴のなかをより効果的に暖かく保つことができるということ——を識別しているのだろうか？　動物の行動や経験をめぐるこうした基本的な問題に答えようとするとき、手がかりとなる大きな枠組みをぼくらにあたえてくれるのが、ジェームズ・ギブソンのエコロジカルな情報のアイデアだ。ギブソンは、環境のさまざまな資源を特定しているエコロジカルな情報があると考えた。

行動の進化についての最大の難問の一つは「現在の行動」と「進化上の最終的な結果」との関係をどのように考えるのかということである（Tinbergen, 1951; Curio, 1994)。予言者ならぬ動物には「いまここでこのように行動しておけば、将来の適応度があがる」ということなどわかるはずがない。この問題をめぐってはこれまでありとあらゆる理論が考え出されてきた——「利己的」ではあるが一種の疑似「知性」をそなえた「利己的遺伝子」を想定する理論（Dawkins, 1976; Williams, 1993）や、動物があたかもコストをきちっと計算する経済学者のように自分の生理過程をたえず監視していると考える理論（Real, 1992）まで、さまざまな理論がある。

「現在の行動」と「進化上の最終的な結果」の関係を説明するときに通常もちだされるこのような理論よりもずっとシンプルで、説得力のある仮説がある。その仮説はあまり一般には知られていないし、動物の行動研究においても、真剣に検討されることはなかった。それはジェームズ・ギブソンのエコロジカルな情報 ecological information の仮説である（Gibson et al., 1982; Gibson, 1979/1986）。ギブソンはこう考えた――環境には、系統発生的な時間スケールでみても、とても長く持続しているアフォーダンスがある。とすると、こうしたアフォーダンスを特定する情報が環境のなかに存在している可能性がある。アフォーダンスを特定する情報が環境のなかにあれば、その情報を検知し、利用することによって行動を調整できるようになった動物は、それができない動物よりも、進化的に相当有利になるはずだ、と。この点で、エコロジカルな情報はじつにユニークな機能をもった資源である。それ以外の資源を利用しやすくする資源、それがエコロジカルな情報なのだ。

　情報という資源の特殊性は、それが他の資源を特定するしかたにある。情報は、特定される当の資源なしに、その資源を特定しなければならない。（これは「情報」の定義による。情報 information とは「ほかの何かについて知らせる inform 何か」という意味である。）ギブソンの研究以前には、心理学者も生理学者も「情報」を神経系のなかに見つけようとしていた――そして、ほとんどのひとはいまでもまだそうしているのだ！　けれども、ギブソンは、情報を神経系の「なかに」押し込めてしまうまえに考えるべき当然のことを考えた――環境には、いったいどんな情報源があるのだろうか？　動物に選択圧をかけ、動物がそれに適応できるような情報源が環境のなかにあるのだろうか？　この問いは、進化的な観点からみれば、心理学にとっての根本的な問題である。ところが、残念なことに、比較心理学ではこれまでこうした問いに答えることはおろか、きちんと体系的に問うことさえしてこなかったのである。（⇩Box 5 参照）

　ギブソンは知覚一般――とくに視覚――についてわかっていることをふまえて、この問題について

情報、適応、「そうなったとさ」話　Box 5

現代の古典というべき論文のなかでグールドとレウォンティンは、ネオ・ダーウィニズムの理論家が自然選択過程の存在とその過程の終局状態――すなわち、適応――の存在とをあまりにもしばしば同一視しがちだということを示した（Gould & Lewontin, 1979）。有機体のある特徴が環境のある特徴に適応しているものだと最初から決めてかかることが当然のようになっていると指摘したのである。（それは最終的に証明すべきことであって、最初から決めてかかることではない。）このような思い込みはその他の非常に重要な進化的要因――遺伝子の多形質発現、多種多様な発達上の諸制約、生物物理学上の諸制約――を無視しているため、真剣な進化的・生態学的分析を妨げてしまう。

この点で、動物の情報利用について現在出回っている考え方の大半は、残念ながら、グールド‐レウォンティンの批判する意味であまりに「適応論者」的でありすぎる。情報が存在するということ、また、何らかの意味で最適な情報が有機体に利用可能であるということを最初から当然のこととして決めてかかる場合があまりにも多すぎるのだ。〈エコロジカルな情報〉というジェームズ・ギブソンの新しい考え方の最大のメリットのひとつは、研究者に情報研究のためのツールを与え、ある特定の状況内でどのような情報が実際に利用可能であるかを見つけ出すことを助けるということにある。ギブソンの〈エコロジカルな情報〉の考え方を基礎にすることによって、実験者はそうした諸状況を統制でき、実際どのような変数が情報になりうるのかを発見することができる。環境について動物が知りうることに関する「そうなったとさ」話に陥ることを避けたいのなら、比較心理学者は、情報を特別な種類の環境資源として捉えるギブソンのアイデアを展開し、検証し、より精緻なものにしていく必要があるだろう。

考えていった。そして、動物をとりかこむエネルギー場の構造がわかれば、動物の情報ピックアップに選択圧をかけているものを発見できると考えた。とりわけ、ギブソンが強調したのは、動物が起こすある種の変形にたいして不変な構造だった。不変な構造は、環境に持続している資源を特定することができる。アフォーダンスが行動群および行動の変化をこえて持続することによって、特定の行動を選択するのと同じように、情報は時間および行動の変化による諸効果をこえて比較的不変であることによって、意識を選択するのである。いくつかの例をあげることによって、この考えかたをわかりやすく展開していこう。

陸上環境は構造のある光に充たされている。この光の構造は光配列（optic array）とよばれる。光配列にはつねに上下二つの部分に分かれたパターンがある。これは眼などの光学システムにとりこまれる以前からすでにそのようになっている。光配列の上半球（＝空）には、あまりはっきりした構造はなく、日中は（太陽の運行につれて）光度が規則正しく変化する傾向がある。いっぽう配列の下半球には、いろいろなものがさまざまな密度で重なりあいながら存在している（＝大地とその上にあるあらゆるもの）。その密度や重なりぐあいはめまぐるしく変化する。この上下二つの半球からなる構造は、動物の活動によって変化することはない――だから、これは不変項である。

それとは別種の不変項もある。動物の活動がつくりだす不変項だ。ギブソンは、飛行機を着陸させるパイロットの視覚について研究するうちに、動物が不変項をつくりだしていることに気がついた。環境のなかを移動している動物は、ギブソンが「パースペクティヴ・フロー・ストラクチャー」と名づけた光の流れを自分のまわりにつくりだしている（図４・１参照）。この構造はベクトル場をつかって

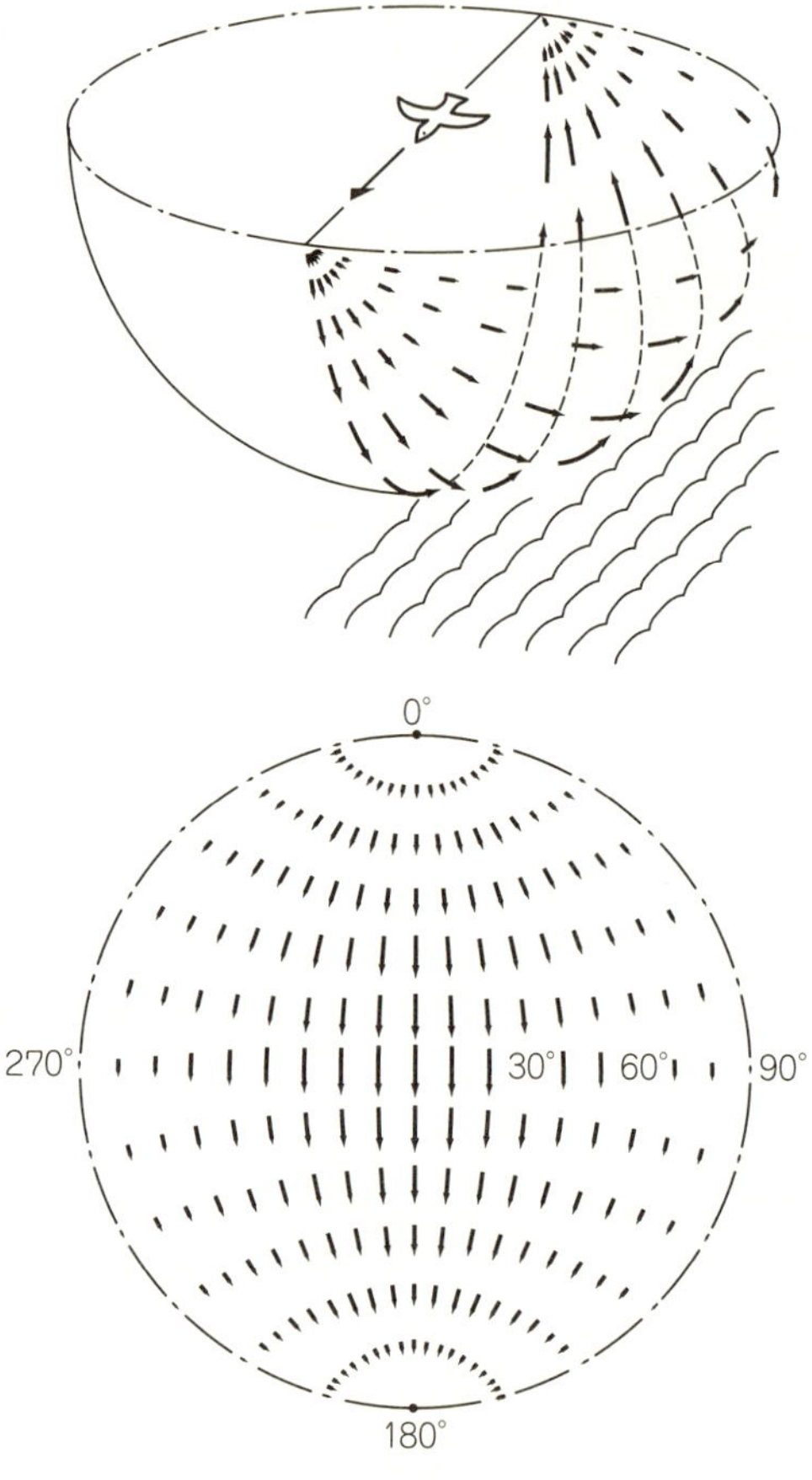

図4－1　パースペクティヴ・フロー・フィールド

（A）動く光配列の下半分には極構造がある。動物がそこへ向かっている一点がすべての光運動の「湧き出し」点であり、動物がそこから来た一点がすべての光ベクトルの「吸い込み」点である。ベクトル場には規則正しい構造があり、もっとも大きなベクトルは二つの極の中間の赤道上（この場合は、鳥の翼に平行した大円上）にある。

（B）同じベクトル場を真上から見た図。極は0°と180°にある。赤道は270°と90°を結んだ線である（Gibson, 1979/1986より）。

表現するとわかりやすい。動物が向かっている一点からすべての光学的な運動ベクトル optical motion vectors が湧き出し、動物がそこから離れていく一点のなかに吸い込まれていく。移動は直線であるため、ベクトルの湧き出し点と吸い込み点は、球状をしたベクトルの流れの「極」になっている。ギブソン、オーラム、ローゼンブラットがずいぶん前に示したように、ベクトルは極から離れれば離れるほど大きくなり、赤道で最大になる（Gibson, Olum, & Rosenblatt, 1955）。この光の構造は、地平面にたいする観察者の動きから生まれるので、観察者の他の活動にたいしては不変である。たとえば、眼球の動きや頭部の動きは、この基本的なパターンを変えることはなく、ただ赤道の周辺にいくらかオプティカル・フローを重ねるだけである（Lee, 1980）。

このように、動物がなにをしても変わらない情報は、動物の周囲の事実を特定している情報という意味で、外部特定的な情報 *exterospecific* information と呼ばれる。それにたいして、動物がいま現在おこなっている行為に相関して、関数的に変化する情報は、動物が環境といかに切り結んでいるかを特定している情報という意味で、自己特定的な情報 *propriospecific* information と呼ばれる。ジェームズ・ギブソン（James Gibson, 1979/1986）が言うように、ふつうはこのどちらの情報も利用できると考えられる十分な根拠がある。つまり、知覚とは、自己の知覚であると同時に環境の知覚である、あるいは、環境のなかの自己の知覚である。けれども、ここでぼくが強調しておきたいのは、すくなくとも原理的には、外部特定的な情報は、環境にたいして行為することからは独立して、環境について知るために利用できるということ、そして自己特定的な情報は、環境について知ることからは独立して、行為を調整するために利用できるということだ。たとえば、なんだかよくわからない光学的なシルエットに光学的な肌理の拡大の焦点 optical focus of expansion を合わせようとして動くときのことを考えてみよう。ぼくらはそれがなんだかわからなくても、そこに近づいたり、そこから遠ざかったりすることができる。また、それがなんであるかわかったからといって、そこに行かなければならないということもない。あとで遂行的活動と探索的活動の区別を考えるときにあらためて論じることだが、この意識と行為との潜在的な分離の可能性から、進化上重要な支流が発する。

以上のところからわかるように、情報は、動物がみずからの現在の活動を周囲の進化上重要な資源との関係のなかで調整することを二つの経路をつうじて支えている。第一に、自己特定的な情報が自己の活動を適応的に調整することに役立つかぎりにおいて、この情報を利用できる動物はより多くの子孫を残す可能性が高くなる。たとえば、パースペクティヴ・フローの情報を、他の動物個体群よりも正確に利用できる——つまり、障害物を避けることができ、目標をより効果的に見つけ出し、敵からは安全な距離を保つことのできる——動物個体群は、他の条件が同じであれば、より高い適応度を残す傾向がある。第二に、外部特定的な情報が観察者に利用可能なアフォーダンスの詳細を特定しているかぎりにおいて、この情報を利用して、いつ・どのようなポジションをとれば、そのアフォーダンスが利用できるかを知ることのできる動物個体群は、他の条件が同じであれば、その適応度を上昇させる傾向がある。

しかし、エコロジカルな情報が動物個体群の適応度を上昇させるためには、二つの厳しい制約が充たされていなければならない。第一にもっとも重要なことだが、特定の活動を支えるなんらかの情報が利用可能なものとして存在していなければならない。たとえば、「立位姿勢」を維持することは一見すると簡単そうだが、こうした行動でも、充分長く持続し、その機能を特定している情報がなければ、すこしも進化しなかったはずだ。第二に、そのような情報を検知し、利用するメカニズムが進化しなければならない。「利用可能な情報」というのは、特定の行動を組織化し、調整する可能性のある情報という意味であって、そうした組織化や調整がこの先まちがいなく起こるとか、これまでに実際に起こったという意味ではない。しかし、自然選択による進化はわずかな機会をつかまえて展開していくものだから、利用可能な情報がずっと持続していれば、それを実際に利用できるメカニズムが観察者のなかに選択される可能性はけっしてすくなくないだろう。たとえば、環境にはさまざまな種類の電磁波——地球の磁場への偏光から、水中を移動する動物が発する微弱な電流まで——があるが、脊椎動物・無脊椎動物のひろい範囲にこうした電磁波を検知するメカニズムがあることがわかっている。この事実は、そうした電磁波がそれらのメカニズムの選択をうながす「情報」になりえたことを示している。

❏コントラストのパターンが情報になる

いままでの議論をもとにつぎのような仮説をたてておこう——環境は、動物にとって重要な機能的実在 functional realities を特定する多種多様な情報を提供している。もし、進化によって、こうした情報を検知・利用できる知覚システムが選択されるとすれば、いま目の前でおこなわれている行動が、すくなくとも原理的には、進化のなかで獲得される機能性と一致するしかたで調整されている可能性があるはずだ。(気をつけてもらいたいのは、ここでは「最適化 optimization」については一言もふれていないということである。いま、現におこなわれている活動と、その活動が結果的に果たすことになる機能とがなんらかのしかたで結びついていることが示されれば十分なのである。情報は、資源の最適な利用のしかたを保証しないし、保証することなどできない。)

ジェームズ・ギブソンの生態光学に関する研究から、あらゆる種類のエコロジカルな情報についての一般的な仮説をみちびき出すことができる。すなわち――エコロジカルな情報は環境のエネルギー場のコントラストの配列にある。この配列は空間的、時間的、あるいはその両方である。

光学的コントラストを生み出すものは二つある。まず、さまざまなものが存在する環境のなかでは誰でもかならず出会う光の強度のちがい。そして、太陽の運行によって生まれる光度の規則的な変化。(光配列にはこのほかにも色彩構造という要素があるが、ここではあつかわない。)こうした無数のコントラストのそれぞれを光学的肌理を織りあげる各要素としてあつかえば、光配列全体はベクトル場もしくはテンソル場として描き出すことができる。より幾何学的に表現すれば、この配列のなかの特定のコントラストを構成している複数の表面はそれぞれ、光の錐体の底面として、つまり立体視角 solid visual angle の底面として描き出すことができる。つまり、光配列を静的にとらえれば、無数の立体視角が入れ子になって、相互に結びついたネットワークとして見ることができる。この無数の立体視角は対象の動きや観察者の動きにつれて、変形、削除、添加される。このように光学的情報を数学的に表現するさまざまな方法が工夫され、テストされるようになったのはつい最近のことである。

ジェームズ・ギブソンは（James Gibson, 1977/1982a; 1979/1986）おもに幾何学的なモデルを提案し、それをデビッド・リーが（Lee, 1980; Lee & Young, 1985）ベクトル場のモデルへと発展させ、さまざまな実験をおこなってきた。さらに、ケンドリンクとファン・ドーン（Koenderink & van Doorn, 1981）はテンソル場のモデルによって注目すべき理論的な帰結をみちびき出している。

光学的な要素や配列のこのような分析は非常に抽象的なものである。しかし、こうした分析をすることによって、動物が利用しているおもな光学的情報について理解しやすくなることがわかってきた。自然状態での視覚の研究では、このような分析がじわじわ浸透してきている。最近、ゲイバー（Gaver, 1993a, 1994b）が示したところでは、音配列にもこのような分析は有効であるという。空気中のさまざまな音波は、環境内の特定の事象（例：二つの表面の接触、一つの表面を吹きぬける風）によって形を与えられたり、変えられたりしている。この場合、コントラストをつくりだす要素は、大気中の音の圧力波であり、それには固有の周波数、振幅、その他さまざまな特徴がある。

配列のコントラストが情報になることをあざやかに示したのはウォーレンとヴァーブルガ（Warren & Verbrugge, 1984）の実験である。彼らは「はずむ音」と「割れる音」の異なりをつくりだすものに注目した。図4・2をみれば一目瞭然だが、ある物体が硬い表面にぶつかってはずんだときの音と割れたときの音にははっきりしたちがいがある。これがまさに両極端ともいえるちがいだということに注目したい。はずむ音は単一の振動である。周波数（振動数）は次第に増加し、振幅はゼロになるまで減少してゆく。それにたいして、割れる音は複数の振動の集合からなる。どの振動も開始の瞬間は同時だが、その後互いに同期することはない。音響学的な用語をつかえば、これらの振動はさまざま

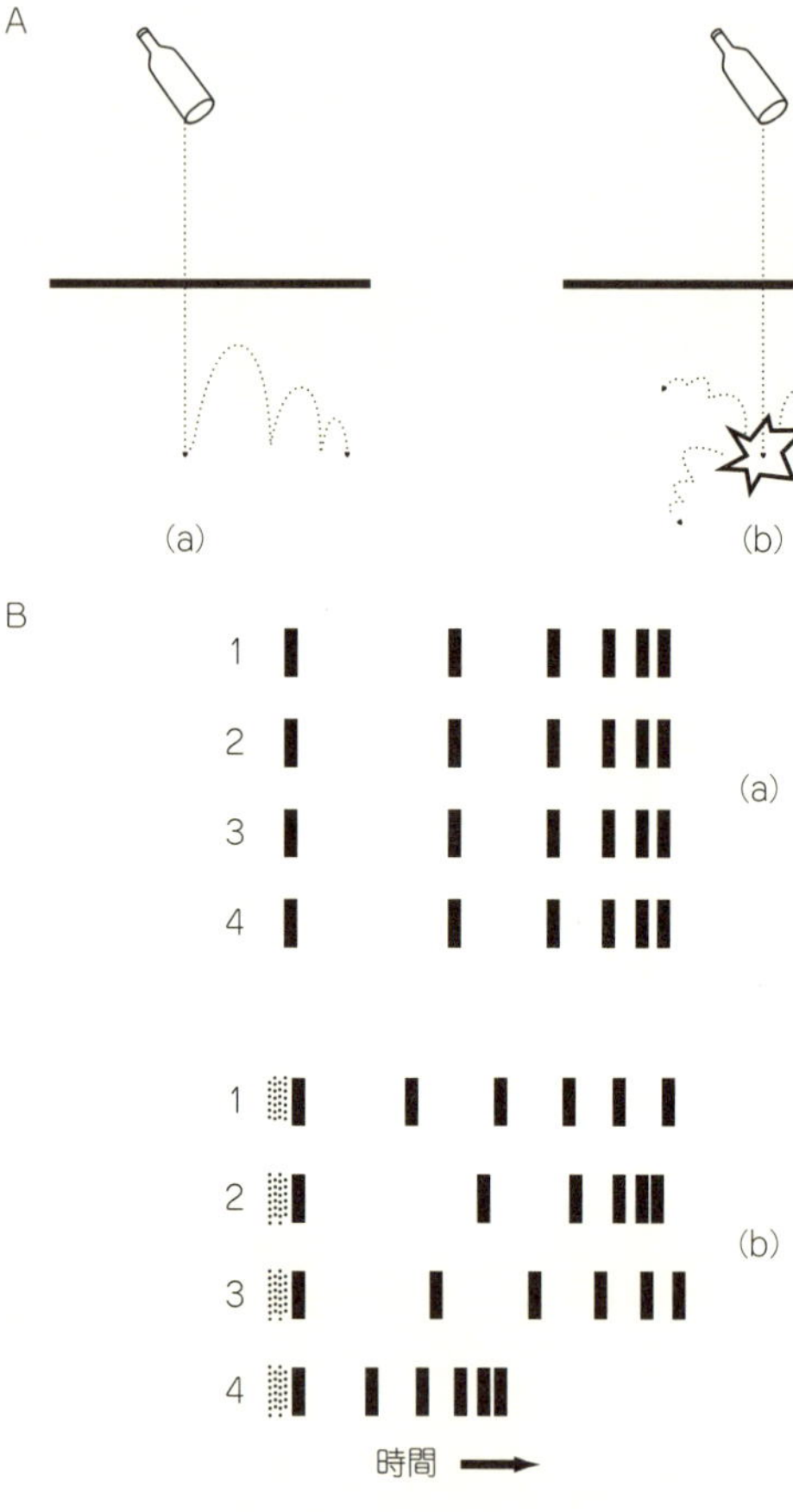

図4－2 「はずみ」と「割れ」を特定する情報

（A）物がはずむときには循環的事象が生じる。各回の事象は（重力のために）時間的・空間的に次第に縮小していき、やがて知覚不可能なほど小さくなる。
（B）「はずみ」と「割れ」のちがいを特定する音響学的特徴をあらわす図。
（a）は同期した音響エネルギー波動の発生により「はずみ」を特定している。
（b）は最初のノイズの爆発的発生とそれに続く非同期の波動の発生により「割れ」を特定している（著者の許可を得てWarren & Verbrugge, 1984より転載）。

なパルスをもった空気圧の波だ。ウォーレンとヴァーブラッグ（Warren and Verbrugge, 1984）はこうした特徴をもとにシンセサイザーで機械的に合成した音を、あらかじめ何も知らされていない被験者に聴かせた。すると被験者は「はずみ」と「割れ」のちがいを確実に聴きとれただけでなく、「はずみ」と「割れ」の中間の音については、ほかよりも判断に手間どることがわかった。

環境のエネルギー場の構造や、その構造がどのように環境の資源を特定しているのかという問題について、これまでにわかったことを概観するだけでも、すくなくとも一冊の本が必要だ。こうした本はぜひとも書かれなければならない。なぜなら、エコロジカルな情報についてのぼくらのアイデアのほとんどは、いまでもまだ未熟な仮説の域を出るものではないし、きちんと体系だてた検証もおこなわれてはいないからだ。こうした問題についてシステマティックにとりくんでいくことが早急の課題だろう。残念ながら、スペースの都合から本書ではそれができない。興味のある読者には、ジェームズ・ギブソンの研究（Gibson, 1979/1986）をおすすめする。ギブソンは、放射光が環境のなかでどのように包囲光になるのかを体系的に説明している。さらに、ゲイバー（Gaver, 1993a, 1993b）は、音響エネルギーの放射もまた、環境の構造のなかで包囲的になることを示そうとしている。この研究もおすすめである。しかし、この章やこの本の残された部分では、ギブソンの仮説をさらに発展させたり、それを検証したりするのではなく、その仮説が潜在的にもつ意味に焦点をしぼっていきたいとおもう。

❑情報と切り結び

この本では「情報」という言葉を生態学的な意味でつかっている。生態学的な意味での「情報」は、有機体をその環境と一体に結び合わせる unite ことを助けるものだ。外部特定的な情報は、環境に関するあらゆる知識の基盤になり、自己特定的な情報は、環境内での行動を適応的に調整することを支える土台になる。生態心理学ではおもに、知識へとつながる情報の役割よりも、活動を調整する情報の機能の研究が進められてきた。ジェームズ・ギブソン（Gibson, 1979/1986）は、有機体と環境とがどのように切り結ぶのかについての理解を提示し、弟子のデヴィッド・リーはそうした切り結びの知覚的制御についての一般理論をつくりあげてきた。

デヴィッド・リーが最初に興味を抱いたのは、動物の移動の調整がどのようにおこなわれているのかということであった。彼はまず、進化のベースとなる基本的なことから問題にしていった――「安全な切り結び」と「危険な切り結び」とはどのようにちがうのだろうか？　周囲の環境との安全な切り結びを維持するために、知覚者にはどのような情報が利用できるのだろうか？――この問いにリーは三つのステップで答えていく。まず、第一のステップでリーは、切り結び自体のなかに「安全な切り結び」と「危険な切り結び」を区別する抽象的な特徴があることを示す。つづいて、第二のステップでは、そのような「安全な切り結び」と「危険な切り結び」を区別するために利用できる情報があること、また、その情報が利用できれば、切り結びを安全なものにする調整が可能であることを示す。そして、第三のステップでは、模擬実験や比較分析をおこない、実際にこのような情報を利用し、移動を調整している動物がいるということを示す。

リーの分析の第一のステップは、彼自身が「衝突までの残り時間の理論 theory of time-to-contact」と名づけたものである。これは、動いている観察者と環境の表面とのあらゆる切り結びを五つのタイプに分類したものである。まず、簡単な例で考えてみよう――ある表面から距離 x のところにいる観察者が、瞬間速度 dx/dt でその表面に接近している。このときの瞬間速度をドットをもちいて $\dot{x}$ と表記する。このままなにも変化がなければ、観察者は、$x/\dot{x}$ 後にその表面と衝突する。リーは、この変数 $(x/\dot{x})$ を $\tau(x)$ と名づけた。これは（その瞬間における）衝突までの残り時間の変数である。この理論をもとにして、リーはじつにユニークな分析をおこなっている。彼は、動物の速度や加速度の変化を調べるかわりに、$\tau(x)$ の変化（つまり、距離 x にいる観察者が表面に衝突するまでの残り時間の変化）を調べたのである。つまり、$\dot{\tau}(x)$ の値が状況の変化によってどのように推移するかに関心を抱いたわけである。その結果、図4・3に示したように、この変数の変域は生態学的に重要な五つの領域に分けられることがわかった。

この分析の価値は明らかだろう。衝突までの残り時間を変数にすれば、動物と環境とのさまざまな切り結びを機能的に異なる五つの切り結びに容易に分類することができる。たとえば、飛行機のパイロットが着陸時に目標を見失ってから、ものすごいスピードで激しく木立に激突するまでに起こるす

A

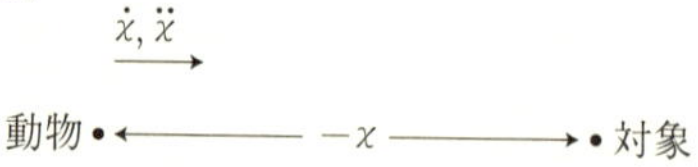

B

タウドットの値（$\dot{\tau}$）	$\dot{\tau}$の値が意味する動物の動き	加速度／減速度を一定に維持するときの結果	$\dot{\tau}$を一定に維持するときの結果
$\dot{\tau}>1$	加速	衝突($\dot{\tau}=1$まで下降)	衝突
$\dot{\tau}=1$	等速	衝突($\dot{\tau}$は一定)	衝突
$0.5<\dot{\tau}<1$	減速	衝突($\dot{\tau}=1$まで上昇)	コントロールされた衝突（ブレーキは徐々に強くなる）
$\dot{\tau}=0.5$	減速	ぴったり停止	ぴったり停止（ブレーキは一定）
$0<\dot{\tau}<0.5$	減速	対象より前で停止($\dot{\tau}$下降)	ぴったり停止（ブレーキは徐々に弱くなる）

図4－3　環境の表面との切り結びの５種類のケース

時間tのとき、動物は表面からの距離xのところをその表面に向かって速度$\dot{x}$、加速度$\ddot{x}$($\dot{x}=dx/dt, \ddot{x}=d^2x/dt^2$)で接近している。$x$のタウ関数＝$\tau(x)=x/\dot{x}$。タウドット＝$\tau(x)$の変化の割合＝$\dot{\tau}(x)$（著者の許可を得て Lee et al., 1993 より転載）。

べてのことを、この方法をつかえばわかりやすく記述することができる。リーの理論はそれ以外の記述のしかたを除外するものではないし、そんなことは不可能だが、それは問題ではない。この分析の価値は、すべての切り結びを、ごくシンプルな一つの変数によって表現できる便利な方法を提供していることにこそあるのだ。

つぎのステップは、この変数に対応した情報があるかどうかをたしかめることである。もし、そのような情報が実際にあり、動物がそれをモニターできるとすれば、移動活動の重要なポイントのほとんどは、そのような情報をモニターすることを基礎としたシンプルな調整システムによって制御できるだろう。

リーたちは、そのような情報が実際に利用できるだけでなく、いくつかのちがったかたちで利用できるとした。たとえば、衝突までの残り時間を特定する情報は、光学的に研究されているだけでなく、音響学的にも研究されている。光学的に、衝突までの残り時間を特定する情報は、表面が近づくにつれて、光学角が拡大するというよく知られた光学角の拡大パターンの研究からはじまった。観察者と表面が近づくにつれて、表面から観察点に投射される光学角は変化するが、この時間的な変化をグラフにとると双曲線になり、この光学角の拡大率の逆数をとると、観察者と表面との衝突までの残り時間を特定していることがわかった（Lee, 1980）。これをもっと一般的に表現してみよう――知覚可能な任意の変数が、観察者と表面との距離χのベキ関数であるとき、その変数は$\dot{\tau}(\chi)$についての情報になりうる（Lee, Reddish, & Rand, 1991; Lee, van der Weel, Hitchsock, Matejowsky & Pettigrew, 1992; Lee, Davies, Green, & van der Weel, 1993）。さらに、これを数式で表現してみよう。知覚可能な変数Sがχのべキ関数になっているときには、$S=kx^a$（kとaはともに定数）とあらわせる。すると、ある時間におけるSの瞬間の導関数は以下のようになる。

（式1）　$\dot{S}=kax^{a-1}\dot{x}$

定義により、衝突までの残り時間を示す任意の変数は、その変数を時間微分で割ったものであるから、

（式2）　$\tau(S)=S/\dot{S}$

さきに確認したように、Sはxをもちいて書き換えることができるので、

（式3）　$S/\dot{S}=\dfrac{x}{a\dot{x}}$

したがって、

（式4）　$S/\dot{S}=(1/a)*\tau(x)$

式3、4から、

（式5）　$\tau(x)=a\tau(S)$

言葉で表現すると、式5があらわしているのは――距離xのところにある表面と衝突するまでの残り時間は、原理的には、変数xのベキ関数として変化する知覚可能な変数Sの関数として特定されている――ということである。正確に言えば、aをベキ関数の指数とすると、距離xにある表面と衝突するまでの残り時間は、aとSの時間微分の積に等しい、ということである。

　衝突までの残り時間の理論のおもしろいところは、生物がおこなう環境との切り結びの調整が、物理学者や工学者が最適と考えるものからはズレるだろうと予測されることである。というのも、衝突までの残り時間の理論は、瞬間時間微分係数――物理学者が「観察者と表面との瞬間接近速度」と呼ぶもの――を基礎としているからだ。だから、このような接近速度が――加速度などによって――だんだん速くなっているときには、リーの理論から導かれる衝突までの残り時間の値は実際よりも長くなってしまうのである。そこでぼくらは、実際の生物の行動と理論的に「最適」とされる行動のそれぞれを、衝突までの残り時間の理論から予測される行動と比較してみることができる。たとえば、重力によって自由落下している生物のケースを考えてみよう（このときの加速度は32ft/sec*sec）。衝突までの残り時間の理論では加速度による速度の変化を考慮しないので、このようなケースでは、$\tau(x)$がはじきだす衝突までの残り時間の値は実際よりも長くなってしまう。つまり、一次近似でしかない。けれども、状況によっては、このような近似でも十分役にたつ。なぜなら、加速しながらある表面に接近している最中に、$\tau(x)$が「安全を保障する臨界値」を超えたら（つまり、衝突が間近に迫っているときには）、最善の方略はただちに自分の身を守る行為を開始することだからだ。衝突までの残り時間の理論をあざやかに検証した研究の一つに、リーがおこなった海鳥のダイビングの研究がある。リーは、海中にダイビングして魚をとる海鳥が、（ダメージを受けずに海中に突入できるように）$\tau(x)$の値を利用して、翼を流線型に折りたたむタイミングをはかっていることを明らかにした（Lee & Reddish, 1981）。

同じように、衝突までの残り時間の理論をもとにして、加速や減速といった行動の変化を予測し、検証することができる。$\tau(x)$を感知している動物の行動パターンは、速度や加速度自体を感知している動物の行動パターンとはちがっているはずだ。リーたちはこのことを検証するために、ハチドリがエサ台のところでホバリングしながら「ドッキング」するようすを観察した（Lee et al., 1991）。その結果、ハチドリは$\dot{\tau}(x)$をほぼ一定に保っており、その値は0・5以上（図4・3参照）だということがわかった。こうすることでハチドリはエサの入っているチューブのところでわずかな速度を生み出し、チューブのなかへくちばしを深く差し込むことができる。さらにリーたちは、この行動に関連するとおもわれるそのほかの変数——距離、速度、加速度など——は一定に保たれていないことも明らかにした。

この例は、知覚的な不変項が情報になることをわかりやすく示している。$\tau(x)$の時間微分を一定に保つことは、減速しながら移動することと同じであり、表面と接触するまで$\tau(x)$を0・5以上に保ちつづけることは、ゆっくりした速度で表面と接触することと同じである——これは鳥のような空を

〈調整〉の本質　Box 6

〈調整 regulation〉という考え方はこの本の核心である。また、動物の行為は〈情報〉によって調整されるという考え方は〈調整〉を生態学的に考える際の基本である。エコロジカルな情報に関する非常に重要な点は、それがある動物の生態上の課題に特定的だということである。エコロジカルな情報は動物内部のメカニズムや過程に特定的ではないが、純粋に外的なものでもない。（その存在は一動物からは独立でありうるが、その意義はその動物と周囲との切り結びをいかに特定しているかということにあるのだ。）

これは以下のことを意味する。情報の一定の値を検知、監視、維持する能力こそが一定のしかたで行為する能力である。ある対象に接近するということはその対象の光学的輪郭の対称的拡大をつくりだすことと同義である。（対象の匂いの濃度勾配の高い方へと移動すること等々とも同義である。）$\dot{\tau} > 0.5$ の値を維持するハチドリの能力はわずかな接近速度で対象と接する能力である。コウモリも τ の値を監視しながら移動しているようである（Lee et al., 1992）。メカニズムの根本的な差異（視覚vs.エコロケーション、鳥の飛行パターンvs.コウモリの飛行パターン）にもかかわらず、この二種類の動物は同じことを達成している。心理学では、〈調整〉の生態学的な原理こそが一次的である。神経生理学的な原理、生体力学的な原理は二次的である。

飛ぶ動物が頻繁におこなう必要のある制御された着地や接近にほかならない。（⇩Box 6参照）

ギブソンの考察とリーの実験をもとに考えると、環境のなかには生物と環境との多数の切り結びを制御する際に利用できる自己特定的な情報があり、その情報を利用するための方法をさまざまな動物が進化させてきたという結論を導くことができる。海鳥がダイビングのときに利用するのは、ハチドリが利用するのとは異なった衝突までの残り時間の値だが、どちらも同じ光学的な変数のいくつかを利用しているにちがいない。（断定はできないが、たとえば、どちらも包囲光配列の光学的な輪郭の拡大率の逆数を感知している可能性がある。）情報を利用可能にするのは、環境のなかでの動物の活動である。また、あらゆる点から考えて、この情報を利用し、活動を効果的に調整するメカニズムの発達をうながす選択圧が多くの状況にはたらいているとみられる。リーの研究によって示されているように、情報を「効果的」に利用することは、「完璧な効率」で利用することと同じではないし、知覚される情報のなかで実際に利用されるものと（理論的にみて）もっとも効率のよい行動戦略にはつねにいくらかのへだたりがあるだろう。にもかかわらず、ある種の条件下では、一次近似のようなものでも十分適切な制御の戦略をもたらすことができるのだ。

❑ 意識と情報

環境と切り結んでいる知覚者の意識はどうなっているのだろうか？　ハチドリはエサのあるところや、

エサのあるところへ自分が近づいていることを意識しているのだろうか？　絶妙な行動の調整をみると、ある場所に近づいていることを動物が意識していないと考えるのはたんなる偏見でしかないという気がする。あるシステムがそのシステムの調整に関連した環境の特性にみごとに同調しているのに、その切り結びのどのような側面も意識していないなんてことがあるだろうか？　ヒトの知覚研究で、意識における情報の役割を調べたところ、そうした偏見を一掃する圧倒的な証拠が見つかった。

ヒトが鳥と同じように光学的な情報を利用して移動を調整しているとしたら、ヒトの周囲の状況を実験的にコントロールすることで、実際には生じていない切り結びを特定する情報をつくりだしてしまうこともできるはずだ。デビッド・リーとローリー・リッシュマン（David Lee & Roly Lishman, 1973）がつくった「スウィンギング・ルーム」は、そのような情報を実際につくりだしてしまう実験装置である。この装置は天井もついたなんの変哲もない部屋であるが、床だけがない。この床なしの部屋をローラーの上にのせるか、またはかなり高い支柱からブランコのようにぶらさげるかして、実際の床の上に設置する。さて、このような準備を整えたうえで、被験者にこの部屋のなかに入ってもらう。実際の床面は被験者からは見えないようにしておく。このようにすれば、被験者のまわりの光学的なパースペクティヴ・フローを自由自在に操作してさまざまなできごとを発生させることができる――実際には「ありえない」できごとさえ、つくりだすことができる。たとえば、観察者が前方に$\vec{V}$の速度で動いているときに、歯車をうまく回転させて、部屋自体を$\overrightarrow{2V}$の速度で前方へもっと速く移動させてしまう。こうすると、目指している前方の壁との関係で見たとき、観察者の動きは$\overleftarrow{V}$の速度でその壁から遠ざかっていることになる。言いかえると、なんの変哲もない床の上を歩いているなんの変哲もないひとに、そのひとが後ろへ向かって移動していることを特定する光学的な情報が提示されているわけである。しかも、その光学的な情報が特定しているのは、そのひとが前へ向かって歩こうとするまさにその速度で後ろへ進んでいるということだ。結果はおどろくべきものだった。被験者は、自分が後ろに移動していると報告した。しかも、「床がものすごいスピードで前方へ移動している」と報告されることが多かった。(もちろん、床はこの部屋のなかで動いていない唯一のものだ！) つまり、この実験では、光学的情報がほかのあらゆる情報源(たとえば、足からの力学的な情報や、自分の意図についての情報など) をコントロールしている。

ここからもわかるように、この被験者が意識しているのは「自分がいまなにをしようとしているのか」(自分の意図) ではないし、「自分の神経機構がいま実際になにをしているのか」(この実験では、前方に歩みを進めている) ということですらない。そのかわり、この被験者の意識の大部分は、エコロジカルな情報が特定している事象によって占められている。哲学者は、自覚的な意識 consciousness の内容について語ることを好む (Dennet, 1969; MacDowell, 1994)。そして、現代の哲学や心理学では、この意識内容の正体は、言語のようなもの、コンピューターの記号体系のようなものと考えられるのがふつうである。けれども、生態学的にみれば、意識内容はおもに、環境と能動的に切り結ぶ動物が利用し、ピックアップしている特定の情報に由来している。(本書の後半では、この考えかたをベースにヒトの認識を説明していく。) とりあえずここではつぎのような暫定的な仮説をたてておこう――自己特定的な情報が利用でき、それをピックアップできるという意味において、動物は環境との切り結びを意識している、と。

とはいえ、これまで紹介してきた研究はすべて、自己特定的な情報や切り結びの調整についてのものだ。そして、そのかげになって、これまですこしもふれられなかったことがある。それは、観察者が自分のまわりにあるアフォーダンスを（行動を調整することとはべつに）どのように意識しているのか?ということである。

❏表面と物質

ジェームズ・ギブソンたちの研究の大部分は、ぼくらを包囲している光学的な情報に関する理論を発展させることをねらいとしている。それはたんに行為の制御だけを説明しようとするのではなく、外界の事物についての意識も説明しようとしている。つまり、ギブソンの理論は、視覚にガイドされた行動を説明するとともに、視覚の現象学も説明できるようにつくられている（Reed, 1988a）。このような生態現象学を理解するベストな方法は、視覚にガイドされた行動についてのギブソン＝リー理論の説明を理解するときのように、エコロジカルな場をあらためて見直してみることだ――自然環境のなかには、なにが知覚されるものとしてあるのか?　まずそこからはじめよう。

地上環境（ここではそこに限定しよう）における視覚の基本的な構成要素は表面である。（これは聴覚にもあてはまる。Gaver, 1993a）。表面が包囲光の構造をつくりだしている。表面によって無数の、入れ子になった、めまぐるしく変化するコントラストが生まれ、そのコントラストが情報になる光配列を構成している（Gibson, 1979/1986）。表面にこのようなことができるのは、それが生態学的な物質と媒質との境界だからである。色、かたち、変形への抵抗、肌理……これらはおもに、表面を支えている物質の産物である——けれども、表面が光エネルギーをそれぞれちがったしかたで空気中に反射しなければ、これらの特徴はどれも眼で見ることはできない。

いうまでもなく、もっとも単純な環境も、無数の多様な表面から構成されている。しかし、そうした生態学的な表面のちがいは、ごくわずかな次元にそって生まれる（Gibson, 1979/1982c, p.107）。すこし単純化すれば、これらの次元は以下のように整理できる——

1　かたい—やわらかい
2　発光している—反射している
3　照明されている—陰になっている
4　均一に反射している—まだらに反射している
5　不透明—透明
6　熱い—冷たい
7　粗い—滑らか

注意しておきたいのは、これらは表面そのものの性質であるということだ。（物体や場所と呼ばれているものについてはここではまだ考えていない。物体とは、閉じた表面から構成されている特別なグループであり、場所とは表面で囲まれている特別なグループである。）

こうした多様な性質のほとんどについて、それを特定する情報が研究されている。

1　表面の「かたさ」は、表面の動きかたの剛体性あるいは非剛体性によって特定される。とくに、衝撃をくわえたあとの動きかたによって特定される。

2　「発光している」というのは、表面が照明されていることではなく、表面そのものが実際に光を放射している特別なケースを指している。

3　実際の環境では、一つの表面が「照明されている」ときには、ほかのすべての表面も照明されている。しかし、そのなかには、ほかの表面よりもずっと弱くしか照明されていない表面がいくつかある。その原因は、光源の方向や光の強さ、光源とのあいだに不透明な表面があることなどである。

4　生態学的な物質は雑多な要素からできていることが多いので、「均質」ではなく、「まだら」であることが多い。一般に現生人類 modern humans は、表面にしるしをつける技術——色を塗ったり、溝を彫ることなど——を発展させ、こうしたまだらな表面を強調してきた。（そのなかで、とくに重要視されてきたのは、弾性に富み、つやがあり、まだらで、滑らかで、温かい表面、つまりヒトの皮膚である。）

5　「透明」とは、一つの表面をとおしてその後ろにあるほかの表面を見ることができる特別なケースである。これはたんに光を通す（半透明性 translucency）ということではなく、情報を通すということである。

6 「熱」は表面にさまざまな影響をおよぼす。表面がどのような物質を含んでいるかに応じて、熱は表面の色、かたさ、まだらの具合を変化させる。

7 「粗さ」は、表面にたいしておもに一つの方向から光があたるようにしておき、その反対側から見ることによってもっともはっきり見ることができる。

おそらく、表面に関する環境の事実のなかでもっとも重要なのは、その持続または持続の欠如である。たとえば、雲には表面がないとおもわれることが多いが、それはその物質と媒質との境界が非常にうつろいやすいからである。また、表面の上の影がその表面の一部に見えないのは、影がつかのまのもの——つまり照明のしかたでくるくると簡単に変わってしまう属性だからだ。ためしに、影の特徴である濃淡をなくしてみよう。こうすると、ぼくらはそこにしみのついた表面を見てしまう。ただの影が持続的な属性として見られているわけである。それとは逆に、ほんとうにしみのついた表面に「影っぽい」濃淡をつけただけで、ぼくらはその濃淡を影として見てしまう(この実験に関しては、Gibson, 1979/1982c, p.110を参照)。

環境のなかでの表面の持続は、その表面の基底にある物質中の一定の組成に支えられている。環境にある物質は(化学者の実験室にある物質とはちがって)ほとんどみんな混合物である。だから、それらが、ミクロな構造でどのように異なるかを述べるよりも、生態学上の特性においてどのように異なるかを述べるほうが容易である。環境内の物質は、剛体性、粘性、密度、凝集性、弾力性、可塑性などの点でそれぞれ異なる。物質に凝集性がないときや、粘性がありすぎるときには、物質と空気との境界はいつもせわしなく変形してしまい、物質は持続する表面をつくりだせない。また、比較的持続している表面にも、その表面を変形したり、破壊さえする事象――たとえば、燃焼――のようなことは起こりうる。

❏表面と物質を特定する情報

ジェームズ・ギブソン（James Gibson, 1979/1986 pp.23-24）は、物質的な表面の生態学的法則を示している。ギブソンの分析を簡単にまとめてみよう。

1　持続するすべての物質には表面があり、それらの表面は一つのレイアウトをつくる。
2　それらの表面には、変形にたいする固有の抵抗力 deformation がある。
3　それらの表面には、崩壊にたいする固有の抵抗力がある。
4　それらの表面には、固有の肌理がある。
5　それらの表面には、固有の光の反射率がある。
6　それらの表面には、基礎となる物質と色素に応じて固有の反射率の分布があり、ぼくらが色と呼ぶものをつくりだしている。

ギブソンたちは、表面の性質を特定する光学的情報についてわかっていること（ここにあげたようなこと）をふまえて、表面についての重要な生態学的事実を知覚するために利用できる外部特定的な情報に関する多数の仮説を検証した。

表面があることは、光学的な肌理の要素や局所的な反射率の持続的かつ特徴的な共変 covariation によって光学的に特定される。「持続的」というのは「静的」ということではない。たとえば、光学的要素のそれぞれが、もとの要素からランダムに離れたほかの要素に置き換わり、そのそれぞれもまた新しい要素に置き換わる――このようなことがたえまなくおこる光配列は（「陽光の降りそそぐ水面」のような）「きらめく表面」として見える。また、最低限これだけのことがなければ、おそらく、その表面を特定することはできない。

二つの表面があることは、二つの異なる光学的要素の共変の領域によって特定される。これは静止した状態では見きわめるのがむずかしいということに注意したい。そのような複数の共変の領域があることは、ふつうは動きのなかで見えてくるものだ。共変の値が異なる二つの領域は、観察者から異なる距離にある二つの表面として見られる。たとえば、ある要素群の角運動 angular motion と別の要素群の角運動のあいだに規則的なちがいがあるようなときである（E.J. Gibson, et al., 1959; Mace & Shaw, 1974; Rogers & Graham, 1979）。この相対的な運動は、観察者によっても（例：頭を動かすことによって）、対象によっても生み出されうる。たとえば、第一の表面が第二の表面よりも近くにあることを特定するためには、第一の表面に固有の共変の秩序が、その動きの先端部で、第二の表面の共変の秩序と入れ替わるようにすればよい。これをカプラン（Kaplan, 1969; Gibson et al., 1982）は光学的肌理の「添加 accretion」と呼んでいる。（また、第一の表面のもういっぽうの端で起きているのは、光学的肌理の「削除 deletion」である。そこでは、それまで隠されていた第二の表面の秩序がじょじょに見えてくる。）このようなできごとを動かない絵をつかって完全に再現することはほんとうはできないのだが、図4・4を見てもらえれば、添加‐削除のプロセスの考えかたのだいたいの感じはつかめるとおもう。動きがないと（二つの光学的な秩序のちがいがあらわにならないため）一つの表面が見えるだけだが、いったん動きが生まれるとたちどころに二つの表面が見えてくる。しかも、ただ二つの表面が見えるのではなく、前にある表面の遮蔽縁 occluding edge が見えるようになる——これが、動きのある場合の最大の特徴だ。動かない直線的な縁が光学的な構造のなかにあるわけではない。この事実はつぎのような重要なポイントに気づかせてくれる——環境の事実Eを特定する情報は、Eそのものではなく、Eに似ている必要すらない、ということだ。

　物質的表面のへりを特定することの基礎に「添加‐削除」があることを見つけたカプランの発見は、光学的情報の研究にとっては深い意味があった。カプランとギブソンが映画によって示したように、表面のレイアウトを特定する情報や、物体の形態を特定する情報さえも、添加‐削除のさまざまなパターンを基礎にして理解できるようになったからだ（J.J. Gibson et al., 1982）。

　表面の剛体性／可変性は、動きのなかでの表面のかたちの持続（あるいは、それの欠如）によって特定される。剛体的な動きとは、表面のかたちがそのままで位置が変化したり、回転したりすることだ。非‐剛体的な動きとは、表面のかたちそのものが変化してしまうことだ。エレノア・ギブソンた

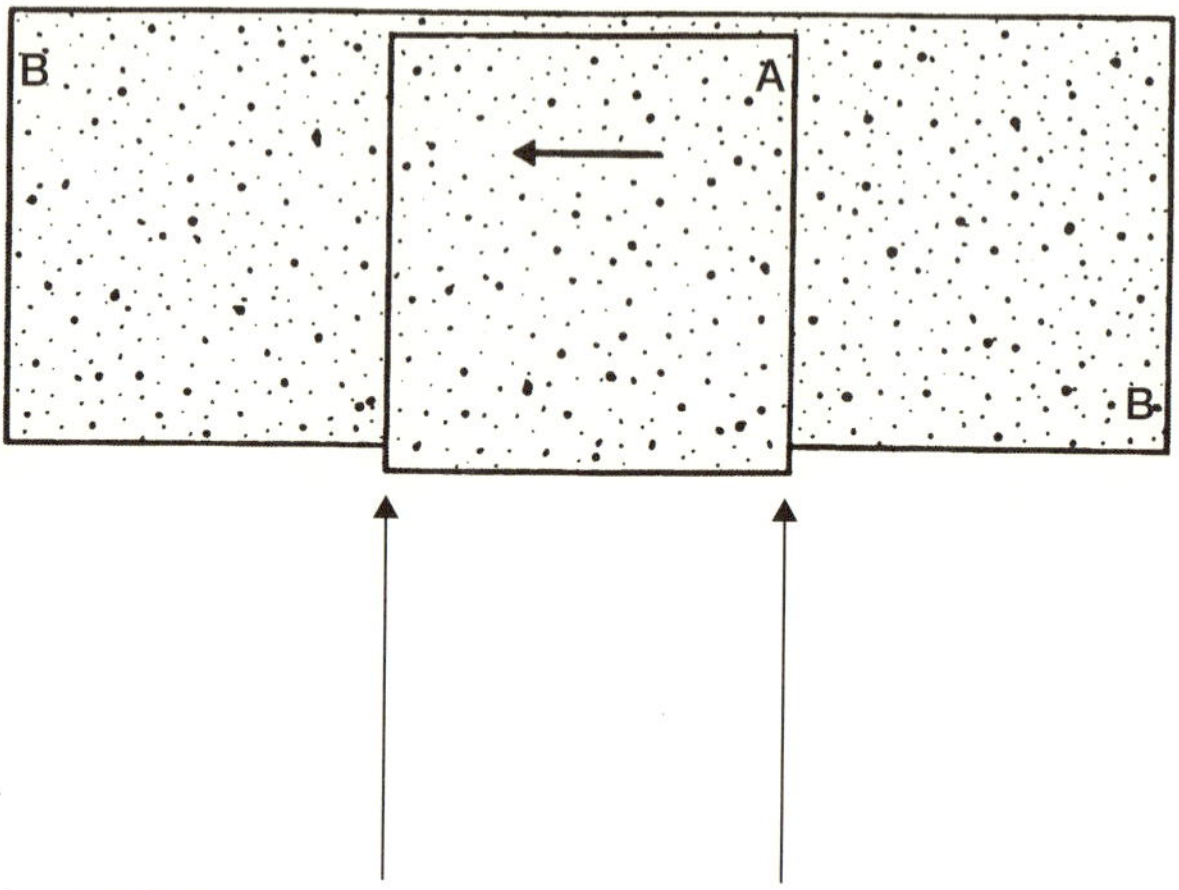

図4－4　「遮蔽」の情報としての添加－削除の模式図

任意の表面Aが表面Bと（この図には描かれていない）観察者との間を通過するとき、進行方向に向かって前の縁では表面Aの光学的肌理が表面Bのそれと入れ替わり、後ろの縁ではそれと逆のことが起こる。画面上を動くランダム・ドットを使った実験では、このような添加 - 削除だけで奥行き方向への表面の分離が知覚される。この実験の最中にドットの動きを止めると、表面Aの境界は溶解し、ひとつの表面しか見えなくなる。しかし、表面Aがふたたび動きだしたとたんに、面Aの前縁と後縁がふたたび見えるようになる。もちろん、静止した画像には表面の輪郭は描かれてはいない。

ちは、生後わずか3ヵ月の乳児でさえ、この二種類の視覚的な事象をしっかり区別していることを明らかにした（E. Gibson, Owsley & Johnston, 1978; E. Gibson, Owsley, Walker, & Megaw-Nyce, 1978）。

存在しなくなること／見えなくなること、この両者のちがいも、添加 - 削除によって特定される。「存在しなくなること」が特定されるのは、光学的要素がなくなり（＝削除）、それに規則的に対応した添加が生じないときだけだ。たとえば、蒸発などがそれにあたる（この区別のもっと正確な分析は、J.J. Gibson et al., 1982 にある）。

事象の可逆性は、生態学的な特徴のなかでもとびきり重要なことだが、これを特定しているのも添加 - 削除だ。一つの事象を特徴づけているのは、その事象だけに起こるユニークな添加 - 削除のパターンである。（その事象のなかに非 - 剛体的な動きがあれば、ユニークなかたちの変形も考えなくてはならないが、それを特定しているのも、やはり添加 - 削除のパターンなのだ。）事象の可逆性を特定するためには、添加された光の肌理がふたたびすべて削除されるようにし、削除された光の肌理がふたたびすべて添加されるようにすればいい。たとえば、ぼくがきみを見ているとする。ぼくはきみを見ながら柱のかげに歩いていく。こうすると柱が邪魔になるので、きみの姿はぼくから見えなくなる。でも、この事象は反転させることができる。添加された光の肌理（＝柱を特定している光）が削除され、削除されてしまった光の肌理（＝きみを特定している光）が添加されるようにすればいい。つまり、歩いてきた道すじを逆にたどるだけだ。ここからもわかるように、この可逆的遮蔽は、自分が移動しても環境にあるものはもとのまま持続していることを動物が学習するときに決定的に重要な情報になる。生後6ヵ月の乳児やそれ未満の乳児でさえ、ある表面の後ろに隠れて見えなくなったモたび見えてくるように。観察者が環境内を動くことによって生じる削除にはつねに可逆性がある。木の背後の川を見るために木のまわり歩いたのなら、その道を逆にたどることによって、ふたたびその川を木の背後に見えなくすることも可能である。環境内の物の永続性はこの種の可逆性によって特定されるとギブソンは主張した。ゆげが永続的に見えないのはまさに、頭をぐるりと回すだけのほんの一瞬の可逆的遮蔽事象の間にさえ形状を変えてしまうからである。また、ゆげは何かを可逆的に遮蔽することもできない。ゆげの表面はあまりにもうつろいやすく、同一の添加 - 削除パターン・同一の削除 - 添加パターンをつくることができないのである。

だが、環境内にはそれが隠しているものをけっして見せない二つの重要な遮蔽縁がある。見えの世界には永遠に見えないものが二つあるのだ。ぼくが頭を回転させるとき、視野の後縁にあるものはどんどん削除されていき、視野の前縁にあるものはどんどん見えてくる――要するに、ぼくはあたりを見まわしている。けれども、視野それ自体の縁――見えているぼくの頭の境界――は絶対に変化せず、それが隠しているものをけっして見せることはない。ぼくは自分の頭の中にあるものをけっして見ることができないのである。それと同じように、空の彼方に隠されているものを見に行くための道はない。頭の中に隠されているものと空の彼方に隠されているもの。それはぼくら地上の生きものにはいつも、そして、いつまでも見ることができない。もしかしたら、そのように見えないからこそ、その見えないところを埋めるために、これほど多くの物語が生み出されてきたのかもしれない。

二つの見えないこと　Box 7

見えているものが見えなくなり、見えなかったものが見えてくる。これは見えの世界の基本的特徴のひとつである。日常の環境には膨大な表面・物が充ちあふれており、その環境内を移動すると、ある表面が見えてきて、他の表面が見えなくなる。ある視点からは木の背後にあって見えないものも、他の視点からはもはや見えないものではない——この新しい視点からは別のものが見えないものになるけれど。

ジェームズ・ギブソンと弟子のジョージ・カプランは「見えなくなる」ことを特定する光学的情報が「光学的肌理の添加‐削除」に基づいていることを示した（J.J. Gibson et al., 1969/1982; Kaplan, 1969; J.J. Gibson, 1979/1986, chap.11）。ギブソンとカプランが発見したのは、何かが見えなくなるとき、あるいは何かが見えてくるとき、そこには必ず「遮蔽縁 occluding edges」があるということだった。遮蔽縁は、ある表面とある観察点とを結ぶ線上に他の不透明な表面があるときに生まれる。きみが自分の顔の前で手を振るとき、その手や指の表面がきみの顔の表面をぼくの視界から遮蔽する。各指の前縁では、顔を特定する光学的肌理の削除と指を特定する光学的肌理の添加とが生じている。各指の後縁では、顔を特定する光学的肌理の添加と指を特定する光学的肌理の削除とが生じている。肌理の添加は「見えてくる」ことを特定し、肌理の削除は「見えなくなる」ことを特定する。

遮蔽には多くの場合、可逆性がある。きみが顔の前で手を何度も振るとき、ある瞬間には見えなくなった顔の部分がつぎの瞬間にはふた

ノが、そのモノの姿を隠した遮蔽面の端から——しかもモノの動きの道すじに対応したところから——もういちどあらわれるのを期待するという事実も確かめられている（Baillargeon, 1993）。（⇨Box 7）

生物的な事象はじつに多様なグループであり、非常に異なった（そしてしばしば冗長な）情報によって特定されている。果実が熟れていくことは独特の色合いの変化によって特定されているだけでなく、かたち・大きさ・硬さの変化によっても特定されていることが多い。動物の成長や老化は、からだの各部の独特の変形によって特定されている。脊椎動物の場合は、とくに頭部と顔の変形が顕著であり、それによって特定されている（Shaw & Pittenger, 1977）。動物のシグナルは、非 - 剛体的な動き（尾を振ること、耳の動き、顔の動きなど）の特徴的なパターンによって特定されている。このような動きのパターンは、姿勢の大きな変化や視覚以外の情報源（化学的シグナルや音のシグナルなど）とともにあらわれることが多い。

ギブソンの生態光学における外部特定的な情報の研究はまだ大雑把なものでしかないが、これをもとにすれば、動物がどのようにして自分のまわりにあるアフォーダンスを知覚することができ、実際に知覚しているのかということを理解するための足がかりを得られる。これらのアフォーダンス——とくに生物的な事象のなかに具体化されているアフォーダンス——は、これまで列挙してきた情報の組合せによって特定されているのがふつうだろう。しかし、ギブソンはつぎのようなことを注意している（J.J. Gibson, 1979/1986, p.141）——「（不変項の組合せによってできた）複合不変項はもう一つの不変項である。それが一つのユニットなので、構成要素をわざわざ結びつけたり、連合したりする必要などない……もし視覚システムが、光配列の変化のなかから不変項をピックアップできるのなら、高度に複雑に見える不変項であってもピックアップできないと考えなければならない理由などない」。ここからもわかるように、「情報のピックアップ」というこの考えかたは、「情報」という考えかたそれ自体にも負けず劣らず新しい考えかたなのだ。だからこれについても論じておかなければならない。

❑情報のピックアップ：サイコロジカルな過程の新しい概念

「ぼくらを包囲する情報がある」ということをはじめて聞いたひとは、これを物理的な事実だとおもっただろう――自然科学者にとっては重要なことかもしれないけれど、心理学や人間科学をやっているぼくらにはあんまり関係ないことだな、というふうに。実際、ギブソンの仕事が、心理学の教科書（たとえば、Gleitman, 1994）や知覚についての教科書（たとえば、Schiffman, 1993）のなかでとりあげられるときには、だいたいそのような理解に基づいている。けれども、こうした理解はまちがっており、ギブソンがエコロジカルな情報の理論を展開したことの背景については表面的にしか理解していないことをみずから白状しているようなものだ。

「エコロジカルな情報」という考えかたは、物理的世界についての新しい見かたを提案しているだけでなく、サイコロジカルな世界をどう見るかということについても、根本的な変革を迫っている。ぼくらを包囲する情報を考えると――つまり、外部にありながら、動物がつかみとれる情報を考えると、ぼくらはどうしても、まったく新しい種類のサイコロジカルな活動を考えなければならなくなる。

この新しい種類のサイコロジカルな活動とは、情報のピックアップである。これは、いままでのどんな考えかたともまるっきりちがった考えかたであるため、ギブソン理論を解説しているひとでさえ誤解していることや、無視していることがあるくらいだ（Reed, 1979a, 1988a 参照）。いったいこの新しい過程はどのようなものなのだろうか？　ほかの心理学の理論が想定しているサイコロジカルな過程とはどのようにちがっているのだろうか？——ここをきちんとおさえなければ、生態心理学を適切に理解することはできない。

生態心理学以前のあらゆる心理学理論は、サイコロジカルな過程を三種類にわけてきた——入力（感覚）・出力（運動）・それより高次の過程（両者の統合）というふうに。現代の最先端を突っ走る理論家たちでさえ、まだこうした用語で考えているし、認知心理学の古典を読めば、すっかりこうした用語で書かれていることがわかる（Miller, et al., 1960; Neisser, 1967）。そればかりか、最近の「認知主義者VS.コネクショニスト」の専門的な議論でさえ、このような考えかたに縛られていることは明らかだ。たとえば、ブルースとグリーンはコネクショニストを（そして、暗に生態心理学を）「〝刺激〟と〝反応〟のあいだに介在するサイコロジカルなレベルについての理論がない」（Bruce & Green, 1990, p.389）ことを根拠に批判している。たしかに、生態心理学のなかには、刺激-反応がどのように媒介されるかということについての心理学的な理論はない。しかしそれは、生態心理学がそもそも、刺激-反応をブロックのようなものと考えて、その積み重ねからサイコロジカルな過程が構成されるという議論を受け入れていないからだ。そのかわり生態心理学には、現実の生きた活動についての理論がある——意味ある情報をピックアップし、その情報を行為の調整に利用することについての理論がある。

だから、生態心理学は、過程を入力／出力にわけることをみとめていない。このような分けかたは、工学や生理学のモデルをつくるときには役立つかもしれないが、機能系の理論をつくるときには受け入れることはできない。これはいくら強調しても、強調しすぎることはないくらい重要なポイントだ――生態心理学では、サイコロジカルな過程の研究とは、環境への機能的な適応の研究にほかならず、そこでは入力／出力という区別は無意味なものになる。

　エコロジカルな情報がぼくらを包囲している、つまり外部にあるとすれば――議論の便宜のためにここではそう仮定して話をすすめているのだが――情報ピックアップの過程は「構成 construction」ではなく、一種の「検知 detection」になる。神経生理学・心理学のどちらでも、情報処理 information processing の標準的な理論（コネクショニストの理論も含む）は、観察者に利用できる意味ある情報は、その観察者の脳が感覚入力から構成できたものだけであり、それ以外にはありえないとしている。ところが、もしエコロジカルな情報があるなら、観察者がしていることは情報をつくることではなく、情報を見つけ出すことである。そして、おどろくべきことに、このように利用可能な情報を見つけ出す過程を想定することは、心理学のなかでは根本的に新しい考えかたなのだ。

　たとえば、トンネルの壁をなめらかに維持していたダーウィンのミミズのことを考えてみよう。土や小石を取り除くことは遂行的活動にはちがいないが、さまざまな証拠から明らかにされたように、ミミズはこうした活動を、トンネルが比較的なめらかに維持されるようなしかたでおこなっていた。だが、そうするためには、たえず変化している自分と環境との関係をしっかり認識し、それに基づいて行為を調整しなければならない。ミミズは、とにかくなんらかの方法をもちいて、「荒れすぎている」ところを検知しなければならないし、またそのようなところを検知したら、それを修正する行為をおこなわなければならない（ダーウィンが観察したのはこの行為である）。ミミズの皮膚はそれ自体ものすごく敏感であるが、全身に生えている微細な毛がその感受性をさらに高めている。だから、トンネルのなかにちょっとした出っぱりがあっただけで、ひどく引っかかったように感じるのだろう。この出っぱりを見つけるために必要なのは、トンネルのメンタルモデルを構成することではなく、実際のトンネルのなかを動くときにそこが引っかかるかどうかを検知することだけだ。

なにかを知るためには、メンタルモデルを構成しなければならないとする考えかたは、現代の心理学や動物行動学のいたるところにおどろくほどひろく浸透している（Craik, 1943; Gallistel, 1990; Crick, 1993）。けれども、じつは、メンタルモデルから知識が生まれるという考えかたには矛盾がある。ミミズが実際に、そのトンネルのメンタルモデルをもっていたとしても、それからどうしたらいいのか？　そのモデルはミミズの行為をどうやって変えるのか？　トンネルのメンタルモデルがミミズの行為を変えるとしたら、ミミズはトンネルのなかにいる自分のメンタルモデルをもっていなければならないし、そのメンタルミミズがメンタルトンネルのなかでどのように行為すべきかを計算によってはじきだし、それから——どうにかして——その計算結果が現実のトンネルにあてはまるように変換しなければならない！　この種の理論をつくるひとたちが自分でこの理論のできに満足しているのは、知識は感覚入力から生まれるという考えを出発点に置いているからにほかならない。そのため、感覚入力に意味をもたせるメンタルモデルを仮定しなければならなくなっているのだ。けれども、心理学においては、感覚入力からはじまることなどなにもないのだから、こんな根も葉もない複雑な理論はほうっておいてもそのうちに崩れさることになるだろう。知覚は探索的活動からはじまる（ミミズが身体をくねらせ、トンネルのなかを移動していたように）。だから、重要なのは――どのような情報が検知されているのか？ 情報はなにをどのように特定しているのか？ 情報は行為の調整にどのように利用できるのか？――これらの問いを探究していくことなのだ。

❏情報ピックアップの進化

ミミズは行動の能力が比較的未分化なだけに、おもしろい。ミミズには明確に分化した知覚システム群などないので、その活動を、情報ピックアップとアフォーダンス利用とに二分することはむずかしい。ミミズのような「原始的」な全身知覚は、たとえば、ぼくらの筋骨格感覚などのように、より高等な動物の基礎定位システムにも見られる。こうしたシステムでは、行動と知覚の区別をつけることは容易ではない。そのような区別は、もっと分化した器官や機能をもつ知覚システムでなければできない。

一般に、多様な知覚システム群は、大脳化 encephalization の流れのなかで、基礎定位の能力から分化してきた。大脳化というのはおもに、媒質（大気や水、まれに土）のなかを移動するライフスタイルから生まれた副産物である。移動する生物は、実質的にすべて、頭部もしくはその周囲に、分化した知覚器官（眼・触角・耳・化学物質を感知するセンサー・感覚毛など）を進化させてきた。多くの場合、このような知覚器官の進化は、別々の進化系統のなかで並行しておこっている。この事実をみれば、ある方向へ移動することそれ自体が、動物の活動を調整する知覚システム（ふつうは複数の知覚システム群）の進化をうながす強力な選択圧をつくりだしてきたと考えるのは妥当なことだろう。とくに、行動することがもっとも重要な役割を担っている三つの動物群（節足動物・軟体動物・脊椎動物）では、周囲の情報を検知・抽出する精妙なメカニズムのほとんどは、自然選択のはたらきから生まれたといっても過言ではない。

こうして、多くの場合、たんに眼や触角といった精妙な器官群だけが進化してきたのではなく、情報を利用できるように動きや操作を組織した複合的な知覚システム群が進化してきたのである。このようなシステム群の進化があって、動物は当面の活動に関係しているが、ダイレクトには結びついていないことでも意識できるようになる。この意識の能力はひろい範囲に確認できるのだが、心理学や生物学の行動研究のなかでの行動主義者の主張をみると、こうした意識の能力がこれまで真剣に研究されたことはなかったといえる（ダーウィンの研究や考察はほとんど唯一の例外である）。

情報、とくに「つぎにどうしたらいいのか？」「目前に迫る障害物をどうやったら避けられるのか？」といった予期的制御に関連した情報を探しだす知覚システム群は、コンスタントに情報を集めている。そのなかには、現在の活動をガイドすることに利用される情報もあるだろうが、当面は利用されなかったり、利用できなかったりする情報もあるだろう。このような情報のピックアップがある種の意識を成立させているのだろうか？　けれども、人間の研究の外部に出たとき、この仮説はどうすれば検証できるのだろうか？

たしかなことは、動物の行動と識別に関する研究がしばしば、複合的な情報のパターンにたいして動物が非常に鋭敏であることを示しているということだ。第3章でとりあげた捕食性のハエトリグモの例が示していたのは、ハエトリグモが獲物をとらえるためのジャンプをじつにみごとにコントロールしているということだけでなく、自分の体長とジャンプ力に相関して獲物までの距離を特定する複合的な情報の利用を学習しているということだった。このような例はまだほかにもあげることができる。どんな動物でも「入力‐出力」システムにすぎないという偏見を捨てされば、このような単純な生物でも、意味ある情報を探し出し、それによって行為を調整していると考えるのは当然のことだとわかる。この問題については、「意味と価値を求める努力」という考えかたについて論じる第7章でふたたびとりあげることにしたい。

❏むすび

情報は環境内に実在しており、それを知覚する観察者にとっての環境のアフォーダンスを特定している――これが生態心理学のもっともラディカルな仮説だ。もし、そうした情報が実在し、その情報を動物が検知できるとしたら、情報を検知しながら行動を調整している動物の現在のメカニズムが、進化のなかで獲得される最終的な機能とダイレクトにつながっている可能性がある。もちろん、このつながりは完全なものではないし、失敗しているかもしれない。アフォーダンスについての情報は適応度についての情報ではないし、動物が利用するエコロジカルな情報がすべての課題に最適なものであるとはかぎらないからだ。それでも、動物が利用する情報はリアルだ。そして、価値ある資源を特定している。情報が有機体にとっての適応価 fitness value をもつのはこの点においてである。

さらにもう一歩踏み込んで考えると、こうした情報のピックアップは、環境を意識することにほかならないし、すくなくとも、情報によって特定された環境を意識することにほかならないといえる。これも、とてもラディカルな主張だ。しかし、ヒトを対象としておこなわれた実験研究（たとえば、Lishman & Lee, 1973 の「スウィンギング・ルーム」の実験）や、自然の状況で動物がおこなっている正確な情報の利用が示しているのは、世界のなかでの自分の位置が、自分のピックアップした情報をもとに知られているということだ。つまり、意識は心や脳の内的状態ではなく、環境とわたりあって生きている動物の生態学的かつ機能的な状態なのだ。もし、この考えが正しければ、神経系の進化のなかで中心的な役割を担ってきたのは、情報をピックアップし、利用する能力の進化であったということになる。つぎの章ではこの問題に迫る。

第5章 機能系と行動のメカニズム

❑神経系がかかわる調整の進化生態学

ここまでの行動と意識の生態学的な分析によって、動物の活動の多くが、その生息場所に深く根づいていることが浮き彫りにされた。しかし、この分析はまた、意識と行動の調整のメカニズムについてのより一般的な理論化の土台も示した。たとえば、行動の神経的制御はつねに、持続と非持続との明瞭なコントラストをその特徴としている――環境の持続的な特徴にあわせて活動を調整しなければならない動物の機能上のニーズと、大部分の行動単位の相対的な非持続性とのコントラストである。このコントラストがあるので、行動の調整を成功させるためには、非常に短い時間に非常に小さなスケールで起こる神経筋系の事象（数分の一秒・数分の一ミリ、あるいはそれ以下の単位で計測される事象）を、生態学的に意味のあるパターン（数秒・数メートル、あるいはそれ以上の単位で計測されるパターン）へと組織化するメカニズムが必要不可欠である。ここまでの章で紹介してきたアフォーダンスの理論、情報の理論、環境の持続と変化の分析をふまえることによって、行動の基礎にあることの神経のメカニズムを進化的かつ生態学的に説明する道がひらかれる。

すべての生息場所は本質的に変化に富んでいる。だから、生態学的に意味のある行為パターンはふつう固定的なしかたでは組み立てることはできない。神経筋の活動を組織するシステムのやりかたに柔軟性がなければ、現実世界で生き残ることはできない。ミミズでさえ、すべての葉を同じところから穴に引き込むわけではないのだ。しかし、これもぼくが強調してきたことだが、調整的な組織化において決定的に重要なことは、たんなる柔軟性ではなく、機能特定性――つまり、ぼくらをとりまく状況内の意味ある変化を監視、追跡し、それに適応する能力だ。このような柔軟性あるいは可塑性は、現代の神経生理学理論のようなやりかたでは十分に説明できない。そこには、そうした可塑性を環境状況に結びつけること、そして行動過程の機能特定性を記述・解明することが欠けている。ミミズのゴールはあらゆる葉の同一の箇所をくわえることではなく、それぞれの葉のもっとも穴ふさぎに適した箇所をくわえることである。とすると、行動調整の基底にある神経系のメカニズムは、種々の行動単位を機能的シーケンスへと連結し、それらのシーケンスをライフサイクルのあいだ一貫してその有機体と環境との意味のある切り結びへと連結する時空規模にわたってエコロジカルに組織化されなければならない。そのため、行動調整に関わる神経のメカニズムは、生息場所内および生息場所間の変化をこえてその価値を変えることのない――つまり、不変でありつづける――情報を見つけ出し、利用することへ向けた強力な選択圧のもとにある。第1章で批判した標準的な神経生理学の形而上学とは正反対に、動物の脳が世界を組織化するのではなく、動物の進化的な生態環境がその脳を組織化するのである。

このような調整的な組織化の進化へ向けた選択圧は、多細胞生物自体の出現とほぼ同時期からあっただろう――まちがいなく、５億年以上前のことである。多数の基本的な機能原則が選択されるのに十分な期間である。そうした選択圧の大部分は、海底もしくはそのすぐ上に生活していた単純な多細胞生物の移動の必要性に端を発するとおもわれる。そのような移動性は左‐右の相称性と前‐後の分化（頭側‐尾側の分化）を選択する。興味深いことに、現存するどの生物門とも根本的に異なる最初期の化石動物さえ、行動に由来するそうした選択圧の作用を受けていたらしい。グールド（Gould, 1989, 132）は言う――「オパビニアはたしかに奇妙な生きものだ。だが、〔カンブリア期以降の〕たいていの動物と同じような機能をそなえている。オパビニアの体は左右相称である。頭、尾、眼があり、消化管が前頭部から末端まで走っている」。この化石動物群の研究者は、その動物たちの生活様式、たとえば食物摂取や移動のパターンなどが、ぼくらのよく知っているもっと新しい動物たちと非常によく合致するということを強調している（Briggs, Erwin, & Collier, 1994）。

左右相称へ向けての選択は、おもに移動行動に由来する。ここで選択されるパターンには、かならずしも無関係ではない二つの構成成分があるとベクレミシェフは指摘する（Beklemishev, 1964, pp.14-15）。第一に、なんらか大地面上の移動は背側‐腹側の分化を選択する傾向がある。第二に、粘性のある媒質中の移動はその動物の通常の進行方向に対して直交する平面において左右相称な形を選択する傾向がある。左右相称であれば移動している動物の両側にかかる抵抗が均等になるからである――これは環境のなかでの直進をコントロールするために必要なことだ。移動自体が、頭側‐尾側の分化を維持ないし促進する選択圧を立ち上げ、そのことが身体の分節を選択していくとおもわれる。ミミズのような環形動物の単純な頭側 - 尾側の分化と体節の分節は原始的なものに見えるが、上述したように、カンブリア期初期のバージェス頁岩の動物群の研究はそれよりも複雑な分節や分化がゆうに5億年以上前にすでに出現していたことを明らかにしたのだ！　おそらく、そこまで古代には遡らないだろうが、節足動物、軟体動物、脊索動物に見られる複雑な分節と身体の分化のパターンは、海底面、その上、その中を移動する動物たちの競合という選択的コンテクストのなかにその起源がある。

このようにして神経系は5億年以上前、かなり限定された生態環境のもと、すでにいろいろな点で非常に能動的であった生物群内で本格的に進化を開始した。神経系はまったく新しい生活習慣を可能にしたために他の器官系から分化し、進化したのではない。その出現は、既存の生活習慣において、ある動物個体群を他の個体群よりも選択上有利にしたのである。このようにして、海底面、その上、その中の移動の調整をしやすくする方向へ向けた選択圧が最初期の神経筋の適応のいくつかを導いたと考えられる。同様に古代から、すくなくとも、体節の分化した動物には、身体の一部の動き――同時におこなわれている他のいかなる活動も妨げない動き――を調整することへ向けた選択圧もあっただろう。これら二つの原始的な調整モードから、より高等な動物に共通してみられる多様な機能的行為システム群が適応放散してくることについては次章で見る。本章では、行動と意識の基盤にある神経のメカニズムの性質の理論化へ向けたこの生態学的かつ進化的アプローチの含意に焦点をしぼることにする。

❑神経生理学のベースにある不適当な心理学

機械論的世界観に心を奪われていたため、神経生理学者も心理学者も、神経系を環境内における動物活動の調整のための有機的な機能系として理解しようとさえしなかった。彼らはつぎのように仮定してきたのである：神経系は、環境からの、〃遺伝子〃からの、あるいは心のなかの〃中枢実行系〃（例：認知モジュール）からの指令を実行する機械である、と。しかし、神経系は断じてそのようなものではない。それは特定の機能的活動を監視調整し、複雑な環境に適応させ、選択する系なのだ。エーデルマン（Edelman, 1987, 1993）も強調するように、神経系は指令主義的原理ではなく、選択主義的原理に基づいて組織化される（Reed, 1989参照）。中枢実行系など存在しない。

「機械的特定性 mechanical specificity」に基づいた神経機能理論の問題点は、その神経生理学にあるのではなく、その心理学にこそある。時代遅れの誤った心理学理論が最新の神経生理学風のファッションで着飾って、蔓延する機械的特定性の考えを陰で支えているのだ。現代の神経生理学の多くの土台にあるこの古臭い心理学理論はこれまで見過ごされてきた。神経生理学研究の大部分が心理学上のごく少数の仮定の上に築かれていると指摘することは通常の考えとは逆行するのである。しかし、これはまぎれもない事実だ。神経生理学の教科書や学術雑誌をひらけば、連合心理学の現代版を見ることができる（多くの場合、最新のコンピューター用語で飾られてはいるが）。求心性神経が脳に種々の〝信号〟を伝達すると、脳はそれらを〝統合〟（＝連合）して、環境内の信号源の〝表象〟（＝複合観念）をつくる。この統合に基づき、脳は筋肉に運動の〝命令〟を出す。中枢神経系（脳＋脊髄）の機能は完全に連合主義的概念によって理解されている。いわく、中枢神経系の仕事とは、種々の信号を処理、統合し、首尾一貫した反応のプログラムをつくることである。

この指令主義的かつ連合主義的な説明のしかたはあまりにありふれたものなので、心理学者も神経科学者も、つぎのような明白なことを認めたがらない：これは中枢神経系についての一つの説明のしかたにすぎないということ、そして、これ以外のもっと生産的な説明のしかたが十分ありうる、ということである。とはいえ、これほど有力な科学的概念にさしたる理由もなく反対するのは無意味だろう。だが、神経科学の連合主義的バイアスに異議を唱えるべき理由は第1章から展開してきた議論によって明らかである：連合主義の標準的な諸概念は、有機体が機械のように動くということを前提にしているのである。とくに、環境が刺激するか、中枢神経系が自発的に命令を出さないかぎり、有機体は動かないと考えている。しかし、くりかえすが、この考えはもっとも単純な動物の状況にさえ当てはまらないのである。動物はつねに能動的であり、みずからを環境に定位し、注意深い意識状態を維持している。

神経生理学者の多くはいまも指令主義のもっとも単純なバージョンのひとつに同意している——世界内の事物が心という蜜蠟にパターンを〝型押し〟するという考え方である。この考え方は克服し難い難問をまねいてしまうのだが、驚くほど頑固に守り続けられている。以前は、この〝型押し〟は受容器の表面上で起こると考えられていた（例：網膜上または皮膚上の像）が、（受容器の表面が動くことは言うまでもなく）中枢‐末梢の相互作用のような現象があるため、この考えかたは擁護しえなかった。そこで、〝型押し〟は皮質像のようなものとして具現されるとする考えかたが出された（Köhler, 1947）。さらに、その後、この像はモザイクのように大脳皮質の複数の領野に分配されて存在するとされた。現在では、この像の〝諸特徴〟（例：視覚においては色、肌理、動き）が脳内の広範囲に分散して存在することがわかっている。〝型押し〟理論への信仰を捨てるかわりに、神経生理学者は仮説的な結合過程を提案してきた（Crick & Koch, 1990）。グリン（Glynn, 1993, p.607）が言うように「ある対象の異なった諸特徴についての情報は、それらがすべて同一の対象を指示するように結合されねばならない」。だが、〝結合されねばならない〟のは、世界が心に〝型押し〟される構造であるとする疑わしい前提に固執するからである。その前提を捨てれば、問題は簡単になる：脳内の種々の過程は、それらの過程を最初に引き起こした単一の対象をその有機体が同定することにどのように役立つのか。

言いかえれば、指令主義と対立する見解、すなわち、ここで神経の組織化への選択主義的アプローチとして提起される見解は、世界の構造が〝型押し〟されるかどうかにかして脳内に入らなければならないという考えかた自体をきれいさっぱり捨て去っている。そのかわり、脳は複雑に構造化された環境をサンプリングする能動的なメカニズムであると考えるのである。神経処理における諸特徴の〝分別〟fractionation されたような見かけは、その複雑な環境を可動性のあるセンサーを使って走査し、環境の変化と持続を追跡する循環的な走査活動にたずさわる神経系の必要性の副産物にほかならない。このようにして産出された神経系内の異なった諸特徴は結合も、連合も、統合もしなくてよい。なぜなら、それらは検知という単一の行為の諸部分にほかならないのだから。接近してくるトラの姿、大きさ、表情などがぼくの神経系内のどこかで統合される必要はない。ただし、その情報に基づいて機能特定的に行為しようとするなら、トラはぼくの神経系によって検知されなければならないが。

❑行動の基礎にあるメカニズムを進化的に見る

神経科学が連合主義的な考えかたから受け継いだもっとも基本的な教義の一つは指令主義――つまり、ある意味で、脳が身体に命令を出すという考えかたである。「脳が命令する」というこの考えは最近では、どのような命令をいつ出すかを決定するために、脳は現実世界のモデルを構成しなければならないとする見解と密接に結びついている。そのようなモデルによって、脳は現実世界のさまざまな局面への適切な行動的反応を生み出すとされている（Craik, 1943; Arbib, 1981; Gallistel, 1980, 1990; Marr, 1982）。この見解によれば、ある観念《アイデア》を現実化するのは、身体の各部に動きを引き起こす脳力であり、筋肉と四肢に実行を命令する脳力である、ということになる。

ところが、脳の出力を〝命令〟とみるこの考えかたにはひどい混乱がある。ある神経過程が（通常の意味での）〝命令〟として機能するためには、ある特定の結果もしくは結果のセットを引き起こす必要がある（DiDomenico & Eaton, 1988; Eaton & DiDomenico, 1985）。進化的な見地に立てば、この〝特定の結果を引き起こす〟ということが非常に重要である。自然選択が脳の状態にはたらきうるのは、脳の状態が環境と動物との関係の実際の変化とダイレクトに結びついている場合に限られるからだ。

ある脳の状態が不変的にある行動を起こすならば、行動への選択はそれに対応する脳の状態への選択と等しくなる。神経の命令というこの標準的な考えかたの問題点は単純明快だ：中枢神経系の局所的状態には、特定の行動という結果を引き起こすべき性質などない。命令ニューロンを探すこころみは、無脊椎動物においてさえ失敗に終わっている。また、以下に示すように、脊椎動物のなかに局在した命令中枢を探す同様のこころみも失敗に終わるにちがいない。

命令ニューロンないし命令中枢という考えは、現実環境で活動中の動物のなかで神経系がいかに機能しているのかを理解しようとまじめに取り組んだとたんに破綻する。たとえば、脊椎動物において、脳脊髄の信号は脊髄の状態次第で末梢には非常に異なった結果を生む。脊髄の介在ニューロンのプールは、末梢からの求心作用の影響だけでなく、継続中の姿勢および重力と支持面への定位の必要、また周囲に対する警戒を維持する必要などの影響も受けている。このため、脳から脊髄への同一パターンの信号が、動物にかかる力、頭と四肢の位置、移動中か否か……などによって、多種多様な運動を生み出しうるのである。環境への全体的な定位の必要が脳脊髄の命令の結果を変えることのわかりやすい例は、流れに抗う移動である。流れに逆らい泳ぐ魚、向かい風のなかを飛ぶ鳥は、同じ場所にとどまるだけでも相当な努力をしなければならない。その努力はもっと弱い流れのなかなら高速の前進移動を生み出すであろう。ある動物の環境が均質でなく、そこに山と谷があり、支持面の多様な肌理があり、風と流れがある限り――言いかえれば、その動物の環境が自然環境である限り――そうした非均質な多様性によって、中枢神経系の一定の命令が状況の変化を超えて一定不変の身体的結果を生み出すことは不可能になる。進化的な観点から捉えれば、これは以下のことを意味する：自然選択が行動の諸結果に対して必然的にはたらく以上、それは脳内の分散的な諸状態および中枢と末梢にまたがる神経の諸状態に対してはたらく。たとえば、魚の個体群にあって、高速で泳げることで選択された諸個体は、それが出会ういかなる状況においても高速で泳げるにちがいない。この場合、選択は、中枢と末梢の神経系にまたがる（おそらく、身体の形態とも一体になった）機能系にたいして作用する。

ローダーらはまさにこのような問題を念頭において、マンボウ（Centrarchidae：サンフィッシュ科）の摂食行動の進化を研究してきた（Lauder, 1991）。彼らは12種のマンボウを多数の点について比較した。彼らは自分たちが〝発動パターン motor pattern〟と名づけたもの（これは「脊髄への遠心性の神経インパルスのパターン」のことであり、他の研究者なら〝遠心性の命令〟と呼んだであろう）を分析したが、それと並行して、各種のマンボウの摂食行動と顎の形態の差異についても研究した。その結果、摂食行動と顎の形態は種間で大きく異なるにもかかわらず、発動パターンは種間でほぼ一致することがわかった。つまり、この場合、選択は発動パターンを保存しつつ、機能‐行動システムと形態の変異に作用したと考えられる。（この研究と並行しておこなわれたトラフサンショウウオの研究では、個体の変態をつうじて摂食行動と顎の形態が大きく変化するにもかかわらず、発動パターンがやはり保存されることがわかった。）一連の研究からローダーは結論づけた――「行動の産出に利用される発動パターンは個体発生・系統発生をつうじて非常に保存性のある場合がある。したがって、新しい行動パターンを産出するために、このレベルのバイオロジカルなデザインを変更することは必ずしも必要ではない……。形態学上複雑なシステムは、発動パターンの変更を必ずしもともなうことなく、行動（パフォーマンス）において変化することがある」（Lauder, 1991, p.14）。

発動パターンそれ自体は命令ではない。なぜなら、発動パターンはつねに、ある有機体にとって多様な生態学的結果をもたらす傾向があるからだ。昆虫のいわゆる「中枢パターン生成機構 central pattern generator」さえ、その意味で命令ではなく、一義的な行動結果を産出することはない（Pearson, 1985）。「中枢パターン生成機構」の研究が開始された当初、この中枢神経系の活動のリズミカルなパターンこそが、脊椎動物と無脊椎動物の体内にあって、特定の種類の行動を引き起こしているメカニズムであると研究者の多くが主張した（Selversten, 1985）。そのパターン生成機構が「中枢」と呼ばれたのは、それが内発的であり、求心作用および他の外的要因から影響されないと想定されたためである。言いかえると、中枢パターン生成機構は、一種の分散的命令信号であると考えられたのである。しかし、現在ではつぎのような事実が明らかにされている——「歩行および飛行のための発動パターンは、感覚と制御の要素を機能的に明確に区別できないニューロンのシステムによって生成されている。パターン生成のリズムに感覚入力が統合されることは、発動パターンのタイミングが末梢の構造の生体力学上の状態とかみあうことを保証している」（Pearson, 1985, p.313）。こうして、この場合にも、中枢と末梢の神経系にまたがり、身体の生体力学上の状態とも一体になった機能系が見られる。

このように、無脊椎動物でも脊椎動物でも、中枢が生成する発動パターンは末梢の状態も動きのパターンも決定していない。それは不変な背景として維持されうる一種の「力の場 field of force」を立ちあげているのである。それを背景として、さらなる影響——知覚的、行動的、生体力学的な影響——が繰り広げられるのだ（Reed, 1982c）。そこには命令されるパターンがない。これは標準的な連合主義的神経科学にとっては理論上の大問題だろうが、ここで提案している進化生態学的な観点からは、ただきたい。その場合、歌は——少なくとも鳥の近くでは——風によってさほど大きく変化させられることはないし、さらに努力したところでその歌の散逸を防ぐことには役立たないだろう。

第一の場合、一定の運動パターンがそれに巻き込まれる環境の影響力の変化のために必然的に多種多様な効果を生みだす。熟しきった果実はほとんど、あるいはまったく力を加えることなく枝からとれるが、ひねりながら引っ張らなければとれない果実もある。第二の場合、動物が同時に何か別のことをしていたり、あるいは別の姿勢でその行動を達成しようとするなら、そうした新たな身体活動によって効果器での結果は変わるが、それを除けば、ある運動パターンが鳴管とくちばしの動きの同一の活動パターンとして結果する。

ある神経パターンが多種多様な行動として表現されるとすれば、特定の神経パターンにたいして自然選択がダイレクトに作用することはありえない。選択は結局のところ、有機体が環境をどのように変化させたか、あるいは環境との関係において自己をどのように変化させたかという結果をつうじてのみ有機体に作用しうるのである。したがって、ある行動にたいする不変な選択圧は、神経過程にたいしては可変的な効果をおよぼす傾向がある。行動は、その機能を理解するときであれ、そのメカニズムを理解するにときであれ、生態学的に研究されなければならないのである。

神経系の進化における縮重

Box 8

「縮重 degeneracy」とは、不適格な関数を指すときに数学者が使う用語である。$f(x)=y$ の任意の x について y の値が一つには決まらないような関数、言いかえれば、$x \to y$ に 1 対 1 の写像がない関数のことである。たとえば、$f(x)=x+2$ かつ $2x$ はそのような関数であり、この場合は、ある x の値にたいして、たいてい二つの値が出てくる。神経過程と行動結果はこの意味で双方向に縮重の関係にある。つまり、ある神経過程 x が不変的に行動 y を生み出しているわけではないし、ある行動 y' が不変的にある神経過程 x' に引き起こされているわけでもない。

驚くべきことに、神経過程と行動過程の関係は縮重ではないと広く信じ込まれている。神経過程と行動結果の間に一対一の写像がないことなど少し考えただけでわかるのだから、これには驚かされる。考えるべきはつぎの二つの場合である。第一に、効果器の行動が、変動しうる環境要因に左右される場合。第二に、効果器の行動が、環境要因の変動から多少なりとも独立である場合。第一の例としては、下等な霊長類、たとえば原猿が木から果実をもぎとるときに起こることを考えていただきたい。果実のサイズや形状、枝にどのくらいしっかりついているかなどによって、指が伝えるべき力の量はさまざまに変化するだろう。第二の例としては、鳥が歌うときに起こることを考えてい問題でも何でもなく、十分理にかなったことである。動物が環境と切り結ぶとき、必然的に地形と周囲の特徴の差異のなかを動きまわらねばならない。動物がみずからの行動をそのような変化にスムーズに、そして行動の時間スケールで適応させることができなければ、環境の基本的資源を利用することに失敗するだろう。環境の変化の大部分は予測不可能である。したがって、中枢神経系が適切な命令パターンのセットを遺伝か経験によって〝貯蔵〟することは期待できない。代わりに必要なものは、第3章で強調したように、二つの基本的能力をそなえたシステムである：(1)動物が切り結ぶであろう環境の変化の幅に相応した行動の変異の幅を産出する能力および、(2)もっとも成功した行動の変異を選択し、その行動の変異を産出する能力を維持する能力。

行動制御の変異性には多数の源泉がある。筋肉組織と骨格の生体力学は変化する力と抵抗の世界に対応したシステマティクな変化を保証している（Alexander, 1992）。この生体力学上の変異性は行動が変化していないときでさえ（末梢の受容器が変化する力に反応するので）末梢の神経単位の活動レベルの変化を保証している。たとえば、二本足の人間が静止姿勢を維持するためには、筋骨格系の〝バネ〟のような特性を利用するための正確な方向へ向けたリズミカルな力の出力が必要とされる（Nashner & McCollum, 1985）。概して、中枢神経系の仕事は命令をつくることというよりも、成功する共変の幅を確立し、監視調整するようなことだと言える。（⇩Box 8参照）

連合主義心理学は、自然環境内の行動の特徴である機能特定性をまったく説明できない。現代の神経科学の大部分はそのような心理学を土台にして築かれてきた。神経科学は、「コントロール・センター」としての局在する中枢を研究の焦点にしているが、これは事実や論証に基づいているのではなく、仮説と理論に――しかも、時代遅れの心理学に――基づいているにすぎない。

❑機能特定的な神経のメカニズム

神経科学の多くの研究成果は、生態心理学によって、機能生物学的な考えかたとより整合的に再解釈することが可能である。その再解釈の主眼点は、この本のなかで強調してきた機能特定性である。変化と多様性に富んだ環境要求に柔軟に対処できる神経のメカニズムとはどのようなものか？　そうした機能系は〝運動の命令〟のようなものを基礎にするのではなく、変化する諸状況にまたがって不変な結果を達成することへ向けた動的過程を基礎にしているだろう。霊長類の「皮質地図の再組織化」と呼ばれる現象についての多数の実験研究はこの考えを支持している。とくに、最近おこなわれたある研究は、進化的な観点から見て、とても示唆的である。

アラードら（Allard, Clark, Jenkins, & Merzenich, 1991）は、ヨザルに外科手術をほどこし、手の第三指と第四指のあいだに皮膜（つまり一本の〝合指〟）をつくった。ヨザルは手術後に再び手をつかえるようになったが、第三指と第四指は実質的に一本の融合された指としてつかわれるようになった。手術を受けていないふつうのヨザルでは、大脳皮質上の３Ｂという領野がそれらの指の体性感覚（皮膚や筋肉や関節の感覚）に対応する領域だが、その第三指と第四指の受容野のあいだには明確なくぎりがあるのがふつうである。ところが、手術で人工的につくられた合指に適応したサルの皮質からはこのようなくぎりが消滅していた。そのかわりに「これらの指を刺激すると、大脳皮質のひろい範囲が反応した」。融合された二本の指の皮質地図はふつうの一本の指の地図と同じようになっていたのである。おそらく、皮質地図のこのような再組織化の背後にある主要な要因は、この〝新しい指〟の触覚、筋紡錘、関節包が同時に刺激される確率が高くなったことだろう。言いかえれば、一本の指の体性感覚の〝地図〟は実際には「空間的」ではなく、「時間的」――すなわち、統一された行動過程の結果として生ずる一式の共変する神経過程群の動的相関なのだろう（例：末梢への刺激作用を写像するための皮質中枢ではなく、指の感覚の調整のための皮質中枢）。末梢が変化すれば――それは外科手術だけでなく、突然変異、事故、それに習慣によっても生ずるが――中枢もそれに応じて〝変化〟するのである。

この観点に立てば、皮質は末梢の地図ではないし、信号を受けとり、命令を出す固定的ネットワークのようなものでもない――皮質は、特定の共変のパターンがより広い変異の幅から一行動の時間フレームのなかで選択される場所だ。ここで提起したこの種の選択主義理論にしたがえば、ある共変を他を犠牲にして選り抜くメカニズムがあるはずだ。アラードらの実験結果は、すくなくともある場合には、皮質の各場所が運動‐感覚循環の共変の特定のパターンを選り抜くことを示している。つまり、手による操作や触覚を必要とする作業に、皮膜でつながれた二本の指を単一の単位としてつかう経験――手にたいする種々の明確な入力‐出力パターンを必然的に生み出す経験――それ自体が、おそらく、連結された神経活動のタイミングおよびその同期を基礎にして、その後の皮質の再組織化に影響をあたえるのだ。この場合、皮質は、身体の末梢の地図でも、末梢が接触する外的環境の地図でもない。そのかわり、皮質は、行動にとって意味のある環境の諸側面を、ある行動単位の変異を他の変異から選択的に保存する能力をもつシステムに編み込む媒体となっている。

　神経系において発達するのは、領域区分された地図的システムでも、命令中枢的システムでもなく、むしろ、多数の可変的な下位システム間の相関をつくりだせる機能系の中枢部だとするこの考え (Edelman, 1987; Reed, 1989) は、神経発達についての近年の見解とも合致する。ウォルシュとセプコは、ラットの皮質の種々の細胞系統の発生的発現の局所解剖図を実験をつうじて確定した (Walsh & Cepko, 1992)。同じ細胞系統に由来する細胞群でも、ある群は局所領域に集結し、他の群は多様な領域に分散した。どちらの細胞群でも、その領域化は完全な機能特定に先行していた。ということは、哺乳類の皮質細胞は、先に述べたような動的相関をつくりだす過程が効果的に作動し始めるに先立ち、ある程度まで、その種独特の構築学的特徴へと組み上げられていくにちがいない。つまり、皮質の諸領域は、多様な織りの可能性を秘めて織り機のうえに張られている縦糸のようなものだ――それを織り上げていくのは、織工ではなく、動物自身の諸経験である。ウォルシュとセプコは言う――「皮質細胞の発生制御が、その後の皮質の機能特定から独立した神経系には、潜在的な進化上の利点がある……このモデルは、皮質と身体構造をつねに協応させつつも、両者がある程度独立に、はやい速度で進化することを可能にする」(Walsh & Cepko, 1992, p.439)。

　ウォルシュとセプコの研究は、哺乳類の皮質領域の分散的性質の理解には役立つが、ある場所に円柱状の組織化が見られる傾向があるのはなぜか――つまり、同類の性質のニューロンが皮質表面にたいして垂直な円柱構造（コラム）をつくるのはなぜか、ということについては何も言っていない。ここでも変異、多様性、選択を考慮に入れることが理解の鍵になると思われる。マラック（Malach, 1994）が説明したように、皮質コラムの幅はニューロン間の連結の長さの平均値と一致する。これらの連結、つまりニューロンの樹状突起は樹木のような構造であらゆる方向に枝をのばしている。皮質コラムは結合をさける障壁ではないので、第一のニューロンからのびた樹状突起が、第二のニューロンを通過し、第三のニューロンと結合する――いわば、コラムを〝横断する〟ことも可能である。しかし、皮質ニューロンの相互連結の直径の平均値と皮質コラム間の隙間とはほぼ一致しており、結果として「皮質ニューロンの結合の多様性は最大」になる（Malach, 1994）。ようするに、あるコラム内のニューロン群は重複した結合の〝家族的類似〟を共有しているとはいえ、個々のニューロンはその結合パターンにおいて実質的に他のすべてのニューロンと異なっている。このパターンのおかげで、円柱状の組織化が完全に100パーセント均質であることはありえない――もっとも特殊化された神経コラムのなかにさえ、異なる機能への可能性がつねに残されているのだ。

このように、哺乳類の神経系の個体発生は、経験的な要因が皮質領域の機能分化に必然的に重要な役割を果たすように組織化されているとともに、そうした皮質領域の構造も、変異性を最大限サンプルできるように、少なくともある程度まで組織化されている。したがって、神経発達には二つの段階がある：第一に、皮質全域および各領域において、変異しうる活動の幅を産出できる構造をつくること（しなやかな縦糸の設定）、第二に、その幅のなかの特定の活動パターンを機能に基づいて選択すること（横糸の織り込み）。ここからつぎのことが予測される――皮質の各領域は、それに〝特殊化〟された活動以上に多様な活動の幅を産出できる容量 *capacity* があるだろう。（この容量がいかなる条件下で顕在化するかは別の問題である。）機能に基づいた選択が、結合性の異なる神経細胞群を等しく強化することはありえず、しかも、そうした神経細胞群は、小さな皮質領域内にさえ、つねに見られる。このため、完全に発達した皮質においても、神経細胞群内には、利用可能な変異の幅があるはずだ。

以上の諸研究を総合すれば、進化についてのある重要な理解が得られる。これらの諸研究が示唆するのは、中枢神経系の進化が、すくなくとも高等な脊椎動物では、静的な写像過程をつうじてではなく、エーデルマン（Edelman, 1987; Sporns & Edelman, 1993）がその神経発達理論のなかで強調してきたような、個体発生の過程への動的な選択をつうじて身体の進化と協応している、ということである。高等な脊椎動物の中枢神経系は、細胞系統の異なる分散的クラスター（まとまり）から構成されており、発生上同類の神経細胞群でも異なる発達的影響にさらされている。それらすべての影響のコンビネーションが、神経細胞間の優勢な結合パターンに基づいて、各皮質領域の特徴的な活性化のパターンを選択する。これらの活動パターンは〝優占〟であって、〝独占〟ではない。なぜなら、あらゆる皮質領域は、それが含む神経細胞の種類の点で完全に同質ではないからだ。その結果として、皮質のどの領域も、ただひとつの行動単位だけを産出する（または、ただひとつの刺激作用特性だけに反応する）ことを義務づけられていない。ここで提案するのは——各皮質領域には、少なくともある程度の多様化への潜在性があり、ストレスや身体的あるいは精神的外傷といった条件下において第二、第三の分化が現れることを可能にしている、という仮説である。実際、霊長類の感覚および運動皮質には、アラードらによって報告されたような比較的すばやい機能的〝再分化〟を可能にするのに十分な細胞群の多様性があることがわかっている。

❑選択主義と神経系

これまでの分析から見えてきた神経系の姿とは、独特の時間スケールで選択過程として機能し、進化的に選択されるシステムとしての姿である。行動への選択圧は、環境内での動物の行為の実際の結果に由来するのであって、内的な神経パターンや動物身体の動きのパターンに由来するのではない。それらは環境と動物との関係あるいは環境内の情報と動物との関係を変化させない限り、選択圧の源にはならないのである。ある場合には、この選択圧は、（安定した発動パターンをもつローダーのマンボウのように）内的な神経パターンを変化させることなく、その動物の環境の特定の資源を利用するための全体的な機能系の能力を変化させる。また、資源利用のために神経の活動パターンの変化が必要とされる場合には——人工的な合指をつくられたアラードらのヨザルのように——神経の活動パターンもそれに適応していくであろう。けれども、ここで注目すべきことは、行動の分化・変化の生物学的基礎は、選択上の諸制約にこそあり、神経のメカニズムにあるのではないということだ。

選択主義的なこの新しい神経系の見方は、神経系の中枢部から運動の命令が出されるとする伝統的な考え方の土台を切り崩す。「命令とは、ひとつの機能（はたらき）として考えるのが最適であり、ある構造に制限ないし限定されない」とディドメニコとイートン（DiDomenico & Eaton, 1988, p.132）は書く——「［命令は］神経ネットワークがすることを描き出す過程である。それは、神経系の一部分に限定ないし局限できるものではない」。しかし、もう一歩踏み込めば、命令は神経系がすることですらないと言えよう。神経ネットワークがするのは、動物と環境との切り結びを協調 *coordinate* させることである。このため、多様な行為システム群がある。なぜなら、利用される環境資源の性質に応じて協調作業は変化するからである。たとえば、移動を調整するために必要な協調はふつう、食物摂取を調整するのに必要な協調とはまったく異なる——そして、どちらの場合にも、環境や身体はそれがすることを命令されてなどいない。

❑行為制御の特定性

行動と知覚の基礎にある神経のメカニズムについての伝統的な理論はどれも生態学的に見れば非現実的な行動と知覚についての描写から始まる。これらの描写にバイアスをかけてきたのは、脳が命令して身体を動かすという連合主義的なイメージである。行動の基礎には機械特定的な過程が〝なければならない〟と思い込まれてきたのである。だが、その想定に反して、自然な状況下で注意深くおこなわれた実験と観察は、環境への行動適応が柔軟であり、かつ特定的であることを繰り返し示してきた。行動適応が〝柔軟〟であるとは、通常の環境に接触しているかぎり、大部分の動物は状況の変化への適応にかなりの柔軟性を見せるということである。ミミズさえも、落葉樹の葉のかわりに、はじめて出会うマツの葉を利用できるとすれば、鳥類や哺乳類が新しい状況にしばしば行為を適応させる

食行動を注意深く研究したアンダーソンは、アカガエルが獲物に合わせて自己の摂食行動をいかに調節しているかを示した（Anderson, 1993）。アカガエルは獲物を捕らえる際に、舌を伸ばすだけでなく、頭と身体をわずかに動かす。アンダーソンは、アカガエルに「小さなハチミツガの幼虫」と「大きなミミズ」を与えて、それらを捕食するときのアカガエルの舌と口の動きのタイミングと位置のちがいを計測した。

　ほとんどすべての測定について、カエルの行動は獲物の種類のちがいに対応して機能的に変化していた。たとえば、大きな獲物は舌だけで引き寄せるのは無理である。そこで大きな獲物にたいしてはアゴも使って捕らえられるように身体の位置を変えていた。舌を伸ばすタイミングと長さも大きな獲物と小さな獲物とでは変えていた。もちろん、すべてのカエルがこのように何種類もの獲物を食べるわけではない。たとえば、アンダーソンも指摘しているように、研究にひろく使われているヒキガエル *Bufo* は小さな獲物しか食べない傾向がある。神経系の研究者が機械的な刺激 - 反応システムのレッテルを貼ってきたのは、じつは、このような摂食の生態学的特殊化にすぎないのではないか。

のも不思議ではない。たとえば、サンショクツバメが泥のかわりにセメントをつかって造巣できることは以前から知られているが、そればかりか、本来の生息場所である断崖絶壁に造巣するのと同じようにビルの壁面にもそのつぼ型の巣を容易につくれるのだ（Collias & Collias, 1984）。この本で強調してきたように、これらの行動はたんに柔軟であるだけでなく、〃特定的〃でもある。なぜなら、そうした行動の変化はたんに〃可塑的〃であるだけでなく、文脈の変化をこえて、その有機体にある特定の資源を利用可能にする傾向があるからである。

　このような動物行動は、機能特定的 *functionally specific* であると言えよう。とすれば、理論上仮設された〃機

機能特定的なカエル　Box 9

　頭上を矢のように飛んでいく何かにカエルは気づく。向き直り、注意深く見る。小さな羽虫がふたたび急降下してくる。その小さなからだが信じられないほど急速な羽ばたきで空気を打ち、カエルの頭上で弧を描いて上昇する瞬間——人間の眼にはハッキリ見えないほどのすばやさで——カエルの舌が伸び、獲物を捕らえる。カエルの視覚皮質にある“複合細胞”がこのような行為遂行に介在しているとする学説をマトゥラーナたちが最初に唱えてからというもの、こんな子どもじみた作り話が神経生物学の古典となってきた。カエルが単純なパターンを認識する機械であるという考えは広く信じられている。入門的な教科書にさえこんなくだりが見られる。カエルの脳がそのような刺激にカエルを自動的に反応させ、ハエを捕まえさせているのである、と。

　だが、捕食の際、カエルはそんなふうに機械特定的に行為するのだろうか？　飛んでいる獲物についてはどうかわからないが、他の獲物についての答えは「ノー」だということがわかっている。カエルは機能特定的に獲物を捕らえているのだ。アカガエル *Rana pipiens* の捕

械的特定性〟ではなく、実際に観察されたそのような動物活動の〝機能特定性〟を説明できる神経のメカニズムを探求することが必要である。行動の基礎にある調整システムは、刺激や対象ではなく、資源を追跡している。だから動物は、時と場合によって、同一の刺激や対象にまったく異なる反応をすることがある。ところが、伝統的な心理学者や動物行動学者は正反対の想定——すなわち、行動は機械特定的 *mechanically specific* であるとする想定——を保持してきた：動物は同一の刺激や対象には同一の反応をするはずであり、行動に変化が見られるとしたら、それは「抑制」や「促進」のような二次的な要因によって説明すべきである、というのである。行動についてのこの伝

統的な考え方は、カエルの行動についてのかなり広範な研究に如実に見られる（Ewert, 1987 などを参照）。カエルは、行動と神経構造の両方を徹底的に調べられるため昔から神経行動学の研究のモデルとされてきた。この研究を支配しているのは機械的特定性の考えかたである。たとえば、「カエルの眼は、カエルの脳に何を伝えるのか？」（Lettvin, Maturana, MaCulloch, & Pitts, 1959）という問いを聞いたことのない心理学者はいないだろう。この研究および他の研究の共通の解釈は、特定の単純刺激がカエルを、視野に入ったハエのように見えるものに必然的にとびかからせる、ということである。だが実際は、カエルの捕食行動は、末梢の刺激パターンにも、中枢の表象にも、機械的に特定されてはいない。また、カエルの捕食活動はたんに〝可塑的〟なのでもない。なぜなら、その可塑性は、捕らえる食物資源のタイプに応じて変化するのだから。つまり、カエルの捕食行動は、機能特定的なのである。（⇩Box 9 参照）

このような見方にしたがえば、動物の行動も知覚も原因に引き起こされるわけではない。確かに、知覚することや動くことは神経系の諸過程の結果として生ずるが、それらが単独で行動的結果を引き起こすのではなく、たいていの場合、環境の構造も神経の諸過程と同様に重要な要因になっている。ある木に穴が開いており、それが安全な隠れ場所をアフォードするという事実は、ある瞬間には自身に無関係だが、次の瞬間には自身の生命を守る重要な事実となる。神経系はこの変化 transformation を確実に橋渡しするが、その変化の原因になるわけではない。捕食者の出現（それこそ、その穴が新たな重要性を帯びる契機なのだが）さえ、そのアフォーダンスの関連性を変えるだけだ——その穴は、そもそも、その獲物にとってそれほど重要な事実ではない時にも、同じアフォーダンスをもっていたのだから。

行動は調整され、制御されているように見えるので、何らかの調整者・制御者を想定することが当然だと思われてきた（通常は、刺激ないし神経過程の因果作用が想定される）。けれども、自然史では、制御者なしに創発する調整性《レギュラリティ》が多数存在する——主要なものは、個体発生や系統発生における調整的《レギュラー》なパターンである——が、これらは制御されているのではなく、選択されているのだ。ここで主張するのは、行動もまた、調整者なしに調整されるということである。行動と意識は通常、多数の要因に選択されている——おそらく、原因という言葉から連想されるたった一つの要因では決してない。「制御は世界内の動物によってなされる」（J.J. Gibson, 1979/1986, p.235）のであり、制御の座を一点に定めようとする原因還元主義は不完全でもあるし、不適切でもある。

❏二種類の行為：探索的／遂行的

環境の持続的特性についての情報を獲得・利用できる能動的な有機体は、それができない有機体よりもある面で確実に有利になる。たとえば、巣穴をふさぐことを調整できるミミズは、そのように機能特定的にみずからの諸行為を組織化できないミミズよりも、乾燥の危機にさらされることがすくない。情報の検知・利用の効率がさらに高まれば、選択上の有利さもそれだけ高まるだろう。きびしい競争下では、葉の引き込みにもっとも適した箇所をすばやく確実に識別できるミミズのほうが、もたもたして効率の悪いミミズよりも成功する確率は高いのである。

動物の頭部が身体の他の部分から機能分化することは二つの点で、情報の効率よい利用の前適応になる。第一に、動物が前進移動するとき、頭部は身体の他の部分よりも前に来るが、これは感覚器官の分化の前適応になり、その後、移動その他の活動の予期的制御に役立つことになる。第二に、分化した頭部——とくに、分化した感覚器官を備えた頭部——があれば、情報をもとめて環境を走査する行為が、環境にはたらきかける行為から分化することが可能になる。泳いだり、他の活動をしながらでも、見る、感ずる、嗅ぐ、電磁波をつかう、などして環境を走査できる動物は、対象の上を実際に動くこととそれを走査することとを容易に分離できない動物（たとえば、ミミズなど）よりも有利になるだろう。さらに、環境の媒質中のエネルギー・パターン（空気中あるいは水中の光学的、電磁気的、電気化学的、振動‐力学的パターンなど）を走査することに消費されるエネルギーは一般的に、環境の物質や表面に接触して身体を動かすことに消費されるエネルギーよりもはるかに少ないということにも注目したい。もし、そのような包囲的エネルギー配列のなかに実際に情報があるなら、この点での有利さは、進化上かなりの重要性をもつだろう。

したがって、二種類の活動——遂行的 performatory と探索的 exploratory ——を区別すべきである。なぜなら、選択に関わることがこの二つのケースで非常に異なるからである。探索的活動とは、情報の走査と利用のことであり（これはジェームズ・ギブソンによる。Reed, 1988a 参照）、ふつうは、環境の物質や表面を変化させるほど多大な力を消費する必要はない。そのかわり、頭部と感覚器官を周囲のエネルギー場に合わせる必要がある。このような調節はふつう、頭部や感覚器官の循環的で、低エネルギーかつ低インパクトの動きとして具現される。そこから得られる選択上の利点は、みずからの活動パターンの調整に役立つ情報の獲得である。他方、遂行的活動とは、まさに、環境の物質や表面を変化させる相当な力を動物が発揮する場合である。食べものを見たり、そのにおいを嗅いだりすることと、それを獲得し、かみくだき、食べることとはまったくちがうことだ――これはトンボにも、肉食哺乳類にもあてはまる。

ここで「探索的活動」と呼ばれている活動は、神経科学で一般に「入力」と呼ばれているものとは何の関係もない。感覚受容器から中枢神経系への入力は、知覚の信号ないしは手がかり、すなわち、機能的な意味での情報ではないのだ。これらの入力、またはそうした入力にたいする中枢に局限された反応が情報であるためには、ある種の信頼性や有意味性がなければならないが、そうしたことはそもそも入力に欠けていることなのである。同一の入力信号は二つ、ないしそれ以上の異なるコンテクストで生ずる可能性があり、その場合、その意味はしばしば根本的に変化している。指が静止しているときに、そこを横切る小さな刺激が意味するのは、手の上を一匹のハエが歩いているというようなことだろう。しかし、その指である表面を能動的に探索しているときに生ずるそれと同一の入力はまったく別のことを意味するだろう（J.J. Gibson, 1962）。

神経解剖学はいまも、皮質の特定の領域を感覚皮質や視覚皮質として指示することをぼくらに教えているが、この二〇年間に次第に明らかになってきたのは、あらゆる感覚システムの求心結合は多重で、分散的で、多様であるということだ。霊長類の場合、皮膚や眼から皮質への直接の結合は最低でも一ダースある。そのため、たとえば、手にたいする単一の刺激が、脳内の異なる多数の領野の複合的活動を喚起することになる。もっとも基本的なヒトの探索的行動の一つである〝触れる〟という単純な行為さえ、たんに感覚皮質の異なる多数の領野の神経活動を随伴するばかりか、運動皮質、補足運動野、皮質下の多数の場所にまたがった神経活動をも随伴するのである。しかも、先に強調したように、この活動は（探索しているものの上を手が行ったり来たりするときのように）ある点では循環的になり、（探索しているものの特定の特徴に手が触れたときのように）他の点では非循環的になる。入ってくる〝感覚パターン〟は、実際には、このもっとも単純な探索的活動の場合でも、有機体にとって首尾一貫した意味をもつことはないのである。「同じ求心性の神経繊維も情報のピックアップに際しては、瞬間瞬間異なるはたらきをする。受容器の興奮のパターンは重要ではない。重要なのは、眼が世界を見まわしたり、皮膚がものを触ったりするときに興奮した受容器が時間をかけて接触している外的なパターンである。神経生理学者ラシュレーの言葉を借りるなら、個々の感覚の単位は代理的にはたらかねばならないわけである……」(J.J. Gibson, 1966, pp.4-5)。

動物は環境に反応する機械である、あるいは、脳内で生じた命令にしたがう機械であると考える立場から見れば、〝入力は無意味であり、情報は外にある〟とするこうした主張は奇想天外なものにちがいない。けれども、生態学的・進化的な立場——知覚システム群は、その成立以前から環境と能動的に切り結びつづけてきた後生動物の個体群のなかで進化したということを認める立場——から見れば、この主張は一気に信頼できるものになる。あらゆる真正後生動物（つまり、海綿動物を除くすべての後生動物）には神経系があり、その動物のほとんどが生涯のある期間、環境内を能動的に移動している。これらの動物のほとんどすべてに、移動方向にたいして前 - 後で、なんらかの意味のある身体の非対称性が認められる。環境内を動きまわるあいだ，感覚受容器に起こるのは絶え間ない流動だが，動物たちは多種多様な対象や場所との切り結びを調整しなければならない。とくに，ジェニングズ（Jennings, 1906/1976, 1908）が十分理解していたように，どんなに単純な動物でも，環境状況の変化と多様性に適応するようにみずからの行動（例：進行方向）を調節できなければならない。したがって，進化の始源にある動物活動とは，単純な後生動物が環境のなかを動きまわり，内的状態の関数としてではなく，環境の変化に基づいて活動パターンの変化を調整することである。これは高度に適応的あるいは効率的な状態のことではないということに注意しよう。複雑に変化する環境に合わせて行為パターンを調整する能力は，安全と生命の維持に必要な最低限の条件なのだ。

❏むすび

生態学的な観点から見るなら，中枢神経系は身体への命令者でも，観念の貯蔵庫でもない。それははるかに驚くべきシステム：動物の周囲との機能的接触の維持に役立つシステムである。このシステムの単位――ニューロンの興奮――は，これまでの心理学理論が想定するような信号，メッセンジャー，観念もしくは行為の表象ではない。これらの単位は，変化しうる活動群を肉体化している。この変化しうる活動群があることによって，動物の知覚と行為が環境の諸制約によって選択され，個体発生および行動の時間制約内で環境に適応することができる。

神経過程についての選択主義的な説明はこれまでにもなされてきた（そして、この章の議論はエーデルマンの「神経ダーウィニズム」に多くを負っている）。けれども、そうした選択主義的理論はどれも、選択過程に編み込まれた環境の構造についてはまったく考慮していない。この章では、相対的に持続的な環境のアフォーダンス群およびそれらのアフォーダンス群を特定する同様に持続的な情報が、このニューロンの選択過程にかかわる環境のベースを構成していることを示した。アフォーダンス群およびそれを特定する情報は多種多様な神経興奮群にわたって持続する傾向があるため、神経機能系を選択的に形成する外的要因となりうるのである。しかも、アフォーダンスを利用する際の身体のダイナミクスと、情報にアクセスする際の身体のダイナミクスは大きく異なるため、多様な機能系のあいだのもっとも根底にある異なりとはおそらく、遂行的な行為システムから探索的な知覚システムがいたるところで分離してくることであろう。

第6章 多様な行為システム群

❏機能系の進化的分化

前章で議論された「機能系」とは、有機体に環境の重要な資源を利用させるものであった。しかし、「資源」には多種多様な種類がある。このため、動物個体群には、機能系を多様に分化させる方向へ向けた選択圧がかかりうる。たとえば、情報という資源が他の環境資源とはかなりちがった種類であることはすでに見た。情報の利用には、完全に別種の活動モード――遂行的な活動モードではなく、探索的な活動モード――が必要になるのだ。この章では、高等動物にみられるもっとも一般的なタイプの行為システム群のいくつかとその進化上の背景を描き出すことにしたい。

とはいえ、ぼくらに見つけられる多様な行為システム群をかたっぱしから分析していく前に、あらゆる行為システム群・知覚システム群の土台となる進化上もっとも基礎的な機能系を描き出しておくことが役に立つだろう。ようするに、ほとんどの動物に共通しており、いかなる機能的活動を成功させるためにも欠かせない調整をしっかり見極めておこうとおもうのだ。しかし、ほとんどの活動——すべてではないにしても——がそこから進化してきた、進化の始源にある原始的な調整形式がほんとうにあるのだろうか？

もっとも単純な真正後生動物さえ、いくつかの解剖学的特徴の部分的な分化が見られる（口と肛門の分化、身体の背側／腹側の分化など）。これが5億年以上も絶え間なく、強力に、根源的に作用する選択圧の一つのモードをつくりだしてきた。それは動く（こともある）別々の諸部分を備えた、動く全身を環境に定位することへの選択圧である。探索的な活動をスムーズにおこなうためには、頭部とそこに位置する諸器官を、環境の刺激作用の源としっかりかみ合わせなくてはならない。移動をスムーズにするためには、身体の諸部分の動きがうまく補いあうようにし、移動方向を混乱させないようにしなければならない。また、生命そのものを維持するためには、移動している有機体は、その移動によって生じた環境からの反作用（水流・気流・摩擦・衝撃・重力）をたえず監視し、それらが安全な範囲を越えそうなときには、補償するように動かなくてはならない。ごくわずかな例外（ほとんどは非常に特殊化された寄生動物である）を除き、多細胞動物であるとは、この一群の選択圧が、身体と行動の形成に強力な影響をおよぼしていくということでもある。

ここにあげた諸機能は、多くの場合その後の進化で複雑になってはいるが、すべて真正後生動物の誕生にその起源がある。遂行的な活動と探索的な活動の両方を含んだこの一式の諸機能を基礎定位システム *basic orienting system* と呼ぶことにする。この基礎定位システムは、おそらく、動物生活の最初期よりあり、その後の行為システム群の多様な分化を可能にした基礎的な機能的能力を一貫して供給してきたものであろう。

❏基礎定位

基礎定位システムは、もっとも基本的な行為システムであると同時にもっとも基本的な知覚システムである。これ以外の機能系では（少なくとも分析的には）探索的な活動と遂行的な活動をふつうは機能とメカニズムの両方に基づいて区別できる。探索と遂行では機能が異なるだけでなく、たいていの場合、探索的な活動のほうがそれに対応する遂行的な活動よりもすばやく、循環的で、衝撃も少ない。けれども、基礎定位システムには、こうした機能上の区別もそれに対応するメカニズムの区別も適用できない。なぜなら、基礎定位システムとは、動物とその周囲の世界のもっとも基本的な諸性質との接触を維持するシステムだからである。それは、重力の方向、上なる空／下なる水・地面の区別、ここ／向こうの区別（「向こう」ははるか地平線までということもある）、基盤あるいは大地の位置、環境内の主要な情報源の位置などとの接触である。

機能的な基礎定位は、他のあらゆる機能的活動の必要条件である。重力および環境の局所的な諸表面に定位しない限り、有機体はいかなる動きや姿勢も成功させることはできない。また、さきに述べたように、媒質と刺激作用の源への定位は、知覚にとっての必要条件でもある。

したがって、この章でいくつかの行為システムの動きと姿勢の「入れ子」について語るとき、その入れ子は無限ではない。逆に、知覚システムの探索的な活動も、行為システムの遂行的な活動も、つねに基礎定位を背景として起こる。動物の身体とその諸部分を周囲に適合させるこの基礎能力がなければ、それ以上のことは何も起こり得ないのである。周囲へのこのような基礎適合の能力は、ほとんどすべての行動にかかるもっとも強力で、もっとも持続的な選択圧のもとで進化していく。死んでいく動物と生きながらえる動物との差異は多くの場合、周囲との接触を保つ能力、ことによると、ちょっとした基本姿勢を維持する能力に認められるのである。

このようなわけで、基礎定位システムの行為の単位群は、ある動物にできるもっとも基礎的な行為——もっとも基礎的な調整を構成している。この基礎的なセットのなかから、他の多様な行為能力が進化していく。基礎定位システムを構成するこの行為の単位群は神経筋単位そのものではない。それらは神経系からの入力と出力をともなうが、たんなる感覚 - 運動性の単位ではないのだ。なぜなら、それらは環境の諸特徴に適応する能力を備えているからである。したがって、基礎定位の構成単位とは、ぼくがもっとも原始的な二つの調整モードと考えるものである。

第一の基礎的調整とは、環境のいくつかの特徴との関係における身体の状態の維持である。これは通常は動的な調整である——頭を前方に向けつづけ、腹と基盤との接触を維持し、眼は動く目標に向けつづける、というように。この調整モードを（動的な）姿勢制御と呼ぶことにしよう。第二の基礎的調整とは、ある身体の状態から他の状態への制御された変形である（つまり、ある姿勢から他の姿勢への制御された移行）。この「変形」には、部分的なものから、全体的なものまでさまざまなレベルがあることに注意しよう。舌をちろりちろりと出しているヘビは、たんに舌の状態を変形させているにすぎない。頭や全身の位置はまったく変わっていない。しかし、ヘビがいったんそろりそろりと這いだすと全身の状態が変化する。これら種々の変形を動き *movement* と呼ぶことにしよう。ただし、以下のことには注意する必要がある。ある動きは、ある姿勢から他の姿勢への状態変化をともなうという意味においてだけでなく、つねに何らかの姿勢定位を維持しているという意味においても、姿勢のなかに〝入れ子〟になっているということである。

以上の分析をふまえると、動物活動の完全な記述には、どのような姿勢が維持され、どのような姿勢が変形するのかということを、全身についてだけでなく、そのすべての体節、肢、他の可動器官についてもきめ細かく説明することが必要になるとおもわれる。

❑行為システム群の進化

さて、ここまでのところから考えると、行為の進化は、特定の種類の動きの進化、そして環境内での成功に必要とされる機能的行為になるように動きと姿勢を入れ子にしていくことに基づいているといえよう。動きと姿勢を語ることによって、行動の「単位」をめぐる第3章での議論はいまやより正確にすることができる。動きのシーケンスの組織化には、適当な時間にわたって、しかも、その動きによって生じる環境のいかなる変化も乗り越えて、姿勢を制御するコーディネーションの能力も必要とされるのである。ある動物個体群が、新たな物・場所・事象との切り結びをつうじて選択されるとき、その動物たちができるようになり、次第に多く生み出されるようになる動きは、その新しいコンテクスト内で成功する動きだろう。しかし、動物とその行動は、それ自体、環境のコンテクストの一部であるということも忘れてはいけない。新たな状況によって選択される動きと姿勢は、その動物個体群によって生み出された利用可能な動きと姿勢の群れ population のなかにあるにちがいない。(ある生息場所では、さして重要でなかった行動が、新しいコンテクストのなかでは、はるかに重要な価値をもつことはよくあることだ。)

『種の起源』(1859)第一版で、ダーウィンは進化に関するある思考実験をおこなっている。彼が想像したのは、栄養のほとんどを魚を獲ることによって得ているクマの個体群のことである。こうしたクマたちの泳ぎの能力は、最初は最低限のものであったかもしれない。けれども、魚以外のあらゆる食物がなくなってしまうとか、限られた食物をめぐる競争がおそろしくきびしいものになってくるとか、そういう特殊な状況に置かれたとき、この能力は向上する方向へと選択されていくだろう。このような条件下では、クマたちはセイウチのように、ひいてはクジラのように進化するかもしれない、とダーウィンは考えた。もし、こうした進化がおこったとすると、ぼくらは自信をもって、つぎのように推論することができる。この「クマ - クジラ」の尾ひれは、垂直ではなく、水平についており、泳ぐ際には、その尾ひれを大部分の魚のように左右に動かすのではなく、いまのクジラのように上下に動かして泳ぐだろう。つまり、陸上を歩く際の移動の動きが、この特殊な泳ぎの動きへと変形されていくと思われる。動きと姿勢は、抽象的な機能シェマの一部ではなく、リアルな、生きた動物活動である。したがって、それは、その個体群における変異と選択という制約のなかで進化していくにちがいないのだ。

ダーウィンの壮大な「クマ‐クジラ」物語のミニチュア実験バージョンが最近おこなわれた。七種類の「クロスビル（くちばし交差）」フィンチをつかったベンクマンとリンドーム（Benkman & Lindholm, 1991）の実験である。このフィンチはくちばしが先端のところで上下に交差しているのでこんな名前がついている。ベンクマンとリンドームは、この七種類のクロスビル・フィンチをつかまえてきて、くちばしの先端のところを爪切りで切ってしまった。くちばしが交差しないようにしたのである。鳥のくちばしというのは、ぼくらの爪のようなものだから、こんなふうに切っても痛くはない。じわじわ伸びてきて、一週間も経つとすっかりもとどおりになる。クロスビル・フィンチはふつう、この交差したくちばしで松ぼっくりの堅い殻をつついて割り、なかにある種を食べる。ところが、くちばしを切られてしまった「非‐交差」クロスビル・フィンチにはそれができなかった。だが、重要なことは、くちばしが交差していないフィンチでも、どうにかして木の実を割ろうと努力し、くちばしの先がほんのちょっと交差するくらいになると（くちばしを切ってからだいたい一週間くらい）、少なくともいくつかの閉じた松ぼっくりを割ることができたということである。言いかえれば、この鳥たちの行動はごくわずかな形態の変化を利用できたということだ。これは適応放散の「中間状態」が、最終的な適応状態ほどではないにしても、いくらかの選択的な利点をもたらすことの実例であるとベンクマンらは主張している。閉じた松ぼっくりを利用できるかどうかが、貴重な食物源を得られるかどうかの分かれ目となるような競争状況下では、この特定の行動習性をもつ鳥は、くちばしの形態が行動に「追いつく」方向へ進むことを促進するかなり強力な選択圧を十分つくりだせるであろう。

本書で一貫して強調しているのは、動物行動にかかる選択圧はおもに、その動物によって利用されるアフォーダンスとその利用効率をつうじてあらわれるということである。生態学者や進化論者は、この利用効率を（くちばしのサイズや形態などの）形態学的特徴をもとに測定しようとしてきたが、アフォーダンス利用の進化的変化はこういう場合、そのアフォーダンスを利用する特殊な行為の適応放散、すなわち、特殊な姿勢と動きの適応放散を介して起こるのがふつうである。（⇩Box 10 参照）言いかえれば、新たな選択圧に十分な一貫性があるとき、行動調整の適応放散の土台が提供され、したがって、新たな行為システムの創造の土台が提供される、ということだ。

ある個体群にかかる選択圧の細目は、他の個体群の細目とは異なるが、選択圧には、多くの異なる動物個体群とその生息場所を貫く顕著な一貫性も多数ある。（先に見た基礎定位のように）多くの動物種のちがいをこえて作用する一貫性と持続性をそなえた行動選択圧がありそうなところには、そうした調整課題群への共通の解決のセットがあるだろうと予測される。ぼくがこれから語るのは、そうした共通の調整課題群に対処するために進化した種々の行為システム群のことである。

そうした行為システム群は、三つの機能系のカテゴリー——①知覚システム群、②行為システム群、③相互行為システム群——に大別するのが便利である。この三つのうちの二つまでは本書ですでに紹介してある。探索的 exploratory な活動は「知覚システム群」によってなされることである。けれども（奇妙な言いかただが）知覚システム群も行為システム群の一種である。なぜなら、それらは探索的な活動という特別な種類の行為を制御するシステム群だからである。こうした探索的な行為システム群（「知覚システム群」）にたいして、遂行的 performatory な行為システム群がある。この遂行的な

ダーウィン・フィンチ　Box 10

ガラパゴス諸島のフィンチたちは行動が関与した適応放散の事例としてとくに興味深いものである（Weiner, 1994）。この小さな島々では、エサや巣づくりの場所をめぐってしばしば激しい競争が起こる。旱魃のような厳しい気候条件下では、競争はいっそう熾烈になる。こうした鳥たちの多くは植物の種を食べる。だが、植物の種といっても多種多様である――小さく簡単に割れる種もあれば、なかなか割れない大きく堅い殻をもつ種もある。たとえば、G. magnirostris のように大きなくちばしをもつフィンチなら簡単に割れるような種でも、Geospiza fortis のようなくちばしの小さなフィンチにとっては数分かけてようやく割れる難しい種である。このような理由によって、くちばしの形態のみならず、その長さのわずか1ミリの差異が各個体群の繁殖成功の差異へとつながることが示されてきたのである。

しかし、そのような小さな差異は食物の利用可能性の変化にフィンチの各個体群がすみやかに適応することも可能にする――ある個体群内にくちばしのサイズと形態の十分な変異がある場合には。たとえば、グラント（Grant, 1986）は、ガラパゴス諸島のフィンチの各個体群にはこれまでに研究されたどんな鳥の個体群よりもはるかに多様なくちばしのサイズの変異があることを示した。少なくとも厳しい生態環境下では、こうした種々の個体群は通常の食物ではない食物を食べて生きていこうとするだろう。たとえば、G.fortis のメンバーが大きな堅い種を割ろうとするように。このように、形態の多種多様な変異を、とくに非常時において、生態上意味あるものにする、少なくとも潜在的な能力があるとおもわれる。マイヤー（Mayr, 1976a）がかつて注目したように、行動は進化的変化の重要な要因でありうるのだ。

行為システム群は、非動物的環境との切り結びの調整に関わるシステム群と、動物的環境との切り結びの調整に関わるシステム群というふうに、二つに分けるのが便利であると思われる。前者を厳密な意味での「行為システム群」、後者を「相互行為システム群」と呼ぶことにしよう。(⇩Box 11参照)

これら多様な行為システム群が進化をつうじて分化するのは、それぞれがまったく異なる調整上の要求をもつからである。探索的な活動に要求されることが、遂行的な活動に要求されることといかに異なるかということはすでに見てきた。環境から情報を得ることに関わる動きは、多くの場合、このうえなく精妙な情報抽出活動へと進化してきた。眼、耳、感覚毛などによる情報抽出活動は非常にわずかな力でなされ、また衝撃も非常に少ないので、同時におこなわれているほかの活動をほとんどかき乱さない――これは知覚システム群の機能上の顕著な特徴の一つである。

移動、操作、摂食、呼吸――これらの調整上の要求もそれぞれまったく異なっている。たとえば、このなかで移動だけが、動物の全身の位置変化の制御を必要とし、したがって、基礎定位システム、知覚システム群、また、その他の行為システム群にも特別な要求を負わせる。それとは対照的に、操作は通常、たんに身体の付属器官とある物質表面との局部的な接触しか必要としない。ただし、重さ、反作用力、抗張力、脆性(もろさ)など、その対象の諸特性を知覚し、それに応じて対象を扱うことが必要とされる。摂食は味や好ましさから、稀少性や安全性にまでおよぶ、より生物的な諸特性の知覚を必要とする。

相互行為は、行為とも知覚とも異なる。実際、あらゆる形式の相互行為は、特別な調整領域内での知覚と行為のすばやい統合能力を必要とする。たとえば、交尾という相互行為の際には、昆虫のよう

相互行為　　Box 11

心理学で濫用されている用語があるとすれば、それは「相互行為 interaction」だろう。あらゆることが相互行為であるように見える。今日では生得論者や経験論者であることをみずから認めようなどという人はいない――誰もが相互行為を信仰しているのである。この数十年、学者たちは、行動は有機体の機能でも環境の機能でもなく、両者の相互行為であると述べてきた。心理学者は、ここでしつこく議論しているような、環境内での有機体の行為についてはめったに語らないにもかかわらず、とにかく、有機体は環境と相互行為しているというのである。ある意味では相互行為は行為があってはじめて成立すると思われるのだが、誰もが有機体と環境との相互行為のことばかり研究したがり、たんなる行為に興味をもつ人は誰もいないようである。

「相互行為」という用語はそれが本来もっていた意味をすっかり失っているのは確かである。それゆえ、本書ではそれを文字どおりの厳密な意味で使いたい。本書で使う用語としての「相互行為」は、二人の行為者が何らかの関係を結ぶとき、そしてそのときにのみ起こることである。環境が有機体にしたがって行為することはありない。したがって、有機体が環境と相互行為すると厳密な意味で言うこともできないのである。（くりかえすが、有機体は環境内で行為できるだけでなく、環境にしたがって行為することさえでき、実際にしている。）有機体はただ他の動物や人間とのみ相互行為しうる。この意味での相互行為は、もちろん、心理学が“行為”を見るところにはたいてい存在する――そして、ほとんどの人が関心をもち、理解したいと願うのはその相互行為なのである。

な〝単純〟な生き物でさえ、またとない絶妙なタイミングで、交尾の相手と息をあわせ、非常に複雑で込み入った動きと姿勢をつくりださねばならない。こうした一連の行為の流れを織り上げている諸要素——姿勢、動きのパターン、相手の姿勢と動きのパターンの知覚、相互行為のタイミング——これらのうちどれか一つでも失敗すれば、それはそのまま子孫を残すことの失敗へと直結してしまうだろう。相互行為のこのような性質を考えると、自然選択の圧力はもちろん、たんなる行為や知覚以上に、性選択の圧力にもさらされやすいということにも注目しなければならない。これは重要な問題であり、慎重な分析を要することである。

❑いくつかの重要な行為システム群

基礎定位システム

これはもっとも基礎的な行為システムである。他のあらゆる活動は、このシステムの固有の機能を土台としておこなわれる。このシステムは重力への、また、生息場所の諸表面および媒質への多細胞動物の機能的定位を調整する。だが、「重力への定位」という言いかたは、実際には、いささか不適切である。というのも、調整されねばならないのは、重力場のなかでの動物の行為の無秩序へとつながりかねない諸効果なのだから（Stoffregen & Riccio, 1988）。定位とは、ある意味で、地上環境での行為がつくりだす反作用力の場への定位なのである。このシステムの調整をぼくは「姿勢 posture」と呼ぶが、それは静的なことではなく、動的なことである。現実世界のなかでの姿勢維持には、たんに身体の諸部分を静止させておくということよりもはるかに多くのことが含まれるのだ――それは一群の不変な活動を維持しながら、他の活動の変化を許容する。たとえば、移動には重力への姿勢定位が含まれる――身体の背側を腹側よりも重力から遠く離れた側に位置づけ、進路にそって頭を尾よりも前方に位置づけることが必要である。このような全般的な定位の諸制約を充たしさえすれば、特定の位置を維持するためになにかをする必要はない。実質的にすべての真正後生動物がこのような能力をもっている。それに比べると、背側や頭を同じ位置、ないしは同じ位置関係に維持することは、例外的で、困難な課題であり、特殊な進化を遂げた行為システムにしかできないことである（例：身体を振動させながらも、花の蜜を飲むあいだ、頭部を同じ位置に保てるハチドリの能力、Lee, et al., 1991）。

知覚システム群

あらゆる知覚システムは、環境内の利用可能な情報を利用できるように進化してきた。けれども、情報源としてのアフォーダンスが静的であったり、一か所だけに局在することはめったにないので、役立つ情報を得るためには特殊な動きが必要とされる。各知覚システムは、それぞれ特別な探索的活動のセットを進化させる傾向がある――見る、聞く、嗅ぐ、味わう、触れる、など（Gibson, 1966）。高等動物の感覚器官の多くは頭部に位置する傾向があるため、頭部にある探索的感覚器官＋頭部自体の動きとそれに関連した姿勢の特殊な多数のセットが、無脊椎動物（とくに、節足動物や頭足類）と脊椎動物（とくに、哺乳類や鳥類）の両方に進化してきた。ある感覚器官が、情報をもたらす刺激作用の源としっかりかみ合うためには、多くの場合、その感覚器官は頭部にありながら頭部とは独立に動かなければならないし、頭部自体もまた身体にありながら身体とは独立に動かなければならないのである（Lee & Young, 1985）。

知覚システムが利用する情報という資源は探索的活動によって使い果たされてしまうわけではないので、この資源をめぐる競合は他の行為の場合とは多少ことなる。実際、情報という資源は、多くの場合、直接の競合なしに共有できる。生息場所の近くに食物源があることを特定する情報は二匹の動物のどちらも利用できる。しかし、その食物を実際に食べる段になると、競合なしには食べることはできない。したがって、探索的活動に関する競合は、さまざまなコンテクストにおける情報の利用モードとその効率を中心に展開される傾向がある。すなわち、情報そのものをめぐる競合ではなく、ある有機体の個体群にアフォーダンスの存在を知らせたり、それを利用できるようにする点での情報ピックアップの有効性をめぐる競合があるのだ。この競合をつうじて、広範な探索的活動を特徴づけるかなり安定した調整パターンが多数進化してきたようである。おそらく、情報ピックアップのそのようなモードがとくに効果的であったためであろう。それらは以下のようなものである。

1　刺激作用の対称化

左右一対の感覚器官で刺激作用が等しく利用可能になるように、あるいは取り上げる刺激作用の比率が均等になるように定位すること。動物は眼、耳、そしてたぶん、鼻孔への刺激作用を対称化している。

2　刺激作用の非対称化

左右で機能分化した器官への刺激作用の差異のコントロール。ヒトのアクティヴ・タッチはその好例である。アクティヴ・タッチでは、一方の手への触覚的な刺激作用の量、比率、フェーズをコントロールできるように、もう一方の手は対象の支持台の役割を果たしている。左右の眼へのオプティカル・フローの非対称化は、ある場合には、自己の移動の情報として利用されるだろう。

3　刺激作用特性の単離《アイソレーション》：これには少なくとも以下の三つのケースがある

(A) 焦点化《フォーカシング》：知覚システムが、刺激作用のただ一つの特性に中心を合わせた動的平衡状態へと至る活動。これは注視の場合などに見られるが、（質量およびその偏りを検知するために）対象を振ることや、特定の音に耳を澄ますことなどにも見られる。

(B) 追跡《トラッキング》：知覚システムがその活動を刺激作用の諸要素の変化に適合させなければならない活動。たとえば、複雑な環境内での視覚的追跡や、猟犬が獲物のにおいをたどっていくことなど。

(C) 精査：いったん追跡ないし焦点化された気になる刺激源についての情報をさらに得るためのあらゆる活動（子細に見ること、医者の触診などはその好例である）。言うまでもなく、異なる形態や効果器をもつ動物は非常に異なる焦点化、追跡、精査を見せるだろう。サケ、モグラ、イヌはどれも、その卓越した嗅覚を用いて追跡をおこなうが、その行動の細部は多くの点で異なっている。

4 反復・逆行

探索的な活動はそれを妨げる障害も必要とされる力も比較的少なく、知覚は、行為遂行とは異なり、資源を使い果たすことがめったにないので、ここまでにあげた諸活動はほとんどつねに反復や逆行が可能である。ある対象の質量を感知するために持ち上げてから、その弾性を感知するために指でつつき、形状を感知するために表面に指を這わせ、表面の肌理を感知するためにもう一方の手のひらと指にこすりつけることがあるだろう。こうしたどの活動も繰り返したり、逆にたどったりすることが可能である。それに加えて、動物は特定の場面で繰り返し使われる傾向のある特徴的な探索ルーティンを進化ないし発達させることもある。

移動システム

非固着動物 nonsessile animals はある場所から他の場所へと生息場所のなかを頻繁に動きまわる。移動は、おどろくほど多くの手段およびメカニズムによってなされており（Gambaryan, 1974; Gray, 1968; Trueman, 1975）、ある場所から他の場所への移動能力は、ことによると、動物界にもっとも広範にみられる能力かもしれない（Jander, 1975）。地上のあらゆる有機体の生活は重力という要因によって恒常的に制約されているため、移動には、みずから出した力と同じだけの逆向きの力を受け取るというニュートンの「作用 - 反作用の法則」をうまく活かす能力が求められる。したがって、移動するということそれ自体が、環境の諸表面や媒質との切り結びを調整することへ向けた選択圧を動物にかける。移動はまた、環境資源のもっとも基本的な事実の一つ——資源はある生息場所の全域に分散しているという事実——を利用してもいる。あらゆる場所のレイアウトには、資源となる対象が多様な分布パターンで分散して存在する。姿勢、定位、探索的活動、移動を協応させる能力は主要な動物門のすべてにみられる。

欲求システム

生命を維持するために、動物は呼吸、摂食、体温調節などをつうじて環境との恒常的な関係を保っている。こうした基本的な有機体 - 環境関係も調整されなくてはならないが、その機能を担っているのが欲求システムである。注目すべきは、呼吸のような活動も、基礎定位や知覚と同じように、多少なりとも他の活動の背景としておこなわれる必要があるということだ。たとえば、通常、ヒトの呼吸のリズムは、リズムのある姿勢活動と釣り合っており、この調整過程を妨害すると、身体の動きにまとまりがなくなることがわかっている（Gurfinkel, Kots, Paltsev, & Feldman, 1971）。

操作システム

動物は補償的な活動をつうじて有機体 - 環境関係を変えることに加えて、みずからの必要に合うように環境の諸側面を変化させることもできるだろう。ひろく見られる「動物の建築」（von Frisch, 1974）は、環境内の対象への有機体の機能特定的行為の多様性を示す証拠である。隠れ家、巣、わななどの製作は、無脊椎動物にも脊椎動物にも、そして海洋、水中、陸上などいろいろな生息場所にわたって、ひろく見られる。ところが、道具の使用はそれほどひろく見られるわけではなく（Beck, 1980）、（ぼくらの知るかぎりでは）おもに哺乳類と鳥類に限られている。ぼくらの得られる証拠は、道具使用行動の大部分が獲得困難な資源をどうにかして取り出そうとする、言わば「抽出採餌 extractive foraging」のコンテクストのなかで進化したという推測を裏づけるものだ。たとえば、植物の種や実は堅い殻のなかから取り出すのが難しい場合が多いが、鳥類や哺乳類は石や岩を使ってその殻を割ることが知られている。同様に、水（あるいは小さな昆虫）が特定の植物（たとえば、ココナッツ）の内部からしか得られない稀少な資源である場合があるが、そこでも、鳥類や哺乳類はやはり、その抽出困難な資源を棒などに伝わせたり、スポンジ状のもので吸い上げたり、多様な工夫をこらして獲得することが観察されている。

ここで使っている操作という用語は、ほんとうは不適切である。「操作 manipulatory」とは、本来、手を使った行為を意味しており、そのまままとれば霊長類とごく少数の哺乳類（アライグマ・クマなど）しか「操作」しないことになる。けれども、鳥類もくちばしを使って、複雑な「操作」をたくさんしているし、手のかわりに長い鼻を使うゾウの道具使用も大半の霊長類にひけをとるものではない(Chevalier-Skclnikoff, & Liska, 1993)。もっと適切な用語があるといいのだが。

相互行為システム群

相互行為システム群は他の動物との相互行為に特殊化された行為システム群である。この特殊化は複雑になる傾向があるが、それは他の動物が環境のなかのとりわけ複雑な資源だからである。それらは興味深い物質と諸表面からなる複雑で非剛体性の対象であるだけでなく、非動物的対象とは異なり、こちらの働きかけを知覚して、働き返してくる対象でもある。もちろん、種内の相互行為と、異種間の相互行為とは非常に異なる（たとえば、求愛行動と捕食行動とを比較せよ）。ここでは、種内活動に焦点をしぼり、四つの重要な相互行為システムを区別する。

1　有性生殖システム

有性生殖する動物にとって、各個体が適切な生殖活動にたずさわることによって自分の遺伝子を次世代に残すことは非常に重要である。この相互行為は最低限のものでしかない場合もある——たとえば、オスの魚が、すでにそこにある卵のかたまりの上に精子をかけるだけのときのように（とはいえ、このような場合でも、オスは受精のために適切な時と場所を認識しなければならない）。しかし、ほとんどの場合、求愛行動と交尾行動はこのうえなく精確なタイミングとポジショニングを必要とするだけでなく、高度に特殊化された姿勢と動きからなる非常に込み入った相互行為の技能を必要とする。ハエやガのように比較的〝単純な〟動物さえ、このうえなく精妙に調整された求愛行動と交尾行動をおこなうのである。

2 養育・グルーミングシステム

ダーウィン（Darwin, 1871）がはるか昔に強調したように、子育てする動物は、その子どもをうまく育てあげるための一群の行動技能を進化させてきた。こういう技能の多くはおそらく、求愛と交尾に密接に結びついた行動から進化してきたとおもわれるが、その過程で機能がシフトした。この行為システムの力点は、タイミングや身体各部のポジショニングよりも、二個体あるいはそれ以上の種仲間を互助的活動に参入させ情動調整することにあるのだ。この活動には給餌、グルーミング（身体の諸部分、とくに皮膚、毛皮、羽根を清潔にし、整えること）だけでなく、単純に相互行為それ自体が含まれるかもしれない。

3 表出システム

これもダーウィンが注目したことだが（Darwin, 1871, 1872）、有性で家族をつくる動物は、みずからの感情状態や意図を種仲間に表出することへ向けた――そして、もちろん、種仲間のそうした状態を知覚することへ向けた（Smith, 1977）――かなり強い選択圧のもとにある。求愛行動、グルーミング、養育行動などが複雑になるにつれて、有益な相互行為への意図をそれ以外のさして有益でない相互行為への意図と取り違えない方向へ向けてどんどん選択圧が加わる。このため、あらゆる行為システムのなかで、表出システムだけに、一定の姿勢と動きを安定化ないしは〝固定化〟する方向へ向けたかなり強い圧力がかかる傾向がある。この安定化が、感情状態の重要な差異の識別を助けるのである。動物には〝固定的な行為パターン〟がひろく見られ、あらゆる行動的活動はそれで説明できるという動物行動学の主張（第５章で批判された考えかた）はおもに、コミュニケーション行動あるいは表出行動の不適切な一般化から生まれたのである。

４　意味システム

このシステムは動物自身の状態についてというよりも、動物のまわりの環境状況についての意味の表出の役割を担っている。とはいえ、ここでダーウィン（Darwin, 1871）は重要な警告をおこなう。コミュニケーションの機能を果たしているように見える姿勢や発声には性的二形〔雌雄でのはっきりしたちがい〕が多く見られることに触れ、意味行為のように見えるものの多くは、たとえば、交尾の意志があることなどを指し示す表出機能を果たしているのではないかと示唆したのだ。しかしながら、採餌に関連した事実を指し示すミツバチの〝ダンス〟や、食物や捕食者の位置を指し示す多様な〝合図〟の使用など、動物には明確な意味活動の実例もある（Bright, 1984）。表出活動と意味活動を区別する便利な判定基準はコンテクストからの影響度である。表出行為は、動物の感情状態が誤解されないように安定化・固定化の方向へと選択されるが、意味行為システムはそうした感情変化に比較的鈍感でなければならない。声のトーン・大きさがきみの動転ぶりを伝えたとしても、きみのメッセージは動転していないときと同じように伝わる必要があるのだ。

遊びシステム

これはそれ自体で独立したシステムである。知覚に基づくものでも、純粋な行為に基づくものでもない。それはときには行為であり、ときには相互行為である。自身あるいは種仲間の動きは、本来それ自体、環境の資源であり、何らかの役に立ちうるものである。ところが、遊びはそれ自体のためになされる動きである。よく観察されるように、遊んでいる動物は他のあらゆる種類の機能的活動の動きと姿勢を遊びのなかに改変しつつ、組み込んでいる。通常、それらの動きと姿勢のパターンは遊びのなかで誇張されている。実際、その動きと姿勢のすばやくリズミカルに誇張されたパターンがエネルギーと資源のムダ使いのように見えたためか、一部の研究者は「遊び」を少々厄介な問題としてきた。遊びはムダであるとするこういう考えかたに対抗して、遊びにはその後の生活（社会生活あるいはそれ以外の生活）の準備という機能があるとする考えかたがひろく支持されている（Fagen, 1981)。そのようなことは遊びの副次的な効果としてはあるかもしれないが、未来の成功に基づいて、遊ばない動物より、遊ぶ動物が自然選択によって選り抜かれたということを証明するのは非常に難しいだろう。たとえば、フェイゲン（Fagen, 1981, p.65）は遊びを「身体能力、認知能力、社会関係などの発達、練習、維持といった機能を果たす行動」として定義しているが、これではあまりに範囲がひろすぎて、「自殺」以外のすべての行動がそこに含まれてしまう。もし、これが遊びの適応価値に関して言えることのすべてなら、それは遊びというきわめて特別な現象を生みだすのに十分なほど他と明確に異なる選択圧を指示してはいない。もしかすると、遊びには未知の機能があるのかもしれない。だが、いまのところは、動物はときに、動きと姿勢をそれ自体のためにおこなうことがあり、それがもちうる実践的な価値はどれも付随的なものにすぎないという仮説がもっとも信頼できるものである。

❑行為を調整過程として研究する

ここでの行為の定義は、生物学者や心理学者のこれまでの行為の様々な定義とは明らかにまったく異なっており、行為の理論化にとって重要な意味がある。このアプローチによれば、行為とは、環境との関係を変化させる動物個体の方法《モード》である。行為は、アフォーダンスの検知、獲得、利用を必然的に含んでいる。行為の構成単位は神経や筋肉に生じる諸事象ではなく、構成単位それ自体が調整過程である。ここではそれを〈姿勢〉と〈動き〉と名づけた。〈姿勢〉とは、動物と環境の関係を維持する調整のことであり、〈動き〉とは、その関係を変形させる調整のことである。伝統的な行為理論は、ほとんどもっぱら、諸反応の秩序化と配列に関連した諸問題だけに関心を向けている。けれども、本書のアプローチによれば、行為の説明には、望ましい機能的効果を達成するための動きと姿勢の連結に含まれる制御過程の詳細な記述が求められる。以前、他の論文で述べたように、その制御過程に関しては五つの独立した問題があり、それらに適切に答えるためには、それぞれについての実験的かつ比較的な分析が必要とされる（Reed, 1982b）。

第一に、その行為の機能は何であり、その行為はいかに開始されるかという問題がある。たとえば、採餌の際には、その動物は、知覚システム群と移動行動を組み合わせた探査戦略を利用して、食物源の差異を検知するだろうか？　ある特定の食物を追い求めるためには、その動物にはどのような情報が必要だろうか、そして、どのような条件下で、その動物は、たんなる食物探査から実際の食物獲得行動――捕食であれ、草食であれ――へと移行するのだろうか？

第二に、ある行為（例：獲物を捕らえるための襲撃）がいったん開始されると、その動物はどのような情報を利用してその行為を制御しているのだろうか？　ここでは（第4章で紹介した）デヴィッド・リーらの研究が非常に重要である。彼らは、このような襲撃の開始・継続・完了のタイミングの調整に使える情報が存在するだけでなく、行為のタイミングを制御する際に、実際に動物がこのような情報を利用していることを明らかにした。

第三に、姿勢と動きはどのような進化を経て、現在のような機能を果たすに至ったのかという系統発生に関する問題がある。たとえば、うろこのある爬虫類（ヘビや一部のトカゲ）は、舌を出して化学的情報を得ることができるが、この動きは、舌でなめて飲むときの動きが、獲物の検知能力を高める方向へと機能を変化させることによって進化してきたものであることが明らかにされている（Gove, 1979）。

第四、第五に、調整としての行為には、個体発生と学習の問題が必然的に含まれる。多数の動物種において、個体発生は行為技能の確実な開花をともなう――そこには「変態 metamorphosis」にともなう行動の根本的な変化という注目すべき特別なケースも含まれる。学習は個体発生の不可欠の一部としておこることも、年齢から多少独立に起こることもありうる。たとえば、ヘイルマン（Hailman, 1967）は、いわゆる〝本能的〟行為でも実践を重ねるうちに、いっそう効果的なものになることを示した――第5章で見たように、クモの子どもにさえ、意味ある学習の証拠が見られる。個体発生の初期には発達しなかった行為でも、少なくともいくつかの場合では、後に発達することがある。鳥の巣づくりの仕方のように、種間で明確にことなり、各種の特徴となるような行動さえも、経験によってかなり上達することが知られている（Collias & Collias, 1984）。

残念なことに、「学習」という用語は行動科学によって、ライフサイクルのあいだの能力の向上という現象ではなく、むしろその現象の様々な仮説的メカニズムを指すために使われるようになってしまった。とくに、行動科学者は「学習」という用語を条件づけ――古典的条件づけ（パブロフ派）またはオペラント条件づけ（スキナー派）――をベースにした行動変化を指すために使う傾向がある。そうした仮説的過程は、ここで言及している学習とは何の関係もない。条件づけが指し示している変化とは、ある動物がある反応を生みだす頻度の変化だが、そうした反応は、本書の見方からすれば、ひとつの行為の断片にすぎない。

第5章で見たように、学習のメカニズムは、神経機能系によって調整される行動時間内の選択という観点から捉えなおすことができる。神経系は、さらなる行為遂行に明白な効果をおよぼす持続的選択を受けいれるだけの十分な幅のある知覚と行為の変異を生み出している。行動とそれがおこなわれるコンテクストのこのような変異性を考えると、知覚学習はあらゆる種類の行為学習にとって必要不可欠であろう。もし、ほとんどの生息場所に動物を包囲する情報がふんだんにあるのなら、知覚学習の機会はいつでもある。探索的な活動のエネルギー消費は最小だが、発見・利用される資源の点での、進化上の利点は非常に大きいものになりうるわけだ。知覚学習の問題については第7章で詳しく論じることにする。

❏むすび：心理学者のための生物学

心理学者は生物学の下僕になることなく、それを利用する術を学ばなければならない。第5章で見たように、心理学者は神経生理学者の圧力に屈して、みずからがずっと昔に捨て去った心理学理論のいくつかを彼らから採用してきた。たしかに、脊椎動物の神経系には入力側（求心性神経）と出力側（遠心性神経）があり、それらは中央にあるより高次な構造によって連結されている。けれども、こういう解剖学上の事実が心理学上の連合理論——感覚過程は運動過程から分離しており、なんらかの仕方で連結されねばならないとする理論——を支持していると信ずべき理由はまったくない。逆に、現実世界の生身の動物の行動（生理学者の実験準備とは対照的に、心理学者はそれを研究すべきである）をすこし調べれば、この極端に単純な連合主義が明らかにまちがっていることがわかるだろう。

動物行動の研究者も生物学の下僕であり、動物を〝生まれか？育ちか？〟という古色蒼然たる観点から、遺伝学と解剖学に基づいて分類する傾向がある。だが、心理学者はみずから思考し、動物行動研究におけるみずからの問題を選択しなければならない。生態学者のように、心理学者は「遺伝よりも、生きる道に」（J.J. Gibson, 1979/1986, p.7）関心をもたなくてはならないのだ。

ここで提起した行為システム理論のねらいは、まさにそうした独自の思考に基づいた比較心理学の枠組みを提供することにある。この理論の土台は、先の諸章で論じた「行動による調整」についての基本的洞察にある。そこで確認してきたのはこういうことであった。動物の行動は環境内で特別な役割を――中くらいのサイズの時空の肌理に適合するという役割を――担っている。ある資源を獲得するためには、行動はしばしば何度もくりかえされる必要がある。

第5章で提起された神経系についての説明が正しいなら、神経系は、行動による調整が、環境状況の比較的突然の変化にも適応できるように、行動に関連した環境の変化を刻み込む道具として機能している。とすれば、そのようにくりかえされる行為と調整のパターンが特定の選択圧群にさらされる共通の特徴的な生活領域があるのか否かが問題になる。ここで提起した行為システムの理論は、そのもっとも一貫した選択領域のいくつかがどういうものであるかを特定するこころみである。したがって、ここにあげた行為システムのリストは網羅的なものを目指したわけではない。それはたんに、多くの節足動物と脊椎動物に見られる共通の機能活動の領域を指し示しているにすぎないのだ。その多様性を見れば、行動の一般理論を展開しようとする誰もが直面する困難がよくわかる。

本書はそのような一般理論を提起することをもくろんではいない。本書の目的は、そのような理論が説明すべき多様な領域を浮き彫りにすることにある。第8章から12章では、ヒトの行動がこの生態学的な枠組みのなかでよりよく理解できるということを示そうと思う。しかし、ヒトの環境およびヒトの心理という特別なケースについてきちんと議論できるようになるには、まずその前に、ここまでの六つの章で議論した多様なアイデアの心理学上の意味を明確にすることが重要である。

第7章

価値と意味を求める努力

❏自然史としての心理学

ここまでの六つの章は、〈行動〉への新しく挑戦的なパースペクティヴを提起している。それらをひとつに結び合わせたとき、聴こえてくるのは新しい心理学を求める叫びにほかならない――これまでのどんな心理学とも異なる前提から出発し、これまでのどんな心理学とも異なる概念をつかう新しい心理学が求められている。

これは難しい要求だ。たぶん、ほとんどの行動学者は、行動の機能とメカニズムのそのような根本的な捉え直しは必要ないと感じるだろう。しかし、この本の議論が部分的にでも正しいのなら、心理学のそのような根本的な変革は、たんに、ダーウィンの進化生態学的な動物観に沿って心理学をはじめるということにすぎないのである。

本章の目的はここまでの議論の〝棚下ろし〟である。この（ひょっとすると）壮大な新しい心理学の主題はなにか？ これまでの議論にいくらか共感してくれた読者も、全然共感できなかった読者も、この議論がいったい全体どこに向かっているのかを知る権利はある。この〝生態学的アプローチ〟はどんな心理学をぼくらにもたらそうとしているのか？ 生息場所、アフォーダンス、神経系の選択過程――こうした話題を聞くのは興味深いけれど、そのどこに心理学があるというのか？

ぼくの考えでは、本書でその輪郭が描かれる生態心理学には、心理学理論の種がいっぱいつまっている。この〝生態学的アプローチ〟のもっともラディカルなところは、動物をフィジカルなメカニズムとサイコロジカルな状態とに切断することの拒否である。これまでのあらゆる心理学はそれをしてしまい（それどころか、もっと悪いことに、そのどちらか一方だけを重視し）、にっちもさっちもいかない状況に陥っていた。それらは価値や意味という重要な問題をあつかう限り、非自然的、あるいは非科学的なものでしかない。逆に、科学的である限り、意味にあふれた生の諸相についてはほとんどなにも言えないのである。

これまでの心理学とは根本的に異なる種類の心理学をつくらねばならない一番の理由は、心理学が果たすべき文明への貢献が、その新しい心理学によってはじめて果たせるからだ。ぼくの考えでは、生態心理学は科学的であり、なおかつ、意味を捉えている。それは経験の意味を理解する必要性を見失うことなく、行動の厳密な自然史的分析を可能にするものだ。ミミズの行動についての考察と分析は、ヒトを理解する際にもちいられるのと同じ方法と概念によって展開されねばならない――とはいえ、ヒトをミミズに還元したり、ミミズを円筒形のミニチュア人間に還元してはいけない。ヒトは、他のあらゆる動物と同じように、この惑星で進化した動物である。ヒトは他の動物と明確に異なる、その生きる道において（その生態的ニッチにおいて、と言っても同じことだが）ユニークである——が、あらゆる動物種が同じように、それぞれの独特な生きる道においてユニークなのだ。

生態心理学は、それら種々の生きる道が、環境の多様な価値と意味を中心に展開されていると考える。ある動物の生態的ニッチの多数の価値は、利用可能な多数のアフォーダンスとして具現しており、多数の意味は、その動物たちに利用可能な情報として具現している。いかなる動物個体も、すべての価値あるいはすべての意味を利用しつくすことはできない。したがって、心理学は、価値と意味を利用しようとする動物の努力が、進化・発達・経験によって、いかに選択され、整形されていくのかを分析することをおもな課題とする。

❏〈行動〉の新しい考え方

生態心理学は〈行動〉を新しく、自然史的に定義する。〈行動〉は自己と周囲との関係を変える動物個体の能力として定義される。この本で一貫して強調してきたように、動物は動かされるのを待つのではなく、つねにみずから動いている。外的力にかき乱されつつある関係を維持しようとしている場合もあれば（例：流れのなかでの定位）、新たな関係を確立しようとしている場合もある（例：ある場所から他の場所への移動）。

物理学の諸法則、基本的な生物物理学的諸原理、（細胞の集合として成長する）動物身体の性質が一体となり、動物活動は非常に明確に特定された環境の肌理――ふつうはm／秒――のなかで〝拍動〟するように制約されている。自然選択の法則は、これらの〝拍動〟が組織化・同調化し、より大きな行為パターンのなかで機能的な姿勢と動きをつくりだすように作用する。

ほとんどの動物にとって、こうした進化の流れは、一つか二つの生息場所のタイプ、すなわち生物群系内の持続的な選択圧のはたらきによって起こった。ほとんどの動物のサイズと地上の生息場所のサイズとの不均衡を考えれば、動物個体が複数の生物群系間を横断できるのは例外的なケースである。(すべての動物種のうちで、個体が変態せずに、一つの生物群系から他の生物群系へとコントロールされた移動を日常的におこなえるくらい大きいのは比較的少数の軟体動物と脊椎動物のみである。)このため、ある動物種にとって、その大部分の行動は、あるひとつの生息場所のタイプ――そこには無限ではないが膨大なアフォーダンスの集合とそれらのアフォーダンスを支える諸特性の変化がある――の境界内で選択されてきた。

❏〈意識〉の新しい定義

生態心理学にとって、行動は〝たんなる行動〟ではない。行動は意識から分離できない。環境のアフォーダンスと関係を結ぶためには、そのアフォーダンスを少なくともいくらか意識していなければならない。第4章で論じたように、あるアフォーダンスとの関係において行為を調整するためには、そのアフォーダンスを特定する情報の検知が必要である。この検知それ自体が、情報のピックアップという機能をもつ特殊な行動であり、それをぼくは探索的な活動と呼んでいる。情報は通常、環境のエネルギー場の構造のなかにあるので、アフォーダンスの実際の遂行的な利用よりも、探索的な活動のほうが速いペースでおこなえるし、多くの場合、そうされている。レイヨウは「おいしい草がここにある」ということと「草原のあそこにライオンの群れがいる」ということを同時に知覚することができる。ライオンが危険な距離に近づいてくるまでは、驚くほど落ち着いて、ライオンの情報によっては行為しないということを選んでいる。

ここからもわかるように、知覚は、少なくともある程度まで、活動をガイドすることにおいて進化してきたとしても、知覚システムがより精巧になるにつれて、動物はいま・ここで関係を結んでいるアフォーダンス以外のアフォーダンス群も意識できるようになる。（ほとんどの生息場所が複雑であるということを考えれば、ある程度の警戒と現在進行中のことへの全体的意識《ジェネラル・アウェアネス》こそが多くの動物門における進化の始源の状態であろう。）

動物は自己の周囲のアフォーダンス群を意識するというこのアイデアは、生態心理学のもっともラディカルな考えかたの一つである。最近まで、動物行動の研究者は「動物の意識」を考えることを完全に避けてきた。ここ十年くらいのあいだに、ドナルド・グリフィン（Griffin, 1984）ら、一部の〝認知主義的な動物行動学者〟が、高等動物は自覚的意識《コンシャスネス》をもつと主張してきた。だが、本書の理論は、行動主義者の見解とも認知主義者の見解とも異なる。

動物行動研究の主流の考えかたはつぎのようなものである：動物はものごとを知覚ないしは区別で

きるが、このことは、その動物が環境内の何かを意識したということではない。本書の仮説はそれとは正反対である：χを特定する情報のピックアップは、必然的に、χについてのある意識を含む。グリフィンら、認知主義的な動物行動学者は、結局のところ、動物が環境を意識するとは全然信じていない——動物はたんに、自分がもつ環境の心的表象を意識すると言われているのである（Gould & Gould, 1994; Gallistel, 1990）。認知主義的な動物心理学者のこの考えは、動物行動の〝背後〟に心があるとする、使い古されたデカルト的ドグマである。（動物の〝信念〟に関心をもつ多くの輩と同様、グリフィンもはっきりこのメタファーをつかっている。）この考えは結果的に、心を自然の外部に締め出してしまう——それと正反対の主張のはずなのに！——心の研究がとても困難なのはそのためである。動物（あるいは、ヒト）がしていることの背後に心はない。だが、特定の種類の意識の具体としてある行為とその意識の具体ではない行為ならある。

　動物行動の背後に隠れた心のようなものがあるかどうかを検証するにはヒトとのアナロジーによって類推するしかない——グリフィン（Griffin, 1992）はそう明言する（Nagel, 1979も参照）。だが、デカルト以降の哲学の数世紀の歴史がぼくらに教えるのは、そのような類推は懐疑論によって切り崩すことができるし、つねにそうなる運命にあるということである。それにたいし、「情報のピックアップは意識と等価である」とするぼくの主張はもっとずっと検証しやすい：ある情報を利用可能にしたとき、その動物は、その情報が利用不可能であったときとは何かちがったことができるはずである——もし、何もちがいがなければ、その特定の意識をもつという証拠はない。さらに、ある機能が重要で、その情報が利用可能であるときに、動物がその特定の能力を見せ、同じ情報が利用可能であるにもかかわらず、その機能が重要でないときには、その能力を見せないとしたら（暖かい状況下でのミミズを考えてみよ）、それはその特定の意識モードがあることを支持する有力な証拠と見なすことができよう。

❏〈心理学〉の新しい定義

以上の〈行動〉と〈意識〉の新しい定義を総合すれば、〈運動するもの〉についての新しい考えかたがもたらされる――動物が〈運動するもの〉であるのは、環境との切り結びを調整しているからである。動物は自分のまわりにあるアフォーダンス群の一部を意識し、そのアフォーダンス群の一部を行為によって実現できる。多くの場合、意識と行為の有効〝射程距離〟は、その動物種が生き抜き、適応してきた下位生息場所内に限定されている（ミミズは土のなかではうまく行動するけれど、他の場所ではそれほどうまくは行動できない）。けれども、このような限定は、生物をＳ‐Ｒ（刺激‐反応）機械にするわけではない。そこを越えたとたんに、動物が意識や知性をもつようになる魔法の一線などない。それにそって意識や知性の程度を測定できるモノサシさえ存在しない。（系統発生はまっすぐ伸びた木ではなく、おそろしく複雑に枝分かれしたやぶであるということを想起せよ。）刺激‐反応心理学は、行動の一般理論の展開をもくろんだ重要なこころみではあったが、失敗に終わった。そのガラクタを廃品利用すべき理由などない。認知心理学は（領土の大半を行動主義者に明け渡してしまったことからもわかるように）一般理論になろうとしたことさえ一度もなく、したがって、比較心理学

くはずだとされている（Kagan, 1994）。それは複雑な傾向性であり、第一の種類の動機づけを構成する感情や覚醒の単純な状態とは似ても似つかない。さらに、こうした社会的動機づけには独特の特徴がある：ある状況をいかに感じるかということよりもそれをいかに解釈するかということが問題にされるのである。達成への欲求を非常に強くもつ場合、成功の見込みのある方法で行為できるなら、生理学的組織の疲弊をもいとわないであろう。こうした社会的動機は典型的にはアンケート・インタヴュー・伝記的方法によって研究される。

この二つの動機づけについての考え方はただ異なるのみならず、完全に相反することも多いのだ！ 首尾一貫して「達成」や「人から好かれたい欲求」のような社会的動機にしたがって行為した人は自分の行動が基本的動因と対立することにしばしば気づかされるだろう——多くの場合、その人は自分で自分を不快で疲れる状況へと追い込んでいるのだから。心理学者はおのれの領域の中心にあるこの矛盾に真剣に向き合ってこなかった。現代科学の過度の専門分化のおかげで、心理学のこの二つの部分がすんなりと噛み合わないことを見ずにすんだのである。

としては失敗に終わることをはじめから運命づけられている。ぼくらに必要なのは、過去の失敗した（あるいは、失敗しつつある）こころみをつぎはぎすることではなく、新しいアプローチである。ギブソンが示唆したように、〈運動するもの〉の科学、あらゆる動物のための心理学が必要なのだ（そして、ギブソンと同じく、植物の運動力の問題はここでは棚上げしておく）。

心理学＝〈運動するもの〉の科学——この定義は、心理学理論への挑戦となる。これまで、心理学理論は二つの主要な立場——心の研究をする人々と行動の研究をする人々——に分断されてきた。両者の橋渡しのこころみは、本質的に異なる二つの研究分野のつぎはぎとしか思われなかった。けれども、

動機づけの二つの意味　Box 12

心理学の勉強をはじめたばかりの学生は「動機づけmotivation」という用語の使われ方に混乱があることに気づくにちがいない。この一つの用語は心理学全般にわたって、また入門書のなかでさえ、明らかに異なる二つの心理的過程を指すのに使われている。一方で、心理学者は動機づけを反応の強化の度合いを左右する動因drivesとして研究している。こうした動機は中枢神経系の機構内だけでなく、ホルモンと自律神経系の過程内にも具現されていると広く考えられている。また、こうした動機は、覚醒、正の感情、負の感情のような生理的状態にも基盤をもち、生理学に深く根ざしているとも考えられている。このような動機を研究するための方法は実験的行動分析と生理学的心理学の方法である。

他方、社会心理学や人格心理学を勉強する人は「達成動機」のようなまったく別の動機づけのジャンルがあることに気づくだろう。こうした動機は各人特有の世界体験に根ざしていると広く考えられている。その根を生物学の方にたどっていくと、各個人の生得的気質に行き着

本書の観点に立てば、心理学は心の研究であると同時に行動の研究であり、そのどちらでもない。心理学は〈運動するもの〉の研究である――すなわち、動物がいかに周囲と切り結び、その切り結びをいかに調整するかということについての研究である。これまで見てきたように、そこには行為と意識の両方が――分離した二つのものとしてではなく――含まれているのだ。

心理学にしみついた心身二元論の致命的な副産物の一つに、一次元的な動機づけの考えかたがある。それは心理学の誕生以来ずっとこの領域を支配してきた。心理主義者にとって、動機づけは実質的に快楽主義――すなわち、正の心的状態をもとめる（逆にいえば、負の心的状態を避ける）傾向性――に

還元される。他方、行動主義者にとって、動機づけは一定の反応の生起の確率および／あるいは頻度を増加させる傾向があるとされる少数の動因のセットに還元される（Schwartz, 1986には、双方の理論をめぐる有益な議論がある）。心的状態つまり主観的感情を強調する人々と客観的動因を強調する人々のあいだにはつねに論争があった。（もちろん、両者の見解を統一しようとした理論家もときにはいた。）だが、それらの論争のなかで見落とされがちだったのは、動機づけがどちらの理論が認めるよりもはるかに多様であるという可能性である。（⇩Box 12参照）

これまでの各章で提起した素材の大部分は、動機づけを自然史的に考えるための背景として読むことができる。動物の〈運動力〉の基本的現象は機能特定性であるということ、そうした機能特定的な行為遂行を支えるメカニズムは機能系であるということ、動物種の進化的分化はある程度、各動物種がそれらを利用するように選択されてきたアフォーダンスの差異にもとづいているということ、これらのことをここまで論じてきた。これらの主張をふまえると、つぎのような仮説をつけくわえることができよう――各動物は、その生息場所のアフォーダンス群とそれぞれ独自の道において関係することを動機づけられるように進化してきたし、これからもそのように進化してゆくだろう。少数の基本的なタイプの動機づけ（正‐負の感情や、いわゆる動因）があるのではなく、明確に異なる生態的ニッチと同じだけ多くのタイプの動機づけがあるのだろう。自然史の観点から考えることによって、ある動物種のメンバーが直面している共通の〝課題〟さえ語ることができよう。

第4章で提起した生態学的な知覚理論はこの自然史的な動機づけの考え方とうまく適合する。知覚の機能が、精神内容を見ることにあるのではなく、動物とその周囲との接触を維持することにあるのだとすれば、あらゆる動物は多数の物・場所・事象・他者を意識するだろう。意識のこのような多様性、そして、各動物個体群における生物学的構造とニーズの多様性を考慮すると、異種の動物は――ときには、同種のメンバーさえも――そうした多種多様なものごとにたいしてそれぞれ異なる動機づけがなされるだろう。

❑意味と価値はエコロジカルな事実である

行動主義者は、意味が内的なものだという考えを抱いている――すなわち、特定の刺激の影響下で、一定の反応をする気質ないし傾向性が意味である、と（Ryle, 1949; Skinner, 1981）。認知主義者も大筋でこれを認めるが、そうした反応の傾向性が心的表象へと体制化され、知識ベースのシステムによって解釈されなければならないという点を強調する（Gallistel, 1990; Gould & Gould, 1994）。概して、行動主義者は、意味について経験主義的であり、そのような反応の傾向性が第一に経験によって形成されると主張する。他方、（すべてではないが）一部の認知主義者は意味の問題について生得主義的であり、刺激への反応の傾向性にたいする生得的な制約こそが生の意味の第一の形成者であると主張する（Spelke, 1994）。

意味は内的なものであり、行為は諸反応から構成され、動機づけは反応の傾向性を変化させるにすぎない――この独断的教義は心理学理論をほとんど何もできない窮屈な場所に追い込んできた。動物心理学者および比較心理学者は、自分たちが選ぶべき道は二つしかないと感じていた。ジェニングズ（Jennings, 1906/1976）の心理的擬人主義（と彼らが見なしていたもの）か、ロエブ（Loeb, 1918）の還元主義的機械論か——ほぼ一世紀後のいまもつづいている論争である（Griffin, 1992; Kennedy, 1992）。ヒトの心理学には、生得論者と経験論者の果てしない論争がある。両者とも二分法は誤りであると形式上は主張しながらも、相変わらず激しくやりあっている。こんな不毛な論争が心理学のなかで主要なものでありつづけているのは、価値と意味が内的なものであるとする前提から出発するかぎり、それが避けられないからだ——この本でくつがえそうとしているのは、まさにその前提である。

生態心理学は異なる前提から出発するため、まったく異なる理論方針をとる。意味と価値は外的なものであって、内的なものではない。ぼくらは欲しいものをいつでも手に入れられるわけではないが、意味と価値を探し求めている。情報とアフォーダンスはすべての動物の環境内にあり、利用可能なものである。このことは意味と価値を環境内に根づかせると同時に、それらと関係を結ぶための努力を個々の動物に要求する。情報の検知やアフォーダンスの利用に向かうその努力の性質と強度は、各動物の生物的欲求と発達的経験とともに変化する。価値と意味を求めるこの努力こそ心理学の基礎であり、動機づけの具体であるとぼくは考える。この努力は、遺伝と環境（気質と経験）の両者に形づくられるが、その努力が向かうもの——価値と意味——は遺伝によっても経験によっても形づくられない。それはエコロジカルなものである。（⇩Box 13 参照）

ある生息場所内には価値と意味が多数あり、それは種間では異なる。ある池がきみやぼくにたいしてもつアフォーダンスと、カワカマスやイタチやトンボにたいしてもつアフォーダンスは大きく異なる。

にもかかわらず、それらすべてのアフォーダンスが主観の構築物ではなく、エコロジカルな事実——ある動物が発見し、利用する可能性のある事実である。もちろん、価値と意味を求めるその努力には、環境の改変 *modification* がともないうるし、実際しばしばともなう。多くの鳥は巣づくりをする。つまり、それらの鳥は、棲むのに適した場所を選びだし、それをそのまま利用しているだけではない。また、一部の池は、周辺的な場所でエサをとるだけでは満足できなかったビーバーのダムづくりの結果できたものである。発見と創造が半々のおもしろいケースもある。こんがり焼きあがった木の実や種を食べるために、チンパンジーが森のなかの新しく焼かれた場所を探しだすことが観察されているのだ。このような食糧を得るために森の一画を意図的に焼き、のちに焼き畑農業へと発展していく行為をヒトがはじめたのは人類史のどの時点のことだろうか？（Goudsblom, 1994）。

　繰り返し強調してきたように、ほとんどの動物個体群は、比較的明確に限定された一つの生物群系内で生きる傾向があるので、その環境状況に適した一群の動機づけは、その環境状況内にいる諸個体をつうじて適切なはけ口をつねに見つけるだろう。このような〝適応的〟な動機づけの集合が選択されるか否か——というより、この適応的能力がいかなる条件下で進化し、生態環境の変化や、動物の移動パターンや、他種との競合などからいかなる影響をうけるのかと問うべきだろうが——は、実際の観察によって答えられるべき問いだ。こうして、各動物種は、そのニッチの重要なアフォーダンス群を利用することへ向けた動機づけの集合を進化させていくだろう。そうしたアフォーダンス群を利用するためには、それらを特定する情報の探索へ向けた動機づけの集合も必要とされるだろう。第一の動機づけの集合を、その種の価値を求める努力 *effort after values* と呼び、第二の動機づけの集合を、

（例：ほんの少し温度を上昇させている）が、そのような変化はふつうその空気が呼吸にとって有用な資源であるか否かということに影響をおよぼすものではない。ぼくの呼吸にたいする空気の価値はおおむねぼくの行為からは独立である。ぼくはみずからの行為によってその価値を自分のために実現するのであって、その価値を創造するのではない。

だが忘れてならないのは、一部の動物（とりわけ、ヒト）がときおり価値と意味を実際に創造するということである。長い棒を選んで、種蒔きの際の補助とするためにその先端を硬く尖らせるとき、ぼくは新たな価値、つまり道具を創造している。（厳密に言えば、この創造さえ現存する意味や価値の組織化された選択に埋め込まれているが。）それとは対照的に、食べるために果実をもぎとるとき、ぼくはその食物を創造しているわけでも、いかなる新たな価値を創造しているわけでもない。同様に、熟れた果実を見るとき、ぼくは“これは食物である”という意味を創造しているわけではない。その意味を発見しているだけである。探索的に周囲を見回し匂いを嗅ぐことは情報をみずからに向けて利用可能にするが、そうした活動自体がその情報や意味を創造しているわけではないのだ。外的な価値と意味の理論がなければ、このような「発見」と「発明」の重要な差異は消滅する。

その種の意味を求める努力 *effort after meaning* と呼ぶことにしよう。

このどちらの努力の集合についても、ヒトは極限まで普遍化する方向に進化してきたという点で非常に特別なケースである。ヒトは地上のほとんどすべての生物群系に適応放散しており、したがって、たいていの動物種よりもずっと多様なアフォーダンスの集合と切り結ぶ傾向がある。この適応放散の主要な要因の一つとして、生息場所を自分たちの必要にあわせて改変するヒトの個体群の能力があることは疑問の余地がない。したがって、意味と価値を求めるヒトの努力は、所与の生息場所のアフォー

エコロジカルなものとしての価値と意味　Box 13

価値と意味はエコロジカルである、つまり個体の外にあるという本書の主張には多くの誤解がつきまとっている。ジェームズ・ギブソンの仕事への注釈として多くの人はつぎのように言う——ギブソンは価値と意味が外にあると言おうとしたわけではない、あるいは、そんなことを言うべきではなかった、と（Lombardo, 1987; Noble, 1981; Good & Still, 1991）。彼らに言わせれば、価値や意味は相関的、すなわち有機体と環境との関係の結果である。価値や意味は有機体が環境のなんらかの側面と関係を結ぶまで存在せず、その関係が価値や意味の少なくとも一部を構成すると考えているのである。それゆえ、価値と意味は内的でも外的でもなく、相関的だというのだ。

相関主義者はまちがっている。彼らは生物学的資源がいかに利用されるのかを理解していない（意味と価値は一種の資源である）。山の向こう側の空気は、いま吸っていないとしても、ぼくの呼吸の資源である。それを呼吸するということはその資源を利用するということであり、その資源と関係を結ぶということである。その利用によって、資源が枯渇することはあっても、創造されることはない。たしかに、ある場所にいることによって、ぼくはそこの空気を変化させている

ダンスの発見と利用としてとらえるだけでは完全には理解しえないのである。動機づけを集団化する——つまり、意味と価値を求める努力を文化的に変容させる——ヒトの特別な特徴についてはこの章の最後で節を改めて論じることにしたい。

❏価値を求める努力

さきの諸章で提起したサイコロジカルな過程の選択維持理論には、特定のサイコロジカルな状態を次第に出現ないし再現されやすくする過程が必要である。これは自然選択における遺伝の役割と類似し

ている：ある個体群内に特定の身体的状態（形質）が出現する頻度は、特定の対立遺伝子の存在ないし不在によって決まる。サイコロジカルな状態の出現しやすさをそのように規則正しく偏向させる過程がなければ、選択がどれだけ繰り返されたとしても、その個体群内に持続的変化は生まれないだろう。これまでの議論では、そのような規則的な偏向過程がはたらいていることを前提に話を進めてきた。ここでは、進化上・発達上の理由から、その偏向過程が、情報のピックアップとアフォーダンスの利用へ向かう努力の方向と強度の差異としてあらわれるということを主張する。

出発点とすべきもっともシンプルな仮説はこれである：ある価値を求める個々の努力のすべてが、それにつづくすべての努力に少なくともなんらかの効果をもつ。一般に、成功した努力はそれと同様の努力（つまり、同様の対象・場所・事象のアフォーダンスの利用へ向けた努力）を増加させる傾向がある。それにたいして、不成功に終わった努力は、他の条件が一定に保たれるなら、同一の価値を異なる行為によって得ようとする傾向性を促進する。

この仮説はその生態学的な形式において新しいだけである。これはソーンダイクの有名な「効果の法則」の変形なのだから（Dennett, 1978）――だが、それは重要な変形だ。一般に、「効果の法則」が成り立つのは、成功した行為の結果が正の感情を喚起し、それが同じ種類のさらなる反応と結合するため、あるいはそうした反応がそこから生まれると言われている心的表象と結合するためだと考えられている（Gallistel, 1990）。そのような結合が理論に必要とされるのは、その結合によってはじめて経験が意味をもつとされているからだ。けれども、本書の理論では、経験は情報に基づいており、意味は最初からそなわっている。感情との結合は――かりに生じたとしても――副次的なことでしかない。

実際、本書で提起される「効果の法則」は、いかなる感情状態にも言及しない。ここで主張されるのは、あるアフォーダンスが利用される際には、そのつど（アフォーダンスとその利用を特定する情報に基づいた）有機体の行為システムの特定の組織化が必要であり、その行為の組織化のパターンの再生の頻度を左右するのは、個体の感情状態ではなく、その行為パターンがその個体のために獲得した価値である、ということだ。

ここで提案する「効果の法則」とオリジナルの「効果の法則」とのもう一つのちがいは、オリジナルの「効果の法則」が反応の相対的頻度についての法則だと考えられてきたことである。本書では、努力の変化は、反応とは何の関係もないと考える。増加したり、減少したり、変化したりするのは、反応の構造とは関係のない行為のコースなのである（Reed & Bril, 1995）。

❑感情を求める努力

感情を動機づけの必要条件とする主張に反論してきたけれど、これはどのような状況のもとでも感情が動機づけの十分条件になることがないという意味ではない。ここまでの議論のいかなる箇所も、感情を求める動物の努力の存在を否定するものとして読まれるべきではない。ここで提起する理論が否定しているのは、感情を求めるそういう努力によって、行為の対象やゴールが説明されるとする考えかただけである――これは、その感情の対象や源泉とは独立に、正の感情を求めて動物が努力する場合もありうるということを否定する理由にはならない。

とはいえ、感情を求める努力でさえ、そんなふうに一次元的に説明できるものだろうか？　動物の感情は単線的なものではなく、多様なものだ。ひとくちに正の感情といっても、満腹感や暖かさといったことから、性的に興奮しているときの沸き立つような気持ちまでたくさんの種類がある。そして、負の感情にも、いろいろな痛みから、疲労や欲求不満といったことまでたくさんの種類がある。動機づけ理論では、こういう多様な感情を十把ひとからげに正‐負という単純な対照的カテゴリーに押し込めてしまう。その結果、自己破壊的な行動の動機づけを説明するといった概念上の厄介な問題が生ずるのだ（例：「この個体は自分を嫌な気持ちにしているときに、良い気持ちを感じるのです」）。感情というのはふつう、価値を求める努力の副産物であって、その原因ではないという考えを認めれば、このような概念の問題はたちまち消滅する。

感情を求める努力が動機づけになることも場合によってはあるだろうが、それは行為の起源を説明するものではない。感情の心理学はとても混乱している。それは心理学者が、感情の多様性とその原因を研究するかわりに、感情は多様ではないと仮定してきたからだ。しかも、感情は原因や動機として扱われるべきだとも仮定されてきたので、感情自体の原因の分析は阻害された。このようなわけで、心理学の多くの理論のなかで感情状態は重要な役割を担っているにもかかわらず、ぼくらはそれについてほとんど何も知らないし、感情の分類や原因の究明を目指した実験研究もまったくと言っていいほどなされてこなかったのである。

❑意味を求める努力

価値を求める努力は動物のニーズに基づいている。みずからの生存・成長に必要なアフォーダンス群を獲得しなければならないというニーズに。そうした動機づけこそが、ある動物種の多様な行為システム群を組織化するものである。けれども、さきに論じたように、知覚そのものも一種の行為であり、それゆえ動機づけられている（J.J. Gibson, 1958; Reed, 1988a, chap.10）。この動機づけは知覚システム群をなす探索的活動を組織化するものである。この動機づけを意味を求める努力と呼ぶことにしよう。意味を求める努力において、動物は価値そのものではなく、情報つまり知識を探し求めている。情報は最終的には、価値の検知・利用に寄与するだろうが、知覚が自律的なシステム群として存在する以上、そのシステム群に固有の動機づけはそれ以外の動機づけから区別されるべきだろう。レイヨウはライオンから逃げる必要がない多くの場合にも、ライオンを意識する必要があるのだ。

各知覚システムの探索的活動は、こうした意味を求める努力を具現している。ギブソン（J.J. Gibson, 1966）が言ったように、各システムは〝情報をハンティングしている〟。注意したいのは、この探索は、たんなる刺激作用を探しているのではなく、その刺激作用のなかにある情報を探しているということだ。眼は光をハンティングしているのではなく、光のなかにある情報をもつ構造をハンティングしているのだ。動物が情報をハンティングするのに必要な持続、また、そうした探索的活動を向上させる学習能力、これらはきわめて重要なことだが、まったく研究されていないと言っていい。伝統的な心理学理論は、ここで意味を求める努力と呼んでいるものを、刺激にたいする感覚システムの反応として扱っており、意味をハンティングする過程を概念化する手だてすらないに等しいのである。

およそ四〇年前、ジェームズ・ギブソン（J.J. Gibson, 1958）は、ウッドワース（Woodworth, 1947）の示唆を引き継いで、情報の検知が情報の検知を内在的に動機づけているという見方をうちだした。ギブソンによれば、知覚システムは、環境からより多くの情報を抽出するその活動が次第に精密になるように組織化されている。知覚自体の向上・学習は実験によって何度も示されてきた（E. Gibson, 1969; 1991）。だが、伝統的な心理学理論には、この現象を受け入れる余地がない。知覚学習とは、機能的な探索的活動が次第に精密になることである。つまり、ある状況から、よりいっそう細密な情報や、よりいっそう広範な情報をじょじょに抽出できるようになっていくことである。これは動物行動の基本的技能である。ジェームズ・ギブソンとエレノア・ギブソンによる以下の研究（J.J. Gibson & E. Gibson, 1955）は、知覚学習の能力をよく示している。

被験者は、自分の前に置かれたなぐり書きのような図形が描かれたカードと同じ図形の描かれたカードを同定することをもとめられる。まったく同じ図形が描かれたカード（ぴったり一致）以外に18枚のカードがあり、それぞれ一つ、二つ、三つの特徴が見本と異なっている。それらのカードが被験者につぎつぎに呈示され、被験者はそれが見本と同じかどうか答えなければならない。被験者は自分の答えが正解かどうか教えてもらえず、ワンセットのカードを一回もまちがえずにできるようになるまでその課題を続けるようにもとめられる。これによって実験者は、いくつのカードが誤って「同じ」

だとみなされたかをカウントできるだけでなく、そのように誤って「同じ」だとされた図形がどのくらい「近かった」か（つまり、見本と比較して何箇所の特徴が異なっていたか）ということや、課題をまちがえずにできるようになるまでにどのくらいかかったかということも測定できる。

最初の試行では、6～8歳の子どもは平均13・4枚のカードを誤って見本と同じだと答えた。この子どもたちがワンセット全部のカードをまったくまちがえずにクリアできるようになるまでには、平均6・7回の試行が必要であった。対照的に、成人では、最初の試行の段階で誤って〝再認〟したカードはたったの3枚だけであり、まちがえずにワンセット通してできるようになるまでにも平均3・1試行しかかからなかった。興味深いことに、見本とのちがいが一つしかないカードの認識については、成人も子どもも比較的たくさんまちがえたが、見本と三つの特徴のちがいがあるカードの認識については、成人は最初からまったくまちがえなかったのにたいし、子どもはかなり頻繁にまちがえたのである。

知覚学習と認識についてのこの実験には重要なポイントがいくつも含まれている。第一に、もっとも重要なことだが、知覚は強化や明示的な「教え」なしにも向上しうるということである。知覚的識別の反復だけで、知識の特定性は次第に向上していくのだ。この観点から見れば、この実験の被験者たちは、なぐり書きの構造についてのより多くの情報、すくなくとも、より正確な情報のピックアップを学習していたといえよう。

第二に、この実験は、「再認 recognition」という意味での知覚が、行為を支える知覚と同じようにはその正しさを知らされない、ということを示している。捕食者は、獲物を捕まえるか／失敗するか、どちらかである。ところが、まだ幼い鳥などは、毒のあるチョウを食べられるチョウとまちがえて捕まえることがある。これは、たんなる失敗（つまり、あるゴールの不達成）ではなく、とりちがい（つまり、誤ったゴールの達成）である。ギブソン夫妻の実験でとくに興味深いのは、はっきりした負の結果（例：まずい味、訂正、罰）がない場合にさえ、とりちがいは学習へとつながりうる、ということが示唆されている点である。

したがって第三に、情報のピックアップはいうなれば、完全に特定的な情報の検知なしにも、すくなくとも開始されうることである。動物は何かに関するすべての特徴を完全に意識していなくても、その何かを探すことができ、それによって、その状況からますます多くのことを学習していくことができるのだ。環境の複雑さと変化を考えれば、動物には、部分的な情報すら基礎にしてその生息場所を探索する傾向とともに、それまでに検知したもののギャップを埋めるような新しい情報をハンティングする傾向があると考えられる。さらに、意味をハンティングするこの一般的な傾向はおそらく、その動物の進化の歴史によって形成され、結果として、その動物のニッチ内の利用可能な情報に鍵と鍵穴のようにぴったりあてはまるようになっていくとも考えられる。しかしながら、ぼくの知るかぎりでは、この問題に関する研究はまだない。動物にあたえる情報を選択的・段階的に制限し、いかなる条件下で動物が情報の探索・ハンティングを続行するのか、いかなる条件下でその情報ハンティング能力が低下ないし阻害されるのかを見極める実験が必要である。

❏はじめての意味

ひとがはじめて、あるものを見るとき、いったいどういうことが起きているのだろうか？　このことを考えることによって、この本で採用している生態学的アプローチと他の心理学理論との差異がはっきり見えてくる。これは昔からつぎのようなかたちで問われてきた：生まれたばかりの赤ちゃんが母親をはじめて見るとき、いったいどういうことが起きているのだろうか？　もちろん、この問いへの答え方は二つある――経験論と生得論である。厳密な経験論者はこう言うにちがいない――「母親の顔」の見えは、触覚的な心地よさや優しい声と連合されるまでは意味などない。しかも、この連合は時間をかけた反復のなかで確立されてゆくものである以上、そうして形成された「母親」の概念はたんに推論によって導かれた連合パターンにすぎないのだ、と。

生得論者はこう言うだろう――母親を生まれてはじめてみる新生児は白紙ではなく、遺伝的に受け継いだいくつかの観念、すなわち意味をもって生まれてくる。新生児には自分の母親という特殊な観念はないにしても、人間の顔という一般的な観念はあるだろう。そうした生得観念の役割は、無意味な感覚情報を意味のある何かへと体制化することである。たとえば、新生児に「顔」の生得観念があれば、それが一種の「シェマ」の役割を果たし、赤ちゃんが見た顔や口や眼がそのなかできちんと体制化されるのである、と。注目すべきは、生得論者にとっての生得観念と、経験論者にとっての連合の創発とが同じはたらきをしているということである――意味のないところに意味をあたえるというはたらきである。

一見してわかる両者の共通の特徴は、いかなる事実によっても基礎づけられていない、ということだ。どちらの立場も、無意味な入力から意味のある経験を構成することが赤ちゃんにとっての基本的な問題であるという考えを大前提にしている。けれども、そのような問題は、赤ちゃんのふるまいを実際に研究してみるなら、どこにも見つからない。（生後間もない頃の知覚と相互行為についての詳細な実例をまじえた詳しい議論は第9章で展開する。）生まれたばかりの赤ちゃんは、自分の見ているもの（嗅いでいるもの、聴いているもの、味わっているもの）がすでに意味をもつかのように、そして、それについてのより多くの情報を得ようとしているかのようにふるまっている。赤ちゃんは他のたいていのものよりも「顔」に似ているもの（単純なお面とか、写真とか、線画）にとくに強い関心を示す。提示されたものがリアルな人間に似ていれば似ているほど、赤ちゃんの関心も強まるように見える（音声つきのビデオ映像も悪くないが、実物がベストである）。研究者の多くはそれをふまえて、新生児は「顔」の生得観念やそれに類したものをもって生まれてくると推測した（例：Bower, 1989; Spelke, 1994）。けれども、そうした理論家たちはもっとも明白なポイントを見落としている：新生児は、自分が見ているものが未知のものであるときにそうするであろうと期待されるとおりにふるまっているのである。すなわち、それが何であるかということについての観念をもっているようにふるまうのではなく、そのような未熟な生きものとしては驚くべきほどの注意深さで、その状況を精査しているのだ。

生得論者の仮定が、理論による事実の捏造へとつながることを如実に示す例として「刷り込み」がある。ローレンツ（Lorenz, 1953）の古典的な生得論的説明は、この現象をガンなどの水鳥が生まれてはじめて見た適当な視覚的刺激をきっかけに誘発される単純なつきしたがい反応として扱っている。だが、実験的分析によってわかってきたのは「刷り込み」が学習過程であるということだ（そのような小さな生きものにしては驚くほど急速な学習ではあるけれど）。そして、その過程では、聴覚がすくなくとも視覚と同じくらい重要な役割を果たしているのである（Johnston & Gottlieb, 1981）。ガンのひなは自分に使えるあらゆる知覚システム群を駆使して、自分の世話をしてくれる生きものを探索し、そのような生きものを見つけた後、それについて歩く習性があるのだ。

本書の生態学的な観点に立てば、つぎのように言える。何かがはじめて知覚されるとき、その意味は通常、曖昧すなわち不完全に把握されている。この曖昧な意味が興味深く、危害がないようなら、探索はさらに進み、知覚学習が開始される。意味を求める努力はほとんどつねに学習過程であり、すくなくとも鳥類と哺乳類においては、発達過程でもある。新生児は情報をハンティングする能力と傾向をもって、また、その情報探索をつうじて充たされる（あるいは、充たされない）いくらかの動機づけをもって生まれてくる。新生児は、観念や概念や意味をもって生まれてくるのではない。意味は新生児を取り囲む世界内にあふれている。したがって、問題は、それらの意味をいかに検知するのか、それらの意味の獲得へ向かう努力をいかに整形するのか、ということである。

❑ 意味と価値を求めるヒトの集団的努力

アフォーダンスと情報のハンティングは自然的過程である。つまり、これまで強調してきたように、その過程は系統発生と個体発生によって整形される。先祖からの歴史も重要だが、個体の経験も重要である。遺伝と経験はどちらも意味や価値をもたらすものではないが、両者が一体となって、意味や価値を得るための努力をつくりだす手段を提供する。従来の心理学の誤りは、遺伝的観念もしくは経験から、無意味な刺激に意味がいかに付与されるのかを見つけようとしていることにある。しかし、現実環境では、意味は付与されるのではなく、利用可能なものとしてある。ぼくらに必要なのは、それをつかみとるための努力である。（⇩Box 14参照）

経験によって動機づけが整形されるのなら、社会集団内で生活する動物は、たんに種仲間に近接しているということだけで、広範な動機づけ整形の経験をもつことになるだろう。動物にとってもっとも重要な環境内の対象はおそらく自分以外の動物であるということを考えるなら、群棲環境 populated environment で生活することの影響はかなりのものだと思われる。ヒトの新生児は自分の母親（養育者）の顔を早くから、それも頻繁に見る。それはおのずと新生児の環境の重要な一部になっていくだろう。とするなら、動機づけにより生ずる努力は、それが向けられる諸対象と同様、相互行為をとおして変化するのかどうかが問題になる。個々人の行為は、ここまで論じてきたように、アフォーダンスの

生態心理学は環境決定論ではない　Box 14

心理学の理論化のほとんどは誤った二分法の両極間の振り子の運動に巻き込まれてきた。生得論と経験論。個体主義と集団主義。環境決定論と内因決定論。この本の究極の目標のひとつはこうした誤った対立のすべてをその土台からくつがえすことである。生態心理学はスキナーの行動主義のような環境決定論の一形式であると思い込まれている場合が多い（Hilgard, 1987, p.158）。だが、そうではない。環境決定論とは、行動が環境要因によって引き起こされているとする学説である。しかし、本書で提起されている生態学的理論は心理学的に意味あるいかなる行動も環境要因に引き起こされてはいないと考える。そもそも心理学的に意味ある行動（あるいは心的状態）とは引き起こされないことなのだから。

アフォーダンスの理論——それは生態心理学全体の基礎である——の考えはこうである。環境は行為を引き起こすのでも刺激するのでもなく、有機体のために行為をアフォードするのである。実際、すべての物には多数のアフォーダンスがあり、ここで「価値と意味を求める努力」と呼んでいるものはそのなかからどのアフォーダンスを知覚・利用するかという選択に具現される。アフォーダンスは行動と意識の機会を提供している。動物がその機会を利用するか否かはまた別の問題である。

環境が行動を引き起こさないという事実は、有機体の内的状態すなわち心的状態が行動を引き起こしていることを意味しない。それはもうひとつの致命的な決定論である。意味と価値を求める努力は環境のアフォーダンスによって、そしてそのアフォーダンスを特定する情報によって実現・制約されている。また、意味と価値を求める努力はその有機体の知覚 - 行為システム群によっても実現・制約されている。しかし、意味と価値を求める努力はいかなるものによっても引き起こされないのである。

獲得といったゴールへ向けて動機づけられており、そのアフォーダンスを特定するエコロジカルな情報によって調整される。この調整モード以外に、社会的状況において進化した特別な調整モードがあるのか?

社会性動物にはさまざまな形式のシグナルのやりとりをする傾向があることを考えると(Smith, 1977)、動機づけから生ずる努力は、社会性動物においては、集団化へ向けて開かれているといえる。つまり、ごく初歩的なものであっても、シグナルのやりとりができる社会性動物は、意味と価値を共有する可能性があり、ときに実際に共有するだろう。ある動物が、食べものの存在や危険な捕食者の接近を自分以外の動物に気づかせるとき、動機づけの状態が共有される。「協力」や「対立」について真の意味で語れるのは、このような動機づけの共有場面においてだけである。捕食者と獲物のあいだには必ずしも、心理学的な意味での対立はない。捕食者は、獲物の経験などまったく意に介さずに、ただ獲物を捕らえ、食べているだけだろう。しかし、同種の仲間同士には、食物をめぐる厳密な意味での対立が生じる場合もあろう。

この集団化された動機づけによって、社会性動物へのまったく新しい一群の選択圧が生まれるのだが、残念ながら、これはおもに集団遺伝学の観点から研究されているだけだ(Trivers, 1985)。近年、いわゆる進化心理学者の一部が、共有と協力の認知的・行動的な側面にも関心を寄せはじめたが(Barkow, Cosmides & Tooby, 1992)、この集団化された動機の進化上の背景についてはまだよくわかっていない。たとえば、この種の社会的行動は必然的に、ある程度の労働の分業へとつながると一般に考えられている。たとえば、ある鳥の群れが一羽ないし数羽の個体によって危険を知らされたとき、最終的には集団的行為（例：いっせいに飛び立つ）につながるとしても、少なくとも一時的には、見張り役と行為者との区分が生じている。動機づけの傾向のこのような区分が動物個体群内でいかにして確立されるのか、あるいは維持されるのかについては残念ながらほとんどなにもわかっていない。

通常の相互行為と諸個体の動機が協調した相互行為のあいだには重大な差異がある。もちろん、たんなる相互行為も努力の協調の必要条件の一つではあるが、それだけのものである。並行しているだけの動機づけと真に集団化された動機づけの対照は、多くの示唆を含む。たとえば、「学び learning」と「教え teaching」の相違を考えてみたい（Caro & Hansen, 1992）。どちらも社会的行動でありうるが、後者には前者には見られない、一種の〝努力の相互作用〟が含まれている。

キャロ（Caro, 1980; Caro & Hauser, 1992）は、野生のチーターと飼いネコの「狩り」の学習について研究した。どちらの場合も、はっきりした「教え」はないものの、「学び」は社会化されている。母チーターも母ネコも、自分の子どものために獲物を用意するが、その際しばしば、その獲物を気絶させたり、傷つけたりしておく。こうすることによって、子どもたちでも獲物を捕まえやすくなるのだ。生後4〜12週間の子ネコをつかった統制実験によって、子ネコが母ネコの観察から二つのことを学んでいることがわかった（Caro, 1980）。獲物を追いかけること（つまり、狩りの開始）とその狩りの終わらせかたである（たとえば、母ネコが獲物を追いかけるところを見た子ネコのほうが、そうした経験のない子ネコよりも、ネズミの首すじに噛みつく確率が高かった）。このように、ネコやチーターはある種の獲物を追いかける動機を生まれつきもっているのだが、その動機は社会的経験――種仲間の観察――に基づいて洗練されうるのである。

しかしながら、どちらの場合にも、「教え」は見られない。母ネコは子ネコのために獲物を用意するし、自分の狩りをお手本として子ネコに見せてはいる。このような行動が、子どもの行為の上達を促し、その行為パターンを変化させることは多数の実例によって示されている。しかし、母ネコが獲物を用意したうえで、自身の行動を子ネコの努力ないし経験を見ながら選択的に調整していることはいかなる証拠によっても示されてはいないのだ。

このような母ネコの行動を、ボッシュ（Boesch, 1991）が野生のチンパンジーに一例だけ観察した「教え」の事例と比較してみよう。（ただし、それがかなりまれな事例らしいということには注意したい。）このチンパンジーは石を道具として使って、木の実を割ることができる。ボッシュが観察した二つの事例では、母チンパンジーは、子どものチンパンジーが石をたたき台として使って木の実を割る準備をしているところをじっと見ていたかとおもうと、やおら進み出て、石の台と木の実の向きを直したのである。これは協調的努力の、すくなくとも萌芽である。とくに、チンパンジーの子どもがこの「教え」の恩恵にあずかれるのなら、母親と子どものあいだには、進行中の行為パターンとそのゴールについての最低限の共同認識 *joint recognition* はあることになる（cf. Tomasello, Kruger, & Ratner, 1993）。一つの課題とその過程へのこの相互行為的な認識こそ、〝努力の集団化〟と見なせるものであると考えられる。

以下の各章で示すように、ヒトは動機づけを集団化することにおいて特殊な進化を遂げてきた。意味と価値を求める努力を協調させる社会的関係を進化させてきたのである。ヒトの乳幼児の発達の不可欠の契機である、この社会的場面は、意味と価値を求める努力の具体的過程だけでなく、その努力が向けられる対象をも選択・形成する。

❏むすび

生態心理学は従来の心理学とは多数の分析レベルで異なる。本書で使われる行為と意識の定義は、標準的な教科書に見られる定義とは異なる。しかも、従来の科学的心理学の力点は、行動や意識の原因を見つけることにある。それにたいし、科学的心理学は原因よりも行動の意味や意義に注目すべきだというのが本書の主張である。

従来の科学的心理学と本書で新しく提起される生態心理学のこうした差異は、動機づけへのアプローチを比較対照することによって明確に浮き彫りにされる。伝統的に、動機づけは有機体の内的状態であると見なされてきた。動物行動をその動物がより満足を感じる活動へと偏向させる内的状態が動機づけである、と。この考えによれば、動機づけは動物の内的メカニズムおよび一次元的に（正‐負、接近‐回避、のように）変化する内的状態であることになる。それとは対照的に、生態心理学は、動機づけをメカニズムとしてではなく、機能的に、そして多元的に捉える。生態学的な観点からみれば、動機づけを構成しているのは、環境から価値と意味を得ようとする動物の努力である。この努力は内的メカニズムからの影響も受けるだろうが、それに還元できるものではない。また、価値と意味を求める努力の内的状態も無視できないが、それはそれなりのものとして、すなわち、行動の方向に影響をあたえる多数の要因の一つとしてのみ扱われる。

アフォーダンスと情報の発見・利用へ向けた努力として動機づけを捉えるこの新しい考えかたをもう一歩進めると、意味と価値を求める集団的努力というさらに新しい考えかたへと突入する。社会的動物——とくに、ヒト——は、必要なものを環境から得るために協力してはたらくことができる。これは必ずしも、その集団内の全個体が同じことをしている、あるいは各個体が同じ動機やメカニズムを内化しているということではない。逆に、集団が全体としてそのニーズを達成するためには、各個体はそれぞれ別々のことをする場合もあるだろう。

第8章 ヒトの環境

❑価値と意味か？　原因と結果か？

本書で展開している生態心理学は、原因と結果の科学ではなく、価値と意味の科学である。科学的心理学者はこれまで、行動と意識を、ある特定の原因によって引き起こされた結果として扱ってきた。ここで描き出される生態心理学はそれを拒否する——行為と意識は、動物が環境のなかで達成することであり、原因が引き起こした結果ではない（語の意味を完全に明確にするなら、「原因」という語はここで、実験心理学や生物学や生理学で一般にもちいられる意味で——つまり、古典力学の「作用因果説」における〃原因〃の意味で使用されている）。環境、有機体、有機体の一部分（たとえば、中枢神経系）、これらはどれもふつうの状況では行動や意識の原因にはならない。動物の活動と知覚は、有機体とその環境とが切り結ぶところにあらわれる創発的特性である。アフォーダンスは動物の行為を引き起こさない。そんなことはできないのだ。あるアフォーダンスは、それを特定する情報が検知され（外界受容）、（行為の自己受容的な調整に）利用されるときにだけ実現されるのである。心理学のはじまりには〈運動するもの〉がある――行為において、動物はみずから動いているのである（みずから選んだ状況下でないにもかかわらず）。

ぼくの知るかぎり、価値と意味を扱う従来のあらゆる学問は非実験的、あるいは反実験的でさえあり、その多くは現象の法則的解明を回避しているという意味で反科学的でさえあった（Dilthey, 1894/1977）。それら凡百の理論から生態心理学を分かつのは、それが価値と意味に関する科学的、自然的、実験的な心理学だということである。行動と意識に原因がないということは、それらを実験的に研究することや、科学的に解明することが不可能であるという意味ではないのだ。解明と理解（了解 *verstehen*）のゴールが相反するという思い込みは、あらゆるすぐれた知覚実験によって反証される。知覚実験では、知覚者がどのような情報に同調しているのか、どのようなアフォーダンスを実現しようとしているのかを決定するために実験的統制が利用できる（というより、利用しなければならない）。このような実験は、その動物の知覚や行為を引き起こしているものを明らかにはしないが、その動物の意識と自発的活動を可能にしている状況を解明することができ、それによって、その動物が何をしているのかをぼくらに理解させる。ミミズの注意を、巣穴をふさぐ葉のかたちに向けさせる原因はないが（実際、ある条件下では、ミミズはそれに無頓着である）、ミミズが葉のかたちに注意を向けるかもしれない状況とはいかなるものかということは理解できるのである。

この観点はぼくらに、ヒトの心理学を、進化的かつ生態学的な心理学からまっすぐ伸びる一本の枝として研究させる――ちょうど、動物学者がヒトも動物として研究させるように（Foley, 1987）。進化心理学の多数の枝の一本にすぎぬこの枝がぼくらにとって非常に重要であることは言うまでもない。それはぼくら自身のいる枝なのだから。しかし、生態心理学は、「ヒト」もまた動物が進化させてきた一つの特別な道、環境と切り結ぶための一つの特別な道以上のものとは――もちろん、それ以下のものとも――見なさない。そこに生態心理学の長所がある。ヒトの生きる道はいくつかの重要な点で独特である。けれども、ヒトが重要だと考える価値や意味は環境からもぎとったものであり、その環境はミミズが創造したものではないのと同様、ヒトが創造したものでもない。「有機体は生存のために環境に依存しているが、環境はその存在のために有機体に依存してはいない」（Gibson, 1979/1986, pp.129-30）。たとえ、各動物個体群が環境にそれぞれ独自のニッチを形成しているとしても、環境の基底的な諸原理はあらゆる動物を包み込んでいる。「ヒトがどれだけ強大になったとしても、大地、大気、水の事実を変えることはない。……それはヒトには変えられないのだ。ぼくらはみんな環境の下位構造にさまざまなしかたで適合しているが、それはそもそも、ぼくらがその環境に形成されたからである。ぼくらは、ぼくらがそこに生きる世界によって創造されたのである」（p.130）。

世界がぼくらをつくったのであり、その逆ではないということは、ぼくらが世界を変えられないという意味ではない。逆に、これまで強調してきたように、ヒトは世界をかなり大きく変えてきた――高等植物には遠くおよばないだろうが、ひょっとするとミミズと同じくらいには。したがって、「ヒトの環境」の研究は、たんにホモ・サピエンスへの生態学的与件の研究ではありえない。なぜなら、ヒトという種の最大の特徴の一つは、ほとんどすべての生息場所に進出し、そこを改変する能力なのだから。だから、ぼくらは生態学的与件 givens だけでなく、生態学的〝取件 takings〟や〝造件 makings〟も同じように研究しなければならない——ヒトはどのような物質や表面を改変すべき価値あるものとして選択しているのだろうか？　どのような資源が、ヒトの個体および個体群の主要な努力の焦点となるのだろうか？　ヒトはどのような場所を居住地として選択し、そこをどのように改変して、みずからの欲求を充たしているのだろうか？——この章ではこうした問いにこたえてゆく。けれども、これらの問いにこたえるまえに、はっきりさせなければならないことがある——ぼくらはいったいなにものか？　そして、いったいどこからきたのか？

❑ヒトの環境

ヒトを他の動物から分かつものはなにか？　この問いは代々の思想家の好奇心をかきたて、彼らを悩ませてきた。しかし、ヒトの特別さをつくるものについて（「特別」だとすればの話だが……）、これほど多くの考察や議論がくりかえされてきたにもかかわらず、おどろいたことに、この問いが生態学的な観点から立てられることはほとんどなかったのである（Foley, 1987 は最良の例外だ）。一般に、哲学者や科学者はすべての（または、ほとんどの）ヒトのなかに、ヒトと他の動物とを分かつ内在的属性を見つけようとしてきた（あるいは、そうした属性が存在するという主張に反論してきた）。だが、ダーウィン流の生態学的な観点に立てば、そのような本質主義的な基準では、種は適切に区別できない（Ghiselin, 1969, 1974; Reed, 1979b）。生態学的な観点から捉えるなら、ヒトを他の動物から分かつものは――また、それぞれの動物種を分かつものは――いまも進化の過程にある特殊個別なその個体群の生きかたである。心理学者は、遺伝つまり本質ではなく、動物の生活様式にあらためて注目すべきである。

ホモ属 the genus *Homo* を「いまも進化の過程にある一個体群」として他のあらゆる動物種から分かつのはその生活様式である。スタイナー（Stiner, 1993）も指摘するように、もっとも成功したヒト科動物は、霊長類と肉食動物の重要な特徴をかねそなえている。いくつかの点から見て、ヒトの個体群は、大型の肉食動物の多くと同じように、世界のほとんどの生物群系に進出した霊長類の個体群として定義できる。実際、ヒトは他のどの霊長類よりもはるかに多くのタイプの生息場所に進出し、そこに住み着くことに成功した。そして、その成功は、高等な肉食動物のように、価値と意味をもとめる努力を集団化したこと――一般的な言い方をすれば、文化と技術――に多くを負っている。とくに――そして、ここがほかの霊長類や肉食動物とは大きく異なるところだが――ヒトは、自分の生息場所を改変する方向へと特殊化してきた。ある生息場所に自分たちの欲しい、あるいは必要とするアフォーダンスがない場合、ヒトはしばしばその場所を改変し、そのアフォーダンスが利用できるようにするのである。ヒトにはふつうに見られる単純な行動、たとえば、遠く離れた場所にいる仲間に食べさせるために食物を運んでいくということでさえ、他の霊長類にふつうに見られることではない。オオカミには多少見られるとはいえ、ごく小規模なものである。もっと明白な例をあげるなら、ヒト以外にも多くの動物（霊長類だけでなく、鳥類も）が、生息場所をすみやすくするために多種多様な「巣」をつくっているが、この「巣づくり」の一連の手続きを実質的にすべての生息場所に適応させてきたのはヒトの個体群だけである。

ヒトはあらゆるタイプの生息場所に進出した――この事実は、生態心理学にむずかしい問いをつきつける。たいていの動物の場合、行動と知覚の能力の分析は、その種に共通の生息場所を単刀直入に分析することからはじめられるが、この方法はヒトには適用できないのである。ヒトの場合には、多くのちがったタイプの生息場所を比較し、そのあいだの共通性を発見しなければならない――それぞれの個体群が住み着いた生物群系の圧倒的な多様性をこえて、どのようなことが共通に維持されているのか、それを見つけ出すことが必要になる。

ヒトの個体群間の多様性を超えたそうした共通性を見つける際に、先史人類学や考古学の近年の成果が役に立つ。それらの分野では、ホモ属の多様な個体群の比較が進められ、その一部が整理されつつある。現在の通説では、ヒトの個体群はアフリカで誕生し、そこから世界各地の多様な生物群系へと一度ではなく、すくなくとも二度にわたって移住したと考えられている。ホモ・エレクトゥス *Homo erectus* がアフリカを出て、現在の中国やインドシナ群島へと移住する第一の波が遅くとも百万年前、おそらく、それよりかなり以前にあったことはほぼまちがいない (Stringer & Gamble, 1994)。このヒトの個体群には、現在のヒト以外の霊長類をはるかにしのぐ高度な道具使用と住居製作の技能があり、すくなくともいくつかの個体群には火の使用も認められるが、現生人類 modern human の個体群にみられる特徴の多くが欠けていた。現生人類もアフリカで進化したが、ホモ・エレクトゥスからはずいぶん遅れて、まったく別のときに (およそ10万～15万年前) アフリカを出て、世界各地に移住したようである。これが現在のぼくらの種、ホモ・サピエンス *Homo sapiens* の直接の祖先である

表8－1　ネアンデルタール人とホモ・サピエンスの集団的資源利用の比較

価値を求める集団的努力	ネアンデルタール人	ホモ・サピエンス
小屋の製作	○	○
死者の埋葬	○	○
身体装飾	×	○
道具製作に使う素材の多様性	×	○
道具製作の巧妙な方法	×	○
遠隔地の素材の使用	×	○
狩りと漁の複雑な方法	×	○
火の管理（炉の構築）	×	○
物の装飾	×	○
楽器	×	○

（出典：Tattersall, 1993, p.156 ）

(Stringer, 1989; Tattersall, 1993)。

ぼくらの種であるホモ・サピエンスとホモ属の他の種との種差を把握する便利な方法の一つは、タッターソール(Tattersall, 1993, pp.156-157) がしているように、ほぼ同じ場所と時代に生きていたホモ・サピエンスとネアンデルタール人 *Homo neanderthalensis* の考古学的記録を比較してみることである。ネアンデルタール人はまちがいなく、ホモ・サピエンス以外の他のどのホモ属の種よりも相当高度な進化をとげていたし、過酷な生物群系（たとえば、氷河期）にもかなりの適応をみせていた。けれども、表8・1からわかるように、およそ3万年以上前の西ヨーロッパのネアンデルタール人には、そのすぐ近くに生きていた現代型のヒトの個体群にみられる適応的な生活様式の多くが欠けていた。（それよりもさらに3万年以上前、近東で暮らしていたネアンデルタール人と現生人類との比較では、このようなはっきりした生活習慣のちがいはみられない。Lieberman & Shea, 1994)。

表8・1に示したのは、現生人類とそれにもっとも近い

ネアンデルタール人の共時的な差異だが、そのほかに通時的な差異もある。たとえば、フォーレイは以下のことを指摘している（Foley, 1989）。現生人類が使用する道具の様式は長くても1万年ごと（500世代以内）には変化するのにたいし、現生人類以外のホモ属の個体群では短くても5万年（2500世代以上）は同じ道具の様式が持続している。また、現生人類以外のホモ属の種はほかの霊長類よりも多くのタイプの生息場所に移住したが、完全に全世界的に分布した霊長類は現生人類だけである。さらに、もう一歩踏み込んで、フォーレイは、ほかのヒト科の動物と比較したとき、ホモ・サピエンスの個体群には以下のような特徴があると主張する（Foley, 1987, 1989）：各個体群の行動圏が非常に広く、日常的な活動領域も非常に広い。相当複雑な社会構造のある比較的大規模な集団を形成し、食物への明確な選択性（木の実、肉類などへの強い嗜好）が見られる。また、ホモ・サピエンスの個体群は、ほかのヒト科の動物とはちがい、環境の変化をのりこえて、一つの場所に長く定住する傾向がある。そして、注意深く計画的に炉を製作し、資源利用のあらゆる様式に——食物や道具にするために自然のものを獲得することから、特殊なものを集団間で交換することにいたるまで——集団的努力をおこなっていた証拠がみられる（Stringer & Gamble, 1994 参照）。

個体としてのヒトが切り結ぶ環境はついこのあいだまで（産業革命による急激な変化以前まで）持続的に秩序化された場所だった。日常生活はおもに、草原、湿地、丘陵、水辺、森林での食物の生産および食事の準備についやされた。日常生活は季節ごとに変化し、多くの場合、季節ごとに移住した。日常生活が営まれる場所には、家と炉があり、そこには自分と家族、あるいは他の村人もいっしょに暮らした。それ以外の場所には機能的に分かれたいくつかの仕事場があった（各仕事場の性質の差は生態学的・技術的な要因による)。日常生活は少数のおとなと子どもで営まれていた。このように繰り返される日常生活は特別な事象によって区切られた。儀礼、踊り、誕生、死、結婚。この激動の二世紀の多くの変化にもかかわらず、ヒトの心理の大部分――動機や欲求だけでなく、思考のしかたやイメージのしかたにいたるまで――はこの基本的なヒトの環境を反映している。これらの場所・人々・対象・事象との切り結びがつい最近までヒトの心理の基本枠組みをつくってきたのだ。

このように、現生人類の生態的ニッチは広範囲に拡がっているとはいえ、他と明確に区別できる特徴がある。現生人類、つまり現在のぼくらの種がいまから15万年～20万年前のアフリカで進化したことはほぼまちがいない。そこは生態学者が「モザイク的環境」と呼ぶように、さまざまな生息場所のタイプがまだらに組み合わさった非常に変化に富んだ環境であった。そうした状況下にあって、比較的広範囲を(日ごと、季節ごと)動きまわる傾向性は、初期の現生人類の個体群を多様な生息場所のタイプ(岩だらけの丘、サバンナ、森林、海岸、湖岸)からの選択圧にさらした。肉食動物と霊長類の混成体のようなぼくらの行動パターンはそのような選択圧への進化的反応であると考えられる．すなわち、変化に富んだ複雑な環境状況下で十分な資源を供給する手段として集団の構造と複雑性をよりいっそう高める方向へと進化したのだろう。この比較的新しい霊長類の種は5万年前までには旧世界の生息可能なほぼすべての場所に――いかだや船をつかわなければ到達できないオーストラリアなどの島々にまで――拡がった。フォーレイ(Foley, 1989)が指摘するように、考古学的記録のなかに、上述したような現生人類特有の生態的戦略だけでなく、(表8・1のような)現生人類特有の文化的‐生態戦略が認められるようになるのはこれ以降のある時点からである。つまり、現生人類の文化的‐生態的特徴は、進化的なスケールで見ると、かなり新しいようだ。これまでのところ、最良の考古学的証拠はヨーロッパから発見されており、それらの証拠は、現生人類の生活様式の出現が3万5000年（ざっと1750世代）をそれほどさかのぼるものではなく、多くの場所ではそれよりも最近あらわれたということを示している。

❑現生人類の環境

現生人類の生活習慣は、非常に特殊な生態的普遍主義をその特徴とする。ヒトの個体群には、一つの生物群系の境界内では通常は充たしきれないほど多様な欲求と嗜好があるのだ。この生態的問題への解決法として三つのことが進化してきた。①規則的な（とくに、季節にあわせた）移住。②モザイク的環境の構造特性を生かし、複数の生物群系の境界に住むこと。③局所的な生物群系内に生活に必要なものが揃うように技術や交易を利用して生物群系を改変すること。この三つの方法はたがいに相容れないものではない。実際、あらゆる現生人類の個体群はこの三つの戦略の適当な混合形態を採用してきたと言えよう。けれども、農耕の開始以来（Henry, 1990; Pounds, 1993）、このうちの第三の戦略を主要な生活様式とする個体群がふえてきた。ここではそれに焦点をしぼることにしよう。

現生人類が地球上のほぼすべての領域に住むようになったのはせいぜいこの2000世代のことである。しかも、ほとんどの場所では、永続的な家屋や何らかの形態の集落が形成されるのはもっとずっと後のことである。ヒトの環境と他の動物の環境との大きなちがいはまさにこうした永続的な場所にあるが、そうした集落は驚くべきことに１０００世代以前には見られない。ほとんどの場所では、ほんの４００～５００世代前まで永続的な集落はあらわれなかったのである。（⇩Box 15）

この現生人類の環境に関して強調すべき点は、それがかなり複雑であるのはまちがいないにしても、やはり有限であるということだ。実際、ヒトの個体群が探し出し、利用することのもっとも多いアフォーダンス群のおおまかな一覧表――言わば、ヒトの環境の「在庫目録」――をつくることさえ不可能ではない。この目録に完璧さを求めるのは無理だが、だからといってそれが無意味だというわけではない。たとえば、植物の栽培について考えてみよう。ヒトが食料にしてきた有花植物は約３０００種あるが、そのうち「多少なりとも栽培されてきたのは約２００種であり、主食として、われわれが飢えの淵に落ち込むのをふせいできたのはわずか数十種にすぎない」（Heiser, 1990, p.61）。食物消費の90パーセントはいまでもこの数十種類の植物（ほとんどは穀類や草類）によって占められている。食物にたいするヒトの嗜好の多様性を否定するのは愚かなことだが、ヒトにもほとんどの動物と同じように特徴的な食性があることを無視するのも同様に愚かなことだ。そして、ヒトの場合、食物の採集・保存・準備は日々の生活と思考の主要なファクターである。

複雑な行為シーケンスを計画、組織する現生人類の能力のかなりの部分は明らかに、このような食物の準備のコンテクストのなかであらわれたが、それは現代の認知心理学にとってほぼ完全に異質な領域である。生態心理学は、現代の心理学のこの深淵を埋め、心理学研究を他の人間科学の諸領域、たとえば考古学や民俗誌の研究とつなぐ道をつくりだす（Bril & Roux, 1993 による先駆的業績を参照）。

旧石器時代の心理学

Box 15

読者のみなさんは、心理学の本でこんな考古学や先史人類学の情報がいったい何の役に立つのだろうかといぶかしがっていることだろう。なんといっても、この本を読んでくださっている読者のなかには、炉辺でいろいろな物語を聞きながら、衣服に使う皮ひもをなめす母親の手伝いをして育った人などいないのだから。とすると、ぼくらはもはやそんなふうに育ちはしないが、遺伝子や文化のなかには、そうした生活様式がいまも生きつづけている、ということなのだろうか？　この手の議論は通俗科学や一般書のなかにはよく見られるものだが、それはどんなにひいきめにみても眉唾ものであり、とてもではないがここで支持することはできない。

現代の心理学者が、ヒトの進化研究者と手を結ぶべき理由はもっとずっと単純明快である。どれほど環境を変形してきたとしても、ぼくらはいまも先祖が開拓したヒトの生態的ニッチに生息している、ということだ。先祖が探し求め、利用したアフォーダンスはいろいろなかたちで——ときには、現代のテクノロジーや文化によってすっかりかたちを変えられているが——いまもぼくらの生活の中心にある。ぼくらはいまも暖かさ、小屋、食物、仲間づきあいなどをもとめている。セントラル・ヒーティングは家の中心にあった炉（セントラル・ハース）とはけっして同じものではないが、どちらも生活にとって重要なアフォーダンスを実現するためにぼくらがつくったテクノロジーである。セントラル・ヒーティングをつくるのは遺伝子がそうさせるからではなく、暖かい家があることはヒトをヒトにする特徴のひとつであり、こんにちではその暖かさを達成するためにセントラル・ヒーティングを利用する人たちがいるというだけのことだ。いまのところ心理学と他の人間科学、たとえば考古学のあいだには有益な交流はほとんどない。その責任の大部分は現代の心理学がヒトの環境について意味あることを何も語っていないことにある。生態心理学がさらに発展し、そうしたさまざまな学問分野とも実りある学際的な交流が生れることを期待している。

現実世界のなかでこれまでも、そして今もはたらいているありのままのサイコロジカルな技能をテストすることへ向けた最初のステップは、現代人さえも特定の選択された資源群を頻繁に利用しながら、限定された生態的ニッチ内に存在しているという事実をきちんと立証することである。これはたんに〝ふつうの〟つまり〝日常の〟状況に目を向けよう（Schoggin, 1989）というだけのことではない（それもわるい考えではないけれど）――ある事物がヒトという種全体に見られる一方で、他の事物がその一部にしか見られないということがどのような進化的 - 生態学的要因によって生じているのかを科学的生態学を利用して理解しようとするということでもあるのだ。

❏ヒトが構築した環境

ぼくら現生人類は我こそがこの世界の創造者であり、自分がいる場所と自分の生きる道を自分自身でコントロールしていると考えがちだ（Petroski, 1992）。技術の歴史を通じて、すくなくとも西洋で、一貫して強調されてきたのは創造のわざとしての技術である。〝発明家としての人間〟は完全に新しい生きる道を創造できる――それどころか（フランケンシュタイン博士や現代の遺伝子工学者のように）完全に新しい生命形態さえ――創造できるという神話がぼくらの文明を支配している（Noble, 1991）。けれども、ぼくらが完全に新しい世界を創造できるという考えは神話である。ぼくらは地球環境のなかで生きることを強いられているのだ。そのことにぼくらが気づくためには、たいてい自然災害――洪水、地震、台風など――の破壊力を必要とするが。

ヒトの個体群は環境を改変しているのである。環境の望ましい側面を選択し、飼育栽培や技術的工夫によってそれを増大させようとしている。また、環境の好ましからざる側面や脅威的な側面を選択し、その頻度や程度を減少させようとしている。このような改変の多くにぼくらは成功しすぎてしまった。いまや、ヒトとそれが創りだしたものは環境にあふれ出し、その存在と毒とで環境を脅かしている。かなしいかな、ぼくらには新しい環境を創造する力はないが、ぼくらがそこに生きる環境を徹底的に傷つけ、ついには破壊してしまう力はもちあわせているようなのだ。

ようするに、ヒトが構築した環境とは新しい環境のことではなく、すべての動物の環境の選択的改変のことである。ぼくら現生人類を他のあらゆる動物から区別するのは、その改変に従事する程度の大きさとその改変活動に随伴してあらわれる複雑な社会的分業である。

ヒトがおこなう環境の改変は以下の三つのカテゴリーに分類できる。

物の変形

物は運ぶこと、もしくは改変すること、あるいはその両方が可能である。改変には物の物質表面の変形がともなう。たとえば、形状は変えることができる：縁《エッジ》を付加して鋭くしたり、削除して丸くしたりすることができる。表面は粗くしたり、滑らかにしたり、装飾したりすることができる。物質は柔らかくしたり、硬くしたりすることができる。火と熱のコントロールによって、他の動物にはできない物質変形のあらゆる可能性が開かれた。二つ以上の物はくっつけることができる（結びつける、柄をつける、など）。これは道具や衣服など、特別なアフォーダンスをもつ物をつくるときにしばしば重要になる。

場所の変形

場所は物のようには動かせない。しかし、それを改変したり、拡げることによって、その諸側面の長所を利用することができる。隠れる場所をつくったり、水辺に近づけるように眺望をひらくことができる。火の使用は場所を暖めることを可能にする。炉を共同体の中心に設置したことがヒトの進化の主要な要因の一つになったことはほぼまちがいない（Perlès, 1977）。炉はそれまで居住不可能であった環境への進出を可能にすると同時に、集団活動とその組織化への選択圧をいっそう強めた。火の使用は森林の一画を焼きはらうことさえ可能にし、景観を改変するヒトの傾向性の素地をつくりだした（Goudsblom, 1994）。火の使用は昼夜のサイクルの影響の改変さえ、ある程度まで可能にする。これはヒトの第三の改変活動のカテゴリーにつながる。

事象の変形

人々は事象の改変の可能性さえ手にしている。たとえば、事象は多数の方法によって調整可能である。一日や一年のサイクルの認識はしばしば、重要な活動（例：動物の群れの追跡、種蒔き、収穫など）の適切な時期や流れを確立するために利用される。また、多少なりとも長く定住することは、日々そして季節ごとに繰り返され、各個体群の分業体制に応じて異なるルーティンを生み出すことへとつながる。それと並行して、異なる人々がその中に入る、互いに異なる特定の事象があることについての意識は「役割」の――つまり、誰が・いつ・いかなる事象にたずさわるべきかということについての――認識が生まれる素地をつくりだす。また、ヒトの環境のなかにさまざまな場所が分化してくるにつれて、特定の場所に特定の事象が結びつけられるようにもなる。さらに、概して、いかなるヒトの個体群にも、事象・行為の適正な遂行方式と不適正な遂行方式（タブーでさえある場合もある）の区別が発生する。ヒトの環境は、ヒトが利用する物質や表面だけでなく、他と明確に異なる特徴的な社会的調整のパターン――ある行為を適正なものとして選択的に特定し、結果的に他の行為を禁止ないし制限するパターン――によっても構造化されているのだ。

ヒトが自分たちの周囲をいかに変化させているかは文化ごとに大きく変わるが、ここに挙げた三つの環境変形様式は現生人類のあらゆる個体群にみられる。変わらないもの――それはそうした活動の生態学的基盤、すなわち、物質表面であり、物・場所・事象である。ヒトはそれらを発見し、組み合わせることによって、みずからが利用する必要のあるアフォーダンスあるいは利用したいアフォーダンスをつくりだすことができる。現生人類によるそうしたアフォーダンス利用の基本パターンの一部は新石器時代、計画的な農耕の開始以前にはすでに確立されていた。次節ではそれらのことを概観する。

表8－2　農耕開始以前に現生人類が利用した食物以外の基本素材

植物	鉱物	動物
木	石	骨、角、歯
樹皮	泥	毛皮
葉	水	皮膚
つる	土	皮
草	砂	脂肪
染料、顔料	粘土、顔料	卵の殻、貝殻

（Kingdon, 1993; Mellars & Stringer, 1989; Tattersall, 1993; White, 1986, 1993をもとに作成）

❏ヒトの環境の基本アフォーダンス群

新石器時代とはいえ、その時代の人々が利用し、変形していた全種類の物・場所・事象をリストアップすることは不可能だ。しかし、ほぼすべてのアフォーダンス利用がその範囲内におさまる大枠なら示すことができる。（食物およびそのアフォーダンスの分析はここから除外する。その分析はそれだけで独立した研究を要するためである。）植物の例と同様、ヒトの環境の膨大な事物は比較的少数の品目から構成されている。表８・２にあげた素材だけで、金属の使用以前にヒトが切り結び、利用してきた（食物以外の）素材のゆうに90パーセント以上にも達する。注目すべきは、考古学的証拠が、これらの素材の高度に選択的な利用を示しているということである。旧石器時代後期にはすでに、人々はある仕事にもっとも適していることがわかっている特定の石や木を探していたのだ（White, 1986）。興味深いことに、野生のボノボ（ピグミーチンパンジー）も巣づくりの素材を選ぶ際にはかなりの選択性を発揮しており（Fruth & Hohmann,

1994）、多くの鳥にもそのような選択性が認められる（Collias & Collias, 1984）。このことは、進化してきたのがたんなるアフォーダンス利用だけでなく、事物がアフォードすることについての意識とそれに随伴する能力、つまり当面の課題に関連したアフォーダンスを環境から選択、発見、抽出する能力も進化してきたということをぼくらに気づかせてくれる。

素材へのそのような選択性は、約3万年前以降の考古学的記録のすべてに見られる（特定の素材にかぎった証拠ならさらに前の時代からも見つかる）。自分が探している素材によく似た素材（ぼくやきみならだまされるかもしれない！）を無視し、自分が探している当の素材が見つかるまで探索を続行する能力は、物およびそのアフォーダンスの生態学的特性についての確かな知識基盤があったことをうかがわせる。その知識の概要はおよそ表8・3のようにまとめられる。

旧石器時代後期から新石器時代前期には、それらの物質と表面の特性の特定の組合せがみられるようになる。それらは農耕開始以前のヒトの「道具一式《ツール・キット》」というべきものを形成している。この「道具一式」は表8・4のようにまとめられる。これを、マックグルー（McGrew, 1993）が詳細にまとめたチンパンジーの数個体群の「道具一式」と比較することは示唆に富む。分析のあらゆるレベルで、ヒトの「道具一式」のほうがチンパンジーの「道具一式」よりもはるかに複雑である。まず、圧倒的にたくさんの種類の物質が利用されている。また、ある物から開発ないし改変される物質的特性と表面的特性もヒトの方が多い。そして、複数の物を組み合わせることや物質を改変することはヒトの場合はありふれたことだが、チンパンジーでは異例なことである。さらに、両者のもっとも顕著なちがいの一つは、チンパンジーが仲間同士で毛づくろい（グルーミング）に長い時間を費やすとはいえ、ヒトだけが「皮膚」

表8－3　ヒトの環境の基本アフォーダンス（食物は除く）

物の特徴	潜在する利用可能なアフォーダンス
特性：	
頑丈性	叩きつぶす・すりつぶす、叩き切る
重量性	落として割る、壊す、叩き切る
剥片性	形を整える、削る、尖らせる、ギザギザにする
尖鋭性	ひっかく、刻み目をつける、穴を開ける、鋭く切る
着色性	表面を装飾する
吸収性	吸い取る、洗う
剛直性	掘る、突き刺す、打つ、突き出す、投げる
形状：	
長い＋柔軟	結ぶ、縛る、柄《つか》をつける
長い＋剛直	柄《え》になる、差し伸べるのに使う、押す and/or投げるのに使う
凹型	液体をためる、音を出す
縁	鋭く切る and/or すりつぶす
表面：	
滑らか - 粗い	こする、磨く、滑らかにする
柔らかい - 堅い	かたどる、分離する、砕く、粉々にする
毛なし - 毛あり	湿らせない、熱を逃がさない

（Kingdon, 1993; Mellars & Stringer, 1989; Tattersall, 1993; White, 1986, 1993 をもとに作成）

表8－4　新石器時代の「道具一式」

容れ物	**叩き切る物**	**身につける物**
つぼ	斧	身にまとう物
カップ	手斧	宝石 and 装飾品
子どもを運ぶもの	粉砕器	
	槌 or 棍棒	**尖端道具**
棒	叩き台	針
穴掘り棒		きり
穴開け棒／ひっかき棒	**楽器**	釣り針
槍	吹くもの	
槍投げ器	弾くもの	**縁道具**
くまで	打つもの	ナイフ
		削器または掻器
ボート	**ひも道具**	
	わな	**顔料**
スポンジ	網	**ベッド**
	やな	**火**
櫛	革ひも	

（Kingdon, 1993; Mellars & Stringer, 1989; Tattersall, 1993; White, 1986, 1993 をもとに作成）

という独特の表面を強調してきたということである。化粧、入れ墨、衣服の使用はどうやら、現生人類の出現と同時期に始まったようである。ヒトの意識・行為のほとんどは群棲環境内で生じる。そのため、相互に意識しあうことはヒトの重要な心理的特性となっているのだ。

人類は実質的に地球のあらゆる片隅にまで適応放散している。したがって、各個体群の共通性だけでなく、その多様性に注目することも重要だ。一般に、多様性は利用される物質および物に、共通性は実現されるアフォーダンスにある。たとえば、アフリカ人の周囲には、ヨーロッパにはないダチョウの卵の殻があり、それをつかってじつにみごとな飲料用のカップをつくる。また、ほとんどの場所では燃料として木を利用するが、アジアの寒い草原に暮らしていたひとたちは燃料としてマンモスの骨を利用していたようである。当然のことながら、考古学者や人類学者はそのような多様性に関心をもち、個々の個体群の詳細な記録を書いている。心理学者もそうした多様性を無視すべきではないが、それと同時に、ヒトの生活の持続的特徴も理解しようと努めるべきである。たとえば、利用される燃料の種類にちがいはあれ、炉の熱と光のまわりに生活を位置づけたことが太古よりヒトの精神を形成してきたのである。

ビンフォード（Binford, 1983）は新石器時代のヒトの居住地のレイアウトを体系的に研究し、文化のちがいを超えたヒトの生活のそうした持続的特徴のいくつかを発見したと主張している。彼が手がかりにしたのはワグナー（Wagner, 1960）の「設備 facility」の考えかたである（それは本書で「ある場所の環境的特徴の選択と改変」として指し示しているものと本質的に同じものである）。ビンフォードはある生活場所の「設備」群の配置を「場の枠組み」としたうえで、そのレイアウトをヒトの一般的な活動パターンと関係づけて捉えた。たとえば、労働空間は火または炉のまわりに同心円状に組織される傾向がある。（労働過程の多くは火を必要とするため、このパターンは暖をとるために火が必要な地域だけでなく、あらゆる地域に普遍的にみられる。）また、複数の人々が協力し、そのうち何人かは立ちあがって、かなりの力を出さねばならない活動はもっとも広い領域を占める傾向があるが、それさえもだいたい24平方メートル以内におさまる。

空間利用は家の内外ではちがいがある。屋外では、仕事の過程で出たクズは仕事場から放り投げられるか、まれにだが、そのまま山積みにされる。だが屋内では、片付けやすいように一時的にクズの小さな山がつくられることはあっても、あたり構わず投げ捨てられることやうず高く山積みにされることはない。睡眠のための領域には、身体の大きさにあわせた「寝台」もしくは「くぼみ」が規則正しく並べられ、ところどころに炉が設置されていることが多い（Binford, 1983, Fig 97）。ほとんどの場合、生活空間は睡眠空間から区別されている。また、ほとんどの場所で、仕事場は居住場から区別されており、貯蔵、調理、その他の特殊な活動のためにはそれ専用の設備があったり、専用の小屋がつくられることさえめずらしくない。ビンフォードも指摘しているように「長期間にわたって空間を占有する課題が居住専用領域でなされることはほとんどないのである」（Binford, 1983, p.187）。

ヒトにとって、一つの場所の使用はこのように複数の——そして、各々が独特の特性をもった——領域に分割される傾向がある。屋内（居住空間）は屋外からはっきり区別される。そのため、屋外ではめったにおこなわれない一群の「屋内活動」が生じることになる（逆もまた真なり）。「屋外活動」のための場所には、炉のまわりの労働区域とその外側にひろがるゴミの「ポイ捨て区域」のように中心／周縁の区別がある。屋内空間は「睡眠区域」とそれ以外の「生活活動区域」——そこはその時点での中心的活動に応じて、中心／周縁が時間的に推移するところとして捉えられるだろう——に機能分化している。各場所の実際のレイアウトはヒトの身体そのものではなく、その場所でとられる典型的姿勢（例：立位か、座位か）およびそれに必要な空間に基づいている。また、以下に列挙する種々の場所はほとんどすべてのヒトの居住地に、ことによると旧石器時代から見られるという（Kingdon, 1993）——屠殺場、炉、避難所、ゴミ捨て場、野営地、一時的な野営地、顔料の採掘場、（魚介類などの淡水・海水の生物も含む）食物の採集場。

心理学的な観点に立てば、場所の研究は人類を理解するうえで決定的に重要なものである。特別な場所および各場所間の特別な差異の創造は、ヒトの思考と行為のパターンにいかなる影響をおよぼしてきたのか？　ほとんどすべての文化で人々が、家の〝内部〟と〝外部〟あるいは〝ゴミ捨て場〟と〝貯蔵場〟を区別していることは何を意味するのか？　炉の発明――それによって、調理場と睡眠場の区別は保持されながらも、ともに屋内にあることによって関係づけられた――はヒトの心理にいかなる変化をもたらしたのか？　同様に、事象を特別化する――すなわち、典型的な一日の事象間、典型的な季節の事象間に区別を立てる――ヒトの傾向性も、それがぼくらの心にもたらすインパクトを軸に研究されねばならない。

❑日常の課題《タスク》の進化

問題をきわめて具体的にするなら、ヒトは数万年ものあいだ、すりつぶし、たたき切り、鋭利に切り、結び、かたどり、着色し、かたちづくり、あたため、突き刺し、ひっかき、こすり、焼いてきた。このうちのあることだけをある大人たちがし、ほかのことをほかの大人たちがしている環境内でヒトの乳幼児は成長してきた。成長の過程で子どもたちはそれらの活動にもとづいたゲームをしたり、それらの活動を身につけられるように手助けされてきた。とすれば、心理学者がそのような活動についてほとんどなにも知らないというのは恥ずべきことである――現代でも日常の（台所での、風呂場での、便所での、寝室での、遊び場での）技能はそうした基本的なヒトの能力との明確な結びつきを保持しているのだから。認識と技能の研究者はその分野で実施されているさまざまな能力テストの「生態学上の妥当性」、つまり、それらの一般化可能性に疑いを抱き始めている（たとえば、Lave, 1990a; Neisser, 1976）。ヒトの思考と行動についての一般化可能な理論を展開しようと願う研究者にとって、ヒトの日常生活技能に含まれる運動技能と認識能力の研究に注意深く立脚することは格好の出発点となるだろう（Bril, 1993; Reed & Bril, 1995を参照。また Kingdon, 1993と比較せよ）。

ヒトの環境には多数の、しばしば複雑に絡み合ったアフォーダンスがある。産業革命の興隆（およそ5～10世代前）以来、家と仕事場には新奇な物と機械、そして当惑するほど多様なアフォーダンス群が文字どおり氾濫してきた。このように複雑で、しかもたえまなく変わりつづける現代の環境を前にして、いまさらなにがヒトの基本技能であったのかを確定し、その構造と発達を研究することにほんとうに意味があるのだろうか？――それらの技能は多くの場合、消滅しつつあるように見えるのに……。けれども、ぼくの考えでは、そのような研究はただ望まれているばかりでなく、必要なものでもある。それは新しい認識や行為の技能を見きわめるのに必要な背景を提供してくれる。しかも、そのような基本アフォーダンス群の研究は建築家や工業デザイナーなど、数千年のあいだに文化的に培われた知恵から学ぼうという気概のある人たちには大いに実践的な価値もあるのだ（たとえば、Drillis, 1963）。

そのような分析によって明らかになるのは、ヒトの個体群にはヒトの生存に必要な多岐にわたるアフォーダンス群の抽出を容易にする独自の道があるということだ。幾重もの道具使用、素材の運搬・改変、資源利用のための複雑な（しばしば個体間で共有される）手順の採用――これらはたんに孤立した個々のアフォーダンス自体ではなく、アフォーダンス間の関係の発見を際立たせている。鋭い針の「穴あけ」のアフォーダンスを知ることと、それを使って何かを縫う仕方を知ることとは全然別のことである。ヒトの「道具一式」は雑多なアイテムのたんなる寄せ集めではない。それは可能な行為のコースの集合を具現するものである。あるいは、ヒトの「道具一式」はそうした可能な行為のコースの集合として――すなわち、課題の集合 a set of *tasks* として考えるべきなのかもしれない。

課題の集合はぼくらの日常生活、日常のルーティンを構成している。この日常のルーティンは多くの点で「道具一式」自体よりも強く制約されており、文化間での多様性は「道具一式」よりも少ない。日々繰り返される「起床‐就寝」のサイクル、「食糧の発見‐調理‐摂食」のサイクル、「他者との相互行為」のサイクル――これらのサイクルが、ある物の使用法と、ぼくらがなすべき課題を制約している。ここに興味ぶかいパラドクスがある。あらゆる個物は――たとえ、特定の目的のためにデザインされた道具であっても――複数のアフォーダンスをもちうる（たとえば、「ねじまわし」は「てこ」としても「穴あけパンチ」としても使える）。ところが、それらの個物を一つの行為のコース、つまり一つの課題のなかで組み合わせたとき、ぼくらは数学の〝組合せ〟のような、可能性の爆発的増大に直面することはない――つまり、それぞれの個物のすべてのアフォーダンスを端から試してなどいないのだ。逆に、ある課題は、目の前の個物で何をすべきかということについての選択を助ける傾向がある。

ヒトの環境の大部分はこのように、各個体群の日常の課題と技能を中心に組織されている。この組織化は、炉の例が示すように、空間的であると同時に時間的である。炉は居住地の空間構造と諸活動の時間構造の両方を選択する傾向がある。炉は現生人類の家の中心に位置づけられるだけでなく、日々の仕事（火の維持（とくに、夜間）、食事の準備、そのほかの仕事）の支柱ともなるのである。

このため、注意ぶかい観察者であるヒトの子どもは自分たちが高度に構造化された環境のなかにいることを見出す。この環境は——少なくとも、アフォーダンスと、アフォーダンス間の関係のレベルでは——一般に考えられているほどの文化差はない。子どもたちは物の操作技能や事象の流れを目撃し、たぶんすぐに気づきはじめる——自分たちの家と毎日の暮らしがどちらも機能的単位に分けられていることに。目覚めたときにおこなわれることと日中におこなわれることはちがう。屋内でおこなわれることと屋外でおこなわれることはちがう。同様に、人々も機能分化している。ある人は食事の準備をし、他の人は狩猟、漁撈、採集、収穫をしている。

知覚的には、こうした日常技能は結合・組み替え・変形の諸体系《システムズ》の要素《エレメント》としての特定のアフォーダンス群によって特徴づけられている。たとえば、可逆的事象と不可逆的事象の差異は非常に重要である：コップの水はここから向こうへ動かすだけなら、もとどおりに動かして飲むことができるが、コップからこぼれたり、飲んでしまった水はもとどおりにはならない。形状や肌理を特定の状態へと変化させることも非常に重要である：これこれの植物の根はそれからできる粉がさらさらの肌理になるまですりつぶさねばならないとか、あの刃にこの柄をつけるにはその二つの表面が一つの縁を共有するようにつくればいいとか——。ザブロウ（Zubrow, 1994, p.110）はこうした複数のアフォーダンス間の一般的な関係を多数列挙している。ある物または表面が他の物または表面に包含されること、一つの事物が二つ以上の事物に分割されること、二つ以上の事物が一つの事物へと結合されること、複数の縁を隣接させること、複数の縁の合同あるいは物の効果的使用のために必要な方向に気づくこと。

ザブロウ（Zubrow, 1994）をはじめ、多くの人たちはこれらの関係を「概念」と考えているけれど、それらが最初はマルチモーダルな情報に基づいて知覚的に学習されると信ずべき十分な証拠がある。第4章で概観したように、可逆性、包含、分割、隣接などは光学的な添加‐削除の情報によって特定可能である。また、そうした関係のいくつかが触覚的に知覚できるのも明らかである。同様のことは他のアフォーダンス間の関係についても言える。粉のきめ細かさや縁の形状は視ることも触れることもできる。また、平らにする、するどく研ぐ、かたどる、割るなど、いくつかの活動には視覚的‐触覚的成分に加えて、音響的成分もある。興味深いことに、物質の変形のためには、しばしば対象に応じた特殊な探索戦略の学習が必要になる。たとえば、表面を削った長い棒が「弓」として使えるくらい柔軟かどうかを知る唯一の方法は、それを特定のしかたで曲げて、その反発力を感じることである。

以下の各章でくりかえしみるように、ヒトの思考と概念は、ヒトの生態的ニッチにあるこうした基本アフォーダンス群の経験から創発する。この経験は知覚に――つまり、探索‐情報ピックアップの通常および特殊な過程に――基づいているが、それはヒトに知覚をゆうに超えた思考パターンの展開を可能にする。物質と表面のシステマティックな変化・変形の技能の習得がもたらすのは、たんに自己の周囲にある事物についての知識だけでなく、自己の欲求を充たすためのそれらの変化のさせかたについての知識でもある。このような因果関係の把握やそれを見通した計画性は、ヒトの環境のアフォーダンス群の経験と、ヒトの群棲環境の複雑な社会構造とから生まれる。ヒトの子どもはすぐれた観察者であり、それらの重要な抽象的関係を多数見ているが、それと同時に、まわりの人たちからの明らかな援助や教育もあるのだ。

ヒトの思考は、抽象的分析能力の開花ではない。それは意味と価値を求めるヒトの集団的努力の一帰結である。ヒトの生活様式は多様なアフォーダンス群をひとつの場所に集中させることを可能にした。これによって、日々の活動拠点となる定住的居住地と日々繰り返される活動サイクルの展開のための素地ができた。場所と時間のそのような組織化のためには、アフォーダンス群と活動コース群の間に高度に特定的な関係が――〝課題の集合〟とその達成に必要な〝技能の集合〟の関係が――成立するように、アフォーダンス群を慎重に選択し、物・場所・事象を慎重に組織化する必要がある。ヒトの子どもはみな、この組織化活動がいたるところにあり、ある点では、その集団的努力への参加が期待される環境内で成長する。ヒトは子どもをそれらの集団の一人前のパートナーにするために、子育てのための独特かつ高度に専門化された一群の技能を開発してきた。ヒトの子どもはたんに、実現可能なアフォーダンスが充ちあふれた自然環境内にいるのではない。ぼくらは彼らを特定の可能性群がとくに強調され、他の可能性群が目立たなくなっている改変された環境内に置いている。ヒトがアフォーダンスおよびアフォーダンス間の関係についての思考を身につけていく場所はこのような群棲環境内にほかならない。

❏むすび

ヒトの環境はつくられた環境でも、発見された環境でもない。それは選択、変形された環境である。ヒトの環境は一個人だけの環境ではないが、あらゆる個人にとって完全に同一な環境でもない。ヒトの場合、努力の集団化が非常に深く、広範囲に及ぶので、環境それ自体がある個人の周囲に生きる人々の特殊性を色濃く帯びた環境――群棲環境と化しているのだ。

現生人類はアフリカから世界各地に拡散し、地球上のあらゆる主要な生物群系への移住に成功した。この移住の成功のおかげでホモ・サピエンスは、地理的障壁によって隔てられ別々の進化の道をたどる多数の個体群に分断されはしなかった。適応放散の成功が代わりにもたらしたのは「全世界に分布した大型哺乳類」という独自のシナリオである。皮肉にも、この世界規模の成功はおもに、ヒトの個体群間の生物学的・血統的な差異によるものではなく、集団的努力の文化的多様性、すなわちこの惑星のさまざまな要求への適応様式の文化的多様性によるものである。そのため、ヒトは一つの種としては文句なく地球上にもっとも広範に分布した大型哺乳類ではあるが、その行為・相互行為・意識のパターンは地域ごとに非常に変化に富んでいる。ヒトの赤ちゃんは「ヒト」という種の成員になるためだけに生まれてくるのではなく、特定の文化に属する特定の家族の成員――つまり、特別な種類の人間になるためにも生まれてくるのである。

第9章 人間になる

□ヒトの乳児を包囲する群棲環境

ひとりの人間 a person になること――それはひとりきりではできない何かだ。ひとりの人間になることはその本質からして社会的過程なのである。第8章でみたように、ヒトの環境はそれ自体が集団的努力と活動の産物である。だが「生まれか《ネイチャー》?・育ちか《ナーチャー》?」をめぐる心理学の声高な論争はひとつの明白な事実をうやむやにしがちだった。ヒトの社会では子どもが放ったらかしにされ、ひとりきりで大きくなることはないのである。人類の歴史に記録されている「間引き」や「捨て子」などの風習はけっして自慢できるものではないけれど、たとえ最悪の状況であっても、生まれた乳児のほとんどは非常に能動的かつ支援的な「群棲環境 populated environment」に包囲される。しかも、この群棲環境にはつねに、乳児の発達の促進をねらいとした多数の構造が内包されている。非常に特別なこの群棲環境のなかでぼくらはいかにしてひとりの「人間」になるのか――それがこの章の主題である。

現時点で言えるのはせいぜい以下のことしかない。乳児の環境の能動的構造化はヒトの全文化に共通する普遍的特徴である、ということ。しかし、人‐対‐人の相互行為を中心に据え、大人から子どもへの〝世話〟的成分だけに焦点化した従来の「子育て」の概念とはちがって、乳児の環境の生態学的分析はもっと大きな網を投げる。

一文化の全乳児のためにつくられる特別な環境に含まれるのは人だけではない。そこには選択された物・場所・事象も含まれる。しかも、それは乳児の発達と（少なくともゆるやかに）対応して変化する、発達的に構造化されていく環境でもある。この発達的ニッチ（Super & Harkness, 1986; Bril, 1993）には、養育者によって有害ないしは不適切とみなされた特定の物・場所・事象と子どもとの切り結びを防ぐ選択的障壁も含まれている。

この発達的ニッチは以下の三つの次元からなる構造として捉えると理解しやすい。

1 特別な人

乳児の養育者は生物学上の親やきょうだいの場合もあるし、生物学的家族の外部から乳児の世話をするために特別につれてこられた人の場合もあるが、いずれにせよ、つねにおなじ人が世話をすることに変わりはない。乳児の世話を誰がするかは、文化、地域（たとえば、都市／田舎）、階級などのちがいによって変わる。そこには普遍的なパターンなどまったくないようにみえる――ただし、どのような社会でも、大部分の子どもの赤ちゃん時代の主たる養育者は年長の女性（たち）である。男性が赤ちゃんの世話をするということもまったくないわけではないが、どの文化でもそういう男性は少数派である。

養育者は、世界についての子どもの学習を助ける唯一の人物ではないけれど、日常的にくりかえされる経験にかかわっているため、子どもにあたえる影響もいちばん大きいとおもわれる。だから、養育者個人の興味や能力は、子どもの経験を組織するうえで文化的な背景とおなじくらい大きな役割を果たしている。

2　赤ちゃんのために特別に選択された物・場所・事象

おもちゃ、ゲーム、子ども部屋、揺りかご、ベビーサークル、子守歌……これらはひかえめに言ってもかなり一般的に見られる。ヒトの文化的組織化を考えるなら、こうした特定の物・場所・事象が乳児‐養育者領域として区別されるのは乳児と養育者を結びつけたことから生ずる「自然的結果」である。この分離にはポジティヴな面（子どもに年齢相応のおもちゃ・ゲームをあてがう）もあれば、ネガティブな面（不適切であると見なされる事から子どもを遠ざけておく）もある。ある文化には一般に、なにが子どもにふさわしいのか、何歳ぐらいになったらそれを受け入れる準備ができているのかということについての幅ひろい「民俗的知恵」がある。たとえば、未開発の田舎の文化では、赤ちゃんには一種の体操ないし運動をさせるべきだとしているところが多い――だが、開発の進んだ都市部ではそういうことはめったにしないのだ（Reed & Bril, 1995）。

3 歌・ゲーム

赤ちゃんに向けてなされる事象のなかでも、歌とゲームは他の動物とは明確に異なるヒトの特徴だ。ゲームは遅くとも、赤ちゃんが他者をしっかり見て、微笑む頃（生後6週過ぎ：Trevarthen, 1988 参照）までには開始され、その後大々的に展開される。どのゲームにもさきに「遊び行為システム」の特徴的要素として指摘したもの――「誇張された姿勢と動き」が見られる。「誇張」は空間・時間、どちらの次元にも認められる――動きは通常よりも大きく（あるいは小さく）、多くの場合、シンコペーションを使った明確なリズム感がある。それらのゲーム（など）には、大人同士の対面的な相互行為に含まれるすべての要素――顔の表情、口の動き、手の動き（音をたてることも含む）――が導入されている。リズミカルな動きと音をたてることは結合している場合が多い（手拍子、口笛、ポンポン叩くこと、平手で打つこと、舌を鳴らすこと等々）。この遊びに含まれる特別な言語的要素（いわゆる〝マザリーズ motherese〟は体系的に分析されてきたが、声‐手‐身ぶりが一体となった遊びは研究されておらず、ぽっかり空白のままだ。

ぼくらの誰もがこの特別に構造化された社会環境のなかで人間になる。ぼくらが住んでいるのは非動物的環境ではなく、動物的環境であり、しばしば非常に活気にあふれた環境である。

環境のもっとも豊かで精緻なアフォーダンスは他の動物によって、ぼくらヒトの場合には、他のヒトによって与えられる。もちろん、それらは位相的に閉じた表面からなる遊離物であるが、同一の基本的形を維持しながら、その表面の形を変える。ある場所から他の場所へと移動し……みずから動き出す。それらの動きが「動物的」と言われるのはそのためだ……それらは力学法則に従うが、そうした法則に支配されないという意味では、力学法則に従わない。それらはふつうの物とはあまりにも異なるので、乳児はそれらを植物や生命のない事物から区別することをほとんど即座に学習する。触れば、触りかえし、叩けば、叩きかえす。つまり、観察者とのあいだ、またそれら同士のあいだで相互行為している。行動は行動をアフォードするのである。心理学の根本問題のすべてがこの事実の精密化であると考えられる（Gibson, 1979/1986, p.135）。

この複雑で、たえず変化し、（いつもではないけれど）ほとんどの場合、応答のある群棲環境こそ、ヒトの赤ちゃんがそのなかで育ち、そのなかで人間になる世界だ。さあ、赤ちゃんがどうやって人間になるのか見てみよう。

❏相互行為フレーム内で発達する行為システム群

生まれたばかりの赤ちゃんは自分のために上演されているこうした「ショウ」について何を知るのか？　もし新生児がこの「ショウ」に何も知覚できないのなら、複雑に構造化された社会環境があるだけではどうにもならない。もちろん、ヒトの新生児の顕著な特徴はその明らかな無能力と養育者への依存にある。ひとまわり大きな環境のなかで捉えるなら、ヒトの乳児は動物としてはまったく無力な立場にある。にもかかわらず、彼らにはヒトの環境に適応するだけの精妙な能力がある。

新生児の技能のなかでもっとも重要なのは知覚と相互行為の技能である。生後半年間の発達は知覚システム群と相互行為システム群が支配していると言っても言い過ぎではない。西洋の伝統的な考え方では、乳児は最初は事物のことを学習し、それからはじめて人々のことを理解するようになるとしているが、これはほぼ完全に逆さまである。一般に、乳児は事物ならびにそれをつかって何をするかということを他の人々をつうじて、少なくとも社会的に構造化された環境内で（そこに入り、理解するのはヨチヨチ歩きを始めた子ども、あるいはもう少し大きな子どもだけだが）学習している。

乳児期初期が混乱期であるのは疑いないが、それは混沌とした光と音の洪水というわけではない。しかも、生まれて間もない乳児さえ自分の周囲の世界から効果的に意味をハンティングできるだけの知覚と相互行為の技能を備えている。新生児の口は乳を飲むことにかなりよく適応していることに加えて、知覚情報の豊かな源泉でもある。それはしばしば循環的な活動パターンに組み込まれ、養育者との触れ合いを基礎とした親密さの確立を助けている。また、健康で機敏な赤ちゃんは、養育者の姿が視界にないときにも、養育者の声に定位することができる（Alegria & Noirot, 1978）。こういう機敏な赤ちゃんは、相手の顔の目立った表情（たとえば、舌をぺろっと出すとか、口を大きく開けるとか）を見て、模倣することさえできるのだ。この発見は伝統的な考えかたからすれば信じ難いことだったので、何度も再現されるまでは激しく反論されたほどである（Meltzoff & Moore, 1977; Mertzoff, 1993）。

伝統的な知覚理論——それは知覚が情報の検知からではなく、諸感覚の加工から生起すると考える

――は異なる感覚間のマッチングが学習を必要とする困難な過程であると暗に主張している。赤ちゃんはそんな理論など知らないようだ。赤ちゃんは声が聴こえたところを見て、（聴いた）声が（見た）顔と表情にマッチングしていることを受け入れる（Walker & Gibson, 1986）。また、ある物は触れた感じのとおりに見えるものとして知覚されているようであり、同一の対象を手と口の両方で触知しているようでもある（Rochat & Senders, 1993）。こうした数々の発見が暗に示していることに反発する学者はまだ多いが、挙証責任はすでに、それらの能力を幼い乳児に認めない人たちの側に移っているはずだ。スターン（Stern, 1985）、トレヴァーセン（Trevarthen, 1984, 1994）、フォーゲル（Fogel, 1993）と同じく、筆者はヒトの乳児がそもそも最初から自分の世話をしてくれる「人」について学習していると考える立場をとる。声‐顔のマッチングを学習し、そこから「人」についての知識を得るための推論を開始するといった中間段階のようなものは必要ないのだ。

乳児が「人」について知っているのと同じだけ、生命のない「物」についても知っているのかどうかは明らかではない。新生児が「物」にたいしてできるのは、せいぜいその方向へ手を伸ばすことくらいだが（von Hofsten, 1983）、顔の表情ならすでにいくつか模倣できる。生後6週までには、24時間前に見た顔の表情さえ模倣できるようになるが、その時点でも、物に手を伸ばし、つかむ技能はまだいくらも分化していない（Meltzoff & Moore, 1994）。

ヒトの新生児が対面的な相互行為 face-to-face interaction だけに進化的に特殊化され、それ以外のことはほとんど何もできないように見える理由の一つは、彼らが姿勢制御に関してあまりにも無力だからである。首と頭を身体の他の部分から独立に動かせるようになるまでにほとんどの赤ちゃんは最低でも1～2ヵ月かかるし、ひとりで寝返りをうてるようになるまでにも2～3ヵ月以上かかるのがふつうである。したがって、ヒトの乳児はおよそ半年間も、誰かに抱かれたり、細長い布でぐるぐる巻きにされたり、支えられたりしていなければならない――さもなくば、ひとりで寝かせておくしかない。この最後の選択肢は〝モダンで、先進的な〟社会以外では回避される傾向にあるため（Rogoff, Mistry, Göncü, & Mosier, 1993）、乳児はみずからを養育者と向きあった状態か、養育者に抱かれながら他者と向きあった状態で見出すことになる。乳児には比較的発達した知覚と相互行為の技能があるので、こうした対面的な状況が初期発達の基本的場面となる。それはフォーゲル（Fogel, 1993）によって「相互行為フレーム interaction frames」と呼ばれている。相互行為フレームは最初、しっかり確立された対面的な相互行為にあらわれる。（⇩Box 16参照）

一つの相互行為フレームは群棲環境内の一つの場として――独特の複雑な行動パターンが展開される場として――考えることができる。これらのフレームは、第8章で論じたヒトの「道具一式」のなかに見られる特定の物質や表面がヒト環境の実在的部分であるのと同じように、ヒトの環境の実在的部分である。それらは発達する子どもにとって非常に重要な社会的構造あるいはパターンである。これらのパターンは個々人の内部にあるのではなく、二人の個人のあいだにある（このフレームのなかに、その二者以外の人や物が入れるようになるのはもう少し後のことである）。このような相互行為パターンの起源をめぐる研究には論争がある。そうしたパターンの確立のために子どもか大人がもっと何かするのではないか、というのだ（Kaye, 1982; Trevarthen, 1994; Fogel, 1993）。だが、ぼくに言わせれば、それはまちがった問題だ。そもそも、それらの場は多様に変化するものなのだから。重要でありなが

相互行為フレーム　Box 16

「相互行為フレーム」という用語はグレゴリー・ベイトソン（Bateson, 1955）に由来する。しかしながら、ベイトソンの考えは「コミュニケーション」および「意図」の枠組のうちにある。対面的な相互行為のようなことは一種のメタ・コミュニケーションを構成しており、そのなかでコミュニケーションの規則（あるいは枠組）の交渉がおこなわれていると彼は信じていた。もしかしたら、ある文化内または文化間の大人――ベイトソンはまさにそれを研究していたのだが――についてはそのとおりかもしれない。しかし、赤ちゃんとの対面的な相互行為についてそれが当てはまることはありえない。そこで重要なのはコミュニケーションを成立させるための規則の交渉ではなく、コミュニケーティヴな生の形式に入ることなのである。

相互行為フレームに入るために、ヒトの乳児はとても複雑に見えるクロス・モーダルな知覚と行為の技能をマスターしなければならない。たとえば、対面的な相互行為は顔の表情だけでなく、身体の姿勢と動きのいくつかの側面ならびに全体的なリズムが検知されるまでは成功しない。大部分の複雑な動物行動の諸形式と同様、相互行為的な行動も高度に組織化されており、その組織化は他者が認識できるように細部まで特定されている。そうでなければ、その行動は適切に機能しない。ほとんどの場合、音声的事象も同時に検知することが重要である。本章の主張は、ヒトの乳児がそのような諸技能の多数の基本的要素をきちんと備えて誕生し、どんな文化の相互行為パターンにもすぐに入れるようになるということである。乳児期初期のこのリズミカルで、音声的で、顔の表情が関わる二項的フレームに入った後、ほとんどの赤ちゃんはその発達につれて相互行為のさらなるフレームへと入る準備ができている。

ら研究されてこなかったことは、それらのフレームがいかに「窓」の役割を――群棲環境がそこに乳児の知覚・行為・知識の能力を引き込む「窓」の役割を――果たしているのか、ということである。ぼくが「促進行為場 field of promoted action」(Reed, 1991, 1993; Reed & Bril, 1995) と呼んでいる場はそのようなフレームが開いているときにのみ作動しうる。「促進行為場」とは、他者が子どもに利用できるようにしたり、子どもに向けて強調しているすべてのアフォーダンスが含まれ、他者が子どもに禁じているアフォーダンスが排除されている場である。「促進行為場」にはまた、乳児がその時点ではまだできないが、できるようになることを期待されたり、その発達のための足場づくりさえなされている行為も含まれている (例：支えながら座らせる、または立たせる)。「促進行為場」は人間の発達を後押しする強力な力であるが、こうした相互行為フレームの「窓」を通さない限り、乳児の形成に力をおよぼすことはできないのである。

❑フレームの分化

最初のフレーム：生後0～3カ月

ヒトの新生児はこれまで考えられていた以上の社会的技能をもっているが、対面的な相互行為に確実に入り、十分長く維持することはできない。それができるようになるには早くても6週から12週くらいかかる。

新生児の技能は対面的なフレームへの参入可能性を確保することに役立っている。うつろいやすく、偶然にあらわれるだけだが、はっきり認められる表情を新生児はたくさん浮かべており（といっても、この時点では、それらの表情と感情との結びつきはまだしっかり確立されてはいないが）、気まぐれで断続的ではあっても、他者の顔をじっと見つめることもできる。トレヴァーセン（Trevarthen, 1994）によると、こうした諸能力は生後6週間のうちに次第にシステマティックに組織化されはじめる。他者の顔を見ているとき、乳児は息をひそめ、視野の焦点を相手の顔に合わせ、顔・四肢・身体でさまざまなしぐさをしだすようになる。相互行為の最初の様式への参入が可能になるのは、このように単純な知覚と相互行為の技能を乳児が組み合わせたときである。このとき対面的な相互行為は（少なくともある程度まで）乳児にも調整可能なものとなる。

乳児が養育者をただじっと観察するだけでなく、みずからの行為を他者にも検知可能な仕方で変調させるようになると、相互行為のループが確立されうる。「他の動物が観察者にアフォードするのは、たんに行動だけでなく、社会的な相互行為もある。一方が動くと、他方も動き、前者の一連の行為と後者の一連の行為とが一種の行動のループのなかで結ばれる。社会的な相互行為とはすべてこのようなものである……」（Gibson, 1979/1986, p.42）。このループの確立には養育者と同じだけ子どもも関与しているということに注目することが決定的に重要である。完全にランダムな赤ちゃんの活動にいくら社会性や意図を「読み込んだ」ところで首尾一貫したパターンが生まれるはずはない。もちろん、（一部の）おとなが赤ちゃんの行為に実際にはない意味を投影するということはあるかもしれない

（Kaye, 1982）。けれども、もし子どもの活動にいかなる秩序も見られないのなら、このような投影は結局のところ願望的思考の域を出るものではなく、それと同程度の不確実さしか持ちえないだろう。つまり、いかなる種類の相互行為のループも、乳児がきちんと調整された行為パターンに関わっている限りにおいて、確立されうるものなのだ。

このような相互行為のループがひとたび確立されると、それはほとんどの養育者 - 乳児の二項関係にとって感情的にきわめて重要なものとなる。赤ちゃんを微笑ませることは養育者の人生の最大の喜びの一つとなり、ほとんどの赤ちゃんにとっても養育者に応えることは喜びの感情をもたらす。このような連鎖をスターン（Stern, 1985）は「感情の高まり affective surges」と呼び、それが「循環性 cyclicity」と「内的同調性 internal phasing」を相互行為に導入することを支えていると指摘する。「循環性」は養育者か赤ちゃん、あるいは両者がそのループを再び確立しようと模索するときにつくりだされる。「内的同調性」は相互行為に起承転結のようなパターンが確立されはじめたときに生み出される。

乳児の知識と行為のマルチモーダルな性質はこの「循環性」と「同調性」の確立に大いに寄与する。乳児は相互行為の視覚的側面と触覚的側面に注意を向けるだけでなく、その音声的側面にも特別な感受性を見せる。乳児も養育者も、たとえば「くしゃみ」などより「声」に反応しやすいことが確認されているのである（Kugiumutzakis, 1992）。この証拠から早急に結論を導くことはできないにしても、発声が対面的な相互行為における順番交代の核としての相補性 reciprocity の確立に重要な役割を果たしていると考えるのは妥当なことだろう。この相補性はじょじょに予期可能になる位相変化と循環性のパターンに支えられていると思われる。トレヴァーセン（Trevarthen, 1994）はさらに踏み込んで、この予期可能性はジェスチャーと発声のリズミカルな（毎秒1・5拍で、2～3拍の長さが1単位となり、最大でおよそ20～30単位が持続する）構造に基づいていると主張する。また、パポーシェックらは、2ヵ月齢までの赤ちゃんに向けた発話には、場面場面に応じて明確に異なる韻律素の波形が見られることが多いと報告している（Papousek & Papousek, 1991）。

　このような初期の対面的なフレームは一時のエピソード的なものであり、長期間維持することはできないが、2分間もつかどうかのこれらの「窓」の中で膨大な知識が獲得される。そこで獲得される知識は主に相互行為に関することであろう。乳児は自己のエージェンシーと他者のエージェンシーを理解しはじめる。外的事象（とくに、動物的事象）についての予期を形成するようになり、自己のエージェンシーのコントロールを学習しはじめる。乳児は、他者の顔をただ追いかけ、ときおりそれを模倣するだけの段階から、真の相互行為の始まりへと移行してきたのである。たとえば、メルツォフとムーア（Meltzoff & Moore, 1994, p.94）の報告によると、3ヵ月齢までに乳児は「人々についての、彼らとのあいだでおこなわれるゲームについての、またさまざまな表現行動についての社会的期待を発達させていた。これは新生児および6週齢児にはまだ見られなかったものである……［3ヵ月齢になると］ルーティン化された社会的行動（微笑、挨拶、クーイング）を試してみるようになり、それがただの模倣に取って代わった」（p.94）。

　生後3ヵ月までに乳児は（一部の）他者が対面的なフレーム内では予期可能な仕方でふるまうことを十分知っている。こうして彼らは相互行為をじょじょに長く確実に維持できるようになりはじめる。乳児は養育者の声・顔・ジェスチャーの「窓」をとおして、その文化が組織する「促進行為場」のなかへ入ったのである。

こうして地球上でわずか一つの季節を過ごした後には、ヒトの乳児はあるエピソードを踏台にしてその文化の「促進行為場」のなかに参入できるだけの技能を身につけはじめている。相互行為の次の段階には、この対面的なフレームへの参入をみずからコントロールすることを学習した成果が含まれる。したがって生後3ヵ月前後に創発するのは実際には二つのフレームである。対面的な相互行為のコントロールが上達した結果としてのフレームと、相互行為の拒絶のコントロールが上達し、子どもひとりで行為できるようになった結果としてのフレーム。およそ生後6～9ヵ月未満の乳児は、物への行為と相互行為とを協調させながら確実に維持することはできないため、この二つのフレームは同時には両立しがたい関係にある。本書での用語法にしたがって、物中心フレームを「遂行のフレーム performatory frame」と呼び、ここでは先に論じることにしよう。一方、他者中心フレームは「真の相互行為 true interaction」と呼ぶことができるだろう。なぜなら、まさにこの時期に子どもは対面的な相互行為からそれ以外の多様な種類の相互行為へと拡大していくからである。

遂行のフレーム：生後3～9ヵ月

生後3～6ヵ月の乳児は、他者からの相互行為の誘いを拒絶できるというそぶりを見せはじめる。養育者が乳児の注意を自分の方に向けようとしているときに、視線を逸らしたり、眼を閉じたり、遠くを見たり、気のない目つきをする（Stern, 1985, p.21）。眠いわけでも、気分が悪いわけでもない。その行動からわかるように、別のところに興味が——物への興味が——あるためだ。対面的な相互行為に必要な相補性は破れ、しばしば他の事物への興味に置き換わっている。

この時期の物志向行為は感情的巻き込み affective involvement や同調構造 phasic structure を欠いたものではないということに注意したい。感情は相互行為にしかともなわないと考えられがちだが、これは明らかにまちがいである。生後3～4ヵ月の子どもは少なくともいくらか自己をエージェント *agent* として知覚しているようであり、この自己受容感覚 proprioception は他の事物の知覚と等価でありうる。キャロライン・ロヴィ＝コリアーが実験に使った「連結強化パラダイム」はこれを示す好例だ（Rovee-Collier & Gekoski, 1979）。この実験パラダイムでは、あおむけに寝ている赤ちゃんの足首と赤ちゃんから見えるところにある目立つモビールとが1本のひもで結ばれている。赤ちゃんが足を蹴りあげるとモビールが回転するようになっており、つよく蹴れば蹴るほど、モビールもよく回る。3ヵ月児はこの技能をすぐに身につけ、それに高い関心を示す。サリヴァンとルイスは同様のしかけを使って、乳児の感情表出を観察した（Sullivan & Lewis, 1989）。サリヴァンらの実験では、半数の乳児だけにしかけのコントロールが許されており、残りの半数には許されていなかった。すると、その場の出来事をコントロールできた乳児だけが興奮、歓喜、熱中、発声をともなった〝感情の高まり〟を見せた。対照的に、その場の出来事をみずからの蹴りでコントロールできなかった乳児はぎゃあぎゃあ騒ぐだけだった。

このような物中心の行為フレーム内では、養育者の役割は周辺的である。子どもの視野内に「物」をもってくる（それによって行為のきっかけをつくる）ことや、「物」の機能を実演することさえあるかもしれないが、少なくともそうした場合、子どもの注意と興味は決定的に非動物的な「物」に向かっている。

物へのこのような興味の高まりは知覚システム群のいくつかの重要な発達と歩調を合わせている。もっとも重要なのは、物をつかんで口に入れたり、触ったりするために手を伸ばすこと（リーチング）が今や可能になっているということだ（von Hofsten & Lindhagen, 1979; Rochat, 1992）。生後3、4ヵ月前後になると、リーチングの技能が確かなものになりはじめ、物に手を伸ばすこととその物の性質を（口であれ手であれ）感知することとが結びつく。だが、生後4ヵ月といえば、まだ誰かに支えられていなければ座ることさえできない時期だということに注意したい。つまり、彼らが手を伸ばす対象は養育者によって用意された物だけである。したがって、このフレームが「物志向」フレームと呼ばれていても、それが実際は相互行為フレームであるということを忘れてはいけない——ただし、その中で乳児は能動的に相互行為の可能性を拒否しているのだ。

パルマー（Palmer, 1989）によれば、生後6ヵ月の乳児はすでに自分のつかんでいる物のアフォーダンスを選択的に探索しているという。ピアジェ派の理論（Piaget, 1952）や一般的見解に反して、この時期の乳児は手もちの行為シェマをどんな物にも機械的に適用する（たとえば、何でも見さかいなく口に入れる）わけではないのだ。かわりに、乳児は表面、肌理、物質、形態の差異を識別し、それに興味を示す。硬い物は他の硬い表面にバンバン打ちつけられ、柔らかい物はこねまわされ、ケバだった物はなでつけられる（口には入れられない）、等々。この時期あるいはもう少し後では、（「人」への予期とは対立する）「物」への予期が行為を調整しはじめる。

レイダー（Rader, 1966）は、たった一度の味つき「おしゃぶり」との接触がその後の赤ちゃんの「おしゃぶり」との接し方に影響をあたえるということを発見した。同じ物を二度目に提示した際、生後15週の乳児は「すっぱいおしゃぶり」よりも「甘いおしゃぶり」のほうを多くつかんだのである。生後8週の乳児ですら、その限られた行為レパートリーのなかで予期の効果を見せた。「甘いおしゃぶり」を提示されたとき、「すっぱいおしゃぶり」のときよりも親指を大きく内側に曲げたのである。顔の表情や全身の覚醒状態と結びついているので、子ども側のこのように微妙な調整でさえ、養育者はおそらく気づき、ほんのわずかな反応の分化でも十分「促進行為場」を通して増幅されていくのだろう。

養育者のエージェンシーのパターンへの予期だけでなく、ある物に固有の（〝興味深い〟）特性があることへの予期も身につけ、しかも、それらの予期をみずからの運動をとおして確証できるようになった今、赤ちゃんは社会生活の重大な転換点を迎えている。他者からの行為の促しを受容するだけでなく他者の特定の行為を促すこともはじめられるのだ。泣いたり騒いだりしながら、快適な状態の訪れを期待すること（一般的ないし非特定的な相互行為）と、特定の物あるいは事象を選択し、それを他者のエージェンシーをとおして獲得または実現することは別のことである。モジエーとロゴフ（Mosier & Rogoff, 1994）によれば、生後わずか6ヵ月の子どもでも、自分が興味をもった特定の物を母親に取らせることができるという。逆もまた真なり――6ヵ月児は、養育者の特定のアフォーダンス利用を観察し、それをお手本にして自分でもそのアフォーダンスを利用できるという（Lockman & McHale, 1989; von Hofsten & Siddiqui, 1993）。

このようにして生後6ヵ月頃から、ヒトの乳児は「自由行為場 fields of free action」と呼ぶべき場を形成しており（Reed, 1993）、それが乳児に促されたものから比較的独立した彼自身の自律的なエージェンシーを画定する。（だがこれはまだ「比較的」自律的であるというにすぎないことを覚えておこう。この時期のほとんどの子どもはまだひとりで移動することさえできないのだ。）子どもは自分が興味をもったアフォーダンスについて学習しているところであり、そのアフォーダンスの獲得を養育者にいかに手伝わせるかということだけでなく、物で遊ぶために養育者からの相互行為への誘いをいかにシャットアウトするかということも学習しはじめている。子どもは自分の日常生活のパターンを組織化する役割を担いはじめている。相互行為のエピソードにはある程度自律的になされる探索および遂行のエピソードが散りばめられる。そうした諸局面への〝振り付け〟過程は次に見る相互行為技能群のより豊かな発達に依存している。

真の相互行為：生後3〜9ヵ月

生後3〜6ヵ月の乳児は養育者をいかに〝シャットアウト〟するかということだけでなく、養育者をいかに〝オン〟にするかということも学習している。顔をじっと見つめたり、微笑みかけたり、声を出したりすることによって、対面的な相互行為を再び確実に始めようとする様子を見せはじめるのだ（Stern, 1985, p.22）。この際、（すべてではないにしても）ほとんどの養育者がその呼びかけに応えてくれることは乳児を大いに助ける。この応答のおかげで、乳児は自己の行動をそのローカルな文化の適正集合proprieties に合わせて形作るようになるからだ。というのも、相互行為を引き出すうえでの自己の眼差し、微笑、発声の効果を限定するのはそのような文化の適正集合だからである。このようにして、乳児は初期の対面的な相互行為の相補性を〝オフ〟にできるだけでなく、それを拡張し、「窓」を開くこともできる。「促進行為場」はそこを通して、よりいっそうきめ細かく効果的に形成されうるのである。

生後3ヵ月のはじめ頃、乳児は相互行為のコンテクストの変化に合わせて自己の行動を調整するような様子も見せている。母親に子どもとの相互行為を突然中断し、能面のような「無表情」を維持してもらう（あるいは別の方法であれ、同様の「無表情」に乳児を直面させる）と、このような状況が赤ちゃんを醒ましてしまうことがわかっている。このような「無表情」場面での乳児はつねに泣いたり騒いだりするわけではないものの、微笑が消え、視線を逸らし、覚醒した様子を見せる（Field & Fogel, 1982; Gusella, Muir, & Tronick, 1988）。戸田とフォーゲル（Toda & Fogel, 1993）は、このような「無表情」場面では手を使う活動が増加しやすいということを発見した。とくに6ヵ月児はそれ以下の乳児よりも目的をもった手の活動を多く見せた。これは子どもが社会的相互行為の本質的特徴の一つ、〝オン - オフ〟の切り換えがあることに順応してきていることの証拠だろうか？

3ヵ月以降の相互行為の主要な発達は、養育者の活動への乳児の反応の重要な変化のうちにある。「マザリーズ」、つまり「育児語 infant-directed speech」への選好が明確になってくるのである。こうした育児語の使用は多くの養育者によって生後1ヵ月以内にはじまる（Snow, 1977; Fernald, 1992）。新生児でさえ育児語と通常の大人語とを聴き分けることができ、非常に幼い頃から育児語のほうを好むことを示す証拠もある（Cooper & Aslin, 1990; Pegg, Werker, & McLeod, 1992）。育児語はほぼ普遍的であり、言語のちがいを超えた共通の構造がある。比較的高く柔らかい声が使われ、発話は短く、繰り返しが多い。そして、抑揚がとても強調されている（Fernald, 1992）。1ヵ月児もこのような育児語への選好を見せるが、この選好はその音響的事象を養育者からの発話として認識したうえでのものではないことがクーパーとエイズリン（Cooper & Aslin, 1990; Cooper, 1997）によって示されている。クーパー（Cooper, 1997）によれば、育児語であるかどうかにかかわらず、1ヵ月児は母親の声のほうを好むが、4～5ヵ月頃までには、育児語一般のほうを好むようになる。基本的な対面的フレームがマスターされているときにのみ、育児語がそれに固有な相互行為フレームを確立することができる。養育者はそのなかで育児語を爆発的に産出し、子どものほうも折りにふれて声を出すようになるのだ。

育児語への子どもの反応は「声遊び」の増加へとつながる（Stark, 1980）。この発声モードのなかで、乳児は自己の発話能力の多くの次元——声の大きさ、高さ、長さ、抑揚などの変化——を効果的に探索する。このようにして、一種の「原‐対話」が対面的な相互行為のなかで、それに沿ってあらわれてくる。この発達途上の相互行為フレーム内にも複雑な内的構造をもった行為とともに、相補性のみならず、順番交代さえ含まれている。そして、たんなる発声ではなく、それとわかる言語的音声の出し方を身につけはじめたとき——それはどうやら、そのような音声を養育者が促進するためでもあるらしいのだが（Locke, 1993）——この相互行為フレーム内で「バブバブ」という「喃語」があらわれる（Oller, 1980; Studdert-kennedy, 1991）。生後9～10ヵ月頃までに乳児の喃語は、異なる言語環境に生まれた者でもふつうのおとなならば聴き分けられるほどになる（Boysson-Bardies, 1990）。（⇨Box 17参照）

リズム　Box 17

くりかえし何度も、リズムは相互行為の基底的要因として登場する。個体の活動には段階的パターン（たとえば、クライマックスに至り、そこから終結へ向かう構造）はあるものの、必ずしもリズミカルではない。しかし、大部分の相互行為には少なくともある程度のリズム構造があるように見える。拍子と強勢は一般に見られ、拍子や順番交替を利用してパートナーとのあいだに“共通のテンポを設定する”ことも一般に見られる。はっきりわかるリズムやシンコペーションなどはそこまで一般的に見られるわけではないが、多くの相互行為を特徴づけているようである。

リズム性自体の研究はないため、それがこれほどいたるところに見られる理由はよくわからない。以下に列挙したのは、リズムが相互行為にとってこれほど中心的に見えるのはなぜかということに関する検討すべき仮説である。

- マルチモーダルであるため、とくに行為と知覚をリンクさせることに役立つ
- パートナーの行動にたいする予測や期待を容易にする
- 協調的な調整と協調的な情報ピックアップを容易にする
- 情動変化の協調を容易にする
- 行為と意識の流れを区切り、ひいては分節することに役立つ

こうして生後6ヵ月頃までに、対面的なフレームは声による相互行為が含まれるくらいまで拡張されている。このような相互行為と発声の能力が一体となり、ぼくらが通常「ゲーム」と呼んでいる一群の重要な活動——手拍子、リズムと押韻、しぐさを変えながらの発声、等々——が展開されるための条件がつくりだされる。どのゲームでも、おとなの顔の表情とともに、その声が大きな役割を果たしているようだ。グスタフソンらは、生後6ヵ月から12ヵ月のあいだのゲームの発達を研究した（Gustafson, Green & West, 1979）。6ヵ月の時点でなされているゲームでは乳児には多くの行為が求められていなかった。たとえば、「いないいないバア」や「くすぐりあそび」（子どもはくすぐりの受け手であり、そのタイミングや強さは大人側が調節する）。とはいえ、こうした初期のゲームでも子どもはなんらかの役割を担わなければならない。たとえば、おとなが子どもをあやしてなんとか声を出させようとしているだけのゲームもあれば、子どもにちょうどよいタイミングでオモチャやボールをつかませるゲームもある。8ヵ月までには「パタケイク」（pat-a-cake）のように子どもがはるかに構造化された役割を担うゲーム（子どもは「パタケイク・パタケイク・ベーカーズ・マン！」と歌いながら手をたたいたり、パンを焼くまねをする）もあらわれる。1歳までには、子どもが中心的な役割を担うゲームがすくなくとも全体の半数をしめるようになる。たとえば、オモチャのやりとり、積み木遊び、指さしと名前当て（子どもが名前を言う）など。

生後3ヵ月から9ヵ月のあいだにヒトの乳児は完全な相互行為者に——すなわち、対面的な相互行為に声と身体の動きを結びつける者に——なっていく。相互行為を開始するかどうかを自分で選択しはじめ、社会的相互行為の成功に欠かせない複雑な相補性の最初のステップ——順番交代という込みいった技法――を習得しはじめる。ゲームもできるようになる。つまり、たんに「感情の高まり」を経験するだけでなく、自己の行為の局面と養育者の行為の局面をリンクさせながら、共有されたコンテクスト内でそれを経験できるようになるのだ。

最後に、もっとも重要なことかもしれないが、以上の発達は行為の流れを調整する乳児自身の能力の増大を追いかけるようにして起こる。9ヵ月児は「促進行為場」を受け入れる「窓」とともに、自由な活動のための場ももつ。こうした乳児は周囲からの影響に抗うことができ、ひょっとすると自分自身の課題を設定することとさえできる。また、出来事の流れに同意できないときには、それを周囲に知らせることもできる。彼はエージェントである。そして社会化されはじめている。今まさに「人間」になることとの閾を越えようとしている。だが、真に「人間」となるためには、社会的エージェントにならねばならない。すなわち、世界と他者とを同時に、一つの相互行為フレーム内で扱えるようにならねばならない。

❏ 三項的な相互行為

生後9ヵ月頃の主要な発達のひとつは、ひとりで移動する技能の獲得である。ひとりで這い這いしている赤ちゃんにはいっそう広くなった「自由行為場」と（周囲にいる人が、赤ちゃんがケガをしたり、禁じられている物事の〝中に〟入らないように環境と出来事の配置に気をつかうためにあらわれる）

いっそう緊密な「促進行為場」の両方がある。

ひとりで移動することは乳児の地位の「存在論的移行」としか呼びようのない大変化を支える基礎である。移動性のない子どもは――養育者の手助けがない限り、世界を一つのパースペクティヴからしか見られない。他のパースペクティヴ群すなわち眺望の連続的展開を探索することはできない。環境を共有する能力に限界があるのだ。ギブソンが言うように、「移動性のない観察者」を包囲する環境は「移動性のある観察者」を包囲する環境とは異なる（Gibson, 1979/1986）。

「包囲するもの surroundings」という言葉は曖昧であり、この曖昧さが思考の混乱を助長してきた。たとえば、一動物を包囲するものがいかにして全動物を包囲するものでもありえようかという問題がある。二人の観察者は同じ時間に同じ場所には存在しえないということを前提にすれば、どの二人の観察者もけっして同じ「包囲するもの」をもたないことになる。（p.43）

この前提は移動性のない観察者にとっては正しいが、移動性のある観察者にとってはまちがいである。ギブソン（Gibson, 1979/1986）はそれを以下の箇所で明確に示す。重要なところなので全文を引用しておこう。

これは哲学的問題のように見えるが、じつは「偽似問題」である。タネ明かしをしよう。われわれを包囲する表面群のレイアウトは静止した一つの観察点との関係において――あたかも環境が凍りついた同心球のセットであるかのように――考えることもできる。だが、そのレイアウトはまた、あらゆる個体が通れる道に沿って動いている観察点との関係において考えることもできる。このほうがわれわれを包囲するものについてのはるかに有益な考えかたである……二個体はたしかに同じ時間に同じ場所には存在しえないが、いかなる個体もすべての場所に立つことができる。そして、異なる時間には、すべての個体が同じ場所に立つことができるのだ……この意味で、環境はある観察者を包囲するのとまったく同じようにすべての観察者を包囲している。(p.43)

〝私〟の環境と他のあらゆる人の環境との相互浸透が、この分析では、移動の機能として描き出されている。とくに、ギブソンが念頭に置いているのは、環境内の何かを獲得するための移動――遂行的な移動――ではなく、探索過程としての移動である。環境の諸部分を他者と共有するためには、そして環境内の何が持続し何が変化するのかを発見するためには〈移動知覚 ambulatory perception〉が必要だとする仮説をギブソンは立てたわけである。

ギブソンの仮説は、グウェン・グスタフソン（Gustafson, 1984）の巧妙な実験によってある程度裏づけることができる。グスタフソンは生後6ヵ月半から10ヵ月までの子どもを集め、「すでにいくらか移動できるグループ」と「まだ移動できないグループ」に分けた。そして、すべての子どもが「歩行器」――すなわち、移動性のない赤ちゃんを瞬時に移動可能にする器具――を経験していることも確認した。実験は、歩行器のなかでの子どもの行動変化を計測するというシンプルなものである。だが、グスタフソンは移動活動の変化だけでなく、探索的な活動と相互行為の変化にも注目した。すると、いうことだろうか？）

実験前ひとりで移動できなかった子どもは歩行器内で探索的な行為と相互行為のめざましい再組織化を見せていたのである。見るパターンを変化させ（部屋をはるかによく走査するようになった）、身ぶり、微笑、発声などの社会的行動も増加していた。しかし、実験前からひとりで移動できた子どもにはそうした変化は計測できなかった。（探索的な活動と相互行為の再組織化をすでに終えていたということだろうか？）

移動できる子どもと移動できない子どもとのちがいは、少なくとも、前者がよりたくさんの物・場所・事象のなかに入れるということにある。おそらく、このことだけで新しい「促進行為場」を引き出すきっかけとしては十分である。たとえば、ウエストとレインゴールド（West & Rheingold, 1978）によれば、1歳児への母親の発話の半分以上はその子どもの探索的な活動へのコメントや言及である。移動性は、環境の諸側面をめぐる他者との対立や協力の機会を格段に多く生み出し、おそらくは子どもが社会的相互行為と物志向活動とを統合することを強力に促進する力となっている。

乳児期の研究者は、生後9ヵ月頃にあらわれはじめる一つの物または事象に養育者とともに焦点化する乳児の能力を（二人の人＋一つの物で）三項的な相互行為（三項関係 *triadic interaction*）として言及している。だが、これでは静的なイメージを喚起してしまうので、（一つの複雑な環境内にいる移動性をもった二人の人、という意味で）動的な相互行為と言ったほうが良いだろう。名前はどうあれ、重要なポイントはこの新しい社会的フレームが動的であり、どの観察者の環境も他のあらゆる観察者の環境と相互浸透しているということである。

相互行為の特徴である相補性はいまや、環境のアフォーダンスの共有ということにまで拡張された。

発声と身ぶりは（どちらの側からであっても）たんに自分の行為の状態を際立たせるためにではなく、物・事象・場所を指し示すために使われている。およそ生後6～9ヵ月頃から、乳児は多くの時間を物に関わって遊ぶことに費やしているが、「相手から誘われないかぎり、乳児は生後1年目の終わり頃までそのような物との関わりを日常的に社会的パートナーと共有することはない」（Adamson & Bakeman, 1991, p.22）。9ヵ月以降になると、乳児と養育者が一つのゲームをしていて、養育者が順番をわすれているときには、すぐに身ぶりや声で反応するようになる（Ross & Lollis, 1987）。このように、共有された環境は確かに認識されており、養育者と同様に乳児も、望ましいパターンにしたがって相互行為を調整するためになんらかの手段を講じている。乳児の「自由行為場」は他者の特定の活動パターンを促す能力も包含しはじめているのである。

養育者はこうした子どもの変化に敏感なようであり、それにあわせて自身の行為と発話を変化させている。生後6ヵ月から12ヵ月のあいだになされるゲームの種類の変化に関するグスタフソンらの研究にはすでに言及したが（Gustafson, et al., 1979）、その研究によれば、動的な三項的相互行為のフレームに移行するにつれて、他者と共有される遊びや活動が増加していた。おとなが発する育児語もこの変化を追いかけて変化する。周囲についての情報を含む発話と情報を含まない発話（ただのコメント）の割合が生後3ヵ月から9ヵ月のあいだに完全に逆転しているのだ。生後3ヵ月の時点では、情報を含む発話は育児語のわずか38パーセントにすぎないが、9ヵ月の時点では61パーセントが情報を含む発話になっている（Boerse & Elias, 1994）。

養育者はこの時期に育児語を変化させるだけでなく、子どもの注意をひきつけ、特定の方向に向けるためのさまざまな行為をそこにつけくわえてもいる。たとえば、子どもの目のまえに物をかかげて、音を出すこと（音は物の操作から出る場合もあれば、養育者が「供給する」場合もある）や、子どもの顔に物を近づけたり、遠ざけたりすること。また、声を次第に強くしたり、弱くしたりしながらくりかえすパターンが増え、いろいろなリズムを生み出す工夫もなされるようになる（Zukow & Duncan, 1994）。

❏むすび：人間になること・文化のなかに入ること

ある意味では、これ以降のすべての社会的相互行為は動的な三項的相互行為からあらわれる――それは多種多様なヒトの社会的相互行為のすべてがそこからあらわれ、分化するベーシックなフレームなのだ。これから子どもは、移動性をもった多数の人々のなかのひとりとして、物・場所・事象と切り結ぶことになる。次第に複雑になるこの社会環境に適応するためには、非動物的対象にたいする技能と相互行為の技能との統合を学習しなければならない。

動的な三項的相互行為のフレームを習得しはじめた子どもは完全な意味での「人間」になりはじめている。この幼い人間にも一式の技能と興味とがあり、それは小さく、まだ十分に開発されてはいないが、子ども自身の「自由行為場」となる。それらの技能のなかでも重要なのが、環境内の物・場所・事象を他者と共有する能力――すなわち、その文化によって確立された多様な形式の動的な三項的フレームに入る能力である。それどころか、子どもはたんに共有するにとどまらず、共有されているものを指し示す方法も学習しはじめている。社会的パートナーの注意と行為を促すために、身ぶりや声を使って、行為の流れのなかにある特定の物・場所・事象を強調しているのだ。

　この能力には選択と選別の力が含まれており、それによって子どもの個性、性格、興味がくっきり浮かび上がってくる。移動できるようになった子どもは、自分の欲しい物を選びだしたり、望みどおりの場所を見つけ出したり、事象や活動に選択的に関与することができる。そのうえ、子どもは養育者側の選択や選別の意味も（少なくとも、ある程度）理解できる。そして、養育者の催促に同調したり、その変更を求めたり、妨害するために行動を起こすことさえできる。

　人類学者は正当にも「文化」というような概念の実体化に疑いを抱くようになってきた（Wolf, 1982）。キャリザーズなど一部の人類学者は、「相互行為」や「社会的諸関係」といった概念のほうが「文化」という概念よりもリアルであり、人間の自然《ヒューマン・ネイチャー》（人間性）についての考察を基礎づける大地となりうると主張している（Carrithers, 1992, p.34）。生態心理学は「相互行為」に豊かで動的な意味をもたせているため、人類学におけるこうした理論化の潮流とぴったり噛みあう。ことに、この章で示したように、社会性に関する生態心理学の理解は、相互行為の発達への具体的洞察をあたえるとともに、理論上のジレンマを回避する道を示している。「ヒトの社会性は個々人の活動へと還元されうるのか、それとも社会性自体は還元不可能なのか？――この理論上の難問への答えは「イエス」であると同時に「ノー」である。じつは、この問い自体がまちがっている。ぼくらは移動性をもち、相互行為する生きものである。まさにそのために、ぼくらは個人になると同時に、個人になることの機能《ファンクション》として、文化の創造にも貢献しているのだ。文化は個々人を離れて存在する何かではないし、個々人もまた文化から完全に切り離すことはできない。個人になるとは環境のなかに——そこには意味と価値への集団的努力がある——一つの場所を占めることである。動物の各個体がその個体性をその動物種の生態的ニッチのなかで生きることによって維持するように、ヒトの各個体はその個体性を局所的な群棲環境のなかで生きることによって維持する。

第10章　心の日常生活

❏集団によるアフォーダンスの私有《アプロプリエーション》としての〈認識〉

ヨチヨチ歩きをはじめた1歳児は、ほんの数ヵ月前までの座ってばかりいた乳児とはまったく異なる生きものである。歩けなかった乳児の頃には行けなかった道から文化的共同体のなかに参入する態勢が備わっているのだ。動的な三項的相互行為のフレームをマスターしたということは、なんらかの活動にたずさわっている集団に参加できるようになったことを意味する。もちろん、はじめのうちはたんなる周辺的なメンバーにすぎない。集団の利益になることなどほとんどなにもできず、かえって他のメンバーの気を散らしてしまうのがオチだ。それでも、隔離されたり、何らかの罰を受けるのがいやなら、せめて自己の活動が他者の活動と平行になるようにし、他のメンバーの邪魔にならないように気をつけなければならない。養育者は、そうした平行な行為スタイルを促進するか、幼児にもできるような（というか、せめて台なしにされないような）断片的な課題を見つけてあげる必要がある。

この子は何をするだろうか、どこに行くだろうか、何を壊すだろうか？——こういう心配事はすべて、子どもが移動と三項的な相互行為をマスターすることと相関して生まれる。子どもの発達がまさにこの転換点にさしかかったとき、養育者は子どもをたんなる「人間」にするのみならず、適正な人間（そのローカルな集団で確立されている基準一式に適った人間）にしなければならない。歩き出した子どもは自分の周囲で価値と意味を集団で獲得・利用している人々の列の間にみずからの場所をつくりはじめなければならない。

　ヨチヨチ歩きの子どもに、その集団の資源私有 appropriation への多大な貢献を期待する社会はほとんどない。しかし、そのような活動が自分の周囲で日々進行していることを理解し、そうした日常の課題に必要とされる技能のいくつかを身につけはじめることはすべての文化で期待されている。ぼくらの社会（〝西洋近代的〟都市文化）は歩きはじめた子どもに仕事場の周辺にいることを期待しないという点でこの原則から外れた際立った例外である（Rogoff, 1990）。しかも、ぼくらの社会では3歳児に家族の生計の一端を担いはじめること——ほとんどすべての社会ではおそらく当然とされてきたこと——も期待されてはいない（Morelli, Rogoff, Oppenheim & Goldsmith, 1992; Rogoff et al., 1993）。

　認知心理学はこのような西洋の都市文化のなかで誕生したため、認識発達の研究者の大部分が〝学び learning〟と〝教え teaching〟は一対であり、特別な場所と時間のなか（例：学校のなか）だけで起こることだと思い込んできた。「プレスクール・イヤーズ」はしばしば文字どおり〝学校教育に先立つ時期〟——すなわち言語・カテゴリー形成・記憶といった一定の基本的抽象能力を身につけはじめる時期である、と考えられている（Flavell, Miller, & Miller, 1993）。そうした萌芽が何らかの形式の「学校教育《スクーリング》」

をとおして洗練され、具体的問題に適用されていくのだ、と。

だが、人類史のほとんどすべてにわたって「プレスクール・イヤーズ」は何かのプレ（＝以前）などではなかった――それはたんに幼児期初期というにすぎなかった。また、圧倒的多数の子どもにとって、〈生きる〉とは孤独に事物の本質を発見することではなかった。逆に、〈生きる〉とは初歩的な技能一式――それは文化間で相当異なるが――の遂行を期待されることだった。その多くはこれほど幼い人間にはかなり困難なものであった。さらに、人類の大部分にとって、〈認識〉とは抽象的問題の解きかたをおぼえることではなかった。〈認識〉とは具体的課題――薪を集め束ねること、粘土を見つけること、植物の実・根・昆虫のような小さな食べものを探して採ること、水を運ぶこと――に含まれる一連の活動の方略とその適正さについて考えられるようになることだった。

生態学的にみると、〈認識〉とは抽象的・個人的な心的過程ではない。それは各個体がさまざまな程度で参加する具体的・集団的な過程である。また、〈思考〉とは心的なもの（想念、観念、記号）のある種の内面的操作ではなく、日常の活動と経験のパターンを計画、組織、評価する能力である。このような思考は（少なくとも、プライバシーのある文化では）個別かつ私的なことでもありうるが、そうならざるを得ないわけではない――現代社会にあっても、思考は典型的には群棲環境の活動の流れに埋めこまれており、そこから隔絶されてはいない。さらに、ある目標へ向けての集団的活動内での協力と対立を経験したことのない個人の内部に効果的な思考や計画性が生まれうることを示す証拠はない。（⇩Box 18参照）

生態学的な認識観は、主流の心理学や認知科学の認識観とは根本的に異なる。それらの学問分野では、

るわけではないと主張した。

心か脳のどちらかが思考するという考えはかなり奇怪なものである。ぼくが「こんな哲学上のゴタゴタについて書くのはもううんざりだ」と考えたのなら、うんざりしているのは（あるいは「うんざりだ」と考えているのさえ）ぼくの脳ではない。また、この問題についてはもう一言も書くまいとぼくが心を決めたとき、心を決めたのはぼくであり、心がぼくを決めたのではない。さらに、行動主義者の考えかたに反して、この問題に関するとりとめもないことをぼくはどんな弁別刺激や強化条件の変化もなしに考えている。

しかし、誰も話題にしないが、ぼくがほんとうに興味があるのはじつは、古くからある平明な問いである——思考はどこで（そして、いつ）生じるのか？　思考は特別な場所で（家で？　仕事中に？　狩りのときに？）生じるのか、あるいは特別な時間に（交配の相手を探すときに？　ゴールを奪おうとしているときに？）生じるのか？　このような基本的な問いにこれまでほとんど誰も答えようとしてこなかったというのはとても興味深い事実である！　ありのままの日常のなかで思考がいつ、どこで生じるかについて何も知らないのなら、理論的にであれ実験的にであれ、それをどのように理解できるようになるというのか。生態心理学は研究者に以下のような問いを問うことを促す。人はいつ物事を思い出すのか、そして何のために？　日常生活のなかで推論が使われるとするなら、それはいつか？　算数の計算が使われるのはいつか？（Lave, 1990a; Reed, 1991）このような方向では哲学者の心身問題は解決できないかもしれないが（いずれにせよ、それは疑似問題である）、ぼくらが注目しているサイコロジカルな現象の基本的特性の一部を正しく理解する道は開けてくるだろう。

どこで考えるのか？　Box 18

ぼくらはどこで考えるのか？　この古典的な問いは多くの思想家を悩ませてきた。現在の通説はフランス革命の時代にカバニスが出した答えに由来する――いわく、肝汁が肝臓から分泌されるように思考は脳から分泌される。カバニスは（いくぶん荒削りではあるが）現代の物理主義の先駆者である。現代の物理主義では、神経系の各部分が、記憶痕跡を分泌したり視覚的イメージを分泌したりというように、思考に関連した各機能を分担していると考える。思考は脳の特定の場所で生じるか、あるいはより専門化された神経系の各領野からの信号を統合する"連合野"で生じるか、どちらかである。

この問いへの現代のもうひとつ答えは、カバニスと同時代の最高の神経解剖学者であり、骨相学の祖として知られるガルに由来する。ガルの心理主義的理論では、思考とは心のなかでなされる何かであり、多かれ少なかれ脳内で実行される。思考をコンピュータープログラムのようなものと信じている現代の認知主義者はガルの基本的な考えかたを最新式にアップデートしているにすぎない。その見解によれば、実際には思考はひとつあるいはそれ以上の神経領域によってのみ実行されるプログラム内で生じている（Fodor, 1983）。

この一世紀のあいだに、多数の行動主義者とヴィトゲンシュタイン派の一部が、そもそも「思考がどこで生じているのか」という問い自体が誤解のもとだと主張してきた。ラディカルな行動主義者は思考のようなものが実際に生じるということ自体を否定したし、マルコム（Malcolm, 1986）のようなヴィトゲンシュタイン派の人たちは、脳ではなく、人間が思考しているのだから、思考は実際にはどこかで生じ

認識が個人の内面的過程であるということが前提になっており、その線に沿って研究が進められている。そこでは「認識」があたかも学校のテスト問題に答えることであるかのように扱われている——学校のテストでは友だちと協力することさえ〝ズル〟だとされてしまうのに。それが認識の一種であることはまちがいないとしても、それをとりわけ特別ないし基本的な思考モードとして特権化すべき理由はない。そうした仮定への批判として最近、認識を人々および状況にまたがって分散したこととして捉える学派もあらわれた（Lave, 1990b; Gladwin, 1995; Zhang & Norman, 1994）。本書の立場とそうした〝分散認知〟の立場のあいだには類似点もある一方で、重大な相違点もある。本書が捉える認識とはあくまでもヒトの活動である。それは（対立と協力をともなう）集団的過程である場合が多く、典型的には思考を組織化するための道具や外的装置を巻き込んで生ずる。けれども、これは一部の学者（Artman, 1993; Zhang & Norman, 1994）が言うように、認識が文字どおり場所や事物の〝なか〟にあるということではない。場所や事物は情報を提供することはあっても、それ自体が知ったり、考えたりするわけではない。そのように考えるのは一種の呪術的発想にすぎない。

❏日常生活の構造

ヒトの日常生活の構造を記述しようなどというのは一見して不可能な課題のようにおもわれるかもしれない。場所がちがえば、また時代がちがえば、ヒトの生活のしかたもちがう。それを考えると、そうした記述に乗り出すのはいかにもドンキホーテ的冒険のように見えるのだろう。だが、心理学が簡単にできると言った人もいないのだ。考古学者や歴史学者はすでに日常生活の記述に取り組んでいる（Binford, 1983; Braudel, 1981; Kingdon, 1993）。困難ではあるが、価値あるその挑戦を心理学者が手伝っていけない理由はない。

子どもの日常生活の記述という課題を簡略化する一つの方法は、歴史学者や考古学者が使う「マテリアルな文明 material civilization」の概念から出発することである。

> つねに現在し、至るところにあり、反復されているマテリアルな生活 material life はルーティンに従って営まれる。人々は相も変わらず小麦を播きつづけ、相も変わらずトウモロコシを植えつづけ、相も変わらず水田をならしつづけ、相も変わらず紅海を航海しつづけている。過去の厳然たる現前がはかない人間の一生を容赦なく着実に呑み込んでいく。流れることのない歴史のこの澱んだ層は巨大である。農村生活——それにたずさわる人々の割合は世界の総人口の80～90パーセントにも達するが——の大部分はこの層に属する（Braudel, 1981, p.28）。

機械化と近代化の波がマテリアルな文明の領域に押しよせるにつれて、それにたずさわる人口が確実に減少しているのはまちがいないが、ほんの十世代もさかのぼれば、世界の総人口のすくなくとも95パーセントが田舎の農場や村落でそのような暮らしを営んでいたのである（Hobsbawm, 1995; Pounds, 1993）。ヒトのライフスタイルにこのような巨大な変化をもたらした力がどのようなものであったのか、ブローデルら多くの歴史学者が明らかにしようとしてきた。心理学者も日常生活の構造についての無知な思い込みを捨て去り、そうした構造を実証的に解明しようとする人たちと手を結ぶのが賢明だろう。マテリアルな文明のなかでのヒトの生活習慣と発達をおおまかにでも描き出すことができれば、この二世紀のあいだの巨大な変化が世界中の日常生活の諸活動をいかに細分化してきたかということも見えてくるはずだ。

この戦略の正当性を示す証拠もある。現代の心理学者は、子どものカテゴリー形成の性質と起源に並々ならぬ関心を抱いてきた。このテーマを研究する心理学者のほとんどは、複数の物をグループ分けする能力の発達こそが子どもの認識発達の一里塚となる重要な抽象能力だと仮定している（Flavell et.al, 1993 などを参照）。だが、いったいどのような子どもが同種の（無生物の）物が多数ある環境のなかに生きているというのか？ 人類史全体をつうじて、何か（人は除く）が二つ以上ある家庭の割合は少ない。子どものカテゴリー形成の研究でよく使われる物——カップ、皿、ボール、単純なオモチャ、人形（あるいは、これらを描いた絵もよく使われる）——はどれも大量生産の産物だということに注意してほしい。一九〇〇年以前の人類の99パーセントにとって、目にする機会のあった大量生産品とは同じ母ブタから生まれた子ブタたち、同じメンドリから生まれたヒヨコたち、同じ畑からとれた穀物くらいのものである。マテリアルな文明という条件下にあっては必然的に、カテゴリー形成はある個物が何に役立つか（このつるはロープになる、これは食べられない果物だ、この粘土は作業に使える……）ということを認める行為にあらわれる。これは潜在的に類似した物同士の関係の知覚というよりも、現在の状況下におけるある個物のアフォーダンスの知覚（および、そのアフォーダンスの有無を確かめるための探索戦略の学習）に関連したことである。現代社会にあっては、子どもが大量生産品の性質を理解していくことが重要であるのは疑いない（これは冗談ではない）。しかし、そのような理解が認識の基本であるとする考えは馬鹿げているのみならず、ヒトの生態の基本的事実にも反する。

経済の発達と専門化がますます進むにつれて、地球大の規模で日常生活が急速かつ徹底的に細分化される過程が進行していることはきちんと認めなければならないが、それでもなお、ヒトの実存の基本構造――その中でヒトの子どもがリアリティの性質を学習する日常生活の構造の一端を描き出すことに挑戦しよう。

現生人類は物質および表面、物・場所・事象を選択的に利用しているだけでなく、新しい有用なアフォーダンスをつくりだすためにそれらを新たなしかたで組織化することに特別かつ選択的な関心をもっている。このことは第8章で確認してきた。また、それらの特別なアフォーダンスについて学習するためにいかなる種類の情報がヒトの子どもに利用可能かということに関しては第4章から少なくともいくらかのヒントを得られる。

ひょっとすると、現生人類に関するもっとも明白な事実とは、環境内の場所を改変すること、とりわけ機能分化した多数の場所を内包した家や集落をつくることかもしれない。新人のいかなる居住地にも調理、睡眠、ゴミ捨て、その他さまざまな仕事のための専用の場所がある。1000世代以上にもわたって、ヒトの子どもはある事象だけがおこなわれ、他の事象がおこなわれない特別な場所があることを学習しながら成長してきたわけだ。このようなヒトの場所のアレンジの特徴は、場所と行為との関係が必ずしも必然的ではないということである。食事の準備をする場所でも眠ることや、排便することはできる（生まれたばかりの赤ちゃんはときどきそうする）が、そうすべきではないのだ。物・事象・活動はこうして、それがどこで——どんな場所で——なされるかということによっても特別な意味を帯びることになる。排泄のしつけが意味するのはまったく自然な生物的過程が多くの場所でひどく否定的な意味を帯びてしまうということである。実際、たいていの農村文化においては、排泄のしつけは子どもが歩きはじめる前（だいたい1歳頃まで）には終わっているのがふつうであり、子どもが歩きまわれるようになったときにはすでに、その文化の排尿・排便の場所をきちんとまもることが期待されている（Reed & Bril, 1995）。

はるかに複雑で変化に富んだ現代社会にあっても、ある物が見出される場所が思考に強い影響をおよぼしている証拠がある。マンドラーら（Mandler, Fivush, & Reznick, 1987）は、生後14ヵ月の子どもが物を分類する際に「台所の物」と「バスルームの物」という概念を使うことを発見した。この実験が興味深いのは、彼らが実験に使用した「バスルームの物」のうち二つは（〝ティッシュ〟と〝くし〟）バスルームだけで見出される物ではなく、そのために子どものカテゴリー形成を混乱させたということである。残念ながら、場所は思考や行為の一因子として研究されてきてはいない。おそらく、発達初期（たとえば、述語を含んだ思考が支配的になりだす3歳頃まで）の思考の組織化には場所が大きな役割を果たしているとおもわれる。場所の効果に関する数少ない研究の一つ、ロヴィ・コリアーらの研究（Rovee-Collier & DuFault, 1989）では、生後わずか3ヵ月の乳児がすでに各場所に固有な期待を発達させているらしいことが観察されている。ある場所で学習された課題が新しい場所でテストされたときにはうまく思い出せなくなってしまうのである。

生態学的に見て、ヒトによる場所の選択・分化と同じくらい重要なのは、事象と時間の選択・分化――すなわち、一日のサイクル、季節のサイクル、一年のサイクル――である。この場合も、特定の行為が特定の時間におこなわれたり、特定の物が特定の時間に使われたりする。多くの文化では排便の時間が定まっており、ほとんどすべての文化で食事の時間が定まっている。排泄や食事が生物の基本的営みであることを考えると、ヒトがそうしたことまでも個人の生物的動機づけによってではなく、集団的活動パターンによって調整しているという事実は非常に示唆的である。この場合もやはり、子どもは自分自身のやりかたとスケジュールでふるまうことができるのだが、その文化で適正とされているパターンに従うようになるように環境が構造化されているのである。ヒトがおこなう場所の分化が自分たちのいる場所のレイアウトを思考するための便利な道を与えてくれるのと同じように、段階や時間の分化は活動のシーケンスを思考するための便利な道を与えてくれる。3、4歳児に日常のある活動の前後に何が起こるかを質問したフリードマン（Friedman, 1990）は、この年齢の子どもがすでに一日の活動の継起の順序を思考できることを発見した。

さらに、ヒトの文化は、物および道具の独特かつ特定の配列も選択・組織化している――それこそが考古学という学問を可能にしているのだ。この場合もやはり、子どもはまちがいなくそれらの〝まとまり〟を利用して思考するようになる。ある一群の物は「台所の物」であり、そのうちの一部は「パンを焼く物」である、というふうに。

技能と課題はアフォーダンス間の特定の関係として経験されるのではないかということが第8章で

示唆された。これらの関係が比較的安定的かつパターン化されて呈示されうるなら、子どもは技能自体を知覚しながら成長することになる。大部分の文化の「促進行為場」の重要性はそのような安定したパターンに光を当て、正確に浮き彫りにすることにある。とすると、日常の〈ルーティン〉は次のように考えられる。課題すなわち技能を要する活動と物・場所・事象との特定の関係が日常の〈ルーティン〉である、と。こうした日常のルーティン、そして課題と場所の結びつきに比較的安定したパターンがある場合、知覚と参加をつうじて子どもは自己の日常の活動サイクルの調整のしかたを身につけてゆくことができる。そして、この場合も「促進行為場」の構造化の役割がとても重要である。

おおまかに言えば、歩き出したばかりの子ども（1～2歳児）はまだ基本的な技能パターンを学習しているところだが、それよりすこし大きな子ども（2～4歳児）になるとすでに日常生活を構成する場所と時間の特性について学習しはじめている。歩き出した子ども（1歳児）は多くの点で共同体の新参者である。移動性をもつ生きものであるというまさにそのことによって、彼らは自分自身の「促進行為場」の重要な再組織化を刺激する。子どもが近づくべきではないとされるあらゆる活動から隔離されるようになる。だが、まだ日常のルーティンを習得してはいないし、完全に放任して他の子どもと遊ばせておくわけにもいかない。子どもにも門戸が開かれている活動については、日常のルーティンのその部分を構成している物・場所・事象の配列のなかに子どもは次第に導き入れられていくだろう。ロゴフらは現代社会の諸文化が子どもたちに提供しているさまざまな程度の〝徒弟制〟について研究している（Rogoff, 1990; Rogoff et al., 1993）。各文化にはそれぞれ、いかなるルーティンが子どもにふさわしいのか、何歳くらいになったらそれをはじめるべきかということについての規範と期待のセットがあるようである。パーソナリティや考えかたの重大な文化差の多くはまちがいなく、各文化のこのような規範や期待の差に起源がある。

❏〈技能〉から〈ルーティン〉へ

一般に〈技能〉と呼ばれているものは、アフォーダンス間の特別な諸関係を検知し、そうした諸関係を組織化して一定の機能的結果を達成する個体の能力から構成されている。いかなる文化においても日常生活の諸活動はその個体群内で選択されてきた諸技能の安定したクラスターをなしている。身辺を清潔にすること（身支度を整えることも含む）、食事をとること、火と食糧を維持すること、これらは普遍的な日常生活技能である。これらの技能の達成のしかたが文化間で大きく異なるのは明らかだが、一文化内には（おそらくは、ぼくらの文化を除き）かなりの一貫性がある。

日常生活の諸技能を大人がいかに思考しているかを調査した心理学者は、それらが特定の場所に存在する物たちの関係として思考されており、各課題の達成までの諸ステップを構成する因果関係や依存関係についての高度に組織化された理解もあることを発見した（Hue & Erickson, 1991; Reed, Montgomery, Schwartz, Palmer, & Pittinger, 1992; Reed, Montgomery, Palmer, & Pittinger, 1995）。たとえば、そうした技能を一ダースものステップあるいは段階に分けることは大人には簡単なことであり（Hue & Erickson, 1991）、あるステップのゴールすなわち目的がその課題の次のステップの手段となっていることもほとんどの場合に理解されている。

とすると、どんな文化の子どもも習得しなければならない日常生活技能の調整には以下のようなポイントがある——

・課題に適した特定のしかたで道具を使用すること
・それらの道具の効果的——かつ柔軟な——使用を支える因果関係の理解
・あるステップがつぎのステップへとつながり、しばしば第三、第四のステップを可能にするというような活動の入れ子的継起についての理解
・ある過程内の素材またはステップを他のもので代用する必要にもスムーズに対応できる学習の柔軟性
・行為遂行の監視調整を可能にする、一つひとつの活動の価値についての理解（つまり、最終的な目標に向けて正しく進んでいるのか／そうでないのかということの認識）

こうした能力はどれも生後2年目に、多くの場合、きめ細かい足場づくりに支えられて発達しはじめる。このような能力の発達に終点があるとは考えられないので、ここではその発達の初期に焦点をしぼることにしたい。

まず驚かされ、失望させられることだが、道具使用の習得に関する研究はじつに乏しい。ほとんど何もわかっていないも同然である。たとえば、どんなに重要な道具についても、子どもがそれを使え

るようになるまでに一定のパターンをたどるのかどうかさえわかっていない（文化間の比較はおろか、一つの文化の子どものあいだの比較さえない）。他の道具よりも使いかたを身につけるのがむずかしい道具はあるのだろうか？　道具使用の発達を運動技能の発達の観点から捉えた大まかな目安のようなものはあっても（Shirley, 1933）、道具使用の行為と理解の両方に目を配った研究はほとんどない。

最近、その方面の探究の可能性を予感させるすばらしい研究があらわれた。スミッツマンの研究である（Smitsman, 1997）。スミッツマンは、ある道具の選択された特定のアフォーダンス（「ねじまわし」ならたんに「ものを突き刺すこと」ではなく「ねじをまわすこと」）についての子どもの理解を見きわめる巧妙な方法を考え出した。彼はまず何種類ものスプーンをつくり、その一部の柄と物をすくう部分との関係を通常のスプーンとは変えた。もし、子どもが「スプーンを使う」ということがどういうことなのかきちんと理解していれば、どのようなスプーンを使う際にも、物をすくう部分の機能が生かされるように柄を握るはずである。逆に子どもが「スプーンを使う」ということを理解していないなら、自分にとって自然に感じられるしかたで柄を握るはずである。スミッツマンの研究によると、生後20ヵ月の子どもの大多数はすでに、スプーンの柄の位置よりも物をすくう部分の向きに注意しており、スプーンをスプーンとして使うことのできる新たな、かなり奇妙な握りかたを自分からすることができたのである。

アン・ブラウンもやはり、道具の効果的な使用を支える子どもの因果関係の理解を問題にしている（Brown, 1990）。彼女がもちいたのは「熊手」である。彼女がつくった一連の「熊手」は「かたち」や「色」など、機能とは無関係な特徴の類似によっていくつもの小グループに分けられる。しかし具体的な課題（堅い面の向こうの手の届かないところにある対象にリーチングする課題）のコンテクスト内では、1～3歳の子どもはそれらの道具のほとんどただ一つの特徴だけに注目した——「あそこにあるものをひっかけて、もっと近くに引きよせることにこれは使えるだろうか」ということに関連した特徴である。年少の子どもの場合、年長の子どもよりもそれぞれの「熊手」を実際に使ってみせなければならないことが多かったが、それ以外には年齢によるちがいはほとんどなかった。

この実験をさらに補強するためにブラウンはおもしろい実験をしている。糸を引っぱると手のとどかないところにあるものをとれるしかけをつくったのである（Brown, 1990）。あるしかけは、糸がどの対象につながっているのかはっきり見える。そういう場合は、ほしいものをとるにはどの糸を引っぱればいいのかちゃんとわかる。けれども、べつのしかけは、糸がものにつながっているように見えてじつはつながっていないとか、つながっていないように見えてじつはつながっているとか、いろいろなトリックがしくまれている。このようなトリックのあるしかけのほうが、トリックのないしかけにくらべて、使いかたを身につけることが圧倒的にむずかしかった。トリックのあるしかけの使いかたを身につけられた子どもはほんのひとにぎりにすぎなかったし、しかも膨大な試行を重ねたのちにやっとできるようになった。多くの子どもは実験を「続行することを拒否し、その場から立ち去ろうとする子どもまでいた」。ところが「実験の最後に機会があたえられると、年長の子どもはトリックがしくまれた糸をむさぼるように探索し、いかにもおどろき、楽しくてしようがないというようすで目に見えない糸にそって指を走らせたのである……」（p.126）。道具のはたらきがつかめなかったり、ある技能に含まれるさまざまな行為間のつながりが見えていない子どもは、どんなになだめすかしてもその課題に向かわせることさえできないことが多い——その子どもは「促進行為場」から出て行ってしまう。けれども、道具のどこがどう動いて機能するのかわかった子どもはその課題に向かう前向きな気もちと動機づけとをもつようになる。「促進行為場」の核心にあるのはアフォーダンスと意図の知覚を共有することなのだ。

実際、子どものやっていることをおとながまねすると、子どもは励まされ、「促進行為場」のなかに入ってくることさえある。エッカーマンとスターン（Eckerman & Stern, 1990）は、2歳児を三つの遊び（すべり台の上からお手玉をすべらせる遊び、自転車の警笛を鳴らす遊び、隠した鏡をみつける遊び）のどれにも自由に接近できる状況に置いて研究した。どの遊びについても、大人が最初に子どもの目の前で実際にやってみせた。そして、子どもがそのどれかの遊びをはじめるやいなや、すかさずその行為をまねするか、それとも子どもがはじめた遊び以外の二つの遊びのどちらかをはじめた。みずからの行為をまねされた子どもは、まねされなかった子どもよりも自分で選択したその課題を継続することが多く、さらに重要なことには、大人との相互行為を追求しようとしたのである。そうした相互行為のエピソードはゲーム的な構造をとることが多く、順番交代が何度も（最高14回も）くりかえされた。

行為を促進することは現在の活動を容易にするだけではない。それは過去の活動シーケンスの想起も助けている。プライスとグッドマン（Price & Goodman, 1990）は〝魔法使いに会いに〟と名づけた一種のごっこ遊びをつくった。この遊びは大変複雑に構造化されている。一連の副次的活動（例：魔法使いが子どもにマントを着せる、仕掛けてあった人形が突然ポンと飛び出す、「魔法の部屋」に子どもが入る……）があり、なおかつそうした副次的活動のなかにまた別個の活動がある（例：いくつかの場面では子どもは複数の選択肢から一つを選ぶ）。これほど複雑な活動を子どもはいったいどれだけ想起できるのだろうか？　構造化されていない想起（「魔法使いと何をして遊びましたか？」）だけを単純に計測するなら、４歳未満の子どもはほとんどなにも想起できていないように見える。ところが、遊びに使った小道具を見ながら想起することを求める場合には、４歳の子どもでも、小道具なしに想起を求められた５歳半の子どもよりもよく〝想起する〟のだ。言いかえれば、子どもに何かの想起、あるいは活動の再現を求める場所と時間を注意深くオーケストレーションすることは、子どものパフォーマンスを大いに助けるのである。ヒトの環境内における場所と時間の機能的分化は、そのように〝オーケストレーションされた〟想起の舞台の出現を容易にする傾向がある。

〝オーケストレーション orchestration〟とはこの場合まさにぴったりのメタファーだろう。それは大人の促進活動が子どもの行為の組織化にとってだけでなく、その理解の組織化にとっても重要であることを表現している。アン・ピックらの注目すべき一連の研究は、ほんのちょっとしたオーケストレーションがいかに強力でありうるかを示している（Pick, 1997）。カテゴリー形成の際、子どもが対象のどのような属性を利用するかということは心理学で長いあいだ議論されてきたテーマの一つである（１９９３年の *Cognitive Development* 誌の特集にこの問題についてのレヴューがある。第８巻第２号）。「形態」や「色」のような属性が子どもの思考にとって基本的で決定的に重要だという学者もいれば、事物の「機能」こそが重要だという学者もいる。しかし、わすれてはいけないのは、こうしたカテゴリー形成の能力が研究されるときはたいてい実物ではなく、それを描いた絵がつかわれているという事実である。これは情報を子どもにつたえる方法としてはものすごく特殊で限定された方法である。

　ピックたちは子どもに与えられる〝足場〟を変えることにした。絵ではなく実物を使い、それが実際に使われているところをみながらカテゴリー形成ができるように、子どもの目の前で実際に使ってみせたのである。このような条件のもとでは「機能に基づいたカテゴリー形成」が圧倒的に多くなった。しかし、つぎにピックたちが子どもの前で「かたちに基づいたカテゴリー形成」をしてみせると（箱型のものをまとめてみせた）、それをたった一回観察しただけで半数近くの子どもがじぶんのカテゴリー形成のしかたをすっかり変えてしまったのである。ということは――この半世紀のあいだにつくられてきた理論に反して（Sugarman, 1981）――子どものカテゴリー形成は一枚岩ではない。これこそ子どものカテゴリー形成のやりかただといえるようなただ一つの方法があるわけではないのだ。子どもはさまざまなしかたでカテゴリー形成をおこなうことができるし、実際にそうしている。それはその子どもにどのような対象や情報が利用できるかに――とくに、それらの対象や情報をめぐるその子どもの経験を養育者がどのようにオーケストレーションするかによって変わる。当然のことだが、実物をもちいて、それを実際に使いながら教えれば（つまり、日常生活の実際の活動のなかで教えれば）、アフォーダンスに基づいた思考が育ちやすくなる。逆に、そうした実物が使用される場面から切り離されたところで、それを描いた絵だけを使って教えれば、色やかたちなどの抽象的な属性に基づいた思考が育ちやすくなる。この二つの対照的なコンテクストについての理解をふかめるためには、教育や保育などの実践的な問題に認識発達の実験を適用することが必要になる。

　子どもは完全に可塑的ではない。何らかの活動と理解を促進することはできても、何もないところに能力や行為を創り出すことはできない。たとえば、生後20ヵ月以前には、子どもが自身の行為の結果を一つのゴールとの関係において監視調整できる証拠はほとんどない。したがって、20ヵ月児に「お片づけをしなさい」と言って、彼らが世間一般に「片づけ」とされている活動らしきことをはじめたとしても、自力でゴールに近づくことはないだろうし、ゴールが達成されたのかどうか、いつ達成されたのかということすら認識してはいないだろう（Bullock & Lükenhaus, 1988）。問題はたんに認識的なことではなく、調整に関わることでもある。18ヵ月児が積木を積木箱にしまうようすを見てみると、積木箱が——すでにいっぱいになっている積木箱でも——積木をもっていき、そのなかに落とすという行為を〝引き出している〟ように見えてくる。積木箱および出来事の前後関係についての理解をもとに自分の活動を監視調整しながら、正真正銘の「片づけ」ができるようになるのはだいたい24ヵ月から30ヵ月前後のことである。発達がこの段階まで来てはじめて、子どもは自身の行為が終局状態に達したときに感情の高まりを見せるようになり、何が成功とみなされるのか、成功後いつ、いかにしてその行為を止めるのかということも学習しはじめる。

したがって、幼い子どもだけの集団では「促進行為場」を効果的に形成することができない。集団内には当面の課題についてのいくらかの理解はあるかもしれないが、そのゴールの実現へ向けて個人的活動と集団的活動を調整する能力のようなものはないに等しい。そのような協力は2歳前後になってはじめてあらわれる。ブラウネルとキャリジャー（Brownell & Carriger, 1990）は効果的な使用のためには少なくとも二人以上の子どもが協力し合うことが必要な道具をつくった。「協力」と言っても、一人がハンドルを持ち上げているあいだに、もう一人が押すだけなのだが、2歳未満の子どものペアは互いの行為を確実に合わせることができなかった。

ヒトの子どもはひどく未熟な状態で生まれ、また集団としても、非動物的環境から価値を確実に獲得できないため、自分より成熟した個人のいる集団内の幼いメンバーとして生きていることが多い。その子どもといくらも年齢のちがわないきょうだいであっても、すでに日常生活のたくさんの技能を経験し、日常生活のルーティンにも精通している。そのため、自分より幼い子どもの環境を意味あるしかたで構造化する立場にあるのだ。この日常生活の意味あるパターンへの構造化こそがじょじょにヒトの発達の〝環境〟となってきたのである。

❑「促進行為場」と「認識のブートストラッピング」

ここで使われている「促進行為場」の概念は、ヒトの子どもに向けた日常生活の構造化の複合的かつ相互作用的な効果のすべてを包括的に表現しようとするものである。各文化はそれぞれ時間・場所・事象・物・道具等々を特定化 specialization し、日常生活の構造化のための一定範囲の資源を提供しているが、一文化内の各家庭はまたそれぞれ独自のしかたでそれらの資源を利用している。この関係は〈遠景／近景〉の関係になぞらえることができよう。一文化の日常生活の一般的構造は〈遠景〉であり、子どもにたいして遍在する。しかし、そうした日常生活の特殊個別な諸側面が養育者によって規則正しく子どもに向けて促進され、それが子どもの経験の〈近景〉となる。このため、養育者は自分の子どもを周囲の慣習とは異なる〝異例〟なしかたで育てることもできるが、周囲から完全に隔離することはできない。発達の過程でいつかその異例さに気づくからだ。そうしたことは、そのような異例な子育てが共同体レベルでおこなわれていたとしても起こる。自動車も電気も使わず、いつも黒ずくめの服装で過ごす〝アーミッシュ〟の子どもがまわりの〝イングリッシュ〟の子どもたちと自分との多くのちがいにじょじょに気づいていくように（Hostetler, 1993）。

ヒトは組織された価値と意味の体系の網の目に巻き込まれながら発達するおかげで、認識発達に絶大な効果を発揮する二つの傾向性を見せる。第一に、ベルンシュテインも注目したように（Bernstein, 1996）、ヒトはあることを〝できる前にする〟。子どもはまだ満足にできない活動にも取り組むことがある。これには、自分の行為が悲惨なことにならないように誰かが見ていてくれるだろうという安心感が少なくとも一役買っている。ヒトは何度も転んではじめて歩けるようになるが、転倒の危険性は（たいてい）養育者が和らげてくれるものである。多くの場合、養育者はその時点での子どものパフォーマンスとその技能の満足できるレベルとのあいだにどんな差異があれ、それを供給するような「促進行為場」を仕立て上げてしまう。このため、子どもはしばしば、ある活動が向かうアフォーダンスの実現のための自律的能力を現実にもつ前からその行為の学習を開始するのである。意味と価値へ向かう個体の努力は群棲環境内で消滅するわけではない。逆に、あるアフォーダンスの獲得へ向けて十分に動機づけられているからこそ、その能力を現実にもつ前から行為を開始するのである。こうした最初のあがき自体がその技能の獲得を援助する養育者のふるまいを呼び起こす一つの主要な出来事である。

第二の――これは第一の傾向性と無関係ではないが――ヒトの傾向性は、環境のパターンに意味があることを経験から学習するということである。だが、この場合も、ある特定の状況の個別的な意味の理解にはるかに先立ち、環境に意味があることについての一般的な仮定が形成されることが多い。子どもは本や文章からなんらかの方法で言語情報を抽出できるようになるずっと前から、それらを言語的意味の源泉として認識しているのである（Bialystok, 1991, および本書第11章）。この早熟な〝知ることなく知る〟ことは、子どもが自分自身を文章や課題のような意味の体系に参入させるうえで非常に重要である。ここでも知覚の発達が全体のペースをつくっているように見える。一つのパターンが現前している——意味ある何かが進行している——ということの知覚こそがほとんどの場合、そうした状況内に見出される記号的あるいは社会化された意味を確かめようとするいかなる試みにも先立って起こるのである。

この〈充たされざる意味 unfilled meanings〉と言うべきものの早熟な知覚は認識発達をリードする主要な一因であろう。子どもがおぼつかないながらもある行為を開始する——危なっかしい足どりで歩いたり、本を顔の前に持ってバブバブ言ったり、ボールからとんでもなく離れたところでバットを振ったりする——と、それは養育者によってその意味を〝充たし〟はじめよという合図として受け取られる。通常、養育者はこれを、大人の学習者にたいするように言葉で説明するのではなく、その子どもの環境と活動を注意深くオーケストレーションすることによっておこなう。

この認識の集団的ブートストラッピングの力は過小評価されるべきではない。2歳児がオモチャの聴診器のイヤホンを自分のこめかみに当て、ぬいぐるみのクマを診察しているところなどを見ると大人はわけ知り顔で微笑む。だが、〈充たされざる意味〉を抱えながら活動にたずさわる子どもの傾向性は文化史の一翼を担うほどの力をもつのだ。オピーら（Opie & Opie, 1985）が子どもの言葉遊びとゲームについての重要な研究の中で指摘したように、子どもの言葉遊びとゲームは重要な象徴的意味をもった伝統的儀礼に由来するものが多い（もっとも多いのは婚姻、死、あるいは両者に関連したものである）。現代文化は実質的に、日常生活の諸活動のなかにそうした儀礼のための場所をもたない。その儀礼は7～9歳の少女たちの手にゆだねられている。少女たちは自分たちにとって謎めいた、しかし、だからこそ注意と興味を強く魅きつけられる一連の言葉と活動パターンを身につけることによってその儀礼をまもりつづけている。彼女たちはそうした遊びの意味は説明できないとはっきり言うけれど、それでもじぶんの言葉や行為のパターンを頑固にまもりつづけ、たとえおとながなんくせをつけても、じぶんのやりかたの「ただしさ」を強固に主張する（Opie & Opie, 1985, pp. 2, 26, 30）。これほどたくさんの遊びのルールやそこでつかわれる言葉をおぼえることができ、それらをじぶんたちの世代からつぎの世代へと継承していくことができるのは、まさにそれらの意味を知らないからなのだ。

けれども、認識のブートストラッピングのすべてが、歌いながら手拍子する遊びのように楽しいものばかりではない。現代社会の状況のなかでは、子どもが身につける規範が有害なものであることもある。小さな子どもが、成人の男性性／女性性の完全な意味を経験することはありえないが、ジェンダーとセクシュアリティに関する〈充たされざる意味〉の完全な体系には容易に接することができる。また、それと同じように、社会のなかで差別されているマイノリティの子どもたち（下層階級の子どもたち）は一般に、行為・礼儀作法・態度などについて二重の規範を――そのつどの社会的なコンテクストのちがいにおうじて（相手がじぶんとおなじ階級の人間か／そうでないかにおうじて）――身につけることになる。子どもたちはこのような二重性の多くを、その意味を理解するずっと前から身につけているのである（Gaines & Reed, 1994, 1995）。〝行為を学習しながら行為する〟、〝知る前に知る〟──これらの過程は是非とも研究されねばならない。とくに、「促進行為場」の形成との関連で。それについてはほとんど何もわかっていないが、それが完全に社会化され、思考する人間の発達と成長に重要な役割を果たしているとは言えよう。

❏むすび

なにが学習されるかは文化ごとに大きく異なる。薪集めを学習する子どももいれば、絵の描きかたを学習する子どももいる。水を頭に載せて運ぶことを学習する子どももいれば、自転車に乗ることを学習する子どももいる。貝の集めかたを学習する子どももいれば、台所に立ち入らないことを学習する子どももいる。こうした多様性にもかかわらず、そこには重要な共通点もある──どの文化でも養育者が子どもの日常生活の技能の獲得を促進している点である。養育者は子どもの理解と行為がじょじょに促進されるように環境のそれぞれの場所や子どもの日常生活のルーティンを組織している。文化間の多くのちがいにもかかわらず、認識発達の過程にいくつかの重要な類似点があるように見えるのはこのためである。どの文化でも子どもたちは因果関係や行為の手順を理解し、特定の課題のための複数のアフォーダンス間の関係を学習し、日常生活のルーティンを構成する複数の課題間の特定の相互関係を学習している。

ヒトの子どもにはまた〝充たされざる〟意味をもって行為にたずさわる普遍的傾向性があるようにおもわれる。これがその課題に関連したきめ細かい課題特定的な足場づくりを養育者がはじめるきっかけをつくるのではないかと考察してきた。これはヒトの認識発達の変化と再組織化の主要ではあるが、あまり意識されていない源泉であろう。

こうした諸概念——「促進行為場」の概念と「早熟な行為と理解」の概念——は人間科学の深遠な問題の解決の糸口ともなる。一世紀以上ものあいだ、社会科学者は文化相対主義をめぐって二極分化してきた。いっぽうでは、多くの学者が、ある文化の人間は異文化の意味や価値を理解できないとする議論を展開している（古典的な例としては Geertz, 1973）。他方では、そのような相対主義に反対する学者の多くが、人間の文化的な性質には普遍性がある（それは文化的なものではなく、遺伝的なもの、あるいはホルモンの影響によるものだから）とする議論を展開している（Barkow et al., 1992）。

ここまでの議論から明らかなように、どちらの立場も擁護できない。ある文化の人々から異文化の人々への理解の道が閉ざされているとする考えは人間の学習の多く、とりわけ文化的実践の学習において〈充たされざる意味〉が果たしている役割を無視するところから生まれる。あなたの言葉と身ぶりが何を意味するのかがわからないうちはそこに何らかの意味があることさえも理解できないとしたら、ぼくはあなたが意味することをいつまでたっても学習できないだろう。だが、あなたが何か意味のあることをしているということが理解できるとしたら、ぼくは自分を子どもの立場に置くことができ、ぼくの行為と理解とを促進するようにあなたを仕向けることができる。もちろん、それはいつも簡単にできることではないけれど、不可能なことでもない。また、このような異文化コミュニケーションが心や社会性とは無縁な生物学の枠内だけで説明できるはずもない。文化的背景を異にする二人がコミュニケーションできるとしたら、それは生得的な言語モジュールを共有しているからではなく、手もちの相互行為フレームをその新たな状況に適応させる方法を学習してきたからである。だから、真の問題は、文化的背景を異にする二人が学習しあえるくらいまでそれぞれの相互行為フレームを協調させることは可能だろうか、ということなのだ。歴史はその答えが条件つきのイエスであることを示している。そういう関係が実際に生まれたこともあるし、これからも生まれることはある——けれども、失敗もまた多くあり、どうにか成功しても部分的な成功にとどまる場合もある。悲しいかな、歴史的記録は、問題がどうやらおたがいの熱意と信頼にあるということを示しているようだ。コミュニケーションどころか、相互援助の可能性さえ開かれており、実際そのようなこともしばしばおこなわれてきたが、異文化のひとに出会いながらも、コミュニケーションのための高度な信頼とねばりづよい努力を維持できなかったことで、異文化接触の機会を逃してきたことがじつに多かったのだ（Karttunen, 1994）。

第11章 言語環境に入る

❏ 言語発達の二つの段階

正常な人間であれば誰でも言語を理解し、使用できるようになる。しかし、各個体が最初に学習するのは身のまわりのローカルな環境内で使われている言語にほかならず、このため、何千もの異なった言語（とそれより多くの多種多様な方言）が進化してきたのである。人間になるためには言語の世界に入らなければならない。それはそうだが、ぼくらは「適正な人間」になりながら、特定の発話共同体のなかに入ってゆくのである。

本章でぼくは、ヒトの子どもが、厳密に言えば、「言語」と呼ばれるものを学習するのではなく、その共同体の有能な（年少の）メンバーになるための技能レパートリー――コミュニケーション技能だけでなく、認識技能や社会的技能も含む――を発達させると主張する。現生人類の社会構造の特徴からして、その共同体は明確に区別できる二つの領域からなる傾向があり、したがって、言語獲得も明確に区別できる二つの段階を通って進行する傾向がある。

乳児の社会的世界は家族（すなわち、身近な養育者たちの小集団）と、より大きな共同体（それがいかなるものであれ）とのあいだに強く一線が引かれている。ヒトの子育てにほぼ普遍的な事実として、生後少なくとも18ヵ月までは家族との切り結びが家族以外の者との切り結びよりも圧倒的に緊密であるということがある。生後二、三年目になってようやく、大部分の文化の大部分の子どもが家族を越えた人々および社会構造とのあいだにも規則正しい、頻繁な、意味ある切り結びをするようになる。

だから、言語発達の第一段階は主として家族の境界内にあり、言語共同体全体で確立されているパターンとは異なる独自なものとなる傾向がある。言語使用のこの段階を本書では「指し言語 indicational language」と呼ぶことにする。なぜなら、この時期の機能的コミュニケーション技能は、興味あるトピック（物・場所・事象・人）を対話相手と共有するために選択する、つまり指し示す子どもの能力を中心にあらわれるからだ。後で見るように、「指し言語」の特徴はコミュニケーションの構造および内容の独自性である。しかし、次第に広がる交際圏に自己の言語を適応させざるを得なくなるにつれて、この独自性の大部分はじょじょに機能しなくなっていき、コミュニケーション構造の大々的な再組織化が起こる。円滑に機能し、より大きな言語共同体の成員の大多数から適格であると認められるような言語行為を生み出すためには、その共同体で採用されている重要なパターン――形態論上、音韻論上、統語論上の変形と不変――をいかに制御するかを発見しなければならない。このような複雑なパターンは、「指し言語」を契機として設定される「促進行為場」の特別なコミュニケーション・フレーム内で発見されると考えられる。より特定的に言えば、交際圏の広がりに相関して生ずる、「指し言語」の成功と限界との独特の組合せが子どもの言語の根本的な再組織化を促す選択圧をつくりだすのである（Reed, 1995）。さらに特定的に言えば、トピックをたんに指し示すだけでなく、それについてコメントする方法も学習せざるを得なくなるのである。このため本書では、この言語発達の第二段階を「語り言語 predicational language」と呼ぶことにする。

主要な言語発達理論はこの二つの段階を明確に区別していないため、深刻な混乱に陥っている。（言語発達に関して最近受容されている二つの見解については、Jackendoff, 1994; Pinker, 1994 参照）。大多数の心理言語学者は言語が生得的である——学習されるというよりも適切な環境刺激によって解発される——と主張することによってチョムスキー（Chomsky, 1986）を継承している。（Pinker, 1994 は「言語を生み出す本能」という言い方さえしている。）だが後で示すように、数々の証拠が強く示唆しているのは、ヒトの子どもに生得的傾向性があるとしても、それはせいぜい「指し言語」の段階までであって、チョムスキーおよびその一派があれほど強調する統語論などの言語パターン形成能力は、このコミュニケーション手段の限界をめぐるきわめて具体的な発達上の経験——本書で「促進行為場」と呼んでいる場のなかでの経験——を介してのみ効果的に獲得される、ということである。ぼくが考える発達の流れは以下のとおりである：「指し言語」によって子どもはローカルな言語共同体の境界線上にまで到達することができる。つぎに、具体的な認識的-社会的-コミュニケーション的な相互行為フレームを通して、子どもはこの境界線を越えて、そのローカルな言語共同体を取り囲むさらに大きな言語共同体のなかへと参入する。この最後のステップが強固に確立されたときにはじめて、生成能力が達成されはじめる。

それゆえ、ヒトの言語能力に何か生得的なものがあるとすれば、それは急速に発達する社会的理解と三項的相互行為フレームの調整能力と結びついたコミュニケーションへの強い動機である。こうした諸技能の組合せからやがて、本書で「指し言語」と呼ばれる非生成的な言語形式が生まれる。チョムスキーが言う意味での「生成言語」は生得的ではなく、非常に具体的な発達上のコンテクスト——コミュニケーションをとろうとする子どもの初期の努力（に固有の限界）への反応という意味合いもあり、次第に言語行為を構造化するようになる「促進行為場」（Reed, 1995）——のなかでのみ獲得される。このようなわけで、本書では言語発達についてのおおかたの説明とはちがい、最初から生成言語の技能を説明しようとするのではなく、そうした技能がそれに先行して子どもがもつ別種のコミュニケーション能力から創発してくることを示そうと思う。

❏生態学的観点から見た言語

スキナーの行動主義的な言語学習理論を一蹴するチョムスキー（Chomsky, 1959）の破壊的な批評以来、実質的にすべての心理言語理論が認知主義的になってしまった。これといった代案もないため、認知主義者の大部分は認知主義的言語理論の中心に潜む混乱を見ようとはしなかった。だが、言語に関する認知主義的説明はどれも本当は深刻な混乱を抱えている。もし言語が現在ふつうに言われる意味での認知的なものなら、発話・語・言表が指しているのは心的表象であって、世界内の事物ではない。

フォーダー（Fodor, 1975）は通常言語による陳述や思考は、実際のところ、〃思考の言語〃で書かれた命題に基づいているとさえ言う。この点に関してフォーダーに追随しようという認知心理学者はほとんどいないが、本当なら矛盾を覚悟の上で追随しなければいけないところだ。

問題はこういうことである。もし日常言語による発話が他者から隠された私的な心的表象に基づいている、あるいはそれを指しているとするなら、言語はどうやってコミュニケーション機能を果たすのか？　思考の表象主義理論の目的は人々のあいだの見解、知識、信念の相違を捉えることにほかならない。Xについてのあなたの考えとぼくの考えが同じでないのはなぜか、そのことを説明するために認知主義者は心的表象を仮定するのである。そのように仮定するのも一向に構わないが、もし同一の心的表象をもつ人が二人と存在せず、にもかかわらず彼らの発話が世界内の物ではなく、心的表象を指しているとするなら、他者の話していることがどうやってわかるというのか？　フォーダーの〃思考の言語〃の概念は、すべての人間がもつ普遍的な生得的概念のセットを仮定することによって、この問題を避けて通ろうとする試みにすぎない。このような思弁は言語についての認知主義的な見解にぽっかり開いた穴をふさげるということ以外に打ち出すべき理由はない。実際、そのような普遍的かつ不変的なもののセットがヒトの心のなかに発見されるようなことがあれば、それは進化の歴史はじまって以来の不変的構造の例ではないか！

言語は世界内の事物ではなく、観念もしくは心的表象を指すという考えかたは哲学では古くからあり、第1章で批判された構成主義的メタファーの多種多様なバージョンをともなっている場合が多い。しかし、言語を現実の心的構築を助ける媒体と見るこのような限定的な見方を鵜呑みにする必要はない。

むしろ、言語はそれによって人々の集団が自分たちの行為と相互行為とを調整する過程の一部として生態学的に理解することが可能だ。エコロジカルな情報は個体の行為の調整に役立つ。高等動物の多くは他者に提示するために情報を選択・産出する能力を進化させてきた。言語とは、その進化がさらに進み、動物が産出するこの情報が個体の集団の活動と意識の調整に役立つようになったものである。言語は主観的観念にではなく、エコロジカルな情報に由来するのだ。

エコロジカルな情報は伝達しえない。それはぼくらを包囲しており利用可能だが、ある通信路に乗せて運べるようなものではない。それは検知され行為の調整に利用される（利用されないこともある）ものである。しかし、それがピックアップされ利用されたときにも、それはどこにも〝行かない〟。情報ピックアップとは情報の〝内化〟過程ではない――リンゴを食べることがリンゴの内化過程ではないように。動物のシグナルさえ、厳密に言えば、情報伝達モードではない。たとえば、ある集団内の一個体が警戒声を発したとき、その情報は（どんなに特定的であろうとも――たとえば、危険の種類と位置をともに特定していようとも）その動物からどこか別の場所へと伝達されるわけではない。近くにいてその情報をピックアップするであろう全個体を包囲し、利用可能になるだけである。そして、もちろん、その情報はピックアップも利用もされないこともある。たとえ、有用な情報であっても。

（⇩Box 19）

言語のコミュニケーションに関わる側面はおおむね、高等動物全体に見られる他の形式のシグナルと類似している。これは、ヒトの言語構造が動物のシグナル体系と非常に異なるという事実にもかかわらず、真実である。言語とは、観念あるいは表象の伝達手段ではない。それは情報を他者に利用可

「通信路」という神話　Box 19

ヒトのコミュニケーション・システムは次第にさまざまな通信路を利用するようになってきた。電線という通信路はある送信者からある受信者へ向けてシグナルを伝達することを可能にした。ラジオはある通信路（チャンネル）にのせて一群の受信者（つまり、そのチャンネルの周波数にチューニングできる人すべて）に向けて放送することを可能にした。

動物とヒトのコミュニケーションの研究者はそのような通信路——そこには送信者と受信者がいる——および放送のメタファーに魅了されてきた。しかし、これらはどちらもまちがいなく派生的状態である。ぼくの知っているすべての場合において、動物のシグナルは、ある動物が身のまわりの環境に向けて情報を利用可能にすることにはじまる。これはその情報の検知能力をもったすべての者にたいして放送の効果をもつことになるが、これは計画された効果ではない。ミミズが自分の巣穴を快適にしようと計画するわけではないのと同じように、ほとんどの動物は「このメッセージをこの通信路にのせて送ろう」と計画するわけではない。

情報を利用可能にするこの行為が、いったいどのような社会進化の条件のもとで、特定の方向へのシグナルや意図的なシグナルのような、より限定的かつ構造化された技能へと進化するのかをぼくらは理解する必要がある。動物のシグナルが最初からコミュニケーション・システムのようなものであると思い込んでしまうとこの重要な問題を見落とすことになる。

能にするための手段であり、それによって自身およびその集団の活動調整に寄与するものである。そのため、言語が何かを指し示すとき（言語はつねに指示的ではない）、それが指し示しているのは内的表象ではなく、環境の状況や状態である。（もちろん、言語が表象を指し示している場合もありうる。たとえば、言語のはたらきに関するあなたの考え方はぼくの考え方とは一致しない、と言うときのように。）言語がこれほど強力な調整者である理由の一つは、人々に現在の環境状況だけでなく、過去や未来の環境状況を意識させるためにも利用できるからだ——これは変容され、集団化された一種の予期的制御である。ヒトのあらゆる発見のうちでも、これはひょっとするともっとも根底的な変化をヒトという種に引き起こしてきたのかもしれない。ヒトは自己の目的に合わせて、また直接的環境に依存しない新しい情報形式をつくるために、エコロジカルな情報を選択、改変、変形することができる。このため言語はしばしば、可能的、仮説的、虚構的な状態さえ他者に意識させるために使われる。

　現代のもっとも先鋭な言語発達研究者でさえ、旧態依然とした、突き詰めていけば自己矛盾に陥らざるを得ない言語機能についての考えかたに縛られている。たとえば、最近出版された初期言語発達に関する優れた本のなかで、ロイス・ブルームは、言語の機能は「子どもの心の内容を公に」することであると述べている（Bloom, 1993, p.4）。これは心的表象のメタファーが不可避的に行き着く不適切な考えかたである。実際は、人々の心の内容は典型的には言語がなくとも公にされている。自分の思考をいかに他者に知らせるかを学習することよりも、それをいかに他者から隠すかを学習することのほうがおそらくは難しいのである。養育者はほとんどの場合、ヨチヨチ歩きの幼児が陶製の人形を地面に投げつけようと考えていることをかなりよく見抜くことができる。逆に、ほとんどの幼児も養育者が自分からその人形を取り上げようと考えていることを見抜くことができる。この種の相互行為に言語は必要ないし（言語がときどきそれを装飾することはありうるが）、この種の相互行為にともなう言語はそれがなくては〝隠されている〟考えを〝公にする〟ことに役立っているわけでもない。幼児に関する自分の考えを、とりわけこのような場合に、ひとつ残らず公にするとしたら、それはきわめて愚かで頼りない養育者であろう。

ある条件下では、言語が私的な意図を公にする手段となりうることは否定しないが、この機能はけっして言語使用（大人の言語使用であれ子どもの言語使用であれ）の核心ではないと考えられる。それどころか、テイラー（Taylor, 1992）がかなり巧妙に論証したように、言語の第一の機能は思考を隠すこと、すなわち自分の考えていることを他者に悟られないようにし、ある程度の誤解を生じさせることであると論ずることも同様に簡単なことなのだ。確かに、社交辞令の大半はこの機能を充たしている。ヒトのコミュニケーションの性質と機能に関する主流の認知心理学の単純さには呆れ果てるばかりである。思考を隠すことは必然的に悪であり、発達によって克服されるべきだとする認知主義者の暗黙の仮定は控え目に言っても「ナイーブ」である。養育者の多くは子どもに自分の思考を隠す術を教えることができたらと痛切に願ってきたのだ。とくに、子どもが周囲の人についての正直ではあるが遠慮のない観察を何のはばかりもなく口にしてしまった直後には（「見て、あのデブな人！」）。（⇩Box 20）

要するに、生態学的な観点から見ると、言語は情報を選択し、他者に利用可能にする高度に特殊化された手段として役立っている。ヒトは――ひょっとすると、他の非常に社会的な霊長類の一部も

思考を隠す

Box 20

思考を隠すこと - 見せること。そして、思考を言葉にする能力。この二つを混同してはいけない。言語がまだ自分のものにならないうちは、子どもは思考をはっきり表現することができない。しかし、これは子どもが自分の思考を他者から隠しているということではないし、思考を他者に伝えたいができないということでもない。逆に、子どもが思考しているのなら――とくに、計画的な思考をしているのなら――その考えのほとんどはいともかんたんに知覚できるのである。

「赤ちゃんが考えていること」を知りたいと親はしばしば言うが、そのような親の願いと、赤ちゃんの頭のなかで起こっていることは知覚できないので、せいぜい推測するしかないとする心理学者の主張（この種の議論の好例として Stern, 1985参照）とは同じレベルの話である。親にも心理学者にも混乱がある。その混乱は、赤ちゃん（や動物）の言葉にならない思考にはそれと完全に同じ内容をもつ、言葉で表現されたバージョンがある――つまり、言葉にならない思考の内容がいかなるものであるかを「言葉で言う」ことができるとする常識的な思い込みに由来する。しかし、そんなことはできない。そのような思考の内容を言いあらわそうとする試みはどれほどまじめにやってみたところで、子どもの思考がもつ初期段階ならではの性質をゆがめてしまうだけだ。

内面性、私秘性、隠蔽などは、三項的相互行為と言語の両方がマスターされていくらか経ってからようやく発達するきわめて洗練された社会的技能である。養育者に自分の思考を読まれていることに気づいてはじめて、子どもはそれを隠すための戦略を開始するのである。

（例：ボノボ。Savage-Rumbaugh & Lewin, 1994 参照）――ほぼまちがいなく、この種のコミュニケーションへの傾向性を進化させてきた。すでに述べたように、ヒトの社会生活の生態学的環境は、このコミュニケーション能力を二つの段階に区別できるような具合になっている。現生人類の場合、この二つの段階は発達過程で時間的に二分される傾向がある。第一に「指し言語」がある。これは養育者のような少数の親しい人たちとのコミュニケーションには適している。そして、「指し言語」に固有の限界が言語発達の次の段階、「語り言語」を生み出す主要な契機になるとおもわれる。

❏指し言語：基礎的なコミュニケーション・フレーム

「語り言語」が多様な生成的機能をもつのとは対照的に、「指し言語」はひとつの突出したコミュニケーション機能をもつ。――〝トピック〟の選択である。複雑な群棲環境内には潜在的な指示対象である多数の物・場所・事象・人がつねに存在する。それと対応して、コミュニケーションにはしばしば、自己の注意の焦点を他者にも意識させる個体の能力が必要となる。この機能は発話だけでなく、行為とジェスチャーによっても果たすことができるし、言語発達の「指し示し」の段階であらわれる言語技能はこの機能を具体的なジェスチャーと行為の技能と一体になって果たしているという証拠もある。

厳密な意味での言語発達は最初の誕生日を迎える頃、子どもがその中にいる相互行為フレームの分化と相関してはじまる。1歳の誕生日が近づくにつれて、子どもは物および物に関わる一連の出来事をめぐって養育者と相互行為することにますます多くの時間を費やすようになる。たとえば、ボール、おもちゃ、人形を使った単純なゲームなどは、身体の諸部分を使ったより複雑なゲームの開始とともに、すべてこの時期にはじまる。まさにそうした文脈で、子どもの表現力が開花し、分化しはじめるのである。大部分の1歳児は、自分はこれに興味があるということ（およびその反対）、自分は楽しんでいるということ（およびその反対）を表現できるし、実際に表現している。そして社会的期待さえも表現しはじめている（ゲームの最中にパートナーが順番を無視すると苛立ちを見せる）。また、どうやらこの年齢の子どもは養育者に意識してほしいものを確実に意識してもらえるように自己の表現のコントロールのしかたを学習しているところでもあるようだ。少なくとも、モジエーとロゴフ（Mosier & Rogoff, 1994）の研究に見られる生後6ヵ月から12ヵ月の間の乳児の発達動向をぼくはそう解釈する。モジエーらは、乳児が自分の欲しいものを「母親を使って」いかに確実に入手できるかを見たのである。

マーヴィスとバートランド（Mervis & Bertrand, 1994）によれば、生後12ヵ月から15ヵ月の幼児の言語能力は三つの原理によって特徴づけられている。マーヴィスらはそれらの原理が学習への生得的制約であると考えているようだが、ぼくに言わせればそれらは相互行為フレームの創発的特性である。しかし、起源はどうあれ、それらの原理が言語発達の「指し示し」の段階の鍵となる現象を例証していることに変わりはない。第一に「指し示しの原理」がある。この時期の幼児（ヨチヨチ歩きの子ども）はトピックを確立するために言葉を使うということである。（マーヴィスらは「トピック」ではなく、「物」の指し示しという言いかたをしているが、幼児が場所・事象・人などを指さずに、物だけに指し示しを限定しているかどうかは自明ではない。）第二の原理は「拡張可能性」。類似のトピックを選択するために類似の語を使うという現象である。第三の原理は「対象全体」。語はトピック（物・事象・場所）の一部ではなく、その全体を指し示すために使われる傾向があるということである。これらの諸原理は子どもと養育者との相互行為によって確立され、「指し言語」の基礎的要素となるというのがぼくの考えである。

こうした「指し示し」のフレームが発達・分化すると、少なくとも二つの重要なことが起こる。第一に、あるトピックをめぐる他者との相互行為の経験が増加する。第二に、「指し言語」の能力の向上によって、対話相手に向けたコメントと、状況に向けたコメントとの区別を開始せざるを得なくなる。自己の目標の達成を養育者に手伝わせる子どもの能力が次第に確実かつ特定的なものになるのはまさにこの文脈においてである。同様に、ゲームと相互行為の継続時間も（相互行為フレーム内での技能の向上に相関して？）次第に長くなっていく。以上のことは、「指し示し」の相互行為がよりいっそう頻繁に、きめ細かく、また持続的になるにつれて、トピックについての偶発的な学びと意図的な教えの増加を可能にする。

身のまわりの物・場所・事象について、あるいは相互行為している状況について、ますます多くのことを学習しているまさにそのとき、1歳児はますます複雑になっていく対話相手の相互行為の行動にもさらされている。この背後にも、少なくとも、「指し示し」の相互行為のきめ細かさ、頻度、持続の増大があるはずである。しかし、それに加えて、養育者の行動適応もあると考えられる。子どもの行為が次第に組織化され、それにともなって発声も増加するようになると、養育者はそれを考慮して自分の行動を適応させていくのではないだろうか。

知覚学習は「指し示し」のフレームの出現と足並みを揃えて進むようである。生後6ヵ月未満の乳児はおもに発話の韻律的、リズム的特徴を聴いているようだが、正常な子どもなら9ヵ月までには母語に固有な音声的構造の一部を聴けるようになっているという確かな証拠もある。9ヵ月児は実際に母語の「規則に適った」音声連鎖と「規則から外れた」音声連鎖とを区別でき、ひょっとすると周囲の発話にもっとも頻繁に登場する音声連鎖はどれかということもすでに学習している。ジュスツィックらは言う。「生後一年目の後半に、乳児が母語の音声パターンに同調するようになるということを示唆する証拠はますます増えている。それどころか、乳児は20年前の研究者なら言語獲得過程のずっと後になるまで発達しないと信じて疑わなかった母語の世界の音声パターンの規則性をピックアップしはじめているようにも見える」(Jusczyk, Frederici, Wessels, Svenkerud & Jusczyk, 1993, p.418)。

このような知覚技能は相互行為発達の自然史では中心的役割を担っている。相互行為やゲームが次第に複雑になるにつれて、相互行為の一方のパートナーが焦点を見失う可能性も高まる。たとえば、ボールを使った単純なゲームでは、ボールに手を伸ばしキャッチする動作なら「接触までの残り時間」のような視覚的情報を利用して予期的制御することがつねに可能である。だが、つぎにどうするか？ボールを転がしてきた人に転がして返すかわりに、そのボールをバスケットに入れたり、第三者に手渡すことを期待されているとしたら？そうした状況下では、選択肢は多数あり、選択の必要性は大きい。言語は選択を助けうる。ただし、言語に含まれる意味ある差異が検知されうるならば（例：「彼女に」ではなく「彼にボールを渡して」)。ボールドウィンとマークマンはある対象の名前を口頭で言うだけで、10ヵ月から14ヵ月児にその対象をより長く見させることができるということを示した（Baldwin & Markman, 1989）。また、非常に巧妙な実験によって、ハーシュ＝パセックとゴリンコフ（Hirsch-Pasek & Golinkoff, 1991）は、ジュスツィックら（Jusczyk et al., 1993）によって記述された知覚技能が生後わずか13ヵ月の子どもにおいても機能しているということを明らかにした。子どもが単語の音声構造の差異を聴き分けているかどうか、その情報を自己の行為と思考を導くために利用しているかどうかを明らかにするために、まだ15語以下の単語しか発語できない子どもたちを研究したのである。その結果、この月齢の大部分の子どもはターゲットを指し示す単語が複雑な発話のなかに埋め込まれている場合でも、適切なターゲットを見るということがわかった。たとえば、「彼女は鍵にキスしている（She's kissing the keys）」と「彼女は鞠にキスしている（She's kissing the ball）」は異なる発話として聴かれ、前者を聴いているときには鍵を見るのにたいし、後者を聴いているときには鞠を見るのである――二つの発話の韻律やリズムはよく似ているにもかかわらず。言いかえれば、音声的差異へのその子どもたちの感受性はこの発話情報に含まれる他のすべての類似に惑わされないほど確かなものになっていたのである。

ハーシュ＝パセックとゴリンコフ（Hirsch-Pasek, & Golinkoff, 1991）は、知覚や理解が言語産出へとつながるまでには何ヵ月もの時間差があると結んでいる。話し言葉の産出だけに焦点をしぼれば、確かにそういう結論になろう。しかし、この月齢の子どもはコミュニケーションのために手と顔のジェスチャーも利用しているのである。12ヵ月児のジェスチャーに関する最近の研究は、きめ細かく分化した言語理解の出現には行為ベースの視覚的差異も一役買っていることを強く示唆している。アイヴァーソンら（Iverson, Caprici, & Caselli, 1994）は1歳前後の子どものジェスチャーに少なくとも以下の4種類があることに気づいた：与える、見せる、指す（トピックの選択）、要求する。アクレドロとグッドウィン（Acredolo & Goodwyn, 1988）が見た16ヵ月児のジェスチャーはそれよりもさらに分化していた。慣習的な社会的ジェスチャー（例：掌を上にして要求する）に加えて、述語的ジェスチャー（例：「大きい」「いっぱい」などの形容詞的ジェスチャー）、行為的ジェスチャー（例：「飲む」）、名詞的ジェスチャー（例：「鳥」）などもはっきり認めることができたのである。この月齢では12人の被験者のうち8人までが言葉よりもジェスチャーを多く生み出していたが、このパターンは語彙爆発後の24ヵ月の時点で逆転した。注目すべきは、健聴の子どもが生み出すこれらの身ぶりのほとんどが（同年齢の聾の子どもの身ぶりと同様に。Folven & Bonvillian, 1991 参照）対象の形をそのまま写した「イコン」になっているわけでも、養育者の身ぶりの模倣になっているわけでもないということである。それらは、相互行為の際に情報を他者にも利用可能にするために自己の行為を用いる子どもの能力のあらわれを反映しているように見える。この場合もやはり、個体の動機づけと努力は社会的相互行為のなかで失われたり、埋没したりするのではなく、養育者からしつけられたり、群棲環境内で変形させられているわけだ。

残念ながら、平均的な15ヵ月児のトータルなコミュニケーション能力――言語とジェスチャーを一体にした能力――を体系的に研究した人はいない。この時期の幼児は限られた語彙しか持ち合わせておらず、文脈や輯合《しゅうごう》（＝文または語句のあらわす内容を一語で表現すること）に強く依存していると言われることが多い。しかし、彼らはジェスチャーを使って言語的コミュニケーションを補完ないし強

指し示しの進化　Box 21

最近まで、人類はとても小さな共同体のなかで暮らしていた。2万年前以前は、実質的にすべての人々が毎日のほとんどの時間を「拡大家族」として記述できるような小集団か、せいぜいそうした「拡大家族」が二つ三つ集まった規模の集団のなかで過ごしていた。ほとんどの学者は「言語」と呼びうるものの誕生はいまから4万年前以降ではないとする点で一致している（Lieberman, 1992)。とすれば、言語進化の歴史のたっぷり2分の1にあたる時間のあいだ、言語は「語り言語」へ向けた選択圧がほとんどない条件下、すなわち統語、音韻、語形の生成的使用へ向けた選択圧がほとんどない条件下に存在していたわけである。

もし、発達する人間がほとんどもっぱら10～20名ほどの親しい人たちとだけしか接しないのなら、「指し示し」のコミュニケーションの独自性の限界点まで達することはまずないだろう。このような条件下では、複雑な「語り言語」がもとめられるのはある特別な状況において、とりわけ複数の事象間の接続関係に言及する必要がある場合や、事象間の入れ子関係（仮説的関係も含む）について議論する必要がある場合のみである。したがって、言語の生成的構造は儀礼的発話の際や、ひょっとすると未来のことを計画する際に出現したと想像することができる。また、このような特別な発話の特徴である変形パターンは、歌やゲームや踊りをつうじて、その集団の成員にとってとりわけ重要なものとなっていくのではないかと想像することもできよう。理論的に復元された原始的言語には語形変化が非常に多いという特徴があるけれど、これは生成性を示しているのだろうか？　それとも規則的な統語パターンの欠如を示しているのか？　いかなるデータに基づけばそれを決定できるのか？

化しているのではないか？　そのジェスチャーは言語のように規則正しく使われてさえいるのではないか？（McNeill, 1992 参照）。話し言葉で名詞を産出している、つまりトピックを選択しているときに、ジェスチャーでは述語を産出しているのではないか？　そのように分化した言語コミュニケーションが語彙爆発の直前の時期に増加するのではないか？「語彙爆発の後すぐに、多くの子どもが最初の単純な文をつくるために単語を試みに組み合わせるようになる」とブルーム（Bloom, 1993, p.81）は言う。だが、この初期の「語り」的発話の出現に先立って、幼児が二つの指し示しの体系、発話とジェスチャーを協調させ、一種のマルチモーダルな表現をつくりだそうと試みる時期があるのではないか。
（⇨Box 21）

「指し言語」が可能にする相互行為の大きな変化のひとつは現在のコンテクストの外部にあるトピックについてもコミュニケーションできるようになることである。初期の言語と相互行為の大部分は状況に縛られる傾向があるものの、かなり幼い幼児でも、たとえば、直接的環境に現前しない事物を要求できるのは疑いない（クッキーが見当たらないときにクッキーを欲しがったり、上着に手を伸ばして「散歩に行きたい」ということを指し示したりするように）。とりわけ、こうした要求場面では、「指し言語」は相互行為に関する根本的ポイントを浮かび上がらせる。養育者がクッキーや散歩の要求を拒否した場合、子どもは自分のメッセージは伝わったのだが断られたということを理解するだろうか？　こうした場合と養育者がメッセージを理解できなかった場合とを識別できるようになるのはいつのことか？　メッセージは伝わったが要求は拒否されたということを子どもが理解しているかどうかを見分けるためにはどんな証拠が必要か？　最後に、いっそう思弁的になるけれど、子どもはこのような新しい「指し示し」の形式の三項的相互行為のなかで「否定」についての学習を開始するのだろうか？

❏「指し」から「語り」へ

生後12ヵ月から18ヵ月の間に「指し言語」に次第に習熟していくことによって、三項的相互行為のフレームは大幅に拡張される。このフレーム内で子どもたちは環境のアフォーダンスを共有することだけでなく、ある目標へ向けた手順の各ステップと時間的順序を共有することも習得することができ、過去の実在や未来の可能性も含んだ、現前しない状況を指し示すしかたも習得しはじめる。そして子どもたちはこのフレーム内で、アフォーダンス、ステップ、可能性などをめぐる対立の調整も習得しはじめなければならない。

一連の研究によって、ゴプニックとメルツォフ（Gopnik & Meltzoff, 1986, 1987, 1992）はいわゆる語彙爆発の前兆として、三項的相互行為に由来するとおもわれる知識があることを示した。語彙爆発はおよそ生後18ヵ月頃に起こる。この時期に大部分の子どもは毎日相当数の新しい言葉を口にするようになる（この現象の詳細な定量的研究としては、Bloom, 1993参照）。ゴプニックとメルツォフは多数の子どもをこの語彙爆発の前、中、後にわたって追跡し、言語発達をチェックするだけでなく、一連の認知テストを実施した。その結果、全般的な認知レベルと語彙爆発との関連を示す証拠はほとんど見られなかったが、個々の認知的達成と言語発達の個々の側面とが連鎖していることを示唆する強力な証拠が見つかった。たとえば、出来事の因果的構造の理解は、いくつかの動詞の使用や〝アッオー！〟（＝予期せぬことに直面したときの驚きや当惑をあらわす間投詞）のような表現に先行して起こる傾向があった。同様に、物の永続性の概念とある種のカテゴリー形成の技能の習得は、物の名前と物自体とは区別されるカテゴリーの名前の学習と連鎖しているようであった。多くの場合、ゴプニックとメルツォフはある認知的達成がある言語発達にほんの数週間だけ先行して起こることを示すことによって、特定の認知‐言語連鎖を示すことができたのである。

　この発達パターンに見られるのは、認知内容と言語内容との特定の近接した連鎖であるため、ゴプニックとメルツォフは自分たちのアイデアを「特定性仮説 specificity hypothesis」と呼んでいる。こうした特定の言語‐思考連鎖がこれ以外にも見られるかどうかを調べるためのさらなる研究がまたれるところである。たとえば、ラヴランド（Loveland, 1984）は盲の子どもが〈you〉に対応させて〈I〉を正しく使用できるようになるまでに晴眼の子どもよりもかなり長い時間がかかるということを示している。この場合も、移動する観察点についての知識がそうした代名詞の学習の前提条件となっているように見える。ここで問題とされている〈I〉や〈you〉という語には固定した指示対象がない（代名詞はそのためにあるのだ）。このため、「特定性仮説」は刺激‐語連鎖についての仮説ではありえない。それは〈知られていること〉と〈言われていること〉との特定の連鎖についての仮説であるはずだ。相互行為における対立とその解決についての理解が、should, must, if-then のような様相表現の発達とのあいだにそれと同じような連鎖をつくるか否かについて研究することはとりわけ重要なことだろう。

歩き出した子どもは「促進行為場」内にいることが多いので、世界についての知識と他者および他者の活動（発話も含む）についての知識は二人三脚で増加する傾向がある。ここで重要になるのが、その子どもが口にしたことだけでなく、その子どもが理解していることにも注目することだ。慣れ親しんだコンテクスト内、典型的には養育者や親しい対話相手といるとき、子どもはしばしば発話するが、この発話はおそらくその子どもの言語能力の全範囲を反映したものではない。たとえば、2歳になっても、ほとんどの子どもは機能形態素（たとえば、成人の発話の全語彙の出現数の5パーセントを占める冠詞）を使わないのだが、ガーケンとマッキントッシュ（Gerken & McIntosh, 1993）が示したところによると、何かを理解するためになされる発話を聴いてみれば、この年齢の子どもでも、少なくともいくつかの場合に、そうした機能形態素を適切に使えるという。

実験の方法さえ工夫すれば、初期の言語的知識の構成要素の一部を引き出すこともしばしば可能である。たとえば、テイラーとジェルマン（Taylor & Gelman, 1988）は子どもに新しい（無意味）単語（"zav"）を教える際、その単語の文法的意味を分化させる統語的文脈を利用した。すなわち、名詞としての〈ザヴ〉は「これは〈ザヴ〉です」（"This is a zav"）という文脈で学習させ、形容詞としての〈ザヴ〉は「これは〈ザヴ〉いものです」（"This is a zav one"）という文脈で学習させた。つづいて、（「オモチャ箱から〈ザヴ〉を取り出して」「〈ザブ〉いものを頭の上に載せて」など）さまざまなことを頼んだ。すると、2歳児は〈ザヴ＝名詞〉は首尾一貫してカテゴリーの名前として扱ったが、〈ザヴ＝形容詞〉を属性の名前として扱うことには首尾一貫しない傾向性を見せたのである。対象の名前を声に出して言うことによって1歳児からより大きな注意を引き出せることはさきに見たが、2歳児の注意は発話の最後に"one"が付加されたか否かという微妙な差異によって複雑なしかたで再組織化されつつあるのである。

このように2歳児は言語を生成的に使いはじめている。言語はもはやトピックあるいは(共同)注意の焦点を指し示すためだけの媒体ではない。言語はじょじょに、そのトピックあるいは焦点について何事かを語るための媒体になる。三項的相互行為のフレーム内で子どもたちは時間的配列が非常に重要でありうることを学習するが(例：バスケットの中にボールを入れた後で手を叩く)、いまやこのレッスンは言語自体にも適用される。生後16ヵ月から18ヵ月の幼児は二語以上の発話はできないも同然だが、にもかかわらず、自己に向けられた発話の語順を聴き分けており、語順の差異に由来する意味の差異を理解しているそぶりも少なくともいくつか見せるのである(Hirsch-Pasek & Golinkoff, 1991)。統語的変化の意味の理解がその実際の産出に先行することは驚くにあたらない。大人の発話には、対応した統語的変化を子どもがチェックすることに役立つ音韻的・音素配列的情報が豊富に含まれていると信ずべき十分な証拠があるのだ(Kelly, 1992)。実際のところ、子どもにとってもっとも難しいのは、音声上は異なって聴こえる二つの語がじつは、一つの語の二つの用例だということを理解することにちがいない。ピーターズとメン(Peters & Menn, 1993)は、生後20ヵ月の時点で目的語の位置にくるitを習得した子どもが、生後23ヵ月になるまで主語の位置にitを使うことはしなかった事例を報告している。この子どもはin, on, one, you, itというような語についてそれぞれ発音の異なる4~16の異形をもっていたのである。

こうした発見は、言語の生成的構造を習得するまでにかなりの時間と努力が必要なことを示唆している。生成言語の習得とは、すでに備わっていながらまだ使われていないルールの解発のようなものである（Lightfoot, 1991）とするチョムスキー派の考えを支持する証拠はほとんどない。語彙爆発の後、二語以上の文を産出しはじめるようになってからも、多くの子どもは少なくとも言語の一部については一語一語習得しているのである。先に示したピーターズとメンの研究（Peters & Menn, 1993）は、多くの子どもがその言語の大部分を、自分が接することのできるあらゆる状況から、形態論的・音韻論的・統語論的な構造の諸部分を把握することによって少しずつ獲得しているのではないか、ということを示唆している。オルグィンとトマセロ（Olguin & Tomasello, 1993）が2歳児に新しい（無意味）動詞を教えようとした際、子どもは確かにそれを使ったけれども、生成的に使うことはしなかったのである（Olguin & Tomasello, 1993）。彼らが書いているように、「この研究では、子どもたちに〈動詞〉というクラスについての知識があるという証拠は得られなかった。動詞の形態論に関して言えば、過去形を使用する機会も豊富にあり、実験もおこなって徹底的に探りを入れてみたにもかかわらず、子どもは新しく学習した動詞のどれにも「-ed」という接尾辞を生産的に付けることはしなかった」（p.265）。生成言語の習得における2歳児の瞠目すべき達成をおとしめるわけではないが、この時期の子どもはかろうじて生成性を使いはじめたところ——その言語共同体のルールを尊重しはじめたところ——にすぎず、生成性のルールを習得するまでには、ほとんどの子どもがあと数年はかかるというのが適当であろう。（⇨Box 22）

ここで強調しておきたいのは、「指し示し」のフレームこそが子どもの言語能力の分化を助けているということである。それは大人だけの功績でも、子どもだけの功績でもない。確かに、言語入力の点

Woulda, Coulda, Shoulda　Box 22

　読者のみなさんの多くが同意してくれると思うが、大学生のように言語をうまく使いこなせるようになってからも、まだ自分の母語を学んでいる過程にある。たとえば、よく見られるのは、“would've” と書くべきところを “would of” と書いてしまうまちがいである。ピータースとメン（Peters & Menn, 1993）も指摘するように、これはとても示唆的なまちがいである。このまちがいは法動詞（modal verb）についての認識の不十分さを示すとともに、統語や意味よりも音韻のほうが（少なくともこの場合）優位にあることを示している。

　“would of” と書いた人は自分で長年英語を使ってきて、“would've” が “would of” と書かれているのを（自分で書く以前に）見たはずがないし、その人が “would of” と書いた瞬間にこの文字列が “would've” の意味をもつようになることもありえない。おそらく、could、would、should のような法動詞の後ろにくるときの have という形態素は／ə v／と聞こえるので、何度も聞いているうちにそれを “of” だと思い込み、それが have だという可能性など思いもよらなかったということだろう。また、それとともに重要なのは、そうしたまちがいは話し言葉の中では淘汰されないということである。その程度のまちがいがあってもコミュニケーションは十分成立する。たとえば、accept のかわりに except といっても通じるようなもので、その種のまちがいはたくさんある。すなわち、適格な使用は文法ではなく、その発話共同体のなかで受けいれられるかどうかによって決定されるのである。

で非常に限られた子どもが、にもかかわらず安定した比較的複雑なコミュニケーション・ユニットの連なりを紡ぎ出せるということは知られている。たとえば、正常な子どもなら生後16ヵ月から24ヵ月のあいだに独自ではあるが、比較的安定し組織化された一群のジェスチャーを生み出している(Acredolo & Goodwyn, 1988)。もっと印象的な事例さえある。手話に接したことのない聾の子どもたちが、にもかかわらず安定し構造化された独自の手話の時間的配列を創出しているのである。しかし、こうした現象が暗示しているのは生得的な普遍文法があるということではなく、コミュニケーションの実践を拡張していこうとする生得的な動機があるということであり、「指し示し」のフレームの限界はそのフレーム内にいる大人にとってのみならず、子どもにとっても明白であるということなのだ。

❑「語り」への移行

高度に図式化された理論がつくられることで、かえって基本的現象の理解の障害となってしまうことがある。言語獲得の心理学はまさにそういう分野である。行動主義の理論家はかつて、子どもの反応パターンを形成する出来事の複雑な随伴関係によって言語獲得を説明しようとした。やがて、チョムスキーと彼に追随する学者たちが、内的モデルを仮定し、言語的反応はそこからルールに則って導出されると考えたほうが言語の規則的使用も不規則的使用も同様によく予測できることを示した。それからというもの、議論はそうした内的モデルが生得的であるとするチョムスキーの主張を中心に展開されることになった。このため、次のようなことが問題にされた。大人による子どもの発話の訂正のしかたには、大人がいかなる内的ルールを使用しているのかを子どもが推論するに十分な証拠が利用可能なものとして含まれているのか否か。

しかし、このような問題に答えることはできない。なぜなら、それはまちがった前提に基づいているからだ。言語がどのようなものであれ、とにかくそれは反応の集合などではない。文法がどのようなものであれ、とにかくそれは人々の脳内にあって反応のプログラムをつくりだす無意識の科学理論などではない。また、大人の発話がどのようなものであれ、とにかくそれは子どもが自分の言語モデルを評価するために利用する根拠などではない。心理言語学のあちこちにこのようなメタファーが氾濫しているので、その無意味さに盲目になってしまっているのだ。ぼくらは別のアプローチをこころみよう。

言語はそれを使用する使用者共同体のなかに発見される。言語は群棲環境の事実である。しかし、完全に同一の言語が二人の人間のうちに発見されることはない。いわゆる「同一の言語」を使う、二人の人間の使いかたにはつねにいくらかの変異がある。実際、さまざまな状況における各個体の言語の使いかたにはかなりの変異がある。だが他方で、そうしたすべての変異の幅は有限な範囲内に出現する。そして幼い子どもは通常、ある言語の変異性のなかの非常に狭い幅から標本抽出できる。言語は相互行為に埋め込まれており、話し手の意図だけでなく、聞き手の期待によってもしばしば構造化される。それゆえ、まだ言葉を話せない子どもの発声もときに言語であるかのように扱われる。第10章で強調されたように、ヒトの心理的発達の特徴は「できる前にはじめる」ということにある。歩ける前に足を踏み出し、話せる前にしゃべる。もちろん、転倒したり無意味な音にしかならないこともある。しかし、そのようなごく初期のパフォーマンスの一部は「的」は養育者である。

ほとんどの場合、そうした未熟な技能の「的」は養育者である。初期の発声は、初期の足の踏み出しと同様、養育者の行為を再組織化する効果的な方法である。養育者は子どもが足を踏み出すときには子どもの腕をつかんで支えるようになるだろう。また、次第にていねいに熱心に話しかけるようにもなるだろう。この場合も、その子どもの自律的活動はある種の全体的社会構造と混ざり合ってしまうわけではないとおもわれる。それは独立した動機と技能であり、周囲の人々との相互行為によって選択・形成されていくのである。

したがって、「語り言語」への移行に関する第一の仮説は次のようなものである：子どもの「指し言語」の使用がその子どもの「促進行為場」の再組織化に役立つ。だから、大人が子どもの発話を「訂正」するとき、これはその子どもが無意識レベルに文法理論を構築するために使う根拠になるのではなく、相互行為をつうじた境界設定過程の一部になるのである。そこでの養育者の最低限の役割は、子どもの発話のうち、コミュニケーションという目的に適うのはどれで、適わないのはどれかを伝えることである。興味深いことに、大人による子どもの発話の訂正は、語彙爆発の直後から急激に増加しているように見える。フェラー（Farrar, 1992）によれば、生後22ヵ月から24ヵ月の幼児にたいする親の返答の1／4以上は統語上のまちがいの直接的訂正であるという（例：子ども："the dog running"／母親："the dog is running"）。そして大人から自分の発話を訂正された子どもは大人の他のどんな発話よりもその訂正をくりかえすことがはるかに多い。生後わずか24ヵ月の子どもでも「文法的に正しい」という意味での成功した発話と「意思疎通は十分できている」という意味での成功した発話とを区別している証拠もある。もっとも頻繁に接している養育者から発言の明確化を求められた場合、24ヵ月児は自分がいま言ったことをくりかえす傾向があるのにたいし、あまり馴染みのない養育者（この研究では父親）から同様の要請を受けた場合には、自分の言いかたを変える傾向があるのだ。

「語り」への移行がもっとも詳細に知られているのは、動詞とその言語行為との連関についてである。ブルーム（Bloom, 1993, p.200）も注目するように、「指し言語」による一般的要求（通常は語彙爆発の時期までに習得されている要求）には暗に「語り」の構造をもっているものがある。たとえば、以下に列挙した生後20ヵ月から24ヵ月児の典型的な発話は養育者によって（括弧内に補ったように）完全な文として解釈されることが多い。

・“See x [Mommy]”（〝xを見て［お母さん］〟）
・“Do x [to me.”または“make me do x.]”（〝xを［ぼくに］して〟または［〝xをぼくにさせて〟］）
・“Up”［=“make me go up”］（〝上〟［=〝ぼくを上に上げて〟］
・“Go”［=“make us go”］（〝行く〟［=〝行こう〟］）

これとは対照的に、養育者の発話は動詞を中心に構成され、多種多様な言語行為の骨組みとなるスロット文法のようなものになる傾向がある。たとえば、トマセロ（Tomasello, 1992）はよく使われる動詞を中心に構成された以下の四つの言語行為が、語彙爆発後の子どもに向けた発話のなかに非常によく登場するものであると強調する。

- “Are you ~ ing?”（〝~してるの？〟）のようなコメント
- “See her ~ ing.”（〝見て、あの人~してるよ〟）のような指し示し
- “Do you want to ~?”（〝~したいの？〟）のようなコメント要求
- “Will you ~!”（〝~してね！〟）のような命令

子どもは少なくとも最初のうち、こうした述語を統括する一般的な統語のルールを学習するのではなく、特定の使用目的をもつ特殊な動詞を特殊な人称と語形で学習するのだとトマセロは主張する。以前にも述べたことだが（Reed, 1995）、トマセロが主張するこうした「動詞の島 verb island」は養育者と2~3歳の子どもの相互行為にあらわれてくる変化と一致している。この時期に幼児は自己の意図を主張するだけでなく、他者の意図をも認識しはじめ、そのために兄弟、仲間、養育者などと対立関係に入ることが次第に多くなる。こうした対立状況にあっては、あるトピックをめぐってコミュニケーションするだけでなく、それについてコメントする――それについて陳述したり、計画を引き出したり、質問したり、質問を引き出したり、主張したりする、等々の――能力も要求される。「指し言語」に固有のこのような対立（および協力）をとおして言語使用の慣習が子どもに明示されるのである。

❏生成言語

本章で提示された言語発達初期の子どもの姿は伝統的見解とは明確に異なる。たとえば、自分の母語の統語法を習得しはじめる準備の整った子どもは、自己の内的構造が生成的に変化しているわけではないにもかかわらず、すでにその言語の単語を使いはじめているとここでは主張されている。指し示しの技能は生成能力の発達に先立ってかなり発達している。「指し言語」の漸進的発達は意味論的にも社会的にも不安定な状態をつくりだし、それによって「語り」という新たな技能が出現するための一因となるのだ。

言語発達の「指し示し」の段階にいる子どもを世話する人は、子どもの行為と注意を促進する方法として発話を次第に多く用いるようになる。計画、ゲームのルール、所有権、活動や出来事の順序、さらにそれらすべてをめぐる対立などが子どもとの会話のトピックに含まれるようになる。自己の欲求の指し示しを開始した子どもはすぐに群棲環境の根本的事実に直面する——すなわち、他者の欲求、計画、欲望！ 指し示しを習得した子どもの「自由行為場」はつねに自己の欲求の表明を含んでいるため、必然的に他者の欲求や計画の表明をじょじょに刺激することになる。子どもの発話はそれと鋭く対立する意見に出会うことも、質問に出会うことも、命令やコメントや沈黙に出会うこともある。このようにして子どもは望ましい効果を生み出す発話を選択することの習得へ向けた強力な選択圧にさらされるのである。群棲環境のこの側面こそ、視点についての学習をたんなるひとつの新しい事実の学習ではなく、認識発達上の画期的事件とする根拠である。環境には自分以外の能動的で、動機づけられ、計画をもった観察者ならびに発話者の群れが居住していることを子どもは学習しつつあるのだ。このように「指し言語」の超越の種は「指し言語」自体のうちに胚胎されているのである。なぜなら、「指し言語」こそが他者の行為を促進する子どもの傾向性を社会化する力を作動させるからである。以上のように、欲求と視点の多様性こそが、多種多様に変化する発話構造の意味に関する情報が提供されるように子どもの言語的環境を構造化する際の鍵となり、周囲で話されている言語に固有の生成的パターンを発見する道へと子どもを誘うのである。

ここで注目したいのは、ほかならぬ「指し言語」（発話であれジェスチャーであれ）こそが子どもとの完全な言語行為および標準的な会話フレームに養育者がたずさわるきっかけをつくりだす触媒として機能しているということである。また、ほかならぬ子どもの発話に固有の変異こそがその発話の効果に大きな変化をもたらしうるということにも注目したい（例：使う声のトーンや言葉の単純な変化によって養育者を怒らせたり、笑いながら手伝わせることができる）。「指し示し」の発話を習得した子どもはすでに個体間の対話のルーティンの構造を習得しており、その言語の少なくともいくつかの単語も使い出している。そのため、身のまわりのローカルな言語共同体の境界線上でバランスをとりながら、自己の行為の結果を監視調整し、やがてそこに不可避的に引き込まれていくことになるのである。

❏むすび

もうすぐ2歳になる時期の子どもは非常に興味深い状況にある。この時期の子どもはすでにかなり複雑な二項的相互行為を習得しており、(何百もないにしても)多数の言語のような発声を確実に使用し、そうした状況の諸側面にはたらきかけたり、指し示したりしているのである。しかし、そうした行為システムは、先に強調したように、柔軟性もなく独自なものだ。「指し言語」の使用者は——選ばれた聞き手集団といるときには、ある程度まで——自分の言いたいことを理解してもらうことができるし、対話相手の複雑な発話と行為を引き出すこともできる。そして、こうした子どもはまちがいなく、自分が生み出しているものよりはるかに多くのことを理解している。けれども、いったいどんな種類のメカニズムによって彼らは、たんに事物を指し示すために言葉を使うことから、言語規則にしたがった適格な命題構造を含んだ、まぎれもない言語行為を生み出せるように変化するのだろうか?

本章で提案した考えは、「指し言語」それ自体に固有の不安定さこそが、生成言語の技能の獲得を促進する過程を構成するというものである。この発達的移行は子どもをその解決へと動機づける三種類のコンフリクトとしてあらわれる。

1　「指し言語」の独自性：これはしばしば、幼い子どもにとってのコミュニケーションの障壁をつくりだす。この障壁は子どもにフラストレーションを引き起こし、少なくともある場合、子どもはそれを克服するために自己の発話パターンを変化させるように動機づけられるだろう。「指し言語」の柔軟性のなさには以下の二つのタイプがある。

2　運動における柔軟性のなさ：二語以上の単語が発話の超分節レベルで適切にコントロールされずに結合してしまうこと。これは他のすべての運動障害と同じようなものであり、他の運動障害が練習によって克服されるように、これもまちがいなく練習をつうじて克服される。（ここでの「練習」は、幼児期の大部分の技能と同じように、観察学習を含む。）

3　認識における柔軟性のなさ：物・事象・場所・人を別個に連続して指し示すことによって思考すること。これは二つ以上の事物を同時に思考する方法——また、それらを環境と関係づけて思考する方法——を習得することによって克服されねばならない。

第12章 思考の流れ

❏ 生態学的観点から見た〈認識〉

〈認識〉とは機構《メカニズム》ではなく、生きた過程《プロセス》である。静的ではなく、動的である。階層的システムではなく、連続的な機能《ファンクション》と過程《プロセス》である。伝統的に〈認識〉とは知ることを、なかでも世界について知ることを意味してきた。しかし、生態学的観点——そこでは〈知ること〉が〈生きること〉から分離されない——から見れば、〈認識〉は自己の周囲との接触を維持する動物個体の能力として定義するのが最良であろう。ここまで見てきたように、この能力はあらゆるところで知覚学習の影響下にある。つまり、自己の周囲についての経験が増大するにつれて、利用可能な情報の検知能力も向上するのである。ヒトの場合、知覚学習は孤立した営みではなく、多数の人々が関わる集団的過程であることが多い。「促進行為場」のなかでの相互行為過程をとおして、また情報選択の多様な形式——ジェスチャー、画像、言語——をとおして、認識過程は典型的には個体ではなく、ヒトの集団によって具現されるのだ。

現代の認知科学はこのように把握される〈認識〉について何も知らない。断固たる内面主義者、個体主義的、機械論的、心理主義的な認知科学は〈認識〉を一個体の内面で進行する情報処理過程の諸状態として研究してきた。そのような内的状態が存在することは疑うべくもないが、そのような状態とヒトをはじめとする動物が環境を知るようになる、その知りかたとの関連はいくらよく見ても希薄である。今世紀初頭、エドウィン・B・ホルト（ウィリアム・ジェイムズの弟子にしてジェイムズ・ギブソンの師）はすでに次のように書いていた。そのような仕方で〈認識〉を研究することは、一滴の水滴のなかで起こることだけを子細に観察し、その周囲のすべてを無視することによって虹を理解しようとするようなものだ、と。虹が水滴から構成されていないというのではない。水滴のなかに虹はない、ということである。虹はその水滴を包囲する環境の他の諸側面——光源の方向・他の水滴の位置・観察者の位置——を一体に把握したときにのみ、ぼくらの前に立ちあらわれるのだ。

〈認識〉の自然史および生態学は現代の心理学者から完全に見過ごされてきたものである。そのため、本章の議論の素材はこれまでの各章よりも思弁的にならざるをえないし、実験的裏づけも望みどおりには得られない。これはひとえに、〈認識〉が日常生活のなかでいかにはたらいているのかに関してほとんど研究がなされてこなかったためである。したがって、以下の議論は〈認識の理論〉へ向けた一群の試案として読まれるべきであり、まちがっても〈認識の理論〉それ自体として読まれるべきではない。残念ながら、心理学者が近年重視している認識研究のテーマの多く——イメージ、認知地図、エキスパート化、等々——についてはほとんど触れていない。〈認識〉の自然史についての考察が進まないうちは、それらの研究がいったい何に関するものなのか、日常の思考といかに関係しているの

認知心理学の根本的なまちがい　Box 23

認知心理学の根は行動主義にあり、その外側へと成長することはなかった。初期の認知心理学者は実際に自分たちのことを「主観的行動主義者」と呼んでいた（Miller, Galanter & Pribram, 1960）――この名称は使われなくなっても、その考え方の線上にいまもいることにかわりはない（Baars, 1986; Mandler, 1985; Reed, 1997 参照）。その根が「刺激 - 反応」理論にあるせいで、認知心理学はつねに「認識」をたんなる反応から、たんなる感覚から、あるいはたんなる知覚から区別しようとしてきた。「認識」がどのようなものであれ、とにかくそれら以上のものだというわけである。

これは認識についての科学をつくるための戦略としては致命的だ。「認識」を、動物と環境の切り結びの他の側面から分離することに重点を置いた結果、認知主義者は環境と十分な接触がないときに動物やヒトがどうするかを研究するはめに陥ったのである。観察者は情報の欠如にどのように対処するか？　行為者は状況の予期せぬ変化にどのように対処するか？　いまの認識理論のほとんどは、環境から切り離されたときの動物のありかたについての証拠を土台にして打ち立てられている。認知心理学はたいていの場合、動物やヒトが不自然な状況下にいかに対処するかということを研究してきたのである。

こうしたすべての理論の根本的なまちがいは刺激 - 反応理論から完全に足を洗っていないところにこそある。何度も何度も、認知主義者は研究領域をそっくりそのまま行動主義者に譲ってきた。ナンセンスである。無脊椎動物については創造説が正しいが、脊椎動物については自然選択が正しいということはダーウィンは言わなかった。研究領域をそんなふうに恣意的に引き裂くことはおかしい。行動主義がまちがいなら、まちがい。それだけである。（それを使って何らかの事実に少しでも近づけるかどうかということはまた別の問題だ。）行動と“基本的”な感覚 - 運動過程の研究をさげすむことで認知主義者は自分の失敗を保証しているにすぎない。

かということを知る手がかりすら得られないのである。（⇩Box 23）

❏ 思考と情報

〈思考〉は長いあいだ心理学者を悩ませてきた。19世紀には、多くの心理学者や哲学者が「思考の法則」とは論理の規則であると信じて疑わなかった。しかし、フレーゲ、パース、ラッセルらの手によって数学的論理学が進展させられると、そうした考え方の誤まりが明らかになった。「論理」がいかなるものであるにせよ、それは通常のヒトの思考過程を記述したものではない。現代の論理学者は、ある諸前提があたえられたとき、そこからいかなる推論をするのが妥当かを、その諸前提の形式のみに基づいて発見する強力な手法を編み出してきた。だが、日常の思考にはこの意味での形式性はない。形式的に思考することも不可能ではないが、実際のところ、ヒトは内容に基づいて——すなわち、そのときに思考されているトピック（物・場所・事象・人）に基づいて——思考する傾向がある。

〈思考〉の大部分が内容志向的であるのは、本書でいう生態学的な意味で、それが知覚に基づいているからだとおもわれる。ヒトは複雑に絡み合ったエコロジカルな情報を検知するための洗練された探索ルーティンを進化させてきた。また、そこから特定の情報を選択し、声・ジェスチャー・描画などをつうじてそれを他者に提示する多くの方法も進化させてきた。情報を選択・提示するヒトのこうした能力を完全に説明できるとは言わないが、〈思考〉と呼ばれているものの多くがこうした能力に支えられているということを示してみよう。

情報をたんに検知することと、それを選択して他者へ提示することのちがいは重要である。それは、熟した実のなる木を見ることと、その事実を（言葉やジェスチャーで）他者に指し示すこととのちがいだ。こうした指し示しを成功させるために必要なのは、他者がそれを自分で見て、それに関連した情報を自分で検知するのに十分な情報を提示することだけである。したがって、他者に何かを意識させるために必要な情報は、それを自分で意識するために必要な情報と比べればはるかに少ない。

他者に何かを意識させる技能は――とりわけ、それがヒトのように複雑な形式をとる場合は――ある意味で自分自身に〝リバウンド〟してくるようにおもわれる。すなわち、その技能を利用して自分自身に何かを意識させることができる、ということだ。ぼくがあなたに何かを指し示すことができ、しかも、あなたが指し示しているものを理解できるとしたら、自分自身に向けて何かを指し示し、それが意味するところを自分自身で理解できないということがあろうか？

このため、複雑な生成言語の進化に先立って、何かを意識させるために情報を選択・組織化する能力が進化していることは十分ありうる。この能力こそ、心理学者が通常〈思考〉と考えるもの――世界の諸側面を自分自身に向けて表象する自律的能力――の始源ではないだろうか。残念ながら、そうした表象過程についてはほとんど何もわかっていない。おそらく、そうした表象過程は特殊な探索ルーティンから――とくに食物採集（狩猟も含む）、炉の周囲の活動、家族生活のなかでの緊密かつ広範な相互行為（性的関係、育児、あらゆる種類の共有）というような種々の集団的活動に関わる探索ルーティンから――進化してきたと推測される。

〈思考〉の進化を育んだと思われる生活過程はこのように多様で、複雑で、社会的である。こころみに再構成したこうした〈思考〉の進化過程が多分に憶測によることは認めるけれど、その憶測の方向性が正しいとすれば、あらゆる思考の根は知覚にある。ヒトは、おそらく価値を求めるきめ細かい集団的努力のなかで、エコロジカルな情報を他者に提示するために私有・選択・改変する方法をいくつも進化させてきた。この情報が〈思考〉に内容をあたえるのである。だから、それは生態学的コンテクストおよび社会的コンテクストの両者に強く影響される。このような見方に立てば、実験心理学は思考の根――探索ルーティンおよび世界とのある種の切り結びに深く根ざした根（Sheets-Johnstone, 1990）――を理解することには役立つだろうが、思考内容とそのパターン化についてはほとんど何も語れないわけである。ヒトの環境の底知れぬ多様性を考えると、思考の内容やパターン化についての包括的説明は期待すべきではない。ここで生態心理学は歴史的・比較的分析に道を譲ることになる。

❑ 予期的意識

予期的制御 prospective control は、第1章から第5章で見たように、動物が環境との切り結びを調整する基本モードのひとつである。予期的制御のなかには、現在の状況がこのまま続けば何が起こるかということについての、さらには知覚者がある特定のしかたで行為すれば何が起こりうるかということについての、情報の検知と利用が含まれている。予期性に関連したこういう情報を選択・提示する能力こそ、ヒトの思考の最大の特徴ではないだろうか。

本書の理論が正しいなら、予期的制御の際には少なくともなんらかのレベルの意識が生起しているはずだ。フライを捕ろうとして無闇に突っ込むのではなく、途中で止まってワンバウンドでキャッチする外野手は失敗に終わったであろう試みを予期的に意識している。海鳥が水中へのダイビングを途中で突然止めるのも、そのまま続行すれば身の安全が保証されないほどのスピードで水面と激突する危険が迫っていることを事前に意識するからだろう。このように生態学的な意味での〈認識〉とは、すでに存在しているものについて知ることだけでなく、自身と世界の切り結びについて、目前に差し迫った変化と可能性について知ることでもある。この種の予期的な知は、基本的な感覚と運動の技能に後からつけ加わった派生的で〝高度〟な認識形式ではなく、それ自体が基底的である。〈認識〉が生きた過程《プロセス》であるとは、〈思考〉にはすでに存在している事物についての意識ばかりか、このように目前に差し迫った可能性についての意識もつねに含まれているという意味でもある。

通常の知覚的意識の流れは現在という時点に、そこから先は何もかもが当て推量にならざるをえない切り立った縁をもつわけではない。逆に、高等動物は予期的情報の確実な源泉を探し出す方法を身につけており、未来に起こることを知覚できる場合が多い。しかし、未来が生に何をもたらすかはしばしば自己の行為次第である。したがって、高等動物のすべてが自己の行動を選択できることを前提とすれば、こうした予期的意識の能力は行為随伴性――自分がこうすれば、こういう結果が出てくるということ――の理解へと必然的につながっていく。クリオ（Curio, 1976）の報告によれば、群棲動物を捕食するほとんどの動物はまず「試し攻撃」をしかけて、（老齢や虚弱のため）逃げきる能力のない個体をあらかじめ同定しておくという。これは獲物に向かって走りながら、その襲撃によって起こりうる結果が成功か失敗かを捕食者が予期的に意識していることを強く示唆している。獲物に向かって走っている最中に捕食者が襲撃を止めてしまうことがしばしばあるという事実によってもそれは裏づけられている。

予期的認識のうち、もっとも単純なものはたんなる連合と同一視されていることが多い。乳児が母親を見て興奮するのは過去との連合のためであると言われるのだ。あるいは、そうかもしれない。しかし、その感情の高まりは楽しい時間への期待とまったく無関係であると言いきれるのか？　ある行為をすることによって楽しい機能が引き出せる器具（例：隠れたボタンを押すと音が出るオモチャ）をひとたび経験すると、9ヵ月児は次回からそれと同じ機能を期待するということが知られている（Meltzoff, 1993)。10ヵ月児は養育者とのゲームの際、相手がきちんと順番交替をすることを期待しており、相手の番になると押したり引いたりして順番を守らせようとする（Rogoff, 1990)。こうしたことは過去へ向かう後向きの連合というよりも、予期的意識と考えたほうが自然であるように見える。捕食者が獲物の追跡を断念するのは獲物が逃げていくのを（おそらくは、接触までの残り時間を特定する情報を利用して）見るからではなく、現在の状況と過去の失敗とを連合させるからだなどと本気で言うつもりだろうか？

乳児のこの種の能力が過去との連合を基礎とすると言うことは偏向であるようにおもわれる。なぜ、そうした連合だけを考えるのか？　子どもの活動のいたるところに明らかに見られる予期的構造化はどうなるのか？　予期的情報がそれを検知する能力をもった動物にとっては過去の経験とは無関係に利用可能な場合もあることは明らかだ。たとえば，第4章で紹介した「接触までの残り時間を特定する情報」の一部がそうだろう。飛行する昆虫や鳥の多くがその情報をほとんど経験なしに利用できるのはまちがいない。とはいえ，経験を積み重ねるにつれて，その情報のより柔軟かつ効果的な利用を身につけていくということも同様に確かなことだが。そのため，そのような情報が利用可能な場合でさえ，知覚者はその情報にしたがって自己の行為をいかに調整するかを学習しなければならないことが多い。歩きかた，走りかたを知っている人は自己の活動をガイドするために「接触までの残り時間を特定する情報」を利用することがかなりよくできるが，自転車や自動車に乗りながらその情報を利用できるようになるにはやはり学習が必要になろう。経験をつうじてある状況への特定の種類の期待が生まれることもある。「甘いおしゃぶり」もしくは「すっぱいおしゃぶり」を経験した乳児は同じものを再度提示された際，適切な期待を抱くことがわかっている（Rader, 1997）。過去の経験をふまえたこのような予期的制御の変化は，環境の事象間の連合の学習（Gibson, 1966）と考えることもできるだろうし，特定の連合の生じさせかた（例：“このボタンを押せば，あのブザーが鳴る”）の学習とさえ考えることもできるだろうが，その技能が根ざしているのは行為と意識の予期的なはたらきを支える情報のピックアップであり，内的諸状態間の連合ではない。

□予期的意識から思考へ

本書全体をつうじて強調してきたように、ヒトの乳児は地球外に飛び出した宇宙飛行士のように環境の探索をすべて自力でおこなう必要はない。乳児の環境は探索などの活動がしやすいようにつねに組織化・再組織化がなされている。これはとりわけ予期的意識について言えることである。世界中の養育者が自然発生的に乳児とおこなうゲームは乳児に期待を抱かせたうえで、その期待どおりにしたり、期待からわざと外れたことをする形式をもつものが多い。まず展開が予測できるような具合にリズムとメロディーが確立され、強調される。続いて、驚きや喜びをもたらすようにそれがしばしば変換されたり転換されたりするのである。（もちろん、これがいつもうまくいくとはかぎらず、乳児が脅えたり混乱してしまう場合もある。）これは情報の検知と提示の特別に〝社会化〟されたモードの一種であり、あらゆる文化の子どもたちの思考はそのようなことに包囲されながら発達する。

ある文化の養育者はほとんどいつでも、乳児の経験に徹底的な反復とリズムをもたせることによって、その文化の日常のルーティンとそれがおこなわれる日常的な場所へと乳児を導き入れていく。ひとたびそれに成功すれば、今度はそれが群棲環境の持続的特徴への予期的意識をつくりだす。ここはぼくが食べる場所だな、ここはぼくがボールで遊ぶ場所だな、という具合に。

ヨチヨチ歩きの幼児が文化的世界の規則性に馴染んでいく過程で、養育者は言語をもちいる。それはひとつには、予期的意識を支える情報の多くを際立たせるためである。幼児への語りかけの多くは名詞であれ動詞であれ、たんに指示的なものではなく、未来意識的なものである。――「さあ、遊ぼう！」「こっちに走っておいで！」「ほら、ブランコがあるよ」「つぎはこれをやってね」。2歳児の多くはこの種の表現を自分自身の目的に役立てている。「クリップトーク crib talk」(＝一日の出来事の後、ふつうは寝室にひとりでいるときにあらわれる幼児の自律的発話)の研究は、子どもがこの種の言語――それは相互行為の際の予期的なコンテクストで聴いたものなのだが――を人・事象・場所についての自分自身の知識を組織化するために利用していることを示している(Nelson, 1991)。

もう一歩踏み込めば、言語によって予期的意識は二つの異なる思考モードへと枝分かれすると考えられる。言語のコントロールがいっそう洗練される(例：計算や階層化など、特殊な認知ツールを身につける)につれて、大部分(あるいは、純粋に？)言語に基づいた予期的意識をもてるようになるのだ。ある子どもが言う。「パーティーハットは6個なくちゃいけないんだよ。友だち5人呼んでるし、あと僕もいるんだから！」。この子どもは必ずしも友だちやパーティーハットについてのエコロジカルな情報にアクセスする必要はない。言葉の意味するところに沿って考えているだけかもしれないのだから。それとは対照的に、パーティーのようすを想像している子どもは何らかのエコロジカルな情報を利用しているだろうし、ことによると友だちやその子たちの行為をありありと思い浮かべているかもしれない。前者の子どもの思考には読み書き能力や数体系などの社会的制度を巻き込んだ論理的思考の萌芽が見られ、後者の子どもの思考には物語理解の萌芽が見られる(Goody, 1977, 1986)。思考とは意味を求める高次の努力であり、そこにおいて人々は利用可能な情報源は何であれ利用しようとするだろう。人々が発見する情報のなかには「促進行為場」をつうじて利用可能になるものもあるだろうが、思考はつねに知覚に根ざしているのだから、新たな情報を発見すること、自分自身で思考することはつねに可能である。（⇩Box 24）

大人――そして何より学者であり科学者でもある――ぼくらの場合、内観（であると少なくとも自分ではおもっているもの！）は一点に焦点化され、なおかつ単一の流れになる傾向がある。思考に関する大部分の研究は、単一の思考の流れこそが常態であり、複数の思考過程に同時にたずさわる能力の獲得は容易ではないということを暗黙の前提としてきた。本書の説明はそれを反転させ、従来の前提が典型的な発達方向を逆立ちさせていることを示す。幼児はつねに多数の事物を意識しており、複雑に絡み合ったいくつもの思考と行為の流れに乗って無規律にどこまでも行く。一度に一つのことを思考できるようになるためには経験と練習、そして大人の足場作りが必要なのである。

もしも思考の流れが予期的意識から創発するとしたら、そしてもしも思考が利用可能なすべての種類の情報を利用するとしたら、思考とは典型的には多重である。複雑な環境内ではしばしば、複数の事象（他の事象に入れ子になっている事象もあれば、別々の事象もあろう）を同時に予期的に意識しなければならない。獲物を襲撃する瞬間を除けば、群棲の捕食者は種仲間のことを無視して獲物のことだけを思考しているわけにはいかない。さらにヒトの環境にあっては、大部分の事象に関して少なくともいくらか他者の手を介した情報が存在する場合が多い。そして少なくとも子どもにとっては、多数の事象を包囲して「促進行為場」が組織される傾向もある。それゆえ、ヒトの思考は典型的には一個体のうちにあって多重かつ集団的なのだ。つまり、いくつもの思考の流れを同時に含んでおり、

認識的ではない意識　Box 24

意識は認識的であるとはかぎらない。観察者はいつも環境に接触しているわけではないのだ。ヒトと同じように動物も錯覚することはあり、夢を見る動物もいるだろう。錯覚や夢は認識的ではない——そういう場合、ぼくらは環境に接触していない。少なくとも、あるがままの・あったがままの・あろうがままの環境には。

生成的言語を使えば、このような認識的ではない意識モードも体系的に開発できるようになる。物・場所・事象・人さえつくりだせるようになる。あるものの特徴を他のものの述語として語ることもできるので、「動物は話しをする」、「ヒトは飛ぶ」、「神は存在する」ということさえ語れるのだ。(そのためには真の生成言語でなければならないということに注意。「指し言語」では、述語をこのように切り離したり、変えたりすることはできない。) さらに、予測や計画もできるようになるので、別の世界や異なる場所やありうべき未来についての物語もつくりだせるようになる。

現代の心理学者はややもするとこのような非認識的機能と認識的機能とをごちゃまぜにしてしまう傾向があるので、ヒトの文化生活の根本にあるものを見落としてきた。物語をつくり、語るヒトの傾向性は独特かつ創造的な思考モードなのである。それは知覚についで、ヒトが個人と集団の経験の要素の不一致を統合するための基底的な道だ。物語を語りながら、どうやって認識的な思考モードと非認識的な思考モード（真実とフィクション）を織りあわせるのかは重要な問題である。

そうした思考の一部は相互行為によって、あるいは少なくとも相互行為によって利用可能になった情報によって形成されているのである。

ぼくらの文化では「考える人」は、他者から離れたところで一つの問題に没頭している個人としてイメージされるが、このイメージのせいで、ぼくらは明白と言っていいある事実から眼を逸らされてきた。そのように一つのことに高度に集中した私的思考はある場合に個人があえて達成することにほかならない、という事実である。あらゆる場合にそれが思考の流れにとって基本的であるということはけっしてない。いま自分がおこなっているゲームについて幼児が集中して思考できるようになるためには学習が必要である。というのも、幼児は過ぎ去った事象やこれから起こる事象について、それから近くにある物や人についても同時に意識しているからである。いかなる種類の私的思考もじつは「自由行為場」のなかでの特別な意識モードの達成であるということを示してみよう。この個体化された思考は、長期にわたる予期的な探索的活動と意識の特殊なモードが「促進行為場」のなかで内化（本当は「私有 appropriation」と言いたいが―― Reed, 1991 参照）され、それを個体が自分自身の目的のために取り上げ、利用する結果としてあらわれる。あるいは、ぼくの主張をもっとも大胆な形式で述べるならば、私的思考とは群棲環境内での長期にわたる知覚学習の結果にほかならない。

❏ 知覚学習と探索の流れ

知覚学習のもっとも注目すべき特徴のひとつは、その過程に終わりがないように見えることである。何らかの技能の熟練者はすべて、その技能の種類やレベルの如何を問わず、練習によって技能が向上し、練習をしないと技能が落ちることが知られている。だから、生態学的認識論の基本的教義は、経験は生きており、つねに成長へ向けて開かれているということである。ここに含まれる意味はあまりに膨大かつ多様であり、それだけで一冊の本が書けるくらいである（Reed, 1996a）。本書では、経験の成長が自己の周囲を知ることにいかに関係しているのかということに焦点をしぼることにしよう。

経験や練習からよく生じる結果のひとつは俗にいう「自動性」である。現代の認知主義的心理学はその意識主義的・内面主義的な偏向からして、「自動性」をある課題を理解そして／あるいは実行するためのある種の固定されたプログラムをもつこととして解釈する傾向がある――他のことを考えながらでも、それどころか他のことをしながらでさえ機械的に実行できるプログラムというわけだ（Allport, 1992）。

エレノア・ギブソンとナンシー・レイダーは「自動性」をより生態学的に捉えた（E.Gibson & Rader, 1979）。彼女たちの考えでは、経験や練習は人間を機械的にするのではなく、情報利用の効率と特定性を向上させることができ、そこから機械的な自動性の見かけが生じるのである――が、それは同時に、自動的な行為遂行の大きな特徴である活動への柔軟な介入および再組織化も可能にするのだ。ぼくらはきわめて自動的な行為にたずさわっているときでさえ——ほとんどの場合——予期せざる状況の変化にも適切に対処している。車を〝自動的〟に運転して帰宅するとき、(もう何百回も行き来した)道路のことなど取り立てて意識していないようにも見えるが、「迂回せよ」という新しい標識を見落とすことはまずないだろう。つまり、道路に注意を向けていたことすら思い出せないこんな場合でも、新しい有意味な情報をどうにかしてピックアップしていたにちがいないのである。

言いかえれば、経験がもたらす成果には、探索的活動を組織化・再組織化してより効率のよいものにしていく能力があるということだ。この効率化は結果として、多種多様な情報源をある程度同時にサンプリングし、利用することをじょじょに可能にする。探索の流れはこうして多数の支流をもつ川になり、知覚者は自己の周囲で進行している多数の展開にある程度同時に同調できるようになる。二つ(あるいはそれ以上)の探索の流れに同時にたずさわることは通常、二つの遂行的な行為の流れに同時にたずさわることと比較してはるかにやさしい。これは探索にともなう動きと姿勢が、遂行的な行為のそれと比べて、他の活動を攪乱する度合いがはるかに少ないためである。ただし、極度に神経を張り詰めておこなう精査や警戒は(一切の余計な動きが致命的な悪影響をおよぼすので)重大な例外である。また、探索的な活動は比較的速いペースで循環的になされる傾向があるため、その部分部分を入れ替えたり組み合わせたりすることが遂行的な活動の場合と比べてはるかにやさしい。行為遂行がかなり単線的におこなわれているときでさえ、知覚と意識は多重でありうる。経験を積んだダンサーは音楽を聴くこと、現在のパートナーを見ること、さらに次のパートナーに目配りすること、これらすべてを同時にこなす。環境の多種多様な側面からただ一つの側面を選択し、さまざまな撹乱の可能性があるにもかかわらず、それへの注意を維持することは、探索的な活動の原初的技能ではなく、派生的技能であると言ってまちがいないだろう。歌ったり踊ったりしているときに、まわりの人たちが別の歌や踊りをしていると、自分のパターンを維持するのはとても難しい――だから、合唱でハーモニーをつくりだすためには練習が必要なのである。

ヒトの認識は、通常の意識に本来備わったこの多重性を活かしながら進化してきたのではないだろうか。集団的活動を利用して――とくに、ジェスチャーや言語など、多様な情報の選択形式を利用して――ヒトの文化は個体に複数の事物を同時に意識する能力のみならず、その意識の流れのうちの一つないしそれ以上の流れをコントロールする能力をも植えつけられるようになってきた。

生態学的観点からみると、観念や概念は思考の流れを調整する道であり、それらの基礎は思考の流れに本来備わった多重性に課せられた集団的制約にある場合が多い。養育者は日常のサイクルをつうじて行動・知覚・音声などの手段を駆使し、子どもの注意を「正しい時、正しい事物」に集中させ、組織化することによって子どもを導いている。文化とはかなりの程度まで、何がこの意味で適正properなのかを養育者がそれにしたがって選定している規範――ギブソン（Gibson, 1950; Reed, 1988b, chap.3）にならって言えば「適正集合proprieties」――としてある。専門的な言いかたをすれば、観念とは人から人、世代から世代へと伝達される心的状態のことではなく、ある群棲環境内で促進されている規則性regularitiesのなかから一個人によって私有appropriatedされた行為と意識の調整様式mode of regulationのことである。「食事とは家族全員が一緒に炉のまわりでとるものである」という観念は表象ではなく、集団的調整である（そして、それは最近ではすたれかけているようにも見える）。このような観念は指し示すことも参照することもできるが、それは観念が主観的想念ではなく、環境に実在する規則性であるからにほかならない。

❏〈充たされざる意味〉をつうじた知の道具の獲得

以上のように、本章の議論は二重になっている。第一に、個体としてのヒトは情報を選択・提示する能力を進化させてきた。その提示は他者にたいしてだけでなく、自分自身にたいしてもなされる。第二に、そうした情報操作の技能は具体的な文化的状況のなかで創発する傾向がある。すなわち具体的な場所で、具体的な事象と道具立てのなかで、具体的な探索的活動とリズムと相互行為のパターンにしたがって創発する傾向がある。だから〈思考〉とは、観念の獲得のことではなく、自己の意識の――とりわけ自己の予期的意識の――熟練した技能を要する調整と制御のための道の発達のことである。こうした技能はその起源だけみれば文化的だが、その根は個体能力のなかにある。人は教えられるがままに思考することを強いられているわけではない。なぜなら、あらゆる思考は――いかに形式化、硬直化していようとも――意味を求める個体の努力に多少なりとも触れているはずだからである。

どの文化にも、探索的活動の調整・規則化のための手続きのレパートリーがある。ここまでの数章で強調してきたのは、歌、韻律、リズム、物語、儀礼などがヒトの意識にたいして果たす強力な役割であるが、この他にもまだ、度量法、数、計算、描画、書字などがある。そのどれもが意識の流れを組織化するための、そしてぼくらが〈思考〉と呼ぶ、意識の自律的制御を容易にするための巨大な力を潜在させている。

意識の調整に使われるもの――言葉であれ、ジェスチャーであれ、画像であれ、舞踏であれ、儀礼であれ――はその使用をそれぞれ固有の個体間フレームとして考える必要があろう。これらの文化的活動は三項的相互行為のフレーム内で出現するが、けっしてそれと同じものではない。二項関係を形成している二者は、一方が他方の意識を調整しようとしなくても、互いに相互行為することができるし、一つの物と関わることもできる。さらに、二項関係の一方が他方に何かを意識させようとしても、それができない場合もある。初対面の人が18ヵ月児の発話をまったく理解できないことはよくあり、逆に子どもにはとうてい理解できない話しかたをする大人もいる。しかしながら、一般には、一歳代の終わりにジェスチャーと「指し言語」の使用が増加しはじめると、意識の共有つまり集団化が生じ、それが新たな個体間活動の安定したフレームとなる。ここでようやく子どもは自分が属する文化の歌、舞踏、儀礼、度量法、等々を能動的に共有する準備ができるのだ。

注目すべきは、意識を共有するための言語使用のコントロールは大部分の子どもが2歳前後に始めるように見えるのにたいし、その他の表象体系や知の道具（例：数、計量体系、絵画）の使用はそれよりかなり発達が進んでからでなければ起こらないように見えることである。この問題に関してはいまのところ何の研究もなされていないため、とりあえず次のように考えておくのが最善だろう。知の道具はそれぞれ固有の個体間フレームの組織化に役立ち、それぞれ固有の発達経路をたどる、と。絵画、言葉、数の理解と使用がすべて同一の経路をたどって発達しているようにはとうてい見えないのだから。

絵画や書かれた言葉のような、エコロジカルな情報の代理体系の場合、その特殊な相互行為フレームへの完全な参入には数年を要するようである。つまり、あるもの（例：ある絵）を他の何か（例：ある場所）の表象として利用する能力はけっして基本的な認識技能などではなく、派生的な個体間技能なのである。「表象」とは、物の共有の非常に特別なケースである。「ボール」であれば、二人の人間が互いにバウンドさせながらやり取りすれば共有できる。ところが、大人と子どもが「絵画」を共有しようとする場合には、子どもはその物（つまり、特別に扱われている表面）を共有するだけでなく、何か別のもの――その表面に描かれたもの――をも共有しなければならない。養育者と幼児が同じ絵を見て「イヌ」と言ったとしても、それはその子どもが表象を見ているということではない。この模様のついた表面（およびそれに類するもの）が「イヌ」と呼ばれるのである、と考えているかもしれないのである。一般に、子どもは絵（地図、数字、その他あらゆる知の道具）が自己の意識を特定の道に導くための手段として大人によって使用されている――すなわち「表象」として使用されている――ことを学習しなければならない。一連の研究をつうじてバーンズら（DeLoach & Burns, 1994）は、24ヵ月児がまだ絵を確実に場所の表象としては扱っていないのにたいし、30ヵ月児はすでにそうしていることを示した。その一連の研究をつうじて彼らが子どもに求めたのは、別の部屋に隠されているオモチャを探し出すために一枚の絵を利用することだった。2歳児（24ヵ月児）は絵とそこに描かれたすべての物を見て、それらが何であるかを同定することは容易にできたものの、その絵を表象として利用すること、すなわち行為の予期的制御のためのガイドとして利用することはまったくと言っていいほどできなかった。それとは対照的に、30ヵ月児の場合は絵の情報を利用していることが明らかだった。というのも、彼らは首尾一貫して、絵に描かれた場所でオモチャを探したからである（24ヵ月児のほとんどは絵についての理解は示したものの、ランダムに探しまわったのだ）。つまり、24ヵ月児はそこに描かれた情報を利用することなしにただ目の前にある興味深いもの（その絵）をめぐって養育者と相互行為するだけだったのにたいし、年長の子どもたちはすでに新たな相互行為フレームのなかに入っており、そこでは絵を環境内にある物を意識させる情報源として利用できたということである。だが、ひょっとすると24ヵ月児もこの新たなフレームに入りかけてはいたのかもしれない。なぜなら、絵に描かれた情報を頼りに別の部屋に入って特定の場所にオモチャを置くことは彼らにもできたからである。

「促進行為場」のなかでの認識の例にもれず、ここにも〈充たされざる意味〉が充たされていくパターンが見られる。2歳児は明らかに「絵」について多くのことを知っている。どれが「絵」なのかわかっているし、そこに描かれた物や場所を認識してもいる。しかし、「絵」に意味があることは知っているものの、その「絵」に潜在する多数の意味のうち、現在の状況で選択し、焦点を合わすべきなのがどれであるかはよくわかっていない、あるいは少なくともその情報を確実に選択してはいない。所詮、その絵は物語の一部か、あるいはそこに描かれたものを思い出すためのヒントのようなものでしかなかったのだろう。それが表象である必要はないし、2歳児はそれを表象として理解するにはいたっていない。この場合の意味――絵の表象機能――を充たすには、子どもは絵についてのみずからの知識を当面の課題についての理解と統合しなければならないのである。「これは別の部屋を描いた絵だ」ということを理解すること、あるいは「これは別の部屋にあるオモチャを描いた絵だ」ということを理解することさえも、「その絵がオモチャを探すために十分な情報をあたえてくれる」ということを理解することと同じではないし、「養育者は〝別の部屋にいけば玩具が手にはいる〟ということを理解させようとして、自分にその絵を見せている」ということを理解することと同じではない。

三項的相互行為のフレームにすでに入っている子どもはある表象に意味があることは容易に理解するが、それがどのような意味か、どのようにその意味を抽出するのか、さらに抽出した後、それを使って何かするにはどうしたらよいのかということを発見するにはまだいくらか時間がかかるようである。同様に、この他の二種類の知の道具——数字と文字——も〈充たされざる意味〉から「特定の意味」へのこうした移行の好例を提供している。2歳から3歳にかけて、多くの子どもが文字と数字を同定、認識できるようになる。なかには多少数を数えることができる子どももいるし、アルファベットの一部や全部を暗唱できる子どもはたくさんいる。にもかかわらず、こうした子どもの大半が、このおかしなもの（数字や文字）を使って何をすべきかということについては文字どおり何も知らない《ノー・アイディア》のである。数量化するために数えることを使う方法も理解していなければ、発話をガイドするために文字を使う方法も理解していない（Gibson & Levin, 1975; Hughes, 1986; Sinclair, 1988）。読むことのできない子どもでも実は、文字や単語に意味があることは知っているし、単語と単語でないものを区別するように求められると興味深い判断を見せる場合が多い。（たとえば、単語は二文字以上からなり、一列に、右肩上がりに書かれる、もしくは印刷される、といったことを知っている。）しかし、このようなことは知っていても、その読みかたはあまり（ときには、全然）知らないのである（Pick et al., 1978; Bialystok,

1992)。

いかなる表象体系も――絵であれ、文字であれ、数字であれ――それを実際に使用するまでには、かなりの知覚学習が必要とされるように見える。その学習をとおして子どもは課題の種類に対応した情報代理物の特定の側面へと効率のよい注意を向けることを身につけていく。文字の形や曲がり具合、文字の名前、アルファベットのリズムや数えかたのリズムというようなことに気をとられることは次第に少なくなる。この発達過程のある時点で、典型的には「促進行為場」に後押しされて、子どもはそうした見慣れたもののうちに潜在する「表象」としての可能性を発見するだろう。こうして〈充たされざる意味〉がじょじょに充たされていくのである。

❏内化？　それとも「自由行為場」での認識？

思考の表象的フレームに入るために必要なことは、情報の代理物について、そして特定の文化的コンテクスト内でのその表象としての利用について理解することだけではない。その選択された情報を自己の予期的な意識と行為の調整に実際に利用することも必要である。だから、子どもがアルファベットの音を「内化」してはじめて、文字が読めるようになると考えるのは誤解のもとである。ある意味では、その子どもは読みかたを学習するに先立って、おそらくアルファベットの（少なくともその多数の）音を学習している。しかし、別の意味では、読みかたの学習こそが、その子どもにアルファベットを自分自身の声とアクセントで発音するしかたを教えているのである。

表象体系の使用法の獲得過程は「内化」過程というよりも、制御の自律性と柔軟性を高める過程と見るほうがよい。最初のうち、表象体系は養育者または教師が提供する足場のようなもののなかでのみ使用できるにすぎない。ヒトの他の多くの技能と同じように、表象の認識も「できる前にしている」のだ。子どもがはじめて文字を読むのも、はじめて数を数えるのも、多くの場合その意味を十分に理解する前のことである。意味はまだ大部分充たされておらず、ようやく特定されはじめたばかりである。しかし、他者の援助が得られれば、子どもはその課題にたいして何かができる。したがって、たとえば、養育者がある単語の最初の一、二音を声に出して読んだとき、それに続く音をたとえ正確でなくても子どもがつけくわえることができれば、養育者はそれをよくできたとみなし、子どもを励ますこともあるだろう。わらべうたや子どもの言葉遊びのなかには、リズム、押韻、類音、反復などがよく使われるので、この種のトレードオフの手続きの機会が多く提供される。表象体系の学習過程がこのように具体的な社会関係に埋め込まれ、一歩一歩進んでいくということも、二人の子どもはある表象体系をけっして正確に同じ経路で獲得していかないだろうという推測を裏づけている。

ひとたびある表象体系を習得すると、それは新たな課題にも使えるようになる。「数えること」をおはじきを使って習った場合でも、すぐに他のものも数えられるということに気づくだろう。表象体系が知の道具であるのはまさに、新たに直面した状況においても使用でき、実際に使用すれば、その新たな状況のある特定の特徴――その状況にあって経験したわけではないものの、以前別の状況で経験したことのある特徴――に意識の焦点を合わせることを助けてくれるからである。とはいえ、表象体系は心的状態ではない。個人の所有物ですらない。どんな表象体系も文化的発明であり、一個人ではなく、ヒトの集団によって進化・維持されている。ぼくら一人ひとりが各々独自の道をとおって学習するのは、自己の意識と行為を調整するために、この選択された情報の一部とその特殊な組織化を利用して考えることである。個人はそのような体系を学習し、他者と共有するようになるが、それをまるごと内化するわけではないし、内化することなどできない。それどころか、そもそも何かを「内化する」というのが、たとえ表象による認識の場合でさえ、疑わしい。ある表象体系を学習するとはむしろ、自己の意識と行為をある特定の道に沿って調整することの学習と同じであるように思われる。ぼくらが獲得するのは何らかの表象や表象群といったものではなく、この調整手続きである。それは知覚に根ざし、情報選択の特定のしかたに基礎を置いているのだ。

俗に「内化」と言われるものの典型は「暗算」である。暗算の遂行能力を確実に獲得している者は表象認識能力をもつ。また、数およびその基本的演算のいくつか（たし算、ひき算など）をなんらかの意味で「内化」していると言うのが妥当であるようにもおもわれる。しかし、アジアの子どもとアメリカの子どもの暗算の比較研究が示しているところによれば、内化されているのはどうやら表象ではなく、計算を身につける際に子どもがそれをするように仕向けられた手続きらしい。アジアの子どもは「そろばん」を使って計算を教わるが、この計算道具の使い方を子どもに理解させるためにかなりの足場づくりがなされる。それに対して、アメリカの子どもは「丸暗記方式」（すなわち、答えの載った「表」を記憶する方式）ならびに「筆算」（たとえば、上の位から数を借りてくる場合のように「表」では処理できない場合にこれが登場する）を使って計算を教わる。

抽象的な認識表象の世界にあっては、「そろばん」も「筆算」も同じ場所——数と計算の壮麗な世界——にたどりつくための二つのルートということになろう。学習の方法は教師が文字どおり足場《スキャフォールド》（「そろばん」にせよ「暗記」にせよ、その文化が選択した道具）を組むことだが、その足場は最終的には解体され、完成した建物（数に関する知識）がそれ自体で建つことになるはずである。したがって、技能が満足できるレベルに達した後は、子どもは数とその性質を操作しているのであって、学習の支えにすぎない「そろばん」や「筆算」を操作しているわけではなかろう。ところが、小学校の中学年から高学年の子どもの暗算を研究したところ、事実はまったくちがった。アジアの子どもはまるで「そろばん」で計算するように暗算をしており、答えが「5の倍数」だけズレるというように、実際に「そろばん」を使っているときにするようなまちがいをしていたのである（これは各桁に「一だま」／「五だま」の二種類のたまがある二五進法のそろばんではよく起こるまちがいである）。他方、アメリカの子どもはまるで紙の上で計算するように暗算をしており、紙の上でよく起こるまちがい（たとえば、上の位から数を借りていたのを忘れるというようなこと）が多かったのである（Stigler, 1984）。このように数学というもっとも抽象度の高い技能でさえ、その根は一人ひとりの子どもに向けて促進された経験にあるのだ。

❑ 文化と表象体系

ある文化の表象体系はその文化と他の文化とを分かつもっとも顕著な特徴のひとつである。舞踏や音楽のスタイル、アクセントと言語、物語の種類と語り方、時間・空間・星・数などの数え方——こうしたすべてがある人々の集団を他の集団から区別する際の決め手となる。さらに、これらの表象体系の促進のしかたも文化によって異なる。ごく一部の人たちしか印刷物に接することができず、その人たちが書記や学者といった特殊な階級を形成する文化もあれば、舞踏や音楽をごく一部の人たちだけで代々伝承している文化もあろう。表象体系に接する機会に男女差をもたせている文化も多い。女児にも男児と同じように表象体系に接する機会をあたえようという運動が世界中に広まったのはこの半世紀のことにすぎず、しかもその成功はけっして保証されてなどいない。人類学者ジャック・グッディが説得力ある議論を展開しているように、あらゆる政治組織において、知の道具へのアクセスと権力機構の組織化とのあいだには密接なつながりがある（Goody, 1986）。表象体系のコントロールをひとたび手にすれば、人々の意識と行為をコントロールすることも容易になるため、人々に非常にリアルに作用する権力の基盤となりうるのだ。「認識」とは抽象的・内的・私的なことであるとする認知心理学者の共通の前提は、ぼくらが知りうるあらゆるヒトの社会にあるもっとも重要な組織化原理のひとつを捉えられないのである。（⇩Box 25）

レイヴの文化心理学　Box 25

心理と文化の関係についてのこの章の議論の多くは、ジーン・レイヴの特筆すべき論文のなかでも論じられている（Lave, 1990b)。文化を一連の観念の伝達とみる古い考えかたは、学習をことがらの内面化とみる心理学の仮定と密接に関連しているとレイヴは述べる。彼女はそうした考えかたにたいして説得力のある反論をくわえたうえで、人類学のコンセンサスは活動に基づいた理論に移行しつつあると指摘する。文化を社会的実践として捉え、その実践のなかに子どもが入っていくとみる理論である。

これはこの章の議論と完全に一致する。しかし、生態心理学は文化心理学よりももう一歩踏み込んでいる。情報のエコロジカルな概念は、文化の内容、思考の内容が内面化されたように見えるのはなぜかということの説明をも助けてくれるのである。考えていることのすべてを行動にうつさなくてもよいのはなぜか？　どのような文化の人々もある程度は私的な思考と経験ができる。エコロジカルな情報の概念を採用すること、そしてこの情報が相互行為フレームをつうじて選択され、その文化のほとんどの個人に利用可能になる過程を考えること。それこそがレイヴの新しい文化的アプローチを心理学のなかで生かすために必須のことである。文化的活動を自分のものにすることappropriationはものごとを自力で見られる能力にかかっているのだ。

表象的思考に関しては，興味深く重要ではあるが，心理学者の視野の狭さのためにこれまで問われてこなかった問題がたくさんある。たとえば，多くの文化がきわめて単純な数え方の体系しかもたないという事実がある（多くの場合，「1」と「2」をあらわす語しかなく，あとはこの組合せで10くらいまで数える―― Menninger, 1969 および Ifrah, 1984 参照）。この事実は非限定的な数体系の成立にはある特殊な社会状況が必要とされることを意味するのか？　数をあらわす語彙の乏しさと，刻み目をつけて数を記録する棒（割り符）の使用とのあいだにはいかなる関係があるのか？　3万年前の初期の現代人がすでにそのような棒を使って数を記録していた証拠があるとされるが（Marshack, 1985），これはどうなのか？　ヒトはこれまでいかなる種類の事物を数えてきたのか？

二種類の情報代理物をめぐる問題もある。第一の種類の情報代理物は，それがなければ見出せないであろう，環境内や記憶内の情報を見出すことを助ける道具である。これは「外部記憶装置」と呼ぶこともできよう（Intons-Peterson & Fournier, 1986）。たとえば，インカの「キープ（結縄文字）」はさまざまな太さと色の縄にいろいろな結び目をつくって，それらを階層化したものであり，納税や在庫を記録する帳簿のような役割を果たしていた。この道具は数は記録できたが，何の数であるかは記録できなかった。そのため，何の数であるかは記憶に頼るしかない場合もあったが，多くの場合，縄の色や結び目の種類によって部分的に記録されていた。キープ，割り符，それに類する道具は世界各地に見られる。けれども，そうした道具は完全な表象をつくるだけの情報を記録することなどはじめから意図していない。このような記憶補助装置と好対照をなすのが粘土版である。これについてはデニス・シュマン‐ベセラ（Schmandt-Besserat, 1992）による詳細な研究がある。およそ6000年前の近東地域にあらわれた粘土版は物品の種類と量のどちらも記録できる完全な帳簿であったらしい。このようにより多くの、また（は）より詳しい情報が表象体系に受肉されるのは、どのような状況があるときだろうか？

さらに、ひとたび文化によってある表象体系が展開されると、それは人々の意識と活動にいかなる影響をあたえるのか？　そうしたシンボルはそれまでにあった思考と行為の道はそのまま残し、その効率だけを高める道具なのだろうか？　それとも、グッディやオング（Goody, 1977, 1986; Goody & Watt, 1968, Ong, 1982）が主張するように、まったく新しい思考様式をつくりだすきっかけになるのだろうか？人類学者も認知科学者もシンボル・表象体系こそが一文化のなかで共有され、その文化の人々の特徴をつくりあげているものであるとして注目してきた。もちろん、これは正しい――さきに強調したように、各文化にはそれぞれ独自の表象体系群とそれに結びついた相互行為フレーム群があるのだから。しかし、ジェームズ・ギブソン（未公刊ノート）がかつて書いたように「シンボルの本質はそれ自体が共有されることにあるのではなく、それが表出する宇宙の微妙な側面が共有されうることにあるのだ！　文化とは、標準化された錯覚、パターン化された誤謬であるかもしれない。しかし、ひろく共有されればされるほど、その危険性は少なくなる。一文化全体ともなれば膨大な量のナンセンス――不適切なシンボル化――がアフォードされている可能性がある――その文化が人生の主要問題を解決できるだけの――リアリティとわたりあえるだけの――十分な方便をその適正集合のうちにもつならば」。

ヒトの意識は宇宙の果てから地上の隅々にまで浸透してきた。意味と価値を求める集団的な探索をつうじて、また表象を媒介とした集団的な思考調整をつうじて、ヒトは世界と自分自身について膨大なことを学んできた。しかし、ヒトはまた数多くのまちがいも犯してきた――ぞっとするようなまちがいもあれば、おかしなまちがいもあった。そして、数え切れぬほどのナンセンスもあった。生態心理学は、ヒトの思考の流れの強みも弱みも、その統一性ばかりか多様性や断片化までも、その洞察力ばかりかナンセンスなところも、まるごと理解できる一連のアイデアを提起している。ギブソンが心得ていたように、成功に至る王道はない。知識のようにひとつのナンセンスだと判明することもあるのだ。過度のナンセンスを避けるひとつの方法は自分のアイデアをできるかぎりオープンにし、できるかぎり多くの人と共有することである。そうすれば、言葉や絵によるその表象を誰もが世界内での自分の直接経験によって検証できるようになる。生態心理学の成功は、ヒトの世界や心についての完結した絵を描き出すことによってもたらされるのではなく、世界のなかでのヒトの心のはたらきを理解しようとする挑戦にますます多くの人たちを巻き込むことによってもたらされるのである。

❏ むすび

生態学的な観点に立てば、認識研究は情報と探索的活動の分析にはじまる。認知主義者は〈認識〉が「たんなる」ひとつの行動形式ではないとする点ではただしい。〈認識〉とは、情報のピックアップと利用に基づいた特殊な活動・意識である。しかし、〈認識〉が純粋な心的状態ではないとする点では行動主義者もただしい。情報を見つけ出し、利用するには努力と活動が必要なのだ。

ここで言う〈認識〉とは、あるがままの・あったがままの・あろうがままの世界について動物が知ることである。（認識的でない意識状態、たとえば、想像や空想のようなことについて、ここではほとんどふれてこなかったが、それらもたいへん重要である。）ここでは予期性に重点を置いてきた。予期性とは、環境のさしせまった変化と可能性についての情報を検知・利用することである。これはもっとも実用的な認識モードである。ぼくらが計画や思考とよんでいることの大部分は、このようにさしせまった環境の変化を知覚することに根ざしている。しかしながら、ここにはエコロジカルな情報の代理物として言語を導入することができる。これが物語などの象徴的な思考モードをつくりだしてきたのである。

予期的制御は、ヒトのほかのあらゆる行為形態と同じように、通常は群棲環境のなかで、意味と価値をもとめる集団的な努力のコンテクストのなかでおこなわれる。このコンテクストのなかでは、その社会で選択されてきた行為規範——ぼくが適正集合 *proprieties* と呼んでいるもの——が各個体の思考の発達に大きな役割を果たしている。ヒトは自己・他者・周囲の世界について、ただ実用的な観点だけから思考するわけではない。標準、規範、さらにはタブーの観点からも思考せざるをえない。それどころか、多くのヒトは自分が体現しようとする規範が相反するものであるような場合にさえ、二つ以上の適正集合の観点から思考することができるようにおもわれる。たとえば、ある女性があることをしようと考えてから、そうするのはやっぱり「男っぽすぎるか」とおもいなおしてやめるときのように（このような「二重性」については、Gaines & Reed, 1995; Reed, 1996 参照）。

ヒトは群棲環境のなかで思考・行為しているので、発達途上にある個体（子どもにかぎらないが、とりわけ子ども）は自分ひとりでは十分に機能できない状況に置かれることが多い。たとえば、当面の課題にとりくむために利用できる情報を自分が同定も利用もできないことに気づかされる状況などがある。しかしながら、他者に支えられたり、社会的に開発された技術に支えられて、そのような初心者でも、その状況のなかに成功の可能性があること、そのコンテクストのなかに情報と資源が利用可能なものとしてあること、これらのことについては正しく認識できるのである――その時点ではまだ、必要な意味と価値をどうしたら手に入れられるのかについてははっきりわからないにもかかわらず。このような〈充たされざる意味〉の場面は、ヒトの環境に特徴的なことであり、しかもとりわけ重要なことであるようにおもわれる。〈充たされざる意味〉が示しているのは、ヒトの認識がつねに意味と価値を集団によって私有 appropriating してゆく行為の一部としてあるという事実である。

おわりに

生態心理学の地平へ

❏意味に充ちた科学的心理学

本書で提示された〈心理学への生態学的アプローチ〉は心理学の一分野ではなく、切れ目なくつづくひとつの原野である。それは人間や意味についてのどんなこともその研究主題から締め出すことなく、〈人間の自然《ヒューマン・ネイチャー》〉の研究に科学的にアプローチする展望を開く。それは恣意や独断に引きこもることなく、多様な価値と意味の探求・分析を促進する。そこには実験的方法とともに自然史的・記述的な方法をも受け入れる余地がある。生態心理学をひとつにまとめているアイデアとは、心理学の根本問題 *subject matter* へのそのアプローチである。生態学的アプローチをとる場合、心理学は〈動物個体とその周囲との切り結び〉を解明すべき根本現象と見なさなければならない。だから、あらゆる主観主義は――経験的・解釈学的であれ、生理学的・還元主義的であれ――斥けられる。心理学とは動物内にある何かについての研究ではなく、世界内にいる動物についての研究なのだ。同様に、あらゆる客観主義も斥けられる——行動主義者のいう「法則」であれ、構造主義者のいう「規範」であれ、完全な心理学をもたらすものではない。心理学とはたんに、動物がそれにしたがい行動する環境の偶発的事象や（なんらかの方法で生み出された）規範体系についての研究ではなく、動物が自己の周囲といかに切り結ぶかということについての研究なのである。

生態心理学の核心はそうした切り結びを機能にもとづいて考えてゆくことである：動物はみずからに利用可能な情報を利用して、環境のアフォーダンスを探し出している。切り結びの機能が達成されるのは——といっても、切り結びは一歩間違えば動物を危険にさらすので、完全にということではなく、達成された限りにおいてということだが——動物がみずからに利用可能なアフォーダンスを発見・利用できるからである。こうしたアフォーダンスの発見と利用を調整しているのは、エコロジカルな情報を——つまり、アフォーダンスとその状況下でのアフォーダンスの利用のしかたとを特定する情報を——検知・利用する動物の能力である。意識と行為は一応このように区別されるが、完全に分離できるものではない。あらゆる意識のベースには情報を探し求める活動——探索的な活動——があり、あらゆる行為は情報のピックアップから生まれる意識と一体になっているのである。これまでの心理学は、行動主義的であれ認知主義的であれ、行動と意識が二つの異なる現実領域に属するということを暗黙の前提としてきた。こうした前提をとるかぎり首尾一貫した心理学の構成は不可能になる。そのような前提は斥けられるべきだ。行動と意識はともに、環境内の動物の生から創発するのである。

生態心理学には〈アフォーダンス〉と〈情報〉という中心的概念があるけれど、これは現象をそこに還元するためにあるのではない。ある動物があるアフォーダンスの実現へ向けて、ある情報を利用し、その行動を調整している、と述べることは解明ではなく、たんなる記述である。だが、ある行動と意識がまぎれもない切り結びであること、すなわち、情報および／またはアフォーダンスのリアルな利用であることが証明できるなら、そのように記述された現象はサイコロジカルな現象にほかならず、心理学的解明を必要とする。生態心理学はこのように、ある現象がサイコロジカルなことであるか否か、心理学的解明を必要とするか否かを決定する経験主義的方法を提供しているのだ。

生態心理学は過去のいかなる心理学にもないものをもたらしている。すなわち、ある行動または意識がサイコロジカルなこと——リアルな、調整された、サイコロジカルな切り結び——であるか否かを実験的に立証する可能性である。ダーウィンがミミズの研究をとおして開発した実験形式はこの範型である。ある動物と環境とが切り結ぶ道にダーウィンがミミズに関して示したのと同じような機能特定性があることが立証できるとき、そこには解明するべきサイコロジカルな現象があると考えられるわけだ。

そうしたサイコロジカルな現象は——知覚‐運動力 *sentient animacy* あるいは〈エージェンシー〉と呼ばれるだろう。——それはたんに柔軟な行為であるばかりか、関連した環境要因をとらえながら通常はある程度の予期性と後見性とを見せる柔軟な行為であるという意味である。動物は能動的に環境と切り結ぶ、と言うのはまさにこのためである。

心理学的に意味ある諸現象をたった一つのモデルへと還元するどころか、生態心理学の基本概念は動物の生活様式の真に膨大な多様性を見極める道を開く。しかも基礎にある説明方式の一貫性を犠牲にすることはない。動物が千差万別なニッチに住むように進化してきたというのはダーウィンが明白に示した事実である。このような世界にあっては、少数の普遍的なメカニズムまたは過程をもって心理学的説明を統一しようと夢見ることは現実的ではない。心理学への生態学的アプローチはそうした還元主義の道はとらない。生態心理学の基本概念は限定的ではなく、開放的である。アフォーダンスの種類、情報の種類は無数にある。観察と実験によって、ある現象がサイコロジカルなことであるとひとたび示されたら、つぎに必要なのはどんな種類のアフォーダンスと情報がその現象を支えられるのかを探り出すことだ。これは動物と環境との切り結びを細部まで注意深く記述・実験するということであり、あらかじめ用意されている概念のセットに還元するということではない。

この観点から見ると、ほとんどすべての動物に——きわめて単純な動物の一部にまで——真にサイコロジカルな状態があることになる。なぜなら、ほとんどすべての動物は環境との切り結びにおいていくらかの機能特定性を見せているからだ——その切り結びの対象と性質がいかに限られていようとも。ミミズは、おそらく、ヒトとは心理学的に意味ある切り結びをすることはないだろうが、少なくともある場合、葉と心理学的に意味ある切り結びをしていることは明らかだ。比較心理学では、そうした心理学的に意味ある過程の範囲と射程とがア・プリオリに定められていると決めてかかることはできない——それはダーウィン的世界では不可能なことだ。ダーウィン自身、植物のある種の運動は、環境との〃心理学的に意味ある切り結び〃とここで呼んでいることと同じであるとみなすべき明確な可能性があると考えていた（Darwin, 1880 参照）。この問題にはまだ決着がついていないようにおもわれる。そのことはまさに、進化的かつ生態学的なパースペクティヴから比較心理学研究に本格的に取り組むことがいかに急務であるかを物語っている。

❏人間の自然《ヒューマン・ネイチャー》

本書で採用した生態学的観点から見れば、ヒトの心理学は動物心理学とは異なるが、そこから切り離されてはいない。ヒトは、すべての動物種と同じように、それ以外のいかなる動物種とも異なる、それ独自の生態的ニッチに住み、それ独自の道において世界と切り結ぶ。だが、この意味では、すべての動物種がそれぞれ独自なのだ。心理学的にみて、ヒトがこれほど特異に見えるのは、ヒトという動物種のためにみずからが築きあげてきた特別なニッチのせいである――当惑せざるを得ないほど多種多様な生息場所を内包し、社会的相互行為へと向かうヒトの傾向性を徹底的に利用しつくしたニッチ。

ヒトという種に固有な特徴の一つは世界との切り結びを集団化してきたその度合いの大きさである（〝切り結びの集団化〟とは「協力」だけでなく「競合」も含んだ意味である）。意味と価値へ向けたヒトの努力の集団化はその広がりと深さにおいて他の霊長類を――それどころか、ほとんどすべての哺乳類を――完全に凌駕している。

このようなヒトの努力の集団化は個体としてのヒトの行動と意識の技能を貧しくしてきたわけではない。むしろ、ヒトがそのなかに生まれる文化的に変容されたニッチは個体技能の発達を促進しているようである。ヒトは個体としても、たいていの哺乳類をはるかにしのぐ広がりと深さで、物質・場所・規則的事象を利用している。こうした個体技能は社会的コンテクスト内でのみ発達・開花すると言えようが、だからといってそれらの技能が個体的でなくなるわけではない。

ヒトの心理研究は、ヒトが文化を呼吸して生きる霊長類であるという事実に本質的に内在する緊張関係《テンション》を軸に展開できようし、またそうすべきである。実験心理学では、行動と意識を調整する個体能力の研究を止めるわけにはいかず、またそうすべきでもない。だが、そのような個体の調整能力の研究は――これまであまりにも多くの場合そうだったように――集団的調整への無視と無関心のもとに遂行されるべきではない。個体の調整能力は集団的調整の一部なのだ。本書で示そうとしてきたように、個体としてのヒトがある種の物質、表面、その変容（粘土、顔料、皮膚、etc.）の知覚に長けているという事実こそが、多様なヒトの文化の「道具一式《ツール・キット》」の発生・展開に決定的な影響をおよぼしてきたのである。

　ヒトには最低でも数種類の重要な普遍的技能がある：話すこと、数えること、歌うこと、踊ること、飾ること、物質を新たな物へと形づくること。どの技能をとっても、心理学で伝統的に考えられてきたような、どこでも同じという意味での〝普遍性〟はない。また、どの技能にも、変化に富んだすべての事例を貫く、普遍的本質があると厳密な意味では言うことができない。そうした諸技能をヒトの個体が備えているのは、遺伝子に前もって書き込まれているからではなく、各個体が自身および世界に――すなわち、ぼくらすべてがそのなかに生きているヒトの生態的ニッチに――一定のことを発見するからである。ヒトは話すこと、踊ること、飾ること、等々を発見する能力をもって生まれてくる。だが、その発見能力は社会的相互行為のフレーム内での長期間の〝見ならい〟のコンテクストにおいてのみ発達しうる。世界についての個体の発見は——その発見の機会さえも——おもに、その個体とともに生きる他者の活動によって選択・制約されているのだ。

❏選択主義

本書をつうじて筆者は心理学への〈生態学的アプローチ〉とともに、〈選択主義的アプローチ〉を打ち出してきた。この二つのアプローチは両立可能だが、必然的に連結しているわけではないとおもわれる。選択主義者——少なくとも、ある程度の——でありながら同時にチョムスキー主義者であることもできる、あるいはピンカー（Pinker, 1994）はそう主張する。また、生態心理学者——少なくとも、ある程度の——でありながら同時に進化的あるいは選択主義的な考えからは遠く離れていることもできる（Turvey, 1990）。

とはいえ、生態心理学は動物と環境とがいかに切り結ぶかを研究の出発点とするため、選択主義は自然のうちに生態学的アプローチに絡んでくる。環境と切り結んでいる動物たちは高度に構造化された、複雑なシステム群である。その環境そして環境内での競合が変化することを考えると、そうした状況のなかで、そのシステム群のある面が有利になる一方で、その他の面が淘汰されないとは信じ難い。もっとも、選択された特徴または過程がそれ自体を再生産するなんらかのメカニズムと結びついていなければ、選択だけではそのシステムのふるまいに持続的変化を起こすことはできない。たとえば、緑色植物の葉と茎を好んで食べる動物は砂漠内では、その活動を淘汰する方向へとはたらく強力な選択圧を受ける。にもかかわらず、もしその動物に（現状にあって）不利な行動の頻度を減らす、あるいは（現状にあって）有利な行動の頻度を増やす、いかなるメカニズムもない場合、サボテンのトゲを消化管いっぱいつめこんで死ぬしかない。

本書の主張は、神経系こそが動物と環境との切り結びの有利な特徴を不利な特徴から選り抜くメカニズムになっているということだ。免疫系のクローン選択過程と同様、自然選択は系統発生ではなく、個体発生の時間スケールで起こる。（さらに言えば、自然選択はたぶん行動の時間スケールで起こる、あるいはそれを示す証拠がじょじょに増えてきている。）また免疫系と同様、神経系内で選択される要素は全体を一個としたフル・スケールの機能的切り結びではなく、そうした切り結びを支えている多数の調整過程群である。これにより、環境の少なくともいくつかの変化に臨機応変に対応しうるすばやさで、それらの調整過程群の新たな連携を選択・構築することが可能になるのだ。

この神経の選択過程は非生態学的に解釈することもできよう。現に、神経選択説の父ジェラルド・エーデルマン（Edelman, 1987, 1993）は神経過程にはたらく選択圧の源泉を環境内に探すことには踏み込んでいない（Reed, 1989 参照）。だが、選択とはつねに、ひとつの群れをなす要素間の競合の関数＝機能にほかならず（Ghiselin, 1969; Lewontin, 1970）、神経系内の関数的＝機能的過程の群れはほかならぬ情報とアフォーダンスをめぐって競合しているとみるのが自然だ。このため本書では、意味と価値を求める努力の基礎に神経の選択過程があると主張してきたのである。

もう一歩踏み込んで、本書では、意味を求める協働的努力の基礎には一段高次の選択レベル、すなわち一種の文化的選択があると主張してきた。この場合も、各個体は――新生児さえも――おのおの能動的であり、意味と価値を求めて（「自由行為場」内で）努力している。が、ヒトの生の社会的自然《ネイチャー》のせいで、そのような努力は相互行為フレーム（「促進行為場」）のなかで他者によって制約あるいは支援されることになる。だから、ひとつの文化は世代から世代へと伝えられる観念や習慣を土台とするのではなく、他の文化とは明確に異なる「促進行為場」と「自由行為場」との独特の均衡をその特徴とするのだ。文化的調整の力は、個体が有効性を見出す行動の幅と、その文化内で適切だとされ、個体が少なくともある程度まではそれにしたがわなければならない行動の幅との緊張関係《テンション》に由来するのである。

❏ 生態心理学の自然《ネイチャー》

本書で描き出された心理学は生物科学と人間科学の双方に連絡通路を開きながらも、それ自体で自立した科学である。生態心理学は真の意味での生物学的心理学である。だが、それが忠誠の義務を負うのは進化的かつ生態学的な生物学にたいしてであって、生理学や生化学にたいしてではない。そのため、生態心理学はどこまでも生物学的でありながら同時に非還元主義的であることができる。生態心理学はまた人類学的心理学でもある。なぜなら、生態心理学はヒトの生態的ニッチの文化的自然《ネイチャー》を強調するとともに、個体発達の推進力として「自由行為場」と「促進行為場」とのあいだの緊張関係を強調するからである。本書で提示した生態心理学はこのように人類学的かつ比較文化的な観点の重要性を強調しながらも、〈個体と世界との切り結び〉に合わせた焦点を放棄することだけは絶対にしない。

生態心理学は歴史学にも重要な連絡通路を開いている。歴史をつくりだす基本素材は自分たちを集団として変形させるヒトの能力であるが、それは意味と価値を求めるヒトのたえまない集団的努力の関数である。こうした努力は言語など、さまざまな表象体系をつくりだす情報選択をとおして実現される。そうした変形の多くの背後にはたらく力は、環境にたいする自分たちの関係の事実を発見する個人と、文化的に選択されてきた「適正集合 proprieties」のパターンとの緊張関係に由来する。心理学を歴史的ないし文化的なものにしようとする従来のこころみは「解釈」という方法への重度の依存症に陥ってきた。これは文化ならびに文化間の差異についての内面主義的な理解を助長するだけである。そういう見方ならすでに人類学や歴史学にある。こうした問題に生態心理学を適用することの醍醐味は、異なる文化・時代にわたって本当の意味での比較が可能になることである。そのような比較は超歴史的な「人間の本質」のようなものを背景になされるのではなく、あらゆる社会で機能している自然なヒトのサイコロジカルな過程の多様性に基づいてなされる。

生態心理学は方法に関しては《メソドロジカリー》普遍主義《カトリック》をとる。実験的方法、記述的方法、解釈学的方法など、さまざまな方法を奨励し、そのすべての長所を活かすのだ。〈世界との切り結び〉こそが心理学の解明すべき根本問題であると見定め、ひとたびそこに焦点を合わせたなら、そうした多岐にわたるすべての方法がそれぞれに〈世界との切り結び〉の理解に役立つことが見えてくるだろう。〈アフォーダンス〉と

〈エコロジカルな情報〉の概念は実験を統制するための重要な手がかりを心理学者にあたえるが、それと同時に、情報と意味の問題、アフォーダンスと価値の問題は綿密な自然史的記述と適切な解釈学的研究をも必要とするのである。

❑むすび

本書の目的は、生態心理学がひとつの広大な研究の原野として存在することを示すことであった。それは動物がいかに世界と切り結ぶかについての研究であり、ヒトの生の特別な自然《ネイチャー》を評価できるだけの奥行きをもちながら、その生を地球上の他の同居者の生から切り離すことはしない。一匹のミミズと環境との切り結びは限定されているとはいえリアルな切り結びであることに変わりはなく、ヒトと環境との切り結びと同様、心理学的分析を必要とする。生態心理学をとおしてぼくらが理解できるのは、ヒトの特別さがいかに、ヒトの周囲の多種多様な側面との切り結びに支えられているかということである。

生態心理学の方法はどこまでも開かれている。ある切り結びを真にサイコロジカルなことと考えるべきか否かを見定めるためには実験的統制と分析が必要であり、ある動物がその行為を調整するためにどのような情報を利用しているのかを決定するためには実験が必要になるのがふつうである。しかしまた、ある状況である動物がどのようなアフォーダンスを利用しているのかを理解するうえで観察と記述の方法が測り知れない重要性をもつこともわかってきている。さらに、あらゆる種類の比較の方法――進化上・発達上の比較から異文化間の比較まで――はそうしたさまざまな切り結びの共通性と差異を把握するためには絶対に欠かせない。そして、ある文化のなかの「促進行為場」の形成の際に非常に重要な「適正集合 proprieties」の力は、解釈的方法をとおしてのみ十全に理解されうる。

このようなわけで、本書で提示した生態心理学は真にサイコロジカルな――しかも、それ以外のなにものにも還元できない――一連の概念を打ち出すのだ。情報、アフォーダンス、切り結び。これらの概念は生理学や生化学に還元することはできないし、記号的あるいはプラグマティックな解釈に同化させることもできない。動物の生は世界との切り結びに根ざしている。動物は自己の周囲との切り結びから意味と価値を獲得できるかぎり生きつづける。心理学は、意味と価値に充ちたこの切り結びの解明を言葉巧みに回避しようとすることを止め、それを研究する方法を獲得してゆくかぎり生きつづけるだろう。

解説

エドワード・S・リードの仕事

佐々木　正人

（一）

リードにはじめて会ったのは、1992年10月15日である。彼が所属していたペンシルバニア州ランカスター市のフランクリン・マーシャルカレッジで、翌16から17日までの二日間、アメリカ生態心理学会が開催され、当時早稲田大学人間科学研究科の大学院生だった古山宣洋（現在シカゴ大）、三嶋博之（同じく福井大）と私の三人が参加した。

学会前日のいそがしい時間をさいてもらい昼食をともにした。初対面の私たちは当時やっていた、アフォーダンス知覚や、ジェスチャーや、共同想起の実験などについて話したはずだ。リードは私たちの興味のありどころを斟酌してか、早速、「不思議な行為」についての実験風景が映っているビデオを見せてくれた。

それは学生がコーヒーを入れているだけの、なにげないビデオなのだが、リードが「これこれ」といってなんども再生するところを見ていると、コーヒーを入れるために動く手が、ほんの少しのあいだ停滞したり、何かをつかむ前に、他の物にこれもほんの少しだけ接触したり、何かに向かう軌道を急速に変えたり、そのときに手のかたちが急に変わったりしている様子がだんだんと見えてきた。すべてがはじめて見ることのできた種類の手の微小な動きであった。彼は「こういうのをマイクロスリップというんだ」とつけくわえた。「面白い」と言うと、彼は「これを読んでみて」と言って、フロイトの「日常生活の精神病理学（サイコパソロジー）」（1901）をもじって「ザ・ニューロパソロジー・オブ・エブリディ・ライフ（日常生活の神経病理学）」とタイトルされた、書きあげたばかりの論文のドラフトをくれた。

その夜ホテルで「日常活動におけるマイクロスリップの本性と意義」というサブタイトルをもつこの論文を読んで、私はいま考えればリードの思考の中心の一つに引っぱりこまれた。

結局、公刊されることがなかったこのドラフトの冒頭で、リードは、フロイトが1901年の論文で、行為のスリップ（スリップというのはエラーにはいたらない行為の逸脱）が「特定の原因」や「特定の心理的メカニズム」によって起こるということを主張したのだということをまず強調している。当時から、スリップが記憶や注意の欠如によって起こるという説（いまも広く信じられている俗説でもある）があった。フロイトは注意の欠如がスリップの背景にあることを認めながらも、それ以上のこと、つまりスリップに特定の原因があるという説をあえて主張した。夢判断とともに、後によく読まれることになるフロイトのこの論文は、じつは行為のスリップについての理論の伝統にさからって、その転換を企てたという点で見逃せないものなのだ、というわけだ。

ところが、その後の実験心理学、とくに70年代以降の認知心理学でのスリップ研究は、フロイトのこの主張をほとんど無視していた。それらはあいかわらずスリップの原因を「注意の欠如」で説明していた。行為にはそれを「監視する注意システム」のような上位の機構があって、スリップはそれがうまく働かないときに起こるのだという説明を繰り返していた。リードは言う。たしかに疲れて注意が働かないようなときには、間違い（エラー）をしやすくなる。しかしそのような状態のときに、エラーにいたらないようなスリップも増えるということは証明されていない。だからスリップについての「注意欠如説」と「特定原因説」とのディベートはまだ終わっていない。この論文では、あえて注意欠如説に異を唱えたフロイトの真意を「救出」したいのだ、と。

リードは当時、運動障害リハビリテーションの関係者と共同研究を行っていた。彼は病院での細部にわたる行為の観察結果からも「注意の欠如」説に疑問をなげかける。障害を得た直後の脳損傷患者は、健常者ではほとんどみられない「歯ブラシをつかんで、それで髪をとかす」ようなことを頻繁に（一分間に一回程度）する。これも前頭葉の「注意の機構」が支障をきたしている証拠だと言われている。けれど患者を観察するのと同じ眼で、健常者とよばれる大人のすることをよく見てみる。すると「歯ブラシをつかもうとして手をさしだした手が急に軌道を変えてクシをつかみ、結局クシを使って髪をとかす」というようなことを、彼らがしょっちゅうしていることがわかる。これもスリップの一種だろう。この種のスリップは、エラーのように行為の進行に大きく影響することがないので行為がこのように頻繁にスリップしているなどとはだれも気づいていない。しかしよく見てみると「ふつうの大人が手で何かをするときに、スリップせずにやっているということは、むしろ例外なのだ」。もしこのようなわずかなスリップまで「注意の欠如」のせいにすると、だれもが脳損傷をこうむっているということになってしまう。つまり「注意欠如説」は何も説明していない。

引き続く実験で、リードはこの自然観察の結果を再現する。まず、ふつうの大人がコーヒーを入れるところを観察して、マイクロスリップが、一分間に一回はあらわれていることを確認した。つぎにコーヒーを入れている机の上に、よけいな物をいろいろと置いておくと、マイクロスリップがより多くあらわれるということを発見する。

このような結果を得てリードは、おそらくどのような行為も、それがあることすらだれにも気づかれない、わずかなスリップとともに行われているという事実に確証を得た。物がいろいろとあるような場所では、マイクロスリップの頻度が増えるという事実は、この種のスリップが、行為がその周囲と関係をとりながら、先へ先へと進んでいくことに本質的にかかわることを示している。

論文をしめくくるリードの議論は以下のようにラジカルである。

行為についてのふつうの概念化は、行為のプランとその実行とを区別している。「プランが実行を監視する」という考え方がはやっている。しかし何かをしはじめた後で、行為が淀んだり、部分的に小変更しつづけることはふつうである。いったん淀んで、またもともとしていたことを続けるというようなこともふつうである。つまりどのような行為も「吃り」の成分を含んでいる。手は「手で考えながら」動いている。プランが行為するところとは別のところにあるとする考え方、プランと実行を分離したのでは、こういう事実を説明できない。プランは部分的には、手が「吃っている」ところにあるのだ。手の動きは他のところではなく、手が動くところでつくられている、というわけだ。

行為するとはどのようなことなのか。リードは最後に1916年にアメリカの新実在論哲学者E・

B・ホルトが書いた『フロイト流の意志（フロイディアン・ウィシュ）』という書物を持ち出す（その一部は雑誌「現代思想」２０００年4月号「特集：心理学への招待」に訳出されている）。ホルトは、フロイトの心理学への最大の貢献は、中央と末梢の区別を拒絶したことにあると言った。フロイトのいう「意志」の概念は、プランと実行の分離を拒否していた。ホルトによれば、フロイトの「意志」とは、待機している行為と、目標にいたることに関連する環境の情報を見ながら進んでいる行為とを統合したことである。「意志」は、中央から末梢にまでまたがっている。意志には環境に行為のリソースをハンティングする知覚的な探索が含まれるのである。ふつう行為のリソースはたくさんある。したがって、たいがいの場合、行為するときは「一群の意志」が立ち上がっている。プランというのはそのような状態で「意志群」間の競合に生ずる選択のことである。それは「意志群」に創発することなのだ。

フロイトのアメリカへの紹介者であるホルトによれば、「行為のスリップには特定の原因がある」というフロイトの主張には「意志」についてのこのような読み替えが含まれていた、というわけだ。

このドラフトをもらう日まで、私にとってエドワード・リードとは、ギブソンの書いたものを草稿も含めてたんねんに読み、整理し、『実在論の理由』（1982）を編み、ギブソンの生態光学の成立過程の個人史を詳細に紹介しつつ、それをより長い知覚心理学史に埋め込んで描いた伝記『ギブソンと知覚心理学』（1988）を著した「ギブソン学者」であった。

この未公刊の論文で、ごく日常的な行為をあつかいながら、ホルトをてがかりにフロイトの主張を回復し、それを糧にしてプラグマティズムの中心のアイディアの一つを心理学へ再導入しようとするリード（この論文でキーパースンとして登場する新実在論者のホルトは、ウィリアム・ジェイムズの弟子でギブソンの教師である）、もうすこし言えば、「選択主義者」としてのリードに私ははじめて出会ったわけだ。

もちろん一夜で、一つの論文で、彼のいおうとしていることがわかったはずはない。ギブソンと同じくらいの重みでダーウィンやプラグマティズムにも依拠して思考するリードについて知ることになるのは、当初は「エコロジャイジング・サイコロジー」とタイトルされていた本書の厚い草稿がはじめて会った日からおよそ二年後の1994年の暮れに突然送られてきてからのことである。

（二）

本書のいたるところでは、1992年に行為のスリップをめぐって書かれた論文のせっかちな議論が、じっくりと展開されている。

たとえば第3章「アフォーダンス：心理学のための新しい生態学」でリードは、以下のように、行動の本性の一つが行動単位の「コンビネーション」にあると主張する。そして行動単位が多数集まったものとしての行動が、それよりも長い持続に取り囲まれており、そのことによって、行動が必然的に選択されるものであると述べる。

「個体として統合されている有機体の行動は――行動単位（この章の定義では「環境にたいする動物の関係を変える一つの行為」）とは対照的に――それが切り結ぶものごとのアフォーダンス群によっ

て選択されるのである」。「行動単位は、物理的、化学的に定義すれば〝物質〟（たとえば、酸素や炭水化物など）を利用しているかもしれないが、動物と環境資源の関係を変化させ、そのことによって個体発生上あるいは系統発生上の重要性をもつのはそうした単位群の配列 *constellations* のみである。重要な環境資源は、そのような行動単位群のコンビネーションによって変化・利用されながら、さまざまな動物個体群に一貫した選択圧をはたらかせるほど長期にわたって環境の時空内に持続している。したがって、ほとんどの場合、そうした選択圧は、個々の行動単位と資源に焦点があるのではなく、単位群のコンビネーションと資源群に焦点がある」。

「時空内における行動単位の相対的な非持続性と、大部分の後生動物のライフサイクルおよびその環境の有用な諸特徴の相対的な持続性とのこのようなコントラストから多くの帰結が生ずる。まず、行動が向かう環境の対象や事象は、一行動のあいだだけでなく、行動群にわたって不変的に持続する。これは以下のことを意味する。この行動単位群の内に存在するいかなる変異 *variations* も、自然選択あるいは性選択のスケールで、また、体細胞レベルの選択のスケールで選択されうるだけでなく、一行動の時間スケールでも選択されうる、ということである。少なくとも原理的には、このような選択によって、局所的環境の多様性と変化への非常に急速な行動適応が可能になる」。「ここまでの議論を生態学的観点から整理すると、ある一つのタイプの生息場所の制約とパターンのなかでの行動の変異と選択は、多様な生息場所のタイプつまり生物群系のあいだを移動する動物以外のあらゆる動物にとっての典型的事態である、ということになる」と。

つづけてリードは「つまり、エレノア・ギブソンが行動の基本的特徴の一つとして強調した一定の対象や事象への反応の柔軟性こそが、他の条件がすべて同じなら、進化の始源にある状態であるとおもわれる」と書いている。

第3章での生態学的な用語をもちいていうならば、どの行為の内部にも存在するマイクロスリップとは、「環境資源」の集合体の選択圧のもとにある「行動単位のコンビネーション」に、一行動の時間スケールでも選択が起こっているという事実が、私たちの眼の前であらわになった現象であろう。行為とはマイクロにスリップしつづけるものであり、スリップできることで「柔軟」であることを保証されているのである（リードの行為の「柔軟性」についての議論は独自の姿勢論として提出されている。それについては、拙稿、解題「エドワード・リード：ソウルの心理学者」、『魂から心へ』青土社所収、を参照のこと）。

第12章「思考の流れ」でリードは第1～5章までの知覚の「予期的制御」の議論をひきついで「予期的制御の際には少なくともなんらかのレベルの意識が生起している」と述べる。つぎのような例があげられている。「フライを捕ろうとして無闇に突っこむのではなく、途中で止まってワンバウンドでキャッチする外野手は失敗に終わったであろう試みを予期的に意識している。海鳥が水中へのダイビングを途中で突然止めるのも、そのまま続行すれば身の安全が保証されないほどのスピードで水面と激突する危険が迫っていることを事前に意識するからだろう。このように生態学的な意味での〈認識〉とは、すでに存在しているものについて知ることだけでなく、自身と世界の切り結びについて、目前に差し迫った変化と可能性について知ることでもある。この種の予期的な知は、基本的な感覚と運動の技能に後からつけ加わった派生的で〝高度〟な認識形式ではなく、それ自体が基底的である。〈認識〉が生きた過程《プロセス》であるとは、〈思考〉にはすでに存在している事物についての意識ばかりか、このように目前に差し迫った可能性についての意識もつねに含まれているという意味でもある」。

意識については第7章「価値と意味を求める努力」の3節「〈意識〉の新しい定義」にも書かれている。そこでリードは「知覚は、少なくともある程度まで、活動をガイドすることにおいて進化してきたとしても、知覚システムがより精巧になるにつれて、動物はいま・ここで関係を結んでいるアフォーダンス以外のアフォーダンス群も意識できるようになる。(ほとんどの生息場所が複雑であるということを考えれば、ある程度の警戒と現在進行中のことへの全体的意識《ジェネラル・アウェアネス》こそが多くの動物門における進化の始源の状態であろう。)」と述べ、意識の予期性を包囲する環境と関連させる。「レイヨウは『おいしい草がここにある』ということと『草原のあそこにライオンの群れがいる』ということを同時に知覚することができる。ライオンが危険な距離に近づいてくるまでは、驚くほど落ち着いて、ライオンの情報によっては行為しないということを選んでいる」。ここでは動物はたくさんのアフォーダンスを同時に意識していると、つまり意識が多数であることが強調されている。

(行動と分離できない)意識の予期性・多数性から考えると、行動が習熟するとは「多種多様な情報源をある程度同時にサンプリングし、利用すること」であり、探索を「多数の支流をもつ川」にすることであり、「自己の周囲で進行している多数の展開にある程度同時に同調できるようになる」ことである。「経験を積んだダンサーは音楽を聴くこと、現在のパートナーを見ること、さらに次のパートナーに目配りすること、これらすべてを同時にこなす」のである。

第12章で議論は、このような意識についての定義を前置きにして思考の第一の特徴にすすむ。「もしも思考の流れが予期的意識から創発するとしたら、そしてもしも思考が利用可能なすべての種類の情報を利用するとしたら、思考とは典型的には多重である」。「ぼくらの文化では『考える人』は、他者から離れたところで一つの問題に没頭している個人」というイメージがある。しかし生態学的な観点からいえばそれは「観念や概念」という手段で「思考の流れを調整」することによって得られた結果なのであり「ある場合に個人があえて達成すること」なのである。

「自覚」するという方法で思考を反省する私たちに、意識や思考はめったにその同時にある多種の顔をみせない。私たちは行為を詳細に見ることで、そこにマイクロスリップのような微細な選択が頻繁に起こっていることを確認することで、多数の意識がじっさいに働いている現場に立ち会えるのである。

第1章の「調整vs.構成」の議論はマイクロスリップをみるもう少し深い視点を与えてくれる。

そこでは「単細胞の原核生物や真核生物のように単純な有機体」を観察し、これらの有機体でも「つねに能動的に活動していること、また、そうした有機体の適応的な行動は刺激への諸反応からなるのではなく、たえず進行している有機体の活動の修正——有機体 - 環境関係を変化させる修正——からなることを発見した」ジェニングズの議論を紹介し、リードは次のように書いている。「ジェニングズはつぎのように強調している。〝反応〟とは、自分にとっては、刺激への反射を意味するのではなく、行動の変化を意味する。また、〝刺激〟とは、単純な物理的原因を指すのではなく、反応のきっかけとなる有機体‐環境関係の変化を指す、と。ジェニングズは、反応がいかに始められるのか、あるいは、いかにより複雑な行動へと構成されるのか、と問うのではなく、すでに行動中の有機体が諸条件の変化と調和して、いかに活動パターンを変化させるのか、と問うのである。その概念、実験には多数の至らない点があったとしても、ようするに、ジェニングズが関心をいだいていたのは、単純な生きものたちが環境のなかでどのように行動を調整しているのか、ということだったのである」。

第1章のむすびでは「アフォーダンス群、そして、その相対的な利用可能性（または、利用不可能性）こそが動物個体の行動にかかる選択圧をつくりだす。ゆえに、行動は、ある動物の環境のアフォーダンス群との関係において調整される」という随所でくりかえされることになる本書の最大の仮説を短くまとめた後に、この仮説のもっともラディカルな部分は「行動は引き起こされない」ことであるという。そのことを補足してつぎのように書かれる。

「『行動は引き起こされない』と言うことは非科学的な響きをもつ——とくに、実証主義的な知的文化がいまでも幅をきかせる心理学の世界では。だが、〈サイコロジカルなこと〉とは、正確には、動物が世界と切り結ぶ際に起こる、引き起こされたわけではない行為と意識のことだ。ある動物の行為と意識を支える要因は無数にある。それらはたんにその動物の神経系のなかにあるだけでなく、その動物を取り囲む環境のなかにもある。しかし、それらのどの要因も（個別でも、集合でも）サイコロジカルな状態を完全に引き起こすわけではない。これこそ〈エージェンシー〉の意味するところである：エージェントはものごとを起こす、世界内に自分の道を切り開く、すなわち本書の用語でいえば、環境と切り結ぶ。環境と切り結ぶこのエージェントは肉体、神経、筋肉、内臓だ。ホルモンは、このエージェントのレディネスの状態を変化させうる。外的な刺激作用にも同様のはたらきがある。だが、エージェントの行為はこれらの原因によって、あるいは、どのようなものであれ、そうした原因によって引き起こされた結果ではない。エージェントの行為は、通常は自発的で、内的・外的どちらの要素によっても修正、調整される、たえまない調整活動の流れの一部である」。リードはエレノア・ギブソンが「心理学が解明すべき核心的な現象」だとした、動物行動の特徴である「エージェンシー」についてこのように述べた。

マイクロスリップしながら一つの行為が進んでいくさまは、まさに「たえまない調整活動の流れ」そのものであり、そのときの手は「ものごとを起こす、世界内に自分の道を切り開く」エージェントそのものである。

マイクロスリップする行為とは、本書のもっとも重要なキーワードの一つである行動における「調整」の概念と、そしてそれこそがサイコロジカルである「エージェント」の具体である。それは「心理学の研究対象は自然科学としてはきわめて異例なものだ。それは動かされるものではなく、みずから動くもの、不変なものではなく、進化するものである」と書いたリードがまさに、この世界に見ようとしていたことである。

1992年に書かれて公刊されることのなかったマイクロスリップについての短い論文でぶこつに声をあげていた主題は、本書でこのように大きな思考の流れになった。「選択主義者」リードとは、「選択」、「多数性」、「調整」、「エージェンシー」の考え方を心理学に導入しようとするリードである。

アフォーダンスの研究をどのように進めていくべきか、ギブソン理論を継承しようとしている研究者たちの間に、かならずしも同意があるわけではない。本書でも紹介されている、エディンバラ大学のデイビット・リーが70年代に開始した光学的流動（タウ）の研究、あるいはコネチカット大学「知覚と行為の生態学的研究センター」でのマイケル・ターヴェイを中心とするダイナミック・タッチの研究など、アフォーダンスを特定するエコロジカルな情報の記述を目指す研究が現在のところ生態心理学研究を代表している。リードはそれらの研究の意義を十分に認めつつも、おそらくは異なる生態心理学のプログラムをもくろんでいただろう。本書で示されているリード流の生態心理学は、現在まだ明瞭にその姿をあらわしているわけではない。

私たちのグループはその後も、リードを引き継いでマイクロスリップの研究を続けている。最初の出会いから三年後、1995年にマルセイユで開催された「知覚と行為の国際会議（ギブソンの死後、二年ごとに開かれている国際生態心理学会の大会）」中に、いくつかの研究の進展を報告すべくふたたびリードと食事をともにした。その時、リードがマイクロスリップの研究をすることで「流暢さ」とよばれている行為の性質についての見方を変えたかったのだと言ったことを記憶している。マイクロスリップ研究で後に早稲田大学から学位を取得することになる鈴木健太郎は別れ際にリードに「しっかりやれ（ワーク・ハード）」といわれた。

（三）

1995年になって、さらに二冊の本のドラフトが送られてきた。つづけざまにである。一つは1

997年に刊行されることになる『ソウルからマインドへ――心理学の創発、エラスムス・ダーウィンからウィリアム・ジェイムズへ From soul to mind —— The emergence of psychology, from Erasmus Darwin to William James』であり、もう一冊は1996年に刊行された『経験の必要性 The necessity of experience』（いずれもイェール大学出版）である。

三部作の最後に出版された『ソウルからマインドへ』という本のタイトルについては説明が必要だろう。リードの生涯のテーマを凝縮した表現なのである。

リードは1980年にボストン大学大学院に「コーポリアル・アイディア仮説と科学的心理学の起源」と題された232ページ、七章構成の博士論文を提出している。その冒頭の一文でリードはソウルとマインドについて簡潔に書いている。「デカルト以前は、生きて活動している身体には、身体のエッセンスとして単一かあるいは複数のソウルがあるとされた。しかしデカルト以後、身体は（ソウルなしの）ただの身体になった。そして人間の身体には、かつて身体が持っていたソウルとは異なるエッセンスとしてマインドがあるとされた」と。

つまり簡単にいえば、ソウルとはデカルトが動物の身体から消滅させたことであり、マインドとは彼がそれにかえて人間の身体に誕生させたことである。デカルトが「科学的心理学」の発明者なのだというのが、この学位論文の中心の主張であるのだが、リードがその根拠とするのは、デカルトが心理学に二つの理論を導入したからである。第一は「心理学的な刺激とは単純な身体事象（受容器への衝撃）である」というものであり、第二は「単純な衝撃にもかかわらず、それには身体事象（脳の生理学的活動）だけではなく、メンタルな出来事が心理学的状態として引き続く」というものである。

リードは学位論文のタイトルにデカルトから「コーポリアル・アイディア corporeal idea」という用語を借りている。この語は脳が「身体的なこと（コーポリアル）とサイコロジカルなこと（アイディアル）の二面性」をもつことを強調し、脳に運動（受容器への衝撃の伝播）とマインド（それに引き続く心理学的状態）とが、原因と結果として交差する領域のあることを認めている。つまりこの語はデカルトが開始した「科学的心理学」の核心を表現している。リードによれば、コーポリアル・アイディアこそが「17世紀以降のあらゆる科学的心理学のこころみを基礎づける一般概念」なのであり「マインドの心理学」が成立する根拠なのである。

すべての心理学史の教科書は、心理学への哲学者デカルトの貢献を否定しない。しかし彼を科学的心理学の創始者とはだれも考えていない。ふつう科学的心理学はデカルトから数百年遅れ、19世紀の終わりに「哲学」からたもとをわかって、科学の新しい一分野として誕生したのだ、とされる。リードはこの説を否定する。19世紀に姿をあらわしたかにみえる「科学的心理学」は、デカルトが「コーポリアル・アイディア」の可能性を種々の方法で緻密に実証しようとしたときにすでに開始されていたのであり、それにはデカルト理論と同じ長さの年季が入っているのである、と。

学位論文で、この主張はもっぱらデカルト自身の仕事を跡づける方法でなされたが、およそ一五年後に書きあげられた『ソウルからマインドへ』では、舞台は19世紀に限定され、そこでの「ソウルの喪失とマインドの誕生の物語」が書かれている。

リードはこの書物で、学者はもちろん、開業医、宗教家、作家、詩人などが、騒々しく、19世紀版の「科学的心理学」をかたちづくっていく過程をスケッチしている。

18世紀の終わりから19世紀のはじめ、ヨーロッパでは科学的な心理学は不可能だという主張が一般的だった。数学的に表現できる諸法則によって体系化できるニュートン流の方法が科学に不可欠である。しかしソウルの本質は数式化しようがない。だから科学的心理学なるものは不可能だとしたイマニュエル・カント。同様に身体への感覚刺激は知覚の原因になりえない。感覚と知覚とはべつのことであるとしたトマス・リード。18世紀に科学と心理学の結合の可能性を否定したこの二人の主張をこの本では伝統的形而上学とよぶが、それが当時の知識人の常識であった。

同じ時期に「自然科学としての心理学」の可能性を最大限に肯定する者がいた。たとえば観念とは「感覚器官の神経繊維の運動のパターン」であり、それが「たんにメンタルな出来事であって、日常的な自然の部分ではないというような言い方はひどいほら話だ」と言い放った医師エラスムス・ダーウィン（チャールズ・ダーウィンの祖父）のような人がいた。彼はその主著『ズーノミア』（1792〜）で「思考の直接の対象は関連する神経繊維の活動である。マインドはまず感覚し、それから観念を構成するのではない。マインドとは身体である」と書いた。彼は宗教家のいう「ただ一つのソウル」を否定し、ソウルが身体活動のいたるところにあること、身体と独立した「マインドの活動」などというものは存在しないこと、だから他の動物と人間とは区別できない、と主張した。彼は身体におこる病的な変化のすべてを、現在の用語でいえば「心身相関的」であると考えて治療の手段をこうじ評判をえた。

リードによれば「流動唯物論」とよばれるこのエラスムス・ダーウィンの理論も１７８９年から１８１５年におけるヨーロッパの代表的な生理学、心理学理論であった。たとえばいまも私たちを楽しませる『フランケンシュタイン』(1818) の物語をメアリー・ゴドウィン・シェリーが書いたのは、他でもない彼女が夫の詩人パーシー・シェリーとともにエラスムス・ダーウィンの「流動唯物論」に魅せられていたからである。メアリーは人造人間が苦悩とともに種々のソウルを獲得していく過程を描こうとしたのである。１８１５年以降はこのような「唯物論」は教会と国家によるきびしい攻撃にさらされる。

19世紀冒頭の時代思想であった、感覚にもとづく経験を肯定しつつも、それだけでは知覚の意味にまではいきつけないとするカントらの思想と、ソウルの唯物論は、どちらも脳とマインドを因果的に結びつける科学心理学のプログラム、「コーポリアル・アイディア」を否定していた。

そして19世紀には、この二つの思想、伝統的形而上学と流動唯物論の間を「埋める」ように多くのアイディアが生みだされた。そこから19世紀版の科学心理学がかたちづくられてくる。『ソウルからマインドへ』に書かれているその過程はきわめて多数の思考を巻き込んで、ここで要約して紹介することが困難なほど複雑である。ドラマは19世紀ヨーロッパの社会変動と深く連関し、緊張をはらんだものである。

リードは『ソウルからマインドへ』の前書きで、この本の構想が二〇年ほど前に、18世紀半ばのエディンバラ大学のロバート・ホイットの仕事について調べていたときにひらめいたのだと述べている。脊椎動物の脊髄反射についてすぐれた仕事をしていたこの医師は、脊髄が運動の大域パターンと局所パターン、さらに筋の通常トーヌスの維持など種々のレベルにかかわっていることを確認した。彼の研究は脊髄のわずかな部分でもこれらの機能が実現するためには不可欠であること、そして脊髄がからむ運動には自律的かつリズミックな性質のあることを明らかにした。脊髄に自律的な「感覚sentient原理」を探究しようとしたホイットの生理学は、ローカルな神経と筋が分散して制御されている可能性に広く注意を向けさせようと努力したものであった。しかしながら、と、リードは書く、彼が知る限り、今世紀になって書かれたどの心理学史も、当のホイットに断りなしに（つまり原典を読まずに）、彼の業績が最初からデカルトの「科学心理学」の枠組みにおさまる仕事（つまり彼が脊髄に脳からの運動指令が伝達され、それによってはじまる因果系列を探した）であったかのように紹介している。それではホイットの用いたボキャブラリー（「感覚原理」）と実験の意義をまったく読み誤ってしまう。この手の誤解がこの領域にはあふれているのだ、と。

全体で二八三頁の『ソウルからマインドへ』の巻末には五〇ページにおよぶ長い「書誌エッセー」が付されて、この本から、さらに読みすすめようとする読者への便宜がはかられている。その冒頭でリードはつぎのように書いている。「この本は包括的歴史ではない。エッセイである。この本は心理学史に必要なのはエッセイであって、歴史ではない、という信念のもとに書かれた。ぼくらは重要な論点と思うことについて議論すべきだし、ぼくらが研究したり書いたりすることを、いきいきと活力のあるものにしてくれるようなむかしの仮説について、もっとちゃんと明らかにすべきだ。だからぼくはできるかぎり一次（原）資料にもとづいて考えた。かなしいことに19世紀について二次的に書かれたものの大部分は、不完全であり、間違っている。とくに英語圏では、哲学史と心理学史の視野はたいへんに狭い。信じられないほどわずかの登場人物と出来事だけに焦点をあてている」。

エラスムス・ダーウィンからウィリアム・ジェイムズまで、索引で数えるとおよそ一八〇名におよぶ種々のジャンルの人物が登場し、彼らの仕事が「ソウルからマインドへ」の転換のために担った意味が原典をもとに読みとかれる。「科学的心理学」を定着させた19世紀西欧思考の複雑にからみあう水脈（地上と地下の両方）が示されていく。

あいついで書き上げられた三部作のもう一冊が『経験の必要性』である。この本でリードは場所や出来事や人とじかに交流してえられる一次（直接）経験と、だれかが一次経験からえたことを種々のメディアで表現した二次（間接）経験が本質的にことなることを強調する。一次経験とは、本書の第4章「情報の重要性」に示されているように複雑なエコロジカルな情報によって世界とふれることである。そこでの探索は終わることがない。二次経験にはそのような豊富さはない。だから環境と直接ふれる一次経験を擁護したい、というのがリードの主張である。

まずはじめ（1、2章）に、一次経験の重要性を主張する者にナイーブ・リアリストというラベルを貼って排除してきた西欧哲学の伝統に対して、「経験」を防衛する戦いを組織したプラグマティズムの末裔である、ヒラリー・パトナムとリチャード・ローティの二人の最近の主張をかえりみることで、プラグマティズムの現状が批判されている。

反 - 因果論でありかつ科学的でもありうる「自然主義実在論」なるものを提案するパトナムは正しい。しかし、彼にはそれを可能にする知覚理論が欠けている。哲学理論は現実の「鏡」ではありえないとし、「表象」を強調する西欧哲学を批判するローティも正しい。一貫し共通した真実の探究が、他者への価値のおしつけになるという彼の指摘も正しい。しかし、いかに生きるのかという問いには、いかなる一般的な解答もありえないという、ローティの主張は、じつは彼が一次経験は主観的に解釈されなければ意味をもたないという前提にたっていることから導かれた結論なのである。その点で彼は自身が批判しているはずの西欧哲学の伝統と同じに、経験を蔑視しているのである。

リードはこれら現在のプラグマティストと先達、ジョン・デューイを対比する。デューイは一次経験それ自体に意味があると考えていた。たしかにデューイも哲学者は真実を伝えようとしてはならないといった。が、同時に、彼は慎みのある洗練された習慣が維持してきた環境をそこなわずに、できれば現在よりもそれを強めて、後世に伝えていかなければならないともいった。ローティはデューイの「活動」や「習慣」の概念が本来もっていた強さと豊かさを見落としているのである。

リードによれば、20世紀後半の世界をおおっているのは「不確かさへの恐怖（3章）」である。あいまいな感覚にしたがう「思考しない身体」を、「思考するマインド」に結びつけることが近代以降の人々が考えた「確実さ」であるが、ふたつが混在している限りは「不確かさ」が残るのだとする、デカルト由来の発想が人々にひろがっている。「思考するオフィス」（精神労働）と「思考しない工場現場」（肉体労働）という架空の分離、労働者を道具を調整する人から、機械の流れを維持する装置に変化させた仕事の細分化、「確実で速いこと」を最上位の価値とする仕事の「ファーストフード」化、選択すべきことが最初から決まってしまっている環境の「メニュー化」があらゆるところで進んでいる。「現代の仕事場では経験が衰退」（4章）しているのである。

エコロジカルな情報にもとづく生態心理学では知覚とは、確実さをえるために、あいまいな感覚刺激に判断を加えることではない。「知覚するということは、意味のあるモノ、場所、できごととの親密な関係に入ることである。知覚はたんにメンタルなことではなく、心身を統合するもっとも有効な行為である。知覚とは、見たり、聴いたり、吟味したり、識別したりする全体としての人が達成することである」。

ほとんどの子どもは自転車乗りの技をマスターするためになんどもころぶ。子どもは、バランスと路面の知覚についてのなんらかの仮説を、ころぶことでテストしているわけではない。利用可能なエコロジカルな情報をつかって、新しい事態でバランスをコントロールする術を学んでいるのである。不確実、確実という二分法はこの知覚の発達過程を説明できない。「エコロジカルにいえば知覚とは、完全で、絶対的ではないとしても真実」なのであり、知覚におこるまちがいとは「ウィリアム・ジェイムズの比喩をかりれば、経験がいっときその羽を休めるとまり木」のように有意味なのである（5章）。

動機とは周囲に厖大にある事物と同義である。一次経験は多様な動機に直接出会っている。しかしたいがいの動機理論は私たちを動機づけるのは肯定的感情によって引き起こされる主観的な状態だとする、唯我論的な循環に巻き込まれている。フロイトは動機を考えるさいに、まずは世界での事物の経験があるとした。彼はありきたりの動機理論が重んずる主観から経験へと、動機の起源を逆転させた。そこは評価できる。しかし彼は世界と一体化する経験を幼児期に限定し、その後に私たちが経験することを、かつてあった全体性の快楽を追求するために、自我が二次的に構築することとして描いてみせた。事実はことなる。私たちはいくつになろうが周囲にある多様な事物に動機づけられている。欲望や希望はいつも事物と同じ数だけたくさんある。動機をわずかのカテゴリーでくくることはできない。フロイトがエロスを性だけに関連づけたのもまちがいである。エロスとは、ソクラテスがいったようにさまざまな対象とむすびつくことへの欲望であり、日常経験に散在している「生への愛love of life」（6章）なのである。

現代生活に浸透した二次経験のみで人を導こうとするやり方ではなく、二次経験に一次経験を統合することが不可欠である。テレビでほしいオモチャを見てもそれは希望にはならない。一次経験からオモチャ店へ行くための道、お金の使い方を知っている子どもにだけ「希望が誕生」（7章）するのである。希望の根拠は直接経験にあるのである。

『経験の必要性』を断片的にスケッチしてみた。同書で展開されている実際の議論はもちろんより緻密である。初期プラグマティズム（とくにジョン・デューイ）にあった、直接経験への強い肯定がどのような思想であったのか。リードはおおくの事例と、他の同時代の思想をふんだんに引き、それらを相互に関連づけることでかみくだいてみせる。それと対照するかたちで20世紀の終りまぎわの世界で進行している多くの困難が指摘される。この二つがこの本では反復されて示される。

さて、リードの二冊の本を紹介した。私は、本書の読者に、まずは『ソウルからマインドへ』を読むことをすすめたい。本書と『ソウルからマインドへ』は、ジャンルもスタイルもまったくことなる本である。独立した主題について、それぞれ十分に書き込まれた本である。しかしながら二著は分離できない一つの思考の結果である。本書を読んだ人は、「はじめに」で心理学が「崖っぷち」にいるというリードの、強い語調に驚かされ、その根拠を疑っただろう。おそらく、その疑いの一部は、『ソウルからマインドへ』を読み、リードの危機意識の背景には、心理学史についてのなみはずれた知識とそこからえたユニークな観点があることを知ることで、解消することができるはずだ。

ぎゃくに『ソウルからマインドへ』の読者は、このようなユニークな歴史を書いたリードが何者なのかについて知りたいと思うだろう。彼らは本書を読むことで、リードの構想する心理学をあますことなく知ることができる。リードは心理学を外から眺める歴史家としてではなく、現役の生態心理学者として、メイスの追悼文のことばをかりれば「科学する哲学者 philosopher in science」として心理学史の本を書いたのである。

リードが「はじめに」で述べているように、本書はトリニティ・カレッジに卒業論文として提出された6章構成の「進化論的認識論 Evolutionary epistemology: A theoretical approach」を源にしている。さきに述べたように『ソウルからマインドへ』は博士論文での主張をひきついでいる。リードは、ほぼ二〇年をかけて卒論と博論に示された硬い芽をおおきな木にまで育てあげたわけだ。あいついで刊行された二著は成長した一本の木に成った二つの果実であろう。『ソウルからマインドへ』は、東京大学の村田純一氏らの手で、翻訳が刊行されている（『魂から心へ』青土社）。私たちはさいわいにも、二著の翻訳を同時に手にできる。

二つの本を読みおえた読者に、リード「三部作」の最後、一八八ページの小さな本、『経験の必要性』を手にとることをすすめたい。

「今世紀の経験を歌にすることで、傷ついてしまった地球に住む人々への贈り物とした」三人のシンガー、ヴィクトール・ラヤ、ボブ・マリー、ピート・シーガーに捧げられたこの本でリードは本書や『ソウルからマインドへ』とはちがい、筆をもつ手にすこしは勝手にふるまうことを許している。プラグマティズムが現代によみがえることで世界になにが実現するのか、リードのあこがれをかいまみることができる。1996年2月に三嶋博之宛のメールで、彼はこの本を「ぼくのペット」とよんでいる。

1994年から数年間、私はリードの書物群とともに思考した。

（四）

1997年2月17日ウィリアム・メイス（本書の序文と「追悼」を参照されたい）から「ベリー・サッド・ニュース」と題された生態心理学会メンバー宛のメールが届いた。つぎのように書きはじめられていた。

「とてもとても悲しいニュースについて報告しなければならない。エド・リード、卓越した生態心理学者の一人（それ以上の存在だろう）が金曜日の夜（2月14日）に死んだ」。

つづけてリードの大学の同僚であるフレッド・オーウェンの文章が引用され、死は重い心臓発作によるものであったこと、妻レベッカ・ジョーンズと13歳と9歳の二人の子どもが残されたことが述べられていた。

その年の夏、7月21から25日までカナダのトロント大学で開催された知覚と行為の国際会議の会期中に天窓のある小さな部屋に数十人が集まり、リード追悼の夕べが開かれた。「Ed Reed 1954-1997」

と書かれたプログラムの表紙をみて、彼が思いのほか若かったことに多くの人がおどろいていた。おそらく多くの人はリードの名前を、１９８１年のコグニション誌での、認知科学計算派、ジェリー・フオーダー、ゼノン・ピリシンとの容赦ない論争で、直接知覚説を擁護する四名の一人としてはじめて知っただろう。ターヴェイ、ロバート・ショウ、メイスの三名（彼らは当時四〇歳代後半であったろう）とともに論争に臨んだリードが当時わずかに二十歳代後半の青年だったとはだれが想像しただろう。リードはたくさんの仕事をした。

本書は私たちに強い影響を与えた。１９９５年の大学院のゼミで、一年をかけて本書の最初のバージョンを読んだ。ダーウィンがブームになり、三四郎池や東大植物園の池からカエルをとってきて飼育実験をはじめる者があらわれた。しばらくしてゼミの参加者の一部で翻訳しようということになった。当初、小池順子、三山裕久（現在、東大院）、宮本英美（東大助手）、工藤和俊（東大助手）、石井宏司（リクルート）、古場裕司（三菱総研）、森直久（札幌学院大学）、本多啓（駿河台大学）、細田直哉の各氏が分担して訳稿をもちよった。工藤、本多の両氏は他の人より多くを分担した。

参加者の全員が細田氏のつくった訳が好きになった。彼の文章でこの本が広く読まれればよいと考えた。そこで彼に最後の文章の調整をしてくれるようたのんだ。

ところが、彼の仕事ぶりは「調整」をおおきく越えた。あちこちの図書館で、深夜のレストラン、そして金沢の新居で四年にわたりつづけられた仕事の結果、まったくあたらしい訳稿ができあがってきた。当初の翻訳メンバーはこの日本語版が細田氏の仕事として世に出るべきだという点で一致した。

昨春、私はリードの卒業したトリニティ・カレッジに、メイスをたずねた。細田氏から託された本書の内容についてのいくつかの質問に研究室でていねいに答えてくれた後で、廊下にでた彼は、斜め奥の研究室を指さして「あそこは前にいた研究室で、エドがトリニティにいたころぼくが使っていた部屋だ。ぼくが講義から帰ってくると、よくエドがギブソンについて質問するために、あの部屋の前の廊下の床に座って待っていたよ」といった。だれもいないその場所に、リードがいまでも座っているようだった。（2000年夏）

追悼

エドワード・S・リード　1954年11月20日〜1997年2月14日

ウィリアム・M・メイス（トリニティカレッジ心理学部）

William M. Mace, "In Memoriam: Edward S. Reed November 20, 1954 - February 14, 1997", *Ecological Psychology*, Vol.9, No.3, 1997, pp.179-188.

エドワード・リードのキャリアについて述べる。彼が生前公刊した論文のリストを履歴書をもとに示す。リードは学会誌『エコロジカル・サイコロジー（生態心理学）』の編集者の一人であり、生態心理学のもっともすぐれた研究者の一人だった。

エド・リード、本誌の二人の副編集長の一人が１９９７年のはじめ突然亡くなった。直接会ったり通信で彼を知っていた者は、彼がいなくなってしまったということをますます感じている。研究が話題になったとき、だれもがエドの意見を知りたいと思った。エドは、まるでソクラテスがしたように、まずは話している人が何を言いたいのかをその人自身に適切に気づかせ、つぎに疑問をいだいたその人が、自分で理解したことをもとにして、良い、本当の判断にいたるのを助けるために、答えようとしてくれたものだ。いまとなっては私たちは「心のなかのエド」に「君ならどう考える?」と聞くだけだ。そのたびに、エドがくれたことのある答えを思い出すことと、彼ならしてくれそうな答えを想像してみることと、もし生きていたなら彼からもらえたかもしれないリアルな答えとはちがうのだという当たり前のことを思いしらされている。

エドは二人の子ども、アーロンとエマの成長と、妻のベッキーが医師として認められるのを見とどけた。彼が学者としてなにをしたかは、生前に完成させた「三部作」を読めばわかる。グッゲンハイム財団からの奨学金で研究に専念できる一年をぞんぶんに使って、エドは『世界と出会う——生態心理学へ(本書)』(1996)、『経験の必要性』(1996)、そして『ソウルからマインドへ——心理学の創発、エラスマス・ダーウィンからウィリアム・ジェイムズへ』(1997)を書きあげた。さらにジャン・ピアジェ学会シリーズの一冊としてテラス・ブラウン、エリオット・トゥレルらとともに『知識と価値——その発達と相互関係』(1996)を編集し、ピアジェ学会のニュースレターを編集した。私たちは彼がフリーマン社と契約した、ウィリアム・ジェイムズの長い伝記のできあがりを楽しみにまっていたところだった。エドは、この伝記のための下調べに没頭しており、幸福そうだった。

晩年に疾風のようにあらわれた書物群に先立って、エドは妻のベッキーとともにギブソンの論文を選択し編集した『実在論の理由 *Reasons for realism*』(1982)と、ギブソンの学問の伝記『ギブソンと知覚の心理学 *J. J. Gibson and the psychology of perception*』(1987)という二冊のすぐれた本を出版した。考えぬかれた論文の選択、読者に役立つ導入部が書き加えられていること、手作りで念のいった索引などによって『実在論の理由』は「論文を選択してつくる本」のお手本になった。この本はまちがいなくこの種の心理学書の中で最良のものである。ギブソンの伝記は現在ではだれもが引用する仕事であり、ギブソンが生涯をかけて何をしたのかという主題が、強力に表現された見事な書物である。

エドの知識は驚異的に広かったが、それは人々にこっそりと忍び寄る感じのものだった。彼が多くの時間を読むことと書くことについやしたことはみんな知っていたが、それだけではなくエドの学んだことには、まるでヘビのように、知らないうちにそばにきて驚かされるようなことが含まれていた。ダーウィンについても、経済でも、労働でも、市民の権利でも、政治でも、ジャズでも、ベースボールでも、彼はいつもこれから彼が知ることになることを、まるで前から知っているようにみえたのだ。一日の何時間も彼とすごし、膨大に会話をした後でも、彼の語ること、書くことには大変に驚かされ、とても触発された。スティーヴン・ジェイ・グールドがダーウィン主義者のベースボールがどのようなものかを人々に知らしめ、それが流行する前に、エドは自分のしているベースボールがいかなるものかをちゃんと知っていた。そういえば1978年10月2日（私たちが滞在していたスコットランドではもう10月3日だった）のこと、ニューヨーク・ヤンキースのバッキー・デントが、ボストン・レッド・ソックスのファンにとっては忘れられない、いまいましいホームランで、レッド・ソックスをうちまかしたときには、エドはたいがいのレッド・ソックスファンのようにひどくくやしがったものだ。

スタイルと役割

ジャーナル・オブ・モーター・ビヘービァに1982年に発表され、のちに広く読まれた運動システムについての論文の冒頭で、エドはベルトルト・ブレヒトから以下の部分を引用した。「お世辞は書くな。死んだ後も長く名を残したいと思っていたいやなやつだったと書け。それでも何かの見込みはあるものだ……」（98ページ）

エドは周囲の人をここちよくする人だった。他の人に不安や疑いをもっている様子をあらわすことはけっしてなかった。ことをせいて進めるようなことはしなかった。時間が許せば、スコットランドのパブのような、人と交流できるところに行きたがったものだ。ひとなつっこく、礼儀正しい人だった。なによりとびきりの聞き手だった。声高なわけでも押しが強いというわけでもなかったが、彼のかかわったたくさんのグループでは会話の中心だった。よく聞き、会話を本当に楽しむ、彼のたぐいまれな技量は通信でも活かされた。ほんとうにたくさんの人が、通信での力にあふれるエドの働きかけを味わった。彼はこちらが書いたことに心からの理解を示し、（ほんの少し）だれかの噂を付け加え、質問し、なにを言いたいのかを要約し、どうすべきかをスケッチしてみせ、そして応答を求めた。なにを読むべきか（何を聴くべきかを）教えてくれ、重要で面白いことだけに注意を向け続けられるようにしてくれた。相手が学生でも同僚でも先生でも世界の権威者でも、直接会う場合でも通信でも、エドは相手にたえず深い敬意を示し、理解し注意をはらった。

ところがこと論文を書くだんになると、話しは違った。論文では押しが強く、自分の強い立場を主張し、他との対比を鋭く示した。論文を読んだ人はいごこちがわるくなった。彼にとって生態心理学がなしうることのもっとも重要なことの一つは、意味と価値の研究であった。古い「基礎」と「応用」、「理論」と「実践」といった区分は生態心理学にはない。生態心理学では科学志向と（人間的価値を意味する）社会志向はわかれていない。エドはためらうことなくこのことを生態心理学者たちに思い起こさせた。彼はどちらかを上にみているというようなことはなかった。人はまちがいなくエドを生態心理学の良心と見なしていた。エドは自分の草稿を頻繁に広く回覧し、よい指摘ならそのすべてを論文に取り入れようとしていた。草稿ははじめのうちはとことん論争的であり、彼の強い主張を人が読み落とすことがないように、コメントを引き出そうと計算されていた。コメントを得ると、論点をやわらげ、修正をほどこし、細部を加えた。結局、仲間の間を論文が回っていくあいだの、いくつもの段階で、彼はいつもいろいろなことを付け加えた。私のコメントはいつも間に合わなかったようだが、エドはいつも我々が読みとったより以上の本格的な展開をすぐにつくりだしてしまうようだった。

研究の歴史

エドについて考えることは私にとっては彼にまつわる歴史を考えることでもある。つぎにそのことを書く。エドはトリニティカレッジの学部生（私がそこで彼の存在を知ったのは1972年と1973

年だった）のとき、メジャーを進化認識論にした。そのために取らなくてはならない科目は哲学、生物学、心理学、宗教そして社会学であった。彼は学部の卒業論文でカール・ポッパーをとりあげた。その論文ではポッパーの仕事には生物学と心理学の知識が欠けており、重大な弱点があると書いた。彼は学部の必要単位を1974年12月までに取得し、みじかい間学校で教え、ボストン大学の科学哲学科に入学した。そこではジョセフ・アガシ、マルクス・ワルトフスキィ、アブナー・シモニーとジュソン・ウェブから多くを学んだ。ボストン大学以外ではマジョリイ・グレンと親しい関係をつくりあげた。博士論文執筆中には、マーガレッド・ハーゲンの下で心理学の研究助手（これもボストン大学で）をした。どのような機会も無駄にしないエドは、ボストン大学の心理学部の「月明かりの時間」に、研究の経験を積み、論文を公刊し、そして妻を得た。レベッカ・ジョーンズと結婚したのは1977年7月の終わりである。

1977年の秋になると、彼とベッキー（妻）は、二年間の予定でエディンバラにでかけた。そこで二人とも心理学の修士号を取得した。このときに彼はすでに自他ともに認めるダーウィン学者であった。ダーウィン主義者として広く知られているマイケル・ギースリン（後にマッカーサー賞を受賞）が、グッケンハイム基金でエディンバラに一年滞在することにしたのはエドがそこにいたことにもよる。私が1978年から1979年までエディンバラに滞在したときにエドは住まいをアレンジをしてくれたが、同じようにマイク（ギースリン）の住まいもエドがアレンジした。エディンバラで指導教授に選んだのはコルウィン・トレバーセンだったが、エドは多くの時間をデーブ（デイビット）・リーとすごしていた。そして動物学のアンドリュー・パッカードからも多くを学んだ。すこし思い切って言えば、エドと同時代の「大学院生」（英国では博士取得後の研究者をこうよぶ）のだれもが、ゆるやかではあってもエドの影響を受けていた。エドは彼らの博士論文の事実上の指導者であり、論文内容について聞き、的確に質問し、示唆を与えていた。

エディンバラの後、エドは博士論文を終わらせるためにアメリカに帰ってきた。彼の学位論文のトピックスはデカルト、つまりエドがもっとも疑っていたたぐいの哲学の第一人者だった。彼の学位論文は、実際には、実験心理学がデカルトのアイディアにその起源をもっているということを主張する内容だった。エドは「私たちの知っている」実験心理学はデカルトにはじまるのであり、それゆえ、他のどの自然科学とも同じくらいに古い領域だと主張した。エドはいつも心理学を、他の自然科学や哲学とくらべて歴史が短いことで区別することはできないと主張していた。

エドは彼の立場がどのようなものであろうと、たとえ嫌いなものであろうと――特に嫌いなものについてはというべきだろうか――理解を深めようとしていた。そのことはつぎの学位論文の序章の文章によくあらわれている。

私はデカルト心理学にふさわしい批判をみいだすことができなかった。もちろん何も言えないというわけではない。……私はデカルト主義を信奉しない者として、その信仰者たちを批判で説得しようとは思わない。私がなしうる最良のことは、その不十分さについてわずかばかりのことを書くことである。とにかく、それが私がしようとしたことである。

論客としてのエドを知っているひとは、この文を読むと驚くだろうが、彼は本当に対立する両方の立場を正しく知ろうとしていた。もし批判できないと思ったら、それまでのまちがいをただした。この学位論文をもとにした論文が、1982年の「形而上学評論 *Review of Metaphysics*」で、学位論文にもとづく論文に与えられる賞を受賞した。

というわけで、学位論文を書き終えたところで、エドはすでに少壮のギブソン学者、ダーウィン学者、そしてデカルト学者でもあり、それぞれの周辺をよく知っていた。ボストン大学とエディンバラでの生活の後、エドは博士取得後の仕事をハーバート・ピックとともにするためにミネソタに行った。そこで妻のベッキーは発達心理学の博士号を取得した。「人間学習研究センター（そのときいらいそのように呼ばれている）」のジム・ジェンキンスは、エドがセンターの活動にもたらした組織化のエネルギーと、知的な見通しとに率直に驚いていた。大部分のセミナーに出席するだけではなく、議論の記録を残す活動にも貢献し、スローアン基金によるプロジェクトでも中心の役割を果たした。この時期にその後よく引用された「行為システム論」を著した。

ミネソタの後、エドとベッキーはニューヨークのブルックリンに移った。エドは「インディペンデント・ソーシャル・ジャーナリズム研究所」に職を得て、研究所が発行する週刊ガーディアン誌のビジネス・マネジャーに就任した。この頃、エドはジェームス・ギブソンの伝記のための資料収集を精力的にしていた。

じっさいにおこったことがどうであったかはともかく、エドウィン・ボーリング風に、つまり歴史的な出来事がふりかかるようにしてやってくることを強調していうならば、エドは1984年にフィラデルフィアのドレクセル大学から「招聘」を受けた。それは人文科学とコミュニケーション学部で哲学者に用意された職だった。工学と科学に専門化したドレクセルのような大学（ＭＩＴも同様）では、たいがいの人文系学者は、ここで一体なにをしたらよいのか、と悩むものだ。ふつうライティングとクリティカル・シンキングを教えればよいという風にやることが制限されており、奨学金や研究費にも制約がある。しかしエドはドレクセルとフィラデルフィアという場所で、能力と関心を生かせる見通しを見いだした。１９８０年代の後半までに、エドは自分のことを、科学を外から議論する科学哲学者ではなく、科学の中で哲学する使命をおびた「応用科学哲学者」であると考えるようになっていた。彼はまさに一人の科学者として科学に関わった。ただし、もっとも深いルーツと思考の習慣は哲学者のそれであった。学生たちにより広く、より批判的に思考することをすすめるために、彼は「工学哲学 Philosophy of Technology」、「人工知能哲学 Philosophical Issues Concerning Artificial Intelligence」、「環境哲学 Philosophical Issues about Environment」などのコースをつくった。エドはドレクセル中央アメリカフォーラムの組織化を助力した。その活動はニカラグアに適切な工学サイトを見つけるための１９８７年の現地調査で最高潮に達した。

　フィラデルフィアでのもっとも大きな学問上の展開は、モス・リハビリテーション病院ドラッカー脳障害センターでの、ナサン・メイヤーとマイルナ・シュワルツとの共同研究によってえられた。ここでエドは外傷性脳障害をこうむった患者の治療と研究に貢献した。80年代の終わりには、ベッキーは心理学から医学に移り、ペンシルベニア大学の医学校を終了した。彼女は医学のトレーニングを続けるためにペンシルベニア州レディングの病院を選んだが、エドにはその近くに職場を探さなければならない事情が生じた。結果としては両者に幸運をもたらすことになるのだが、ペンシルベニアのランカスター市のフランクリン・マーシャルカレッジが、エドの業績を認め、彼のためにポジションを設けた。このころエドは発達心理学の領域では少しは人に知られるようになっていた。それはエドがウォーニアックとフィッシャー（1993）の本に書いた「フィールド・オブ・プロモーティド・アクション」のアイディアによってである。ジャン・ピアジェ学会の理事に推され、学会のニュースレターの編集を担当することになった。

フランクリン・マーシャルカレッジでエドは、国立科学財団からの基金をえた、そして同大学に「こころの科学と哲学研究」プログラムを開設するために人文科学国立基金から資金を得ることに尽力した。１９９７年5月にこのプログラムでの最初の博士課程終了者が誕生した。このプログラムのすべてにエドの刻印が押されている。そのコースはオーソドックスな認知科学と神経科学の特徴を持ちながらも（社会科学と道徳哲学のコースを含むことで）ふつう以上に価値の研究を強く盛りこんでいる。

生態心理学の良心

エドの社会的、知的なコミットメントのすべては、個人にとっての学習の価値に焦点をあてている。世界は十分に豊かであり、人々はそこでの個人的な経験をつうじて、真実と有用なことを学ぶに十分な技能をもっているとエドは考えていた。これは自由で反権威的な態度である。人々と協力しあうことはエドにとってとても重要ではあったけれど、それは結局は世界での直接経験でしか得られないことを、ガイドしたり、強めたりするという意味においてであった。

出版されたエドの仕事が意義あるものだったことはもちろんだが、彼の未公刊の仕事、手紙、講演、セミナーでのレジュメなどは、大きな影響力をもち、エドのアイディアがどれほど重要なものであるかをよく示した。私がもっている未公刊論文のリストは、生態心理学と進化理論や生物生態学との統合の必要性を強調した1978年のモノグラフにはじまっている。『世界と出会う』の2章と3章はこの論文のテーマに関連している。出版されていないこの論文では、生態心理学者がかならず知らなくてはならない生物学の文献をあげている。当時から私たちの多くはできるかぎりこれらの文献に注意をはらおうとしてきた。科学の社会的責任についての深い関心は、1984年11月27日にニューヨーク州ビンガムトンで開催された国際生態心理学会大会で、ビル・ウォーレンと連名で発表された「生態心理学と核による絶滅主義」と題された論文によくあらわれている。心理学の役割についての関心は工学の応用についても示され、それは1992年に出版しようとして書かれた「こころの機械化――現代世界における経験の衰退」とよばれた本にあらわされていた。この草稿と関連論文は、「ヒューマン・ファクター」と人間工学の専門家の間では研究シーンを動かすほどの大きな力をもった。当時、手紙、電話、会議を通して新しい専門的な関係が築かれたが、その資料は出版されていない。大きく変更されてはいるが、そこに書かれていたアイディアは『経験の必要性』のとくに4章にみることができる。

エドは生態心理学者に他の領域の最良の成果をガイドするうえで、得がたい存在であった。フェルナンド・ブローデル、マイケル・ギースリン、ジャック・グッディ、C・S・ホーリング、アレクサンダー・マーシャック、デニス・シューマン-バセラなど重要な研究者の仕事は、エドが生態心理学との関連を指摘してくれなければ、私たちは発見も評価もしなかっただろう（これらの人々の代表的な仕事については本書に引用されている）。

最後に、エドの公刊論文の完全なリストを彼自身が作成した履歴書から引いた。みつけるのが困難な論文もあるけれど、どれも探して読んでみる値のあるものだ。いまはそれらをエドが書かずにはいられなかったということに感謝すべきだろう。彼が言いたかったことの大部分は語られた。エドの仕事と生涯について考え続けることは、私たち自身にとってもよいことだ。そうすることで、私たちは科学と学問にまつわる最大の論点に引きもどされるからだ。最初からエドの仕事のすべては広い意味でのエピステモロジーがテーマであった。彼にとっては知識といえども意味や価値と切り離されたものではけっしてなかった。彼の書いたものを読みたまえ。あなた自身の眼で。

（訳：佐々木正人）

エドワード・S・リードの公刊論文

❏著　書

Reed, E. S., & Jones, R. K. (Eds.). (1982). *Reasons for realism: Selected essays of James J. Gibson.* Hillsdale, NJ: Lawrence Erlbaum Associates, Inc.

Reed, E. S. (1988). *James J. Gibson and the psychology of perception.* New Haven, CT: Yale University Press.

Reed, E. S. (1996). *Encountering the world: Toward an ecological psychology.* New York: Oxford University Press.

Reed, E. S. (1996). *The necessity of experience.* New Haven, CT: Yale University Press.

Reed, E. S., Brown, T., & Turiel, E. (Eds.). (1996). *Knowledge and values: Their development and interrelation.* Mahwah, NJ: Lawrence Erlbaum Associates, Inc.

Reed, E. S. (1997). *From soul to mind: The emergence of psychological ideas, from Erasmus to William James.* New Haven, CT: Yale University Press.

Reed, E. S. (under contract in 1996). *The mind alive: A biography of William James.* New York: Freeman.

❑研究論文

Reed, E. S., & Jones, R.K. (1977). Towards a definition of living systems: A theory of ecological support for behavior. *Acta Biotheoretica, 26*, 153-163.

Hagen, M.A., Jones, R.K., & Reed, E.S. (1978). A neglected variable in pictorial perception: Truncation of the visual field. *Perception & Psychophysics, 23*, 326-330.

Reed, E. S. (1978). Darwin's philosophy of nature: The laws of change. *Acta Biotheoretica, 27*, 201-235.

Reed, E. S. (1978). Group selection and methodological individualism: A critique of Watkins. *British Journal for the Philosophy of Science, 29*, 256-262.

Reed, E. S. (1978). Representation, classification, and symmetry. *Methodology & Science, 11*, 205-220.

Reed, E. S., & Jones, R. K. (1978). James Gibson's theory of perception: A case of hasty epistemologizing? *Philosophy of Science, 45*, 519-530.

Reed, E. S. (1979). The role of symmetry in Ghiselin's "Radical solution to the species problem." *Systematic Zoology, 28*, 71-78.

Reed, E. S., & Jones, R.K. (1979). James Gibson's ecological revolution in psychology. *Philosophy of the Social Sciences, 9*, 189-204.

Jones, R. K., Reed, E. S., & Hagen, M. A. (1980). A three-point perspective on pictorial representation: Wartofsky, Goodman, and Gibson on pictures. *Erkenntnis, 15*, 55-64.

Reed, E. S. (1981). Behaviorism, consciousness, and the philosophy of psychology. *Philosophy of the Social Sciences, 11*,477-484.

Reed, E. S. (1981). The lawfulness of natural selection. *American Naturalist, 118*, 611-671.

Reed, E. S., & Jones, R.K. (1981). Is perception blind? A reply to Heil. *Journal for the Theory of Social Behaviour, 11*, 87-91.

Turvey, M.T., Shaw, R.E., Reed, E. S., & Mace, W.M. (1981). Ecological laws of perceiving and acting: A reply to Fodor and Pylyshyn.

Cognition, 9, 237-304.
Pick, A., Pick, H., Jones, R., & Reed, E. (1982). James Jerome Gibson: 1904-1979. *American Journal of Psychology, 12*, 693-700.
Reed, E. S. (1982). An outline of a theory of action systems. *Journal of Motor Behavior, 14*, 98-134.
Reed, E. S. (1982). Darwin's earthworms: A case study in evolutionary psychology. *Behaviorism, 10*, 165-185.
Reed, E. S. (1982). Descartes' corporeal ideas hypothesis and the origin of scientific psychology. *Review of Metaphysics, 35*, 731-752.
Reed, E. S. (1982). The need for a biology of transformation and invariance. *Journal of Social and Biological Structures, 5*, 56-58.
Reed, E. S., & Jones, R. K. (1982). Perception and cognition: A final reply to Heil. *Journal for the Theory of Social Behaviour, 12*, 223-224.
Reed, E. S. (1983). Information and direct perception. *ISEP Newsletter, 1 (3)*, 5.
Reed, E. S. (1983). Two theories of the intentionality of perception. *Synthese*, 85-94.
Reed, E. S. (1983). What is direct perception? *ISEP Newsletter, 1 (2)*, 6-7.
Reed, E. S. (1986). James J. Gibson's ecological revolution in perceptual psychology: A case study in the transformation of scientific ideas. *Studies in the History and Philosophy of Science, 17*, 65-99.
Reed, E. S. (1986). Seeing through history. *Philosophy of the Social Sciences, 16*, 239-248.
Reed, E. S. (1987). Artificial intelligence, or the mechanization of work. *Artificial Intelligence & Society, 1*, 138-143.
Rochat, P., & Reed, E. S. (1987). Le concept d'affordance et les connaissances du nourisson [The concept of affordance and knowing in infants]. *Psychologie Francaise, 32*, 97-104.
Reed, E. S. (1989). The neural regulation of adaptive behavior: An essay on Gerald Edelman's *Neural Darwinism. Ecological Psychology, 1*, 97-117.
Reed, E. S. (1989). Theory, concept and experiment in the history of psychology: An old tradition behind a "young" science. *History of the Human Sciences, 2*, 333-356.
Reed, E. S. (1990). Specificity and information: Some conceptual issues for ecological psychologists. *ISEP Newsletter, 4 (3)*, 13-15.
Reed, E. S. (1990). The trapped infinity: Cartesian themes about volition. *Philosophical Psychology, 3*, 101-123.
Reed, E. S. (1991). Cognition as the cooperative appropriation of affordances. *Ecological Psychology, 3*, 135-158.
Schwartz, M., Reed, E., Mayer, N., Montgomery, M., & Palmer, C. (1991). A quantitative study of disorganization in everyday action in

the traumatically brain damaged. *Cognitive Neuropsychology, 8*, 381-414.

Reed, E. S.（1992）. Knowers talking about the known. *Synthese, 92*, 9-23.

Reed, E. S., Montgomery, M., Schwartz, M., Palmer, C., & Pittenger, J.（1992）. Visually based descriptions of an everyday action. *Ecological Psychology, 4*, 129-153.

Gaines, S. O., & Reed, E. S.（1994）. Two social psychologies of prejudice: Gordon W. Allport, W. E. B. DuBois, and the legacy of Booker T. Washington. *Journal of Black Psychology, 20*, 8-28.

Gaines, S.O., & Reed, E. S.（1995）. Prejudice: From Allport to DuBois. *American Psychologist, 50*, 96-103.

Reed, E. S.（1995）. The cycle of abuse: Personal and political. *Rethinking Marxism, 8*, 144-151.

Reed, E. S.（1995）. The ecological approach to language development: A radical solution to Chomsky's and Quine's problems. *Language and Communication, 15*, 1-29.

Reed, E. S.（1995）. The psychologist's fallacy as a persistent framework in William James's psychological theorizing. *History of the Human Sciences, 8*, 61-72.

Reed, E. S., Montgomery, M., Palmer, C., & Pittenger, J.（1995）. A method for studying the invariant knowledge structure of action: The conceptual organization of an everyday action. *American Journal of Psychology, 108*, 37-65.

□本のレビューとコメンタリー

Reed, E. S.（1978）.［Review of L. Jardine's Francis Bacrm: Discovery and the art of discourse］. *Philosophy of the Social Sciences, 8*, 205-207.

Reed, E. S.（1980）. Information pickup is the activity of perceiving［Commentary］. *The Behavioral and Brain Sciences, 3*, 397-398.

Kelso, J.A.S., & Reed, E. S.（1981）. Motivating muscles: The problem of action［Review of C.R. Gallistel's *The organization of action*］. *Contemporary Psychology, 26*, 181-182.

Kruse, J., & Reed, E. S.（1981）. The ecological approach to behavior［Commentary］. *The Behavioral and Brain Sciences, 4*, 148-149.

Reed, E. S.（1981）. Can mental representations cause behavior?［Commentary］. *The Behavioral and Brain Sciences, 4*, 635-636.

Reed, E. S.（1981）. The demise of mental representations［Commentary］. *The Behavioral and Brain Sciences, 4*, 297-298.

Reed, E. S. (1981). [Review of C. W. Savage (Ed.), *Perception and cognition: Issues in the foundations of psychology*]. *International Studies in Psychology, 13*, 112-115.

Reed, E. S. (1983). [Review of M. Grene & H. Mendelsohn (Eds.), *Topics in the philosophy of biology*]. *Philosophia, 13*, 169-175.

Reed, E. S. (1985). [Review of D. Shapere's *Reason and the search for knowledge*]. *Isis, 76*, 404-405.

Reed, E. S. (1986). Motor variability, but functional specificity [Commentary]. *The Behavioral and Brain Sciences, 9*, 620-623.

Reed, E. S. (1986). [Review of H. Gardner's *The mind's new science*]. *Isis, 77*, 530-532.

Reed, E. S. (1987). The ecology of agency [Commentary]. *Cahiers de Psychologie Cognitive, 7*, 186-190.

Reed, E. S. (1988). Adaptation and the development of behavior. [Review of E. Gollin (Ed.), *The comparative development of adaptive skills*]. *Developmental Psychobiology, 21*, 203-206.

Reed, E. S. (1988). [Review of A. Guu:nbaum, *Foundations of psychoanalysis*]. *International Studies in Philosophy, 20*, 115-116.

Reed, E. S. (1990). [Review of K.A. Mohyeddin-Said (Ed), *Modelling the mind*, and R. Durham et al. (Eds.), *The computing neuron*]. *Nature, 348*, 23-24.

Reed, E. S. (1990). [Review of G. Edelman's *The remembered present: A biological theory of consciousness*]. *Nature, 343*, 603-604.

Reed, E. S. (1991). Selection, competition, and specificity: Elements of an ecological evolutionary epistemology [Commentary]. *Journal of Social and Biological Structures, 14*, 190-194.

Reed, E. S. (1992). [Review of O. Neumann & W. Prinz (Eds.), *Relationships between perception and action*]. *Contemporary Psychology, 37*, 485-486.

Owens, D. A., & Reed, E. (1994). Seeing where we look: Fixation as extraretinal information [Commentary]. *The Behavioral and Brain Sciences, 17*, 271-272.

Reed, E. S. (1996, December 6). The Jamesian fringe [Review of E. Taylor's *William James: On consciousness beyond the fringe*]. *Times Literary Supplement*, p.6.

Reed, E. S. (1997). Kids and classes [Review of W. Damon's *Greater expectations*]. *Merrill-Palmer Quarterly, 43*, 160-163.

□章の担当

Reed, E. S. (1984). From action Gestalts to direct action. In H. T. A. Whiting (Ed.), *Human motor actions: Bernstein re-assessed* (pp.157-168). Amsterdam: North-Holland.

Reed, E. S. (1985). An ecological approach to the evolution of behavior. In T. Johnston & A. Pietrewicz (Eds.), *Issues in the ecological study of learning* (pp.307-345). Hillsdale, NJ: Lawrence Erlbaum Associates, Inc.

Reed, E. S., Kugler, P.N., & Shaw, R. E. (1985). Workgroup on biology and physics. In W. Warren & R. Shaw (Eds.), *Persistence and change: Proceedings of the First International Events Conference* (pp.357-383). Hillsdale, NJ: Lawrence Erlbaum Associates, Inc.

Reed, E. S. (1987). James Gibson's ecological approach to cognition. In A. Costall & A. Still (Eds.), *Cognitive psychology in question* (pp.142-173). Brighton, England: Harvester.

Reed, E. S. (1987). Why do things look as they do? The implications of J.J. Gibson's The ecological approach to visual perception. In A. Costall & A. Still (Eds.), *Cognitive psychology in question* (p.90-114). Brighton, England: Harvester.

Reed, E. S. (1987). Why ideas are not in the mind: An introduction to ecological epistemology. In A. Shimony & D. Nails (Eels.), *Naturalistic epistemology: A symposium of two decades* (pp.215-229), Dordrecht, The Netherlands: Reidel.

Reed, E. S. (1988). The affordances of the animate environment. Social science from an ecological point of view. In T. Ingold (Ed.), *What is an animal?* (pp.110-126). London: Unwin & Hyman.

Reed, E. S. (1988). Applying the theory of action systems to the study of motor skills. In O. Meijer & K. Roth (Eds.), *Studying complex movement skills: The motor-action controversy* (pp.45-86). Amsterdam: North-Holland.

Reed, E. S. (1989). Theories of postural development. In M. Woollacott & A. Shumway-Cook (Eds.), *Action development across the life-span*. Columbia: University of South Carolina Press.

Mayer, N., Reed, E., Schwartz, M., Montgomery, M., & Palmer, C. (1990). Butteting a hot cup of coffee: An approach to the study of errors in action in patients with brain damage. In D. Tupper & K. Cicerone (Eds.), *The neuropsychology of everyday life: Volume 2. Assessment and basic competencies* (pp.259-284). Dordrecht, The Netherlands: Kluwer.

Reed, E. S. (1990). Space perception and the psychologist's fallacy in The principles of psychology. In M. Johnson & T. Henley (Eds.), *Reflections on the principles of psychology: William James after a century* (pp.231-247). Hillsdale, NJ: Lawrence Erlbaum Associates, Inc.

Reed, E.S, (1990). Uroki po teoria dyistviy [Lessons in the theory of action]. In A. Mit'kin & G. Pik (Eds.), *Upravlenie dvizheniyami*

[Guidance of movements]. Moscow: Hauka.
Reed, E. S. (1991). James J. Gibson's ecological theory of cognition. In A. Still & A. Costall (Eds.), *Against cognitivism* (pp.171-197). Brighton, England: Harvester.
Reed, E. S. (1993). The intention to use a specific affordance: A framework for psychology. In R. Wozniak & K. Fischer (Eds.), *Development in context: Acting and thinking in specific environments* (pp.45-75). Hillsdale, NJ: Lawrence Erlbaum Associates, Inc.
Reed, E. S. (1994). From traditional metaphysics of the soul to experimental psychology: The science of mind 1815-1879. In C.L. Ten (Ed.), *Routledge history of philosophy: Vol. 7. 19th century* (pp.297-356). London: Routledge.
Reed, E. S. (1994). Perception is to self as memory is to selves. In U. Neisser & R. Fivush (Eds.), *The remembering self: Construction and accuracy in the self-narrative* (pp.278-292). New York: Cambridge University Press.
Reed, E. S. (1995). Becoming a self. In P. Roehat (Ed.), *The self in infancy: Theory and research*. Amsterdam: North-Holland.
Reed, E. S. (1996). The challenge of historical materialist epistemology. In I. Parker & R. Spears (Eds.), *Psychology and Marxism: Coexistence and contradiction*. London: Pluto.
Reed, E. S. (1996). James J. Gibson: Pioneer and iconoclast. In G. Kimble, C. Boneau, & M. Wertheimer (Eds.), *Portraits of pioneers in psychology* (Vol.2) (pp.247-261). Mahwah, NJ: Lawrence Erlbaum Associates, Inc.
Reed, E. S., & Bril, B. (1996). The development of action in ecological and cultural contexts. In M. Latash & M. Turvey (Eds.), *Dexterity and its development* (pp.431-451). Mahwah, NJ: Lawrence Erlbaum Associates, Inc.
Reed, E. S. (1997). The cognitive revolution from an ecological point of view. In D. Johnson & S. Erneling (Eds.), *Reassessing the cognitive revolution* (pp.261-273). New York: Oxford University Press.
Reed, E. S. (in press, announced for 1999). James J. Gibson. In *American National Biography*. American Council of Learned Societies and Oxford University Press.

訳者あとがき

この本を翻訳していた数年間、果てのない旅をしてきたような気がする。リードの議論に導かれるまま、ぼくは図書館や書店のさまざまなジャンルの書架をあいだを縦横無尽に駆けめぐった。生物学、生態学、動物行動学、物理学、数学、化学、工学、医学、自然人類学、文化人類学、考古学、歴史学、哲学、心理学、言語学……。机の上にはいつもさまざまな分野の事典や専門書が山積みにされた。はたから見た人はいぶかしがったにちがいない。コイツはいったい何の本を訳しているんだ、と。

実際、これは何の本なのだろう？　書店や図書館のどの棚に並べられるのだろう？　おそらくは「心理学」の棚だろうが、訳者としては「心理学」だけでなく、ありとあらゆるジャンルの棚に一冊ずつ置いてほしいと思っている。いや、できれば、棚になど置かず、床一面に敷きつめてほしいとさえ思う。この本は一分野についての本ではなく、ひとつの原野についての本なのだから。

原題は *Encountering the World: Toward an Ecological Psychology*。直訳すれば『世界と切り結ぶ：ひとつの生態心理学へ』。ゾウリムシやミミズから言語や思考にいたるまでの広大な範囲をひとりの著者が論じきることができたのは、心の中でも心の外でもなく、ほかならぬ〈世界と切り結ぶ〉

ところに焦点をあわせたからだろう。世界と切り結ぶところに残された原野、それが〈ひとつの生態心理学〉のひろがりである。どれほど遠くまで旅してもぼくはこの原野から一歩も出ることはなかったのだ。ぼくを包囲し、それと同じようにあらゆる人たちを包囲しているこの原野。その原野をぼくはリードに導かれるまま、まるで人間の時間の外に出てしまったような感じで旅してきた。そのせいで翻訳の仕上がりが大幅に遅れてしまったことはリードをはじめ、この翻訳に協力してくださった多くの方々、またこの翻訳を楽しみに待っていてくださった多くの読者の方々にお詫びしなければならない。訳者としては、読者のみなさんがその原野をぼくと同じようにどきどきしながら、願わくば、ぼくが気づかなかった道を発見しながら、旅してくれることを期待するばかりである。その旅を終えたとき、ぼくがいまそう感じているように、そしてリードやギブソンがそう感じていたであろうように、自分が未知なる原野に包囲されていること、ほんとうの旅はここからはじまるのだということを感じてくれたらうれしい。

この本を訳すにあたって多くの方々に大変お世話になった。東京大学の佐々木正人先生をはじめ、佐々木先生のゼミに出席されていたメンバーは最初はみんなではじめた翻訳の最終的な調整を訳者に一任してくださり、とくに佐々木先生からは翻訳のプロセス全体をつうじて数限りない助言をいただいた。駿河台大学の本多啓先生は第10章、11章、12章の下訳をしてくださったばかりか、ほぼ全文にわたって数多くのまちがいを指摘してくださった。本来ならば本多・細田の共訳とすべき本であるが、その貢献度の大きさというよりも仕事にかかった時間の圧倒的な不均衡により「細田訳」となっているとご理解いただきたい。福井大学の三嶋博之先生にはとくに第4章の情報のところで、シカゴ大学の古山宣洋さんには第11章の言語のところで貴重なコメントをいただいた。東京大学の柴田崇さんには日本語として読みにくい部分などを指摘していただいた。最後になるが、編集担当の新曜社の塩浦暲さんはいつ終わるとも知れぬ進行状況にも慈悲と寛容の精神をもって耐えて下さり、初校が真っ赤に染まるほどの全面的な修正も受け容れてくださった。この場を借りてあつく御礼申し上げます。

細田直哉

2000年9月

訳者略歴

細田直哉（ほそだ　なおや）

1971年生まれ。東京大学文学部哲学科卒業，東京大学大学院教育学研究科修士課程修了。現在、聖隷クリストファー大学准教授。

主な著書：『アフォーダンスの構想』（東京大学出版会，2001年，訳・解説）。

監修者略歴

佐々木正人（ささき　まさと）

1952年生まれ。東京学芸大学教育学部卒業，筑波大学大学院博士課程修了。現在、多摩美術大学総合デザイン学科教授、東京大学名誉教授。

主な著書：『アフォーダンス：新しい認知の理論』（岩波科学ライブラリー，1994年）

『知性はどこに生まれるか――ダーウィンとアフォーダンス』（講談社現代新書，1996年）

『知覚はおわらない――アフォーダンスへの招待』（青土社，2000年）

『アフォーダンスの構想』（東京大学出版会，2001年，編集・解説）

新曜社

アフォーダンスの心理学

生態心理学への道

初版第1刷発行　2000年11月10日 ©

初版第7刷発行　2020年12月10日

著　者　エドワード・S・リード

訳　者　細田直哉

監修者　佐々木正人

発行者　塩浦　暲

発行所　株式会社 新曜社

〒101-0051　東京都千代田区神田神保町3－9

電話(03)3264-4973・FAX(03)3239-2958

e-mail info@shin-yo-sha.co.jp

URL http://www.shin-yo-sha.co.jp/

印刷　銀　河　　Printed in Japan

製本　積信堂

ISBN978-4-7885-0743-2　C1011

事項索引

▶サ　行

▶タ　行

人名索引

▶H

▶I

▶J

▶K

during the first year of life. In H. Bloch & B. Bertenthal (Eds.), *Sensory-motor organization and development in infancy and early childhood* (pp.457-466). Boston: Kluwer.

Braudel, F. (1981). *The structure of daily life*. New York: Harper Collins. (村上光彦訳『日常性の構造』みすず書房, 1985.)

Briggs, D. E.G., Erwin, D.H., Collier, F. (1994). *Fossils of the burgess shale*. Washington, DC: Smithsonian Institution Press.

Bright, M. (1984). *Animal language*. Ithaca, NY: Cornell University Press. (熊田清子訳『動物たちの話し声――音声とコミュニケーションの研究』どうぶつ社, 1986.)

Bril, B. (1993). *Une approche ecologique de l'acquisition d'habiletés motrices*. Paris: Habilitation, Universite Rene Descartes-Paris V.

Bril, B., & Roux, V. (1993). Compétences impliquées dans l'action. In B. Conein, N. Dodier, & L. Thévenot (Eds.), *Les objets dans l'action*. Paris: Editions de L'École des Hautes Études en Sciences Sociales.

Bril, B., & Sabatier, C. (1986). The cultural context of motor development: Tonico-postural stimulations in the daily life of Bambara babies (Mali). *International Journal of Behavioral Development, 9*, 439-453.

Broadbent, D.E. (1958). *Perception and communication*. London: Pergamon.

Brooks, R. (1991). New approaches to robotics. *Science, 253*, 1227-1232.

Brown, A. (1990). Domain specific principles affect learning and transfer in children. *Cognitive Science, 14*, 107-135.

Brownell, C., & Carriger, M. (1990). Changes in cooperation and self-other differentiation during the second year. *Child Development, 64*, 1164-1174.

Bruce, V. & Green, J. (1990). *Visual Perception* (2nd ed). London: Erlbaum.

Bullock, M., & Lütkenhaus, P. (1988). The development of volitional behavior in the toddler years. *Child Development, 59*, 664-674.

Caro, T.M. (1980). Predatory behaviour in domestic cat mothers. *Behaviour, 74*, 128-147.

Caro, T.M., & Hauser, M.D. (1992). Is there teaching in nonhuman animals? *Quarterly Review of Biology, 67*, 151-174.

Carrithers, M. (1992). *Why humans have cultures*. New York: Oxford University Press.

Chapman, M. (1988). *Constructive evolution: Origin and development of Piaget's thought*. New York: Cambridge University Press.

Chazdon, R. (1988). Sunflecks and their importance to forest understory plants. *Advances in Ecological Research, 18*, 2-64.

Chevalier-Skolnikoff, S., & Liska, J. (1993). Tool use by wild and captive elephants.. *Animal Behavior, 46*, 209-219.

Chomsky, N. (1959). Review of B.F. Skinner's Verbal Behavior. *Language, 35*, 26-58.

Chomsky, N. (1986). *Knowledge of language*. New York: Praeger.

Churchland, Paul (1995). *The engine of reason, the seat of the soul*. Cambridge, MA: MIT Press. (信原幸弘・宮島昭二訳『認知哲学――脳科学から心の哲学へ』産業図書, 1997.)

Collias, N., & Collias, E. (1984). *Nest building and bird behavior*. New York: Oxford University Press.

Cooper, R. (in press). An ecological approach to infants' perception of intonation contours as meaningful aspects of speech. In C. Dent-Read & P. Zukow-Goldring (Eds.), *Evolving explanations of development: ecological approaches to organism environment systems*. Washington, DC: APA.

Cooper, R.P., & Aslin, R.N. (1990). Preference for infant-directed speech in the first month after birth. *Child Development, 61*, 1584-1595.

Cox, C.B., & Moore, P.D. (1993). *Biogeography* (5th ed.). London: Blackwell.

Craik, K.J.W. (1943). *The nature of explanation*. London: Cambridge University Press.

Crick, F. (1993) *The astonishing hypothesis*. New York: Basic Books. (中原英臣訳『ＤＮＡに魂はあるか――驚異の仮説』講談社, 1995.)

Crick, F., & Koch, C. (1990). Towards a neurobiological theory of consciousness. *Seminars in the Neurosciences, 2*, 263-275.

Curio, E. (1976). *The ethology of predation*. New York: Springer-Verlag.

Curio, E. (1994). Causal and functional questions: How are they linked? *Animal Behavior, 47*, 999-1021.

Darden, L., & Cain, J. (1989). Selection type theories. *Philosophy of Science, 56*, 106-129.

Darwin, C.R. (1859). *The origin of species*. London: John Murray. (八杉龍一訳『種の起原』改版. 岩波文庫, 岩波書店, 1990.)

Darwin, C.R. (1871). *The descent of man and selection in relation to Sex*. London: John Murray. (長谷川眞理子訳『人間の進化と性淘汰』ダーウィン著作集, 文一総合出版, 1999.)

Darwin, C.R. (1872). *The expression of the emotions in animals and man*. London: John Murray. (浜中浜太郎訳『人及び動物の表情について』岩波文庫, 岩波書店, 1931.)

Darwin, C.R. (1878). *The effects of cross and self-fertilization*. London: John Murray.

Darwin, C.R. (1880). *The power of movement in plants*. London: John Murray. (渡辺仁訳『ダーウィン植物の運動力』森北出版, 1987.)

Darwin, C.R. (1881). *The formation of vegetable mould through the action of earthworms*. London: John Murray.

Darwin, C.R. (1977). On the formation of mould. Reprinted in P.H. Barrett (Ed.), *The collected papers of Charles Darwin*. (First published 1837). (渡辺弘之訳『ミミズと土』平凡社, 1994.)

Darwin, C.R. (1977). The formation of mould by worms. Reprinted in P.H. Barrett (Ed.), *The collected papers of Charles Darwin*. (First published 1869).

Darwin, F. (Ed.). (1888). *Life and letters of Charles Darwin*. (3 vols.). London: John Murray.

Dawkins, R. (1976). *The selfish gene*. New York: Oxford University Press. (日高敏隆他訳『利己的な遺伝子』紀伊國屋書店, 1991.)

DeLoache, J., & Burns, N.M. (1994). Early understanding of the representation function of pictures. *Cognition, 52*, 83-110.

Dennett, D. (1969). *Content and consciousness*. London: Routledge & Kegan Paul.

Dennett, D. (1978). Why the law of effect will not go away. In D. Dennett, *Mindstorms*, Cambridge, MA: MIT Press.

Dennett, D. (1991). *Consciousness explained*. Boston: Little, Brown. (山口泰司訳『解明される意識』青土社, 1998.)

Descartes, R. (1985). Discourse on method. In J. Cottingham, R. Stoothoff, & D. Murdoch (Eds.), *The philosophical writings of Rene Descartes*. New York: Cambridge University Press. (First published 1637). (谷川多佳子訳『方法序説』岩波書店, 1997.)

DiDomenico, R., & Eaton, R. (1988). Seven principles for command and the neural causation of behavior. *Brain, Behavior, and Evolution, 31*, 125-140.

Dilthey, W. (1977). *Descriptive psychology and historical understanding* (R.M. Zaner & K.L. Heiges, Trans.). The Hague: Martinus Nijhoff. (Original works published 1894, 1910). (三枝博音・江塚幸夫訳『記述的分析的心理学』モナス, 1932.)

Drillis, R.J. (1963). Folk norms and biomechanics. *Human Factors, 5*, 427-441.

Eaton, K., & DiDomenico, K. (1985). Command and the neural regulation of behavior. *Brain, Behavior, and Evolution, 27*, 132-164.

Eckerman, C., & Stern, M. (1990). How imitation begets imitation and toddlers' generation of games. *Developmental Psychology, 26*, 370-378.

Edelman, G. (1987). *Neural Darwinism*. New York: Basic Books.

Edelman, G. (1993). *Bright air: Brilliant fire*. New York: Basic Books. (金子隆芳訳『脳から心へ——心の進化の生物学』新曜社, 1995.)

Elton, C. (1927). *Animal ecology*. London: Sidgwick & Jackson. (渋谷寿夫訳『動物の生態学』第2版, 科学新興社, 1968.)

Elton, C., & Miller, R. (1954). The ecological survey of animal communities: With a practical system of classifying habitats by structural characters. *Journal of Ecology, 42*, 460-496.

Ewert, P. (1980). *Neuroethology*. Berlin: Springer-Verlag. (小原嘉明・山元大輔訳『神経行動学』培風館, 1982.)

Fagen, R. (1981). *Animal play behavior*. New York: Oxford University Press.

Farrar, J. (1992). Negative evidence and grammatical morpheme acquisition. *Developmental Psychology, 28*, 90-98.

Fernald, A. (1992). Human maternal vocalizations to infants as biologically relevant signals: An evolutionary' perspective. In J. Barkow, L. Cosmides, & J. Tooby (Eds.). *The adapted mind: Evolutionary psychology and the generation of culture*. New York: Oxford University Press.

Fieandt, K. von, & Gibson, J.J. (1959). The sensitivity of the eye to two kinds of continuous transformations of a shadow pattern. *Journal of Experimental Psychology, 57*, 344-347.

Field, T., & Fogel (Eds.). (1982). *Emotion and early interaction*. Hillsdale, NJ: Erlbaum.

Flavell, J., Miller, P., & Miller, S. (1993). *Cognitive development*. Englewood Cliffs, NJ: Prentice-Hall.

Fodor, J. (1968) *Psychological explanation*. New York: Harper & Row.

Fodor, J. (1975). *The language of thought*. New York: Crowell.

Fodor, J. (1983). *The modularity of mind*. Cambridge, MA: MIT Press. (伊藤笏康・信原幸弘訳『精神のモジュール形式——人工知能と心の哲学』産業図書, 1985.)

Fogel, A. (1993). *Developing through relationships: Origins of communication, self, and culture*. Chicago: University of Chicago Press.

Foley, R. (1987). *Another unique species : Patterns in human evolutionary ecology*. London: Longmans.

Foley, R. (1989). The ecological conditions of speciation: A comparative approach to the origins of anatomically modern humans. In P. Mellars & C. Stringer (Eds.), *The human revolution*. Princeton: Princeton University Press.

Folven, R.J., & J.D. Bonvillian (1991). The transition from nonreferential to referential language in children acquiring American Sign Language. *Developmental Psychology, 27*, 806-816.

Forster, L. (1982). Vision and prey-catching strategies in jumping spiders. *American Scientist, 70*, 165-175.

Friedman, W. (1990). Children's representations of the pattern of daily activities. *Child Development, 61*, 1399-1412.

Frisch, K. von (1974). *Animal architecture*. New York: Harcourt Brace Jovanovich.

Fruth, B., & Hohmann, G. (1994). Ecological and behavioral analysis of nest building in wild Bonobos. *Ethology, 94*, 113-124.

Fryer, D. & Marshall, J. (1979). The motives of Jacques Vancanson. *Technology & Cul-*

ture, 20, 257-279.

Gaines, S.O., & Reed, E.S. (1995). Prejudice: From Allport to DuBois. *American Psychologist, 50*, 96-103.

Gaines, S.O., & Reed, E.S. (1994). Two social psychologies of prejudice: Gordon W. Allport, W.E.B. DuBois, and the legacy of Booker T. Washington. *Journal of Black Psychology, 20*, 8-28.

Gallistel, C.R. (1980). *The organization of action*. Hillsdale, NJ: Erlbaum.

Gallistel, C.R. (1990). *The organization of learning*. Cambridge, MA: MIT Press.

Gambaryan, P. (1974). *How mammals run*. New York: Wiley.

Gardner, H. (1985). *The mind's new science*. New York: Basic Books.（佐伯胖・海保博之監訳『認知革命——知の科学の誕生と展開』産業図書, 1987.）

Gaver, W. (1993a). What in the world do we hear? An ecological approach to auditory perception. *Ecological Psychology, 5*, 1-31.（黄倉雅広・筧一彦訳「いったい何が聞こえているんだろう？——聴くことによる事象の知覚へのエコロジカル・アプローチ」佐々木正人・三嶋博之編『アフォーダンスの構想』東大出版会, 2001.）

Gaver, W. (1993b). How do we hear in the world? Explorations in ecological acoustics. *Ecological Psychology, 5*, 285-313.

Geertz, C. (1973). *The interpretation of culture*. New York: Basic Books.（吉田禎吾他訳『文化の解釈学 1, 2』岩波書店, 1987.）

Geogopoulos, A.P., Ashe, J., Smyrnis, N., & Taira, M. (1992). The motor cortex and the coding of force. *Science, 256*, 1692-1694.

Gerken, L., & McIntosh, B. (1993). Interplay of function morphemes and prosody in early language. *Developmental Psychology, 29*, 448-457.

Ghiselin, M.T. (1969). *The triumph of the Darwinian method*. Berkeley & Los Angeles: University of California Press.

Gibson, E.J. (1969). *The principles of perceptual learning and development*. New York: Prentice-Hall.（小林芳郎訳『知覚の発達心理学』田研出版, 1983.）

Gibson, E.J. (1988). Exploratory behavior in the development of perceiving, acting, and acquiring knowledge. *Annual Review of Psychology, 39*, 1-41.

Gibson, E.J. (1991). *An odyssey in learning and perception*. Cambridge, MA: MIT Press.

Gibson, E.J. (1994). Has psychology a future? *Psychological Science, 5*, 69-76.（本多啓訳「心理学に未来はあるか」現代思想, 1997年11月号, pp.212-225.）

Gibson, E.J., Gibson, J.J., Smith, O.W., & Flock, H. (1959). Motion parallax as a determinant of perceived depth. *Journal of Experimental Psychology, 58*, 40-51.

Gibson, E.J., & Levin, H. (1975). *The psychology of reading*. Cambridge: MIT Press.

Gibson, E.J., Owsley, C.J., & Johnston, J. (1978). Perception of invariants by five-month-old infants: Differentiation of two types of motion. *Developmental Psycholo-*

gy, 14, 407-415.

Gibson, E.J., Owsley, C.J., Walker, A., & Megaw-Nyce, J. (1978). Development of the perception of invariants: Substance and shape. *Perception, 8*, 609-619.

Gibson, E.J., & Rader, N. (1979). Attention: The perceiver as performer. In G. Hale & M. Lewis (Eds.), *Attention and cognitive development*. New York: Plenum.

Gibson, E.J., & Spelke, E. (1983). The development of perception. In P. Mussen (Ed.), *Carmichael's handbook of child development*, 4th ed. New York: Wiley.

Gibson, J.J. (1937). Adaptation with negative aftereffect. *Psychological Review, 44*, 222-244.

Gibson, J.J. (1950). The implications of learning theory for social psychology. In J.G. Miller (Ed.), *Experiments on social process*. New York: McGraw Hill.

Gibson, J.J. (1957). The non-projective aspects of the Rorschach experiment, IV. The Rorschach blots considered as pictures. *Journal of Social Psychology, 44*, 203-206.

Gibson, J.J. (1958). The registering of objective facts: An interpretation of Woodworth's theory of perception. In G. Seward & A. Seward (Eds.), *Current psychological issues*. New York: Holt.

Gibson, J.J. (1962). Observations on active touch. *Psychological Review, 69*, 477-491.

Gibson, J.J. (1966). *The senses considered as perceptual systems*. Boston: Houghton Mifflin.

Gibson, J.J. (1982a). On the analysis of change in the optic array. In E. Reed & R. Jones (Eds.), *Reasons for realism: The selected essays of James J. Gibson*. Hillsdale, NJ: Erlbaum. (First published 1977).

Gibson, J.J. (1982b). The concept of stimulus in psychology. In E. Reed & R. Jones (Eds.), *Reasons for realism: The selected essays of James J. Gibson*. Hillsdale, NJ: Erlbaum.

Gibson, J.J. (1982C). What is involved in surface perception? In E. Reed & R. Jones (Eds.), *Reasons for realism: The selected essays of James J. Gibson*. Hillsdale, NJ: Erlbaum. (Written in 1979).

Gibson, J.J. (1986). *The ecological approach to visual perception*. Hillsdale, NJ: Erlbaum. (First published 1979). (古崎敬他訳『生態学的視覚論――ヒトの知覚世界を探る』サイエンス社, 1985.)

Gibson, J.J., & Gibson, E.J. (1982). Perceptual learning: differentiation or enrichment? In E. Reed & R. Jones (Eds.), *Reasons for realism: The selected essays of James J. Gibson*. Hillsdale, NJ: Erlbaum.

Gibson, J.J., Kaplan, G., Reynolds, H., & Wheeler, K. (1982). The transition from visible to invisible. In E. Reed & R. Jones (Eds.), *Reasons for realism: The selected essays of James J. Gibson*. Hillsdale, NJ; Erlbaum. (First published 1969).

Gibson, J.J., Olum, P., & Rosenblatt, F. (1955). Parallax and perspective during airplane

landing. *American Journal of Psychology, 68*, 372-385.
Gladwin, T. (1995). Cognition in the wild. Cambridge, MA: MIT Press.
Gleitman, H. (1994). *Psychology* (3rd ed.). New York: Norton.
Glynn, I. (1993). The evolution of consciousness: William James's unresolved problem. *Biological Reviews, 68*, 599-616.
Golinkoff, R., Hirsh-Pasek, K., Bailey, L., & Wenger, N. (1992). Young children and adults use lexical principles to learn new nouns. *Developmental Psychology, 28*, 99-108.
Good, J, & Still, A. (1989). Ecological psychology as a theory of social cognition. In A. Gellatly, D. Rogers, & J. Sloboda (Eds.), *Cognition and social worlds*. New York: Oxford University Press.
Goody, J. (1977). *The domestication of the savage mind*. New York: Cambridge University Press. (吉田禎吾訳『未開と文明』岩波書店, 1986.)
Goody, J. (1986). *The logic of writing and the organization of society*. New York: Cambridge University Press.
Goody, J., & Watt, I. (1968). The consequences of literacy. In J. Goody (Ed.), *Literacy in traditional societies*. New York: Cambridge University Press.
Gopnik, A., & Meltzoff, A. (1986). Relations between semantic and cognitive development in the one-word stage: The specificity hypothesis. *Child Development, 57*, 1040-1053.
Gopnik, A., & Meltzoff, A. (1987). Early semantic developments and their relationship to object permanence, means-end understanding, and categorization. In K. Nelson & A. von Kleeck (Eds.), *Children's language* (Vol.6). Hillsdale, NJ: Erlbaum.
Gopnik, A., & Meltzoff, A. (1992). Categorization and naming: Basic level sorting in eighteen month olds and its relation to language. *Child Development, 63*, 1091-1103.
Goudsblom, J. (1994). *Fire and civilization*. London: Allen Lane. (大平章訳『火と文明化』法政大学出版局, 1999.)
Gould, J.L. (1986). The locale map of honey bees: Do insects have cognitive maps? *Science, 232*, 861-863.
Gould, J., & Gould, C. (1986). *The honey bee*. New York: Freeman.
Gould, J., & Gould, C. (1994). *Animal thinking*. New York: Freeman.
Gould, S.J. (1989). *This wonderful life*. New York: Norton. (渡辺政隆訳『ワンダフル ライフ――バージェス頁岩と生物進化の物語』早川書房, 1993.)
Gould, S.J., & Lewontin, R. (1979). The spandrels of San Marco and the Panglossian paradigm: A critique of the adaptationist program. *Proceedings of the Royal Society of London, B205*, 581-598.
Gove, D. (1979). A comparative study of snake and lizard tongue flicking, with an evolutionary hypothesis. *Zeitschrift für Tierpsychologie, 51*, 58-76.

Grant, P. (1986). *Ecology and evolution of Darwin's finches*. Princeton: Princeton University Press.

Gray, J. (1968). *Animal locomotion*. London: Weidenfield & Nicolson.

Gregory, R. (1985). *Mind in science*. New York: Oxford University Press.

Griffin, D. (1984). *Animal thinking*. Cambridge: Harvard University Press. (渡辺政隆訳『動物は何を考えているか』どうぶつ社, 1989.)

Griffin, D. (1992). *Animal minds*. Chicago: University of Chicago. (長野敬・宮木陽子訳『動物の心』青土社, 1995.)

Gurfinkel, V., Kots, Y., Paltsev, E., & Feldman, A. (1971). The compensation of respiratory disturbances of the erect posture of man as an example of the organization of interarticular interaction. In I. Gelland, V. Gurfinkel, S. Fomin & M. Tsetlin (Eds.), *Models of the structural-functional organization of certain biological systems*. Cambridge, MA: MIT Press.

Gusella, J., Muir, D., & Tronick, E. (1988). The effect of manipulating maternal behavior during an interaction on 3- and 6-month old affect and attention. *Child Development, 59*, 1111-1124.

Gustafson, G. (1984). Effects of the ability to locomote on infants' social and exploratory behaviors: An experimental study. *Developmental Psychology, 20*, 397-405.

Gustafson, G., Green, J., & West, M. (1979). The infant's changing role in mother-infant games: The growth of social skills. *Infant Behavior and Development, 2*, 301-308.

Hailman, J. (1967). The ontogeny of an instinct. *Animal Behavior Supplements, 15*, 1-167.

Heiser, C. B. (1990). *Seed to civilization: The story o flood. Cambridge*, MA: Harvard University Press. (岸本妙子・岸本裕一訳『食物文明論――食料は文明の礎え』三嶺書房, 1989.)

Henry, D.O. (1990). *From foraging to agriculture: The levant at the end of the ice age*. Philadelphia: University of Pennsylvania Press.

Hilgard, E. (1987). *History of psychology in America*. New York: McGraw-Hill.

Hirsh-Pasek, K., & Golinkoff, R.M. (1991). Language comprehension: A new look at some old themes. In N.A. Krasnegor, D.M. Rumbaugh, R.L. Schiefelsbusch, & M. Studdert-Kennedy (Eds.), *Biological and behavioral determinants of language development*. Hillsdale, NJ: Erlbaum.

Hobsbawm, E. (1995). *The age of extremes: A history of the world 1914-1991*. New York: Pantheon. (河合秀和訳『20世紀の歴史――極端な時代』三省堂, 1996.)

Hofsten, C. von (1983). Developmental changes in the origins of pre-reaching movements. *Developmental Psychology, 290*, 378-388.

Hofsten, C. von (1993). Prospective control: A basic aspect of action development. *Human Development, 36*, 253-270.

Hofsten, C. von & Lindhagen, C. (1979). Observations on the development of reaching for moving objects. *Journal of Experimental Child Psychology, 28*, 158-173.

Hofsten, C. von & Siddiqui, A. (1993). Using the mother's actions as a reference for object exploration in 6- and 12-month old infants. *British Journal of Developmental Psychology, 11*, 61-74.

Holland, D., & Quinn, N. (1987). *Cultural models in language and thought*. New York: Cambridge University Press.

Hollings, C.S. (1992). Cross-scale morphology, geometry, and dynamics of ecosystems. *Ecological Monographs, 62*, 447-503.

Holt, E.B. (1915). *The Freudian wish and its place in ethics*. New York: Holt.(本多啓訳「フロイト流の意図」(抄訳)現代思想, 2000年4月号, pp.96-117.)

Hostetler, John A. (1993). *Amish society* (4th ed). Baltimore: Johns Hopkins University Press.

Hue, C.-W., & Erickson, W. (1991). Nonnative studies of sequence strength and scene structure of 30 scripts. *American Journal of Psychology, 104*, 129-140.

Hughes, A. (1977). the topography of vision in mammals of contrasting life styles: Comparative optics and retinal organization. *Handbook of Sensory Physiology* (Vol.7) 613-757.

Hughes, M. (1986). *Children and number*. Oxford: Basil Blackwell.

Huxley, Thomas H. (1893). On the hypothesis that animals are automata. In *Methods and Results*. London: Macmillan. (First published 1874).

Ifrah, G. (1984). *From one to zero*. New York: Viking. (彌永みち代他訳『数学の歴史——人類は数をどのようにかぞえてきたか』平凡社, 1988.)

Intons-Peterson, M., & Fournier, J. (1986). External and internal memory aids: When and how often we use them. *Journal of Experimental Psychology: General, 115*, 267-283.

Iverson, J., Caprici, O., & Caselli, M. (1994). From communication to language in two modalities. *Cognitive Development, 9*, 23-43.

Jackendoff, R. (1994). *Patterns in the mind: Language and human nature*. New York: Basic Books.

Jander, R. (1975). Ecological aspects of spatial orientation. *Annual Review of Ecology and Systematics, 5*, 171-188.

Jennings, H.S. (1976). *The behavior of the lower organisms*. New York: Columbia University Press. (First published 1906).

Jennings, H.S. (1908). The interpretation of the behavior of lower organisms. *Science, 27*, 698-710.

Johnston, T.D., & Gottlieb, G. (1981). Development of visual species identification in ducklings: What is the role of imprinting? *Animal Behavior, 29*, 1082-1099.

Jusczyk, P., Frederici, R., Wessels, J., Svenkerud, V., & Jusczyk, A.M. (1993). Infants' sensitivity to the sound patterns of natural language words. *Journal of Memory and Language, 32*, 402-420.

Kagan, J. (1994). *Galen's prophecy*. Cambridge, MA: Harvard University Press.

Kaplan, G. (1969). Kinetic disruption of optical texture. *Perception & Psychophysics, 6*, 193-198.

Karttunen, F. (1994). *Between worlds: Interpreters, guides, survivors*. New Brunswick, NJ: Rutgers University Press.

Kaye, K. (1982). *The mental and social life of babies*. Chicago: University, of Chicago Press.(鯨岡峻・鯨岡和子訳『親はどのようにして赤ちゃんをひとりの人間にするか』ミネルヴァ書房, 1993.)

Kaye, K., & Fogel, A. (1980). The temporal structure of face to face communication between mothers and infants. *Developmental Psychology, 16*, 454-464.

Kelly, M.H. (1992). Using sound to solve syntactic problems: The role of phonology in grammatical category assignments. *Psychological Review, 99*, 349-364.

Kennedy, J.S. (1992). *The new anthropomorphism*. New York: Cambridge University Press.

Kingdon, J. (1993). *Self-made man: Human evolution from Eden to extinction?* New York: Wiley. (管啓次郎訳『自分をつくりだした生物——ヒトの進化と生態系』青土社, 1995.)

Koenderink, W., & Van Doorn, A. (1981). Exterospecific components of the motion parallax field. *Journal of the Optical Society of America, 71*, 953-957.

Koffka, K. (1935). *Principles of Gestalt psychology*. New York: Harcourt, Brace, & World. (鈴木正彌監訳『ゲシュタルト心理学の原理』新装版, 福村出版, 1998.)

Koshland, D. (1980). *Bacterial chemotaxis as a model behavioral system*. New York: Raven Press.

Kugiumutzakis, G. (1992). Intersubjective vocal imitation in early mother-infant interaction. In J. Nadel & L. Camaioni (Eds.), *New perspectives in early communicative development*. London: Routledge.

Lakoff, G. (1987). *Women, fire, and dangerous things*. Chicago: University of Chicago Press. (池上嘉彦・河上誓作他訳『認知意味論——言語から見た人間の心』紀伊國屋書店, 1993.)

Lauder, G.V. (1991). Biomechanics and evolution: Integrating physical and historical biology in the study of complex systems. In J.M.V. Rayner & R.J. Wootton (Eds.), *Biomechanics in evolution*. Cambridge, MA: Cambridge University Press.

Lave, J. (1990a). *Cognition in practice*. New York: Cambridge University Press. (無藤隆他訳『日常生活の認知行動——ひとは日常生活でどう計算し、実践するか』新曜社, 1995.)

Lave, J. (1990b). The culture of acquisition and the practice of understanding. In J.W. Stigler, R.A. Shweder, & G. Herdt (Eds.), *Cultural psychology: Essays on comparative human development*. New York: Cambridge University Press.

Lavery, T. (1994). Bumble bee learning and flower morphology. *Animal Behavior, 47*, 531-545.

Lee, D.N. (1974). Visual information during locomotion. In R.B. MacLeod & H.L. Pick (Eds.), *Perception: Essays in honor of James J. Gibson*. Ithaca: Cornell University Press.

Lee, D.N. (1980). The optic flow field: The foundation of vision. *Philosophical Transactions of the Royal Society, B290*, 169-179.

Lee, D.N., Davies, M., Green, P., & van der Weel, F. (1993). Visual control of velocity of approach by pigeons when landing. *Journal of Experimental Biology, 180*, 83-104.

Lee, D.N., & Hofsten, C. von. (1985). Dialogue on perception and action. In W. Warren & R. Shaw (Eds.), *Persistence and change*. Hillsdale, NJ: Erlbaum.

Lee, D.N., & Reddish, P. (1981). Plummeting gannets: A paradigm of ecological optics. *Nature, 293*, 293-294.

Lee, D.N., Reddish, P. & Rand, D.T. (1991). Aerial docking by hummingbirds. *Naturwissenschaften, 78*, 526-527.

Lee, D.N., van der Weel, F.R., Hitchsock, T., Matejowsky, E., & Petrigrew, J.D. (1992). Common principle of guidance by echolocation and vision. *Journal of Comparative Psychology, A171*, 563-571.

Lee, D.N., & Young, D. (1985). Gearing action to the environment. In H. Heuer & C. Fromm (Eds.), *Generation and modulation of action patterns*. Heidelberg: Springer-Verlag.

Lettvin, J., Maturana, H., McCulloch, W., & Pitts, J. (1959). What the frog's eye tells the frog's brain. *Proceedings of the Institute of Radio Engineers, 47*, 1940-1951.

Lewontin, R. (1970). "The units of selection." *Annual Review of Ecology and Systematics, 1*, 1-18.

Lewontin, R.C. (1993). *Biology as ideology*. New York: Harper & Row. (川口啓明・菊地昌子訳『遺伝子という神話』大月書店, 1998.)

Lickliter, R., & Ness, J. (1990). Domestication and comparative psychology: Status and strategy. *Journal of Comparative Psychology, 104*, 211-218.

Lieberman, P. (1992). *Uniquely human: The origin of speech, thought, and selfless behavior*. Cambridge: Harvard University Press.

Lieberman, D., & Shea, J. (1994). Behavioral differences between archaic and modern humans in the Levantine Mousterian. *American Anthropologist, 96*, 300-332.

Lightfoot, D. (1991). *How to set parameters*. Cambridge, MA: MIT Press.

Lishman, J.R., & Lee, D.N. (1973). The autonomy of visual kinesthesis. *Perception, 2*,

287-294.

Locke, J. (1993). *The child's path to spoken language*. Cambridge, MA: Harvard University Press.

Lockman, J.J., & McHale, J.P. (1989). Object manipulation in infancy: developmental and contextual determinants. In J.J.L. &. N. Hazen (Eds.), *Action in social context: Perspectives on early development*. New York: Plenum.

Loeb, J. (1918). *Forced movements, tropisms, and animal conduct*. New York: Lippincott.

Lombardo, T. (1987). *The reciprocity of perceiver and environment*. Hillsdale, NJ: Erlbaum. (古崎敬他訳『ギブソンの生態学的心理学』勁草書房, 2000.)

Lorenz, K. (1952). *King Solomon's ring*. London: Methuen. (日高敏隆訳『ソロモンの指環――動物行動学入門』改訂版, 早川書房, 1975.)

Loveland, K. (1984). Learning about points of view: Spatial perspective and the acquisition of I/you. *Journal of Child Language, 11*, 535-556.

MacDowell, J. (1994). *Mind and world*. Cambridge, MA: Harvard University Press.

Mace, W., & R. Shaw (1974). Simple information for kinetic depth. *Perception & Psychophysics, 15*, 201-209.

Mackie, G.O. (1970). Neuroid conduction and the evolution of conducting tissues. *Quarterly Review of Biology, 45*, 319-322.

Malach, R. (1994). Cortical columns as devices for maximizing neuronal diversity. *Trends in Neurosciences, 17*, 101-104.

Malcolm, N. (1986). *Nothing is hidden: Wittgenstein's critique of his early philosophy*. London: Blackwell. (黒崎宏訳『何も隠されてはいない――ウィトゲンシュタインの自己批判』産業図書, 1991.)

Mandler, G. (1985). *Cognitive psychology: An essay on cognitive science*. Hillsdale, NJ: Erlbaum. (大村彰道他訳『認知心理学の展望』紀伊国屋書店, 1991.)

Mandler, J., Fivush, R., & Reznick, J. S. (1987). The development of contextual categories. *Cognitive Development, 2*, 339-354.

Markman, E. (1989). *Categorization and naming in children: Problems of induction*. Cambridge, MA: MIT Press.

Marr, D. (1982). *Vision*. San Francisco: W.H. Freeman. (乾敏郎・安藤広志訳『ビジョン――視覚の計算理論と脳内表現』産業図書, 1987.)

Marshack, D. (1989). Evolution of the human capacity: The symbolic evidence. *Yearbook of Physical Anthropology, 32*, 1-34.

Marx, K. (1977). *Capital*, Vol.1. (B. Fowkes, Trans.). Harmondsworth: Penguin. (First published 1867). (向坂逸郎訳『資本論』岩波文庫, 岩波書店, 1969 - 1970.)

Masataka, N. (1992). Motherese in a signed language. *Infant Behavior and Development, 15*, 453-460.

Mason, W.A. (1978). Social experience and cognitive development. In G. Burghardt & M. Bekoff (Eds.), *The development of behavior: Comparative and evolutionary aspects*. New York: Garland.

Maturana, H. Lettvin, J., McCulloch, W., & Pitts, W. (1960). Anatomy and physiology of vision in the frog. *Journal of General Physiology, 43*, 129-175.

Mayr. E. (1976a). Behavior as a factor in evolution. In *Evolution and the diversity of life*. Cambridge, MA: Harvard University Press. (First published 1960.)

Mayr, E. (1976b). The emergence of evolutionary novelties. In *Evolution and the diversity of life*. Cambridge, MA: Harvard University Press. (First published in 1960.)

Mayr, E. (1976C). Sexual selection and natural selection. In *Evolution and the diversity of life*. Cambridge, MA: Harvard University Press. (First published 1974.)

McGrew, W. (1993). *Chimpanzee material culture*. New York: Cambridge University Press. (足立薫・鈴木滋訳『文化の起源をさぐる――チンパンジーの物質文化』中山書店, 1996.)

McNeill, D. (1992). *Hand and mind: What gestures reveal about thought*. Chicago: University of Chicago Press.

Mellars, P., & Stringer, C. (Eds.). (1989). *The human revolution*. Princeton: Princeton University Press.

Meltzoff, A. (1993). The centrality of motor coordination and proprioception in social and cognitive development: From shared actions to shared minds. In G. Savelbergh (Ed.), *The development of coordination in infancy*. Amsterdam: North Holland.

Meltzoff, A., & Moore, J. (1977). Imitation official and manual gestures by human neonates. *Science, 198*, 75-78.

Meltzoff, A., & Moore, J. (1994). Imitation, memory, and the representation of persons. *Infant Behavior and Development, 17*, 83-99.

Menninger, K. (1969). *Number words and number symbols*. Cambridge, MA: MIT Press.

Mervis, J. & Bertrand, J. (1994). Acquisition of the novel name-nameless category (N3C) principle. *Child Development, 65*, 1646-1662.

Meyerling, T. (1989). *Historical foundations of cognitive science*. Amsterdam: D. Reidel.

Miller, G., Galanter, E., & Pribram, K. (1960). *Plans and the structure of behavior*. New York: Holt, Rinehart, and Winston. (十島雍蔵他訳『プランと行動の構造――心理サイバネティクス序説』誠信書房, 1980.)

Moermond, T. (1979). The influence of habitat structure on Anolis foraging behavior. *Behaviour, 70*, 147-167.

Morelli, G., Rogoff, B., Oppenheim, D., & Goldsmith, D. (1992). Cultural variations in

infants' sleeping arrangements: Questions of independence. *Developmental Psychology, 28*, 604-613.

Mosier, C., & Rogoff, B. (1994). Infants' instrumental use of their mothers to achieve their goals. *Child Development, 65*, 70-79.

Nagel, T. (1979). *What is it like to be a bat? In Mortal questions*. Princeton: Princeton University Press.

Nashner, L., & McCollum, G. (1985). Organization of human postural movements: A formal basis and experimental synthesis. *Behavioral and Brain Sciences, 8*, 135-175.

Neisser, U. (1967). *Cognitive psychology*. New York: Appleton, Century, & Crofts. (大羽蓁訳『認知心理学』誠信書房, 1981.)

Neisser, U. (1976). *Cognition and reality*. San Francisco: W.H. Freeman. (古崎敬・村瀬旻訳『認知の構図——人間は現実をどのようにとらえるか』サイエンス社, 1978.)

Nelson, K. (1991). *Narratives from the crib*. Cambridge, MA: Harvard University Press.

Neumann, O. (1990). Visual attention and action. In O. Neumann & W. Prinz (Eds.), *Relationships between perception and action*. Berlin: Springer-Verlag.

Noble, D. (1991). *A world without women*. New York: Knopf.

Noble, W. (1981). Gibsonian theory and the pragmatist perspective. *Journal for the Theory of Social Behaviour, 11*, 65-85.

Olguin, R., & Tomasello, M. (1993). Twenty-five-month-old children do not have a grammatical category of verb. *Cognitive Development, 8*, 245-272.

Oller, D. (1980). The emergence of the sounds of speech in infancy. In Yeni-Komshian, G., Kavanagh, J., & Ferguson, C. (Eds.), *Child phonology* (Vol.1). New York: Academic Press.

Ong, W. (1982). *Orality and literacy: The technologizing of the word*. London: Methuen. (桜井直文・林正寛・糟谷啓介訳『声の文化と文字の文化』藤原書店, 1991.)

Opie, I., & Opie, P. (1951). *Oxford Dictionary of Nursery Rhymes*. Oxford University Press.

Opie, I., & Opie, P. (1985). *The singing game*. New York: Oxford University Press.

Osherson, D., & Lasnik, H. (1990). *An invitation to cognitive science* (3 vols.). Cambridge, MA: MIT Press.

Owen, J. (1980). *Feeding strategies*. Chicago: University of Chicago Press.

Oxnard, C., Crompton, R., & Lieberman, S. (1990). *Animal lifestyles and anatomies: Tile case of the prosimian primates*. Seattle: University of Washington Press.

Packard, A. (1972). Cephalopods and fish: The limits of convergence. *Physiological Reviews, 47*, 241-307.

Papousek, M., & Papousek, H. (1991). The meanings of melodies in motherese in tone

and stress languages. *Infant Behavior and Development, 14*, 415-440.
Passano, L. (1963). Primitive nervous systems. *Proceedings of the National Academy of Sciences, 50*, 306-313.
Pauly, P.J. (1987). *Controlled life: Jacques Loeb and the engineering ideal*. New York: Oxford University Press.
Pearson, K.G. (1985). Are there central pattern generators for walking and flight in insects? In W.P.J. Barnes & M.J. Gladden (Eds.), *Feedback and motor control in invertebrates and vertebrates*. London: Croom Helm.
Pegg, J., Werker, J.F., & McLeod, P.J. (1992). Preference for infant-directed over adult-directed speech: Evidence from 7-week-old infants. *Infant Behavior and Development, 15*, 325-345.
Pennycuick, J. (1991). *Newton rules biology*. New York: Oxford University Press.
Perlès, C. (1977). *Préhistoire du feu*. Paris: Masson.
Peters, A., & Menn, L. (1993). False starts and filler syllables: Ways to learn grammatical morphemes. *Language, 69*, 742-777.
Petroski, H. (1992). *The evolution of useful things*. New York: Vintage. (忠平美幸訳『フォークの歯はなぜ四本になったか——実用品の進化論』平凡社, 1995.)
Piaget, J. (1952). *The origins of intelligence in young children*. New York: International Universities Press.
Pick, A.D. (1997). Perceptual learning, categorizing, and cognitive development. In C. Dent-Read & P. Zukow-Goldring (Eds.), *Evolving explanations of development: ecological approaches to organism-environment systems*. Washington, DC: APA.
Pick, A.D., Unze, M., Brownell, C., Drozdal, J., & Hopmann, M. (1978). Young children's knowledge of word structure. *Child Development, 49*, 669-680.
Pinker, S. (1984). *Language learnability and language development*. Cambridge, MA: Harvard University Press.
Pinker, S. (1994). *The language instinct*. New York: Basic Books. (椋田直子訳『言語を生みだす本能』日本放送出版協会, 1995.)
Pittenger, J.B., & Dent, C.H. (1988). A mechanism for the direct perception of change: The example of bacterial chemotaxis. *Perception, 17*, 119-134.
Posner, M.I. (Ed.). (1989). *Handbook of cognitive science*. Cambridge: MIT Press.
Pounds, N.J.G. (1993). *Hearth and home: A history of material culture*. Bloomington & Indianapolis: University of Indiana Press.
Price, D.W., & Goodman, G. (1990). Visiting the wizard: Children's memory for a recurring event. *Child Development, 61*, 664-680.
Rader, N. (1997) Change and variation in responses to perceptual information. In C. Dent-Read & P. Zukow-Goldring (Eds.), *Evolving explanations of development: ecological approaches to organism-environment systems*. Washington, DC: APA.

Real, L. (1992). (Ed.) Behavioral mechanisms in evolution and ecology. *American Naturalist, 140*, Special supplement.

Reed, E.S. (1979a). Information pickup is the activity of perception. *Behavioral and Brain Sciences, 3*, 397-398.

Reed, E.S. (1979b). The role of symmetry in Ghiselin's "Radical solution to the species problem." *Systematic Zoology, 28*, 71-78.

Reed, E.S. (1982a). The corporeal ideas hypothesis and the origin of scientific psychology. *Review of Metaphysics, 35*, 731-752.

Reed, E.S. (1982b). Darwin's worms: A case-study in evolutionary psychology. *Behaviorism, 10*, 165-185.

Reed, E.S. (1982C). An outline of a theory of action systems. *Journal of Motor Behavior, 14*, 97-134.

Reed, E.S. (1985). An ecological approach to the evolution of behavior. In T. Johnston & A. Pietrewicz (Eds.), *Issues in the ecological study of learning*. Hillsdale NJ: Erlbaum.

Reed, E.S. (1986). James J. Gibson's revolution in perceptual psychology: A case study in the transformation of scientific ideas. *Studies in the History and Philosophy of Science, 17*, 65-98.

Reed, E.S. (1988a). *James J. Gibson and the psychology of perception*. New Haven: Yale University Press.

Reed, E.S. (1988b). The affordances of the animate environment. In T. Ingold (Ed.), *What is an animal?* London: Unwin.

Reed, E.S. (1989). The neural regulation of adaptive behavior: An essay on Gerald Edelman's neural Darwinism. *Ecological Psychology, 1*, 97-117.

Reed, E.S. (1991). Cognition as the cooperative appropriation of affordances. *Ecological Psychology, 3*, 135-158.

Reed, E.S. (1992). Knowers talking about the known: Ecological realism as a philosophy of science. *Synthese, 92*, 9-23.

Reed, E.S. (1993). The intention to use a specific affordance: A conceptual framework for psychology. In R.H. Wozniak & K. Fischer (Eds.), *Development in context: Acting and thinking in specific environments*. Hillsdale, NJ: Erlbaum.

Reed, E.S. (1995). The ecological approach to language development. *Language and Communication, 15*, 1-29.

Reed, E.S. (1996a). *The Necessity of Experience*. New Haven: Yale University Press.

Reed, E.S. (1996b). Selves, values, cultures. In E.S. Reed, E. Turiel, & T. Brown (Eds.), *Values and knowledge*. Mahwah, NJ: Erlbaum.

Reed, E.S. (1996C). The cognitive revolution from an ecological point of view. In D. Johnson & C. Emeling (Eds.), *Reassessing the cognitive revolution*. New York:

Oxford University Press.

Reed, E.S. (1996d). James J. Gibson: Pioneer and Iconoclast. In G. Kimble, M. Wertheimer, & A. Boneau (Eds.), *Portraits of pioneers in psychology*, Vol.2. Washington, DC: APA.

Reed, E.S. (1998). From soul to mind: The emergence of psychology 1815-1890. New Haven: Yale University Press. (村田純一他訳『魂から心へ』青土社, 2000.)

Reed, E.S., & Bril, B. (1996). The Primacy of Action in Development. In M. Latash & M. Turvey (Eds.), *N. Bernstein's dexterity and its development*. Hillsdale, NJ: Erlbaum.

Reed, E.S., & Jones, R,. (1978). Gibson's theory, of perception: A case of hasty epistemologizing? *Philosophy of Science, 45*, 519-530.

Reed, E.S., Montgomery, M., Palmer, C., & Pittenger, J. (1995). A method for studying the invariant knowledge structure of action: The conceptual organization of an everyday action. *American Journal of Psychology, 108*, 37-65.

Reed, E.S., Montgomery, M., Schwartz, M., Palmer, C., & Pittenger, J. (1992). Visually based descriptions of an everyday action. *Ecological Psychology, 4*, 129-153.

Regolin, L, Vallortigara, G., & Zanforlin, M. (1994). Perceptual and motivational aspects of detour behaviour in young chicks. *Animal Behavior, 47*, 123-131.

Richards, R.J. (1987). *Darwin and the emergence of evolutionary theories of mind*. Chicago: University of Chicago Press.

Ricklefs, R. E. (1990). *Ecology* (3rd ed.). San Francisco: Freeman.

Rochat, P. (1992). Self-sitting and reaching in 5- to 8-month-old infants: The impact of posture and its development on early eye-hand coordination. *Journal of Motor Behavior, 24*, 210-220.

Rochat, P., & Reed, E. (1987). Le concept d'affordance et les connaissances du nourrisson. *Psychologie Francaise, 32*, 97-104.

Rochat, P., & Senders, S. (1993). Active touch in infancy. In M.J. Weiss & P. Zelazo (Eds.), *Biological constraints and tile influence of experience*. Norwood, NJ: Ablex.

Rogers, B., & Graham, S. (1979). Motion parallax as an independent cue for depth perception. *Perception, 8*, 125-134.

Rogoff, B. (1990). *Apprenticeship in thinking*. New York: Oxford University Press.

Rogoff, B., Mistry, J., Göncü, A., & Mosier, C. (1993). Guided participation in cultural activity by toddlers and caregivers. *Monographs of the Society for Research in Child Development, 58*, 1-181.

Ross, H.S., & Lollis, S. P. (1987). Communication within infant social games. *Developmental Psychology, 23*, 241-248.

Rovee-Collier, C., & DuFault, D. (1991). Multiple contexts and memory retrieval at 3

months. *Developmental Psychobiology, 24*, 39-49.

Rovee-Collier, C., & Gekoski, M.J. (1979). The economics of infancy: A review of conjugate reinforcement. In H. Reeses & L. Lipsitt (Eds.), *Advances in child development and behavior* (Vol.13; pp.195-255). New York: Academic Press.

Ryle, G. (1949). *The concept of mind*. London: Hutchinson's University Library. (坂本百大・宮下治子・服部裕幸訳『心の概念』みすず書房, 1987.)

Savage-Rumbaugh, S., & Lewin, R. (1994). *Kanzi: The ape at the brink of the human mind*. New York: Wiley. (石館康平訳『人と話すサル「カンジ」』講談社, 1997.)

Schiffman, H.R. (1993). *Sensation and perception*. New York: Wiley.

Schmandt-Besserat, D. (1992). *Before writing*. Austin: University of Texas Press.

Schmidt-Nielsen, K. (1987). *Animal physiology*. New York: Cambridge University Press. (柳田為正訳『動物の生理学』改版, 岩波書店, 1972.)

Schoggin, P. (1989). *Behavior settings*. Stanford: Stanford University Press.

Schwartz, B. (1986). *The battle for human nature*. New York: Norton.

Searle, J. (1969). *Speech acts*. New York: Cambridge University Press. (坂本百大・土屋俊訳『言語行為――言語哲学への試論』勁草書房, 1986.)

Searle, J. (1983). *Intentionality: A study in the philosophy of mind*. New York: Cambridge University Press. (坂本百大監訳『志向性――心の哲学』誠信書房, 1997.)

Selversten, A., & Moulins, M. (1985). Oscillating neural networks. *Annual Review of Physiology, 47*, 29-48.

Shaw, R., & Pittenger, J. (1977). In R. Shaw & J. Bransford (Eds.), *Perceiving, acting, and knowing: Towards an ecological psychology*. Hillsdale, NJ: Erlbaum.

Sheets-Johnstone, M. (1990). *The roots of thinking*. Philadelphia: Temple University Press.

Shepard, R. (1982). *Mental images and their transformation*. Cambridge, MA: MIT Press.

Shepard, R. (1984). Empirical constraints on internal representations: Resonant kinematics of perceiving, imagining, and dreaming. *Psychological Review, 91*, 412-448.

Shirley, M. (1933). *The first two years*. (3 vols.). Minneapolis: University of Minnesota Press.

Shweder, P. (1990). *Cultural psychology: Essays on human development*. New York: Cambridge University Press.

Simon, H. (1970). *The sciences of the artificial*. Cambridge, MA: MIT Press. (稲葉元吉・吉原英樹訳『システムの科学』新訳版, ダイヤモンド社, 1977.)

Sinclair, H. (1988). *La production de notations chez le jeune enfant: Language, hombres, rythmes, et melodies*. Paris: PUF.

Skinner, B.F. (1981). *Cumulative record*. New York: Appleton Century Crofts.

Smith, W.J. (1977). *The behavior of communicating*. Cambridge, MA: Harvard Uni-

versity Press.

Smitsman, A. (1997). The development of tool use: Changing boundaries between organism and environment. In C. Dent-Read & P. Zukow-Goldring (Eds.), *Evolving explanations of development: ecological approaches to organism-environment systems*. Washington, DC: APA.

Snow, C., (1977). The development of conversation between mothers and babies. *Journal of Child Language, 4*, 1-22.

Spelke, E. (1994). Initial knowledge: Six suggestions. *Cognition, 50*, 431-445.

Sporns, O., & Edelman, G. (1993). Solving Bernstein's problems: A proposal for the development of coordinated movement by selection. *Child Development, 64*, 960-981.

Stark, R. (1980). Stages of speech development in the first year of life. In Yeni-Komshian, G., Kavanagh, J., & Ferguson, C. (Eds.), *Child phonology* (Vol.1). New York: Academic Press.

Stephens, D.W., & Krebs, J.R. (1986). *Foraging theory*. Princeton: Princeton University Press.

Stern, D. (1985). *The interpersonal world of the infant*. New York: Basic Books. (小此木啓吾・丸田俊彦監訳『乳児の対人世界』岩崎学術出版社, 1989.)

Stigler, J. (1984). Mental abacus: The effect of abacus training on Chinese children's mental calculation. *Cognitive Psychology, 16*, 145-176.

Still, A., & Good, J.M.M. (1992). Mutualism in the human sciences: Towards the implementation of a theory. *Journal for the Theory of Social Behaviour, 22*, 105-129.

Stiner, M. (1993). Modern human origins—faunal perspectives. *Annual Review of Anthropology and Archaeology, 22*, 55-82.

Stoffregen, T., & Riccio, G. (1988). An ecological theory of orientation and the vestibular system. *Psychological Review, 95*, 3-14.

Stringer, C.B. (1989). The origin of early modern humans: A comparison of European and non-European evidence. In P. Mellars & &. C. Stringer (Eds.), *The human revolution: Behavioural and biological perspectives on the origins of modern humans* (pp.232-245). Princeton: Princeton University Press.

Stringer, C., & Gamble, C. (1994). *In search of the Neanderthals: Solving the puzzle of human origins*. New York: Thames & Hudson. (河合信和訳『ネアンデルタール人とは誰か』朝日新聞社, 1997.)

Studdeft-Kennedy, M. (1991). Language development from an evolutionary perspective. In N.A. Krasnegor, D.M. Rumbaugh, R.L. Schiefelsbusch, & M. Studdert-Kennedy (Eds.), *Biological and behavioral determinants of language acquisition*. Hillsdale, NJ: Erlbaum.

Sugarman, S. (1981). The cognitive basis of classification in very young children: An

analysis of object-ordering trends. *Child Development, 52*, 1172-1178.

Sullivan, M., & Lewis. M. (1989). Emotion and cognition in infancy: Facial expressions during contingency learning. *International Journal of Behavioral Development, 12*, 221-237.

Super, C.M., & Harkness, S. (1986). The developmental niche: a conceptualization of the interface of child and culture. *International Journal of Behavioral Development, 9*, 545-569.

Tattersall, I. (1993). *The Human Odyssey: Four million years of human evolution.* New York: Prentice Hall.

Taylor, M., & Gelman, S.A. (1988). Adjectives and nouns: Children's strategies for learning new words. *Child Development, 59*, 411-419.

Taylor, T. (1992). *Mutual misunderstanding: Scepticism and theorizing of language and interpretation.* Durham, NC: Duke University Press.

Tinbergen, N. (1951). *The study of instinct.* New York: Oxford University Press. (永野為武訳『本能の研究』三共出版, 1957.)

Toda, S., & Fogel, A. (1993). Infant response to the still face situation at 3 and 6 months. *Developmental Psychology, 29*, 532-538.

Tomasello, M. (1992). *First verbs: A case study in early grammatical development.* New York: Cambridge University Press.

Tomasello, M., Kruger, A., & Ratner, H. (1993). Cultural learning. *Behavioral and Brain Sciences, 16*, 495-553.

Trevarthen, C. (1984). How control of movement develops. In H.T.A. Whiting (Ed.), *Human motor actions: Bernstein re-assessed.* Amsterdam: North Holland.

Trevarthen, C. (1988). Universal cooperative motives: How infants begin to know the language and culture of their parents. In G. Jahoda & M. Lewis (Eds.), *Acquiring culture: Cross-cultural studies in cognitive development.* London: Croom Helm.

Trevarthen, C. (1994). The self born in intersubjectivity: The psychology of an infant communicating. In U. Neisser (Ed.), *The perceived self: Ecological and interpersonal sources of self-knowledge.* New York: Cambridge University Press.

Trivers, R., (1985). *Social evolution.* Menlo Park, CA: Cumings.

Trueman, E.R. (1975). *The locomotion of soft bodied animals.* London: E. Arnold.

Turvey, M.T. (1990). Coordination. *American Psychologist*, 938-953.

Wagner, P.L. (1960). *The human use of the earth.* Glencoe: Free Press.

Walk, R., & Gibson, E.J. (1961). A comparative and analytical study of visual depth perception. *Psychological Monographs, 75*, (15).

Walker, A., & Gibson, E.J. (1986). What develops in bimodal perception? In L. Lipsitt & C. Rovee-Collier (Eds.), *Advances in infancy research* (Vol.4; pp.171-181). Norwood, NJ: Ablex.

Walls, G. (1942). *The vertebrate eye and its adaptive radiation*. Bloomfield Hill, IL: Cranbrook Institute of Science.

Walsh, C., & Cepko, C. (1992). Widespread dispersion of neuronal clones across functional regions of the cerebral cortex. *Science, 255*, 434-438.

Warren, W. (1988). Action modes and laws of control for the visual guidance of action. In O. Meijer & K. Roth (Eds.), *Complex movement behaviour*. Amsterdam: North Holland.

Warren, W., & Verbrugge, R. (1984). Auditory perception of breaking and bouncing events: A case study in ecological acoustics. *Journal of Experimental Psychology: Human Perception and Performance, 10*, 704-712.

Weimer, W. (1973). Psycholinguistics and the paradoxes of the Meno. *American Psychologist, 28*, 5-34.

Weiner, J. (1994). *The beak of the finch*. New York: Knopf. (樋口広芳・黒沢令子訳『フィンチの嘴——ガラパゴスで起きている種の変貌』早川書房, 1995.)

Wertsch, J. (1991). *Voices in the mind: Sociocultural approaches to mediated action*. Cambridge, MA: Harvard University Press.(田島信元訳『心の声——媒介された行為への社会文化的アプローチ』福村出版, 1995.)

West, M., & Rheingold, H. (1978). Infant stimulation of maternal instruction. *Infant Behavior & Development, 1*, 205-215.

Westbrook, R. (1992). *John Dewey and American democracy*. Ithaca, NY: Cornell University Press.

White, R. (1986). *Dark caves, bright visions: Life in ice ace Europe*. New York: Norton.

White, R. (Ed.). (1993). *Before Lascaux: the complex record of the Early Upper Paleolithic*. Boca Raton, FL: CPC Publishers.

Williams, G.C. (1993). *Natural selection*. Princeton: Princeton University Press.

Winfree, A. (1987)*Biological clocks*. New York: Freeman. (鈴木善次・鈴木良次訳『生物時計』東京化学同人, 1992.)

Wolf, E. (1982). *Europe and the people without a history*. Berkeley & Los Angeles: University of California Press.

Woodworth, R.S. (1947). The reinforcement of perception. *American Journal of Psychology, 60*, 119-124.

Zhang, J., & Norman, D. (1994). Representations in distributed cognitive systems. *Cognitive Science, 18*, 87-122.

Zubrow, E.B.W. (1994). Knowledge representation and archaeology: A cognitive example. In C. Renfrew & E.B.W. Zubrow (Eds.), *The ancient mind: Elements of cognitive archaeology*. New York: Cambridge University Press.

Zukow, P., & Duncan, K. (1994). An ecological approach to the emergence of the lexi-

con. In V. John-Steiner, C. Panofsky, & L. Smith (Eds.), *Interactionist approaches to language and literacy*. New York: Cambridge University Press.